Études de Philosophie Médiévale

Collection fondée par Étienne Gilson

DUNS SCOT
AVANT L'UNIVOCITÉ DE L'ÉTANT

DANS LA MÊME COLLECTION

PICHÉ D., *Épistémologie et psychologie de la foi dans la pensée scolastique (1250-1350)*, 244 pages, 2022.

EHRET Ch., *Agir en vertu d'un autre. Thomas d'Aquin et l'ontologie de l'instrument*, 240 pages, 2021.

FEDERICI VESCOVINI G., *Astrologie et science au Moyen Âge. Une étude doxographique*, 188 pages, 2021.

DECAIX V., *Constituer le réel. Noétique et métaphysique chez Dietrich de Freiberg*, 334 pages, 2021.

BOBILLIER S., *L'éthique de Pierre de Jean Olivi. Liberté, personne et conscience*, 288 pages, 2020.

LEMLER D., *Création du monde et limites du langage. Sur l'art d'écrire des philosophes juifs médiévaux*, 208 pages, 2020.

BONCOUR É., *Maître Eckhart lecteur d'Origène. Sources, exégèse, anthropologie, théogénésie*, 240 pages, 2019.

TREGO K., *L'impuissance du possible. Émergence et développement du possible, d'Aristote à l'aube des temps modernes*, 368 p., 2019.

CALVET A., *L'alchimie au Moyen Âge*, XIIe-XVe *siècles*, 282 p., 2018.

Miroir de l'amitié. Mélanges offerts à Joël Biard, éd. Ch. GRELLARD, 568 p., 2017.

MANGIN É., *La nuit de l'âme. L'intellect et ses actes chez Maître Eckhart*, 256 p., 2017.

ROQUES M., *L'essentialisme de Guillaume d'Ockham*, 228 p., 2016.

TREGO K., *La liberté en acte. Éthique et métaphysique d'Alexandre d'Aphrodise à Jean Duns Scot*, 384 pages, 2015.

FIELD S. L., LERNER R. E., PIRON S. (dir.), *Marguerite Porete et le* Miroir des simples âmes, 368 pages, 2014.

KALUZA Z., *Études doctrinales sur le* XIVe *siècle. Théologie, Logique, Philosophie*, 392 pages, 2013.

JOLIVET J., *Medievalia et arabica*, 364 pages, 2012.

BIARD J., *Science et nature. La théorie buridanienne du savoir*, 404 pages, 2012.

STANCATO G., *Le concept de désir dans l'œuvre de Thomas d'Aquin. Analyse lexicographique et conceptuelle du « desiderium »*, 176 pages, 2011.

TREGO K., *L'essence de la liberté. La refondation de l'éthique dans l'œuvre de saint Anselme de Cantorbéry*, 304 pages, 2010.

DI MARTINO C., Ratio particularis. *Doctrines des sens internes d'Avicenne à Thomas d'Aquin*, 192 pages, 2008.

BERMON P., *L'assentiment et son objet chez Grégoire de Rimini*, 432 pages, 2007.

RICKLIN Th. (éd.), Exempla docent. *Les exemples des philosophes de l'Antiquité à la Renaissance*, 432 pages, 2007.

CASTEIGT J., *Connaissance et vérité chez Maître Eckhart. Seul le juste connaît la justice*, 480 pages, 2006.

JOLIVET J., *Perspectives médiévales et arabes*, 320 pages, 2006.

VIAL M., *Jean Gerson, théoricien de la théologie mystique*, 256 pages, 2006.

GRELLARD C., *Croire et savoir. Les principes de la connaissance selon Nicolas d'Autrécourt*, 340 pages, 2005.

KÖNIG-PRALONG C., *Avènement de l'aristotélisme en terre chrétienne*, 288 pages, 2005.

ÉTUDES DE PHILOSOPHIE MÉDIÉVALE

CXVI

DUNS SCOT AVANT L'UNIVOCITÉ DE L'ÉTANT

ÉTUDES LOGIQUES, SÉMANTIQUES ET MÉTAPHYSIQUES

par

Héctor SALINAS-LEAL

Ouvrage publié avec le soutien du Centre national du livre

PARIS
LIBRAIRIE PHILOSOPHIQUE J. VRIN
6 place de la Sorbonne, Vᵉ

2022

Imprimé en France

ISSN 0249-7921
ISBN 978-2-7116-3061-5

www.vrin.fr

À Sandra

ABRÉVIATIONS

ŒUVRES DE DUNS SCOT

Ord.	*Ordinatio*, éd. C. Balić *et al.*, Civitas Vaticana, Typis Polyglottis, 1950 *sq.*
In Porph.	*Quaestiones In Librum Porphyrii Isagoge*, éd. R. Andrews *et al.*, St. Bonaventure (NY), The Franciscan Institute, 1999.
In Praed.	*Quaestiones Super Praedicamenta Aristotelis*, éd. R. Andrews *et al.*, St. Bonaventure (NY), The Franciscan Institute, 1999.
In Peri herm.	*Quaestiones in Libros Perihermenias Aristotelis*, éd. R. Andrews *et al.*, St. Bonaventure (NY)/Washington, The Franciscan Institute/The Catholic University of America, 2004.
In Elench.	*Quaestiones Super Librum Elenchorum Aristotelis*, éd. R. Andrews *et al.*, St. Bonaventure (NY)-Washington, The Franciscan Institute-The Catholic University of America, 2004.
In Met.	*Quaestiones super libros metaphysicorum Aristotelis*, éd. R. Andrews *et al.*, St. Bonaventure (NY), The Franciscan Institute, 1997.

AUTRES AUTEURS

Super Porph.	Albert le Grand, *Super Porphyrium de V Universalibus*, éd. M. Santos-Noya, Monasterii Westfalorum, Aschendorff, 2004.
Super Anal. Priora	Robert Kilwardby (atribué à Gilles de Rome), *Commentarium super libros Posteriorum Aristotelis*, Venetiis, 1520.
Summa	Henri de Gand, *Summae Quaestionum Ordinariarum* II vol., éd. Eligius M. Buytaert, New York/Louvain/Padenborn, The Franciscan Institute/E. Nauwelaerts/F. Shöningh, 1953.
In Elench.	Incerti Auctores, *Quaestiones super Sophisticos Elenchos*, éd. S. Ebbesen, Copenhagen, Gad, 1977.
Quaest. Novae in Elench.	Simon de Faversham, *Quaestiones super libros Elenchorum*, éd. S. Ebbesen *et al.*, Toronto, Pontifical Institute of Mediaeval Studies, 1984.
Quaest. veteres in Elench.	Simon de Faversham, *Quaestiones super libros Elenchorum*, éd. S. Ebbesen *et al.*, Toronto, Pontifical Institute of Mediaeval Studies, 1984.

STh	Thomas d'Aquin, *Prima Pars Summae Theologiae*, éd. Commissio Leonina, Ex Typographia Polyglotta, 1888.
In XII Met.	Thomas d'Aquin, *In Duodecim Libros Metaphysicorum Aristotelis expositio*, éd. M. R. Cathala et R. M. Spiazzi, Torino-Roma, Marietti, 1950.
In Sent.	Thomas d'Aquin, *Scriptum super libros Sententiarum magistri Petri Lombardi episcopi Perisiensis*, t. 1, éd. P. Mandonnet, Paris, P. Lethielleux, 1929.

AUTRES ABRÉVIATIONS

AvL	Avicenna Latinus
AL	Aristoteles Latinus
OPh	Opera Philosophica : édition dite "St. Bonaventure" des œuvres philosophiques de Duns Scot
Vat.	Édition dite "vaticane" des œuvres de Duns Scot

Le présent ouvrage est le résultat du remaniement d'une thèse de doctorat préparée sous la direction d'Olivier Boulnois et soutenue en novembre 2014 à l'*École Pratique des Hautes Études*, devant un jury qui comprenait aussi Julie Brumberg-Chaumont, Irène Rosier-Catach, Dominique Demange et Pasquale Porro. Je tiens à remercier vivement les membres du jury pour leurs remarques et notamment celles de Julie Brumberg-Chaumont qui a suivi mon parcours dès l'époque de mon master et m'a fait bénéficier de sa connaissance de la logique médiévale. Je remercie Olivier Boulnois pour sa direction savante et tout ce qu'il m'a appris dans le cadre de son séminaire à l'EPHE et lors de nos échanges personnels pendant mon séjour en France. Je tiens aussi à remercier ceux et celles qui par leurs conseils et leur amitié m'ont soutenu et ont contribué à ce travail : tout d'abord Andréa Texeira dos Reis et Ana Irimescu : sans elles je n'aurais pas survécu à mes premières années parisiennes. Ensuite, Ana María Mora-Márquez, Elisabeth Boncour, Stephen Chung, Nicolas Faucher, Ide Fouche-Lévi, Odile Gilon, Han Jin Ko, Magali Roques et Ana Rieger-Schmidt. Enfin, à Bogotá je remercie la *Pontificia Universidad Javeriana* où j'ai eu le soutien institutionnel et personnel de Vicente Durán S. J, Alfonso Flórez, Roberto Solarte, Diego Pineda et Fernando Cardona ; et l'amitié d'Anna Brigante, Cristina Conforti, Juan Fernando Mejía, Gustavo Gómez, Gustavo Chirolla et Miguel Ángel Pérez. À Paris, en dehors de l'EPHE, je remercie Nathalia Valencia, Benjamin Ferrand, Angélica Toro, Esteban Valencia, Jérémy Toscano, Sophie Toscano, Jean-Pierre Toscano, Anne Toscano, Jana Franková, Laura Amézquita, Seva Ioffe, Helen Rieger-Schmidt, Andrea Leiva, Thomas Coyer, Andrea Torres et Nicolas Alvarado.

Je remercie aussi Élisabeth Boncour, qui, en dépit d'une matière parfois rétive, a su rendre l'expression française de cette étude plus fluide. Ainsi, s'il y a quelque brin d'élégance et de beauté dans l'expression, c'est à elle que je le dois.

30 mars 2021

AVANT-PROPOS

Il s'agit d'abord d'expliquer dans quel sens ce travail propose une nouvelle interprétation de la pensée de Duns Scot. Les remarques qui constituent ce texte n'offriront pas au lecteur une formule unique à laquelle il serait conduit de manière méthodique, ordonnée et logique. En revanche, dans notre lecture de quelques textes du premier Duns Scot, nous avons trouvé la possibilité d'ajuster la portée de certaines des interprétations contemporaines concernant quelques sujets majeurs de sa pensée : le(s) sujet(s) de la logique et son rôle dans la recherche scientifique, le problème de la signification, le statut logico-ontologique des catégories, le problème du statut sémantique de l'étant (envisagé sous l'angle de l'équivocité ou de l'analogie ou de l'univocité) et le(s) sujet(s) de la métaphysique.

Force est de constater l'existence d'une tension interprétative entre, d'une part, le Scot d'une historiographie centrée sur l'univocité de l'étant, la distinction formelle et la connaissance intuitive du singulier ainsi que d'autres thèses majeures de sa pensée, qui constituent le centre d'un dispositif qui recouvre l'ensemble de son œuvre ; d'autre part, le fait attesté qu'il a considérablement évolué dans ses positions de telle sorte qu'il faudrait pour certains points d'interprétation tenir compte de la période de rédaction d'un texte donné pour bien déterminer ses enjeux et sa portée dans la variété de l'œuvre de Scot. Nous voudrions insister sur ce dernier point : en effet, nous constatons dans de récents travaux l'effort admirable de construire une vision d'ensemble de la pensée de Scot à partir d'une clé interprétative tirée de ses dernières positions, notamment du *Quodlibet* III. Celles-ci concernent la question de la sémantique de l'étant qui touche en même temps la question de l'objet premier de l'intellect.

Notre approche cherche, au contraire, à se concentrer sur une lecture des positions philosophiques du *premier* Duns Scot en elles-mêmes. Pourquoi ? Parce que celui-ci reste un inconnu, parfois très dérangeant et, surtout, parce qu'il est lu et interprété à partir du Scot « de l'univocité » ou à partir du dernier Scot. Dans les deux cas, soit le premier disparaît, soit il est pensé en fonction de celui qu'il deviendra.

Et puisque dans le cas de Scot, la règle herméneutique qui fait du travail de l'historien, au premier abord, un exercice de compréhension des textes – un travail en soi et par soi – nous avons essayé de comprendre quelques pages de Scot afin d'offrir à ses lecteurs actuels et potentiels une vue renouvelée, non au sens d'une nouvelle interprétation *d'ensemble*, mais plutôt comme une forme d'ajustement des points spécifiques du jeune Scot vis-à-vis de sa propre histoire doctrinale.

La voie artisanale et intuitive qui a présidé au début la nature de notre démarche n'est pas celle ici choisie. Nous avions alors l'idée qu'il serait possible de travailler Scot sur un point particulier, sur quelques passages choisis ici et là, tout en laissant en suspens la lecture continue des textes, dans leur spécificité propre : des *quaestiones*, c'est-à-dire, des essais de réponse à des questions bien précises. Ce n'est que plus tard que nos efforts se sont concentrés sur quelques questions portant sur des problématiques diverses, mais liées, davantage que sur une vision d'ensemble d'une seule problématique ou d'un noyau problématique de la pensée de Scot, et ceci pour une raison toute simple parce qu'insidieuse : il fallait comprendre ou essayer de comprendre les textes dans leur structure et leur mécanique internes et nous n'avions pas à l'époque, et peut être pas même aujourd'hui, les moyens de le faire. Bref, nous ne comprenions rien. La matière du travail ainsi que sa démarche propre nous a donc conduit à lire des questions complètes et non des fragments ou des citations isolées. C'est en ce sens que notre ambition première est de rendre Scot compréhensible à partir de ses débuts, d'abord à nous-mêmes et ensuite aux autres.

C'est une façon – étroitement liée à notre expérience de lecture – de justifier le choix d'une méthode qui choisit de commenter des textes unifiés et d'en explorer les enjeux autant que possible. Ce présent travail a d'abord été une thèse : son *lecteur propre* est donc un spécialiste ; mais étant aussi une recherche exploratoire sur quelques points de la pensée de Duns Scot, il s'adresse également à un *lecteur commun*, soit n'importe qui s'intéressant à sa pensée.

Nous avons eu ce dernier lecteur à l'esprit à l'heure d'écrire ce travail, ce qui suppose une certaine philosophie de l'écriture que nous avons mise au premier plan. Ce lecteur commun est quelqu'un qui est suffisamment informé en philosophie pour s'intéresser à Duns Scot, et en même temps, qui a du mal à y trouver ses repères. Notre intention était de cheminer avec lui à travers la forêt épaisse des textes scotistes. Nous avons essayé de lui montrer ce que nous-mêmes avons pu voir tout en regrettant ne pas pouvoir l'éclairer davantage.

Mais ces remarques ne suffisent ni pour expliquer « la méthode » ni pour délimiter notre objet d'étude. Cette tâche, qui consiste à lire le premier Scot, se confronte à deux problèmes propres à l'histoire même de la composition des commentaires scotistes d'Aristote et, à une plus large échelle, par la méthode de rédaction de Scot lui-même. Cela est aussi manifeste, bien que dans une moindre mesure, dans son œuvre théologique. En effet, une pratique courante chez Scot consistait à retravailler ses textes en ajoutant ce que ses premiers éditeurs appelaient des *extras* et des *additiones*. Il s'agit de passages de longueur variable qui étaient censés modifier une position initiale déjà présente dans un texte. Ce qui est étonnant, c'est qu'il y a des cas où ces passages rajoutés a un texte premier (ou d'origine) constituent non seulement de véritables refontes d'une question, mais également un changement radical de position. Cette démarche pose problème parce qu'elle nous amène à considérer « de l'intérieur » des textes de la première époque, puis ce que Scot deviendra par la suite. En ce sens, un lecteur de ces « premiers » textes ne peut pas « mettre entre parenthèses » la pensée postérieure de Scot parce qu'elle est inscrite dans les *Commentaires* à Aristote à divers degrés de présence.

Cela pose un autre problème qui relève des rapports temporels entre ces diverses « rédactions secondes ». Est-ce qu'elles ont été insérées vers la même époque constituant de ce fait une entrée dans la pensée de Scot à un moment donné ? Ou, au contraire, appartiennent-elles à divers moments après ce que nous nommons, étant donné l'absence d'un mot approprié, le début de la pensée de Scot ? À un moment donné de notre exposé, il ne sera plus possible de fuir l'exigence de rendre compte de ces « rédactions secondes », en raison de ce qu'elles font subir au texte premier. C'est ici que ce rapport de Scot à lui-même manifesté dans la chronologie de ses œuvres deviendra encore plus présent et en même temps plus délicat à saisir.

Est-ce à dire que nous allons trahir notre propre point de départ qui exclut de lire le premier Scot à partir de ce qu'il deviendra ? Non et oui. Non, car c'est Scot lui-même qui est revenu sur ses premiers ouvrages afin de modifier ses points de vue. Oui, car nous aurons affaire à un Scot autre que le premier et nous devrons donc essayer de comprendre comment et surtout pourquoi il a changé d'avis sur certains points de doctrine. Mais nous restons toujours à l'intérieur d'une tradition textuelle qui construit ses rapports avec elle-même. Nous abordons ces textes selon une double lecture simultanée : comme des *unités textuelles*, car Scot a gardé l'unité de la *quaestio*, sous laquelle nous découvrons *des strates de rédaction*.

Pour ce qui est de l'approche thématique, le lecteur dispose en outre d'une autre étude portant sur la logique et la métaphysique chez Duns Scot à partir d'une lecture de quelques questions de ses commentaires à Aristote. Notre démarche générale a été, pour chaque question, de mettre Scot en discussion avec ses sources directes et indirectes afin de voir l'émergence de sa propre solution ou de sa thématisation de la problématique. Cet ouvrage est divisé en trois parties qui portent les titres laconiques de *Logique*, *Sémantique* et *Métaphysique*.

Nous avions au départ à l'esprit une question préliminaire : quels sont les rapports entre logique et métaphysique chez Scot ? C'est surtout à cause du problème des limites entre les deux sciences que la question devient pressante, même si une question opératoire joue aussi un rôle majeur dans la pensée de Scot : comment l'approche logico-sémantique détermine-t-elle la métaphysique ? Ainsi, d'un côté, nous nous demandons quel est l'espace de la logique dans cette première période, et quelles sont ses limites, et d'un autre côté, nous nous demandons comment elle modifie ou détermine l'entreprise métaphysique elle-même. C'est dans l'interface de la problématique sémantique de la signification que nous avons trouvé, non un espace commun, mais un espace de connexion entre les deux sciences, au moins dans cette période de la pensée de Scot.

La première partie s'occupe de la question de savoir en quoi la logique est une science et de la question de ce qu'est l'universel logique (chapitre premier) dans le commentaire à l'*Isagoge*. Un constat préliminaire sera celui du rôle normatif des *Seconds Analytiques* en ce qui concerne la nature et la détermination du sujet de toute science. C'est par l'entremise de cette approche aristotélicienne de la science que Scot détermine le sujet propre de la logique (le syllogisme) et son sujet commun (les intentions secondes) ainsi que le sujet de l'*Isagoge* (l'universel logique). Tout en étant une science commune, comme la métaphysique, l'espace logique dans son ensemble ne comporte que la seule dimension de l'*ens rationis*, de ce qui est causé par l'intellect.

La deuxième partie aborde le problème de la signification du nom commun, notamment dans le commentaire sur le *De interpretatione* (chapitre II), du rejet de l'univocité au profit de l'équivocité logique de l'étant sur la base d'une analyse de l'analogie sémantique notamment dans le commentaire aux *Catégories* et aux *Réfutations Sophistiques* (chapitre III). À l'occasion de la solution scotiste au problème de la signification exposée dans le commentaire au *De interpretatione*, nous trouverons un premier exemple du travail de réécriture si caractéristique de Scot et qui deviendra omniprésent dans la troisième partie.

Celle-ci, la plus longue de notre enquête, est entièrement consacrée à l'étude des deux questions du commentaire à la *Métaphysique* : la longue question 1 du livre I, consacrée à déterminer le sujet de la métaphysique (chapitre IV), et la question 1 du livre IV dédiée au problème de l'univocité de l'étant (chapitre V). C'est dans cette partie où l'effet des secondes rédactions est le plus profond. Pour les deux questions qui nous intéressent, nous pourrons constater non seulement l'obsession scotiste pour ces deux problématiques, mais aussi les variations de fond dans les principes et les présuppositions théoriques qui rendent possible la diversité des réponses au fil d'une longue recherche métaphysique.

Même si les réponses que nous allons découvrir au sujet des questions classiques de la pensée de Scot ne correspondent pas à son image traditionnelle dans l'histoire de la philosophie (image forgée sur l'héritage de l'univocité de l'étant), la démarche, le style, l'accumulation inlassable des arguments *pro* et *contra* dans le cadre de la *quaestio*, en un mot, la célèbre *subtilitas* scotiste, tout cela est déjà bien présent dans ses premiers textes. Le premier Scot était déjà celui qui allait jusqu'aux dernières conséquences d'une question, d'une argumentation. Sur cette *basse continue*, s'est construite une pensée beaucoup plus dynamique et changeante qu'on ne l'imaginait.

PREMIÈRE PARTIE

LOGIQUE

D'un point de vue doctrinal, les commentaires scotistes aux œuvres logiques d'Aristote sont d'un intérêt capital et un point de départ privilégié, afin d'entamer une étude sur les formes que la logique de la prédication et la structure de la métaphysique, dans leurs rapports corrélatifs, ont pu prendre dans la pensée de Scot. Pour lui, la logique est une science, une *science intentionnelle commune*. Dans son commentaire à l'*Isagoge*[1], à partir des exigences épistémiques établies dans les *Seconds Analytiques*, Scot a proposé deux déplacements fondamentaux pour constituer la logique comme science : d'abord la détermination du *syllogisme* comme sujet de la logique et la définition de la logique comme science commune intentionnelle, dont le sujet et les attributs *sont causés par l'intellect bien que sous un rapport causal au réel, atténué, mais non inexistant.* C'est ainsi que l'on peut désormais découper le champ propre à la logique relativement aux sciences du réel, et en particulier, relativement à la métaphysique considérée comme science commune du réel.

Scot propose comme second déplacement, une détermination de l'universel comme sujet de l'*Isagoge*, par le moyen du rejet de l'analogie métaphysique de l'universel telle qu'il la voit à l'œuvre chez Albert le Grand ; du même coup, Scot offre dans ce texte la première thématisation de l'univocité et de l'analogie ; ici, c'est pour soutenir l'univocité de l'universel vis-à-vis de cinq prédicables.

Ce besoin, cette exigence imposée à toute science de se constituer sur la base d'un sujet *un*, dont le concept serait nécessairement un concept *univoque*, traverse toute entreprise scientifique. C'est donc à l'aune de la science aristotélicienne modelée dans les *Seconds Analytiques* que l'entreprise scotiste de constitution de la logique et de la métaphysique comme sciences sera possible, au moins à ce stade de sa pensée. Pour la métaphysique l'idée de remplir la condition d'un sujet univoque est le centre de tous les enjeux qui seront les

1. *In Porph.*, p. 3-235.

siens depuis les tentatives aristotéliciennes; la situation est semblable pour la logique qui entend se constituer comme science. La logique a dû démontrer sa scientificité à une tradition aristotélicienne qui la limitait au rôle d'instrument de la philosophie (par le double effet de la notion de *modis sciendi*, tirée de *Métaphysique* II (α), 3, 995a14-15, et de la division des sciences théoriques tirée de *Métaphysique* VI (E), 1, 1026a18-19) vis-à-vis de la position stoïcienne qui prônait déjà la scientificité de la logique en tant que partie de la philosophie[1].

Scot prendra un soin considérable à faire en sorte que les analyses propres de la logique, telle qu'il la conçoit dans ce commentaire, comme science intentionnelle commune, *ne soient pas fondées sur ou mélangées à des concepts métaphysiques*. Ceci est un critère opératoire pour observer la distinction scotiste entre logique et métaphysique à l'œuvre. Cela explique le rejet de la première forme d'analogie réelle, qu'il voit effective chez Albert, pour les universaux (qui en étant des objets logiques ne peuvent pas être soumis aux contraintes dérivées de la structure ontologique des choses à l'*occasion* desquelles l'intellect les a produits), ainsi que la constitution d'un premier ensemble d'arguments en faveur de l'univocité de l'universel qui délimitent en même temps la définition générale de l'univocité comme critère de détermination du sujet de toute science. Dans ce contexte de rapports subtils entre le champ noétique et le champ ontologique, nous aurons l'occasion d'expliquer le degré d'autonomie que Duns Scot entend conférer à la logique vis-à-vis de la métaphysique.

C'est le moment d'expliquer en quoi, tout en leur accordant valeur et pertinence (et dont nous avons été les premiers à en tirer un bénéfice considérable), nous nous séparons des analyses des rapports entre logique et métaphysique de certaines études récentes

S'il fallait le dire en un seul mot, nous dirions simplement qu'ici nous nous intéressons à établir la position *initiale* de Scot dans ses commentaires logiques sans rien présupposer sur ses développements postérieurs[2]. Pourquoi? Parce que nous voulons savoir ce que pensait le « premier Scot », celui des commentaires logiques, à propos des problèmes qu'il y pose *avant* de savoir comment il a modifié sa propre pensée. Bref, nous nous intéressons à Scot avant l'univocité de l'étant. En quoi cela diffère-t-il de ce qui a été fait? Analysons deux exemples tirés de deux ouvrages fondamentaux.

1. *Cf.* P. Hadot, « La logique, partie ou instrument de la philosophie ? », dans Simplicius, *Commentaire sur les* Catégories *d'Aristote*, trad. fr. Ph. Hoffmann, Fasc. I, introd., 1re partie (p. 1-9,3 Kalbfleisch), Leyde-New York, Brill, 1990, p. 183-188.

2. Même si la date de rédaction de ces commentaires, et notamment de celui à Porphyre dont nous nous occuperons par la suite, n'est pas clairement établie, les éditeurs du texte critique penchent en faveur de l'hypothèse qu'ils ont été écrits tôt dans la carrière de Scot. *Cf.* « Introduction », *in* Ioannis Duns Scoti, *Quaestiones In Librum Porphyrii Isagoge*, *op. cit.*, p. XXXI.

Dans son livre sur le rapport entre la théorie avicennienne sur l'indifférence de l'essence et la métaphysique chez Duns Scot, Odile Gilon, en s'appuyant sur le célèbre et très influent *Quodlibet* III de Scot, pose comme point de départ de son analyse des rapports entre logique et métaphysique, l'idée que l'une et l'autre, si elles ont des domaines différents, à savoir pour la métaphysique celui délimité par l'*ens realis*, et pour la logique celui délimité par l'*ens rationis*, « partagent *un même espace intentionnel* »[1].

Lorsque Gilon note à juste titre que « *toute* science porte sur l'*ens* entendu comme non contradictoire »[2], en faisant appel au *Quodlibet* III, elle avance la thèse d'un espace intentionnel commun à la logique et à la métaphysique, de la sorte que l'*ens* dans le sens de ce qui est non contradictoire constitue cette dimension commune.

En effet, dans le *Quodlibet* III, Scot distingue trois sens de *res vel ens* dont le premier nous intéresse spécialement. Ici, l'étant est pris *communissime* :

> En effet, l'étant ou la *res*, dans ce premier mode, est pris entièrement de la façon la plus commune et il s'étend à tout *ce qui n'inclut pas de contradiction*, qu'il soit un étant de raison, c'est-à-dire, d'une façon précise, ce qui possède un être dans l'intellect qui le considère, ou qu'il soit un étant réel, qui possède une certaine entité en dehors de la considération de l'intellect[3].

Non seulement le texte du *Quodlibet* III fonde cet espace intentionnel commun à l'étant de raison et à l'étant réel (autrement dit à la logique et la métaphysique) ; il affirme aussi que l'étant ainsi compris est l'objet premier de l'intellect. Voici le passage en question :

> Et dans ce concept le plus commun, dans la mesure où la chose ou l'étant se dit de n'importe quel concevable qui n'inclut pas contradiction (que celle-ci soit une communauté d'analogie ou d'univocité, cela m'est indifférent à présent) l'étant pourrait être posé objet premier de l'intellect[4].

Le lien établi entre l'étant pris *communissime* et l'objet propre de l'intellect ouvre la voie à la position d'une deuxième thèse. Dominique Demange, dans son livre sur la théorie du savoir chez Scot, ouvre son chapitre sur la distinction entre logique et métaphysique en citant le *Quodlibet* III en le mettant en rapport avec les commentaires logiques[5]. Dans l'entreprise qui est la sienne,

1. O. Gilon, *Indifférence de l'essence et métaphysique chez Jean Duns Scot*, Bruxelles, Ousia, 2012, p. 355 (nous soulignons).

2. *Ibid.*

3. *Quodlibet* III, n. [2] 8 (éd. Alluntis, p. 93) : « Ens ergo vel res isto primo accipitur omnino communissime, et extendit se ad quodcumque *quod non includit contradictionem, sive sit ens rationis*, hoc est praecise habens esse in intellectu considerante, *sive sit ens reale*, habens aliquam entitatem extra considerationem intellectus » (nous soulignons).

4. *Ibid.*, n. [2] 9 (éd. Alluntis, p. 94) : « Et isto intellectu communissimo, prout res vel ens dicitur quodlibet conceptibile quod *non includit contradictionem* (sive illa communitas sit analogiae sive univocationis, de que non curo modo) posset poni ens primum obiectum intellectus ».

5. D. Demange, *Jean Duns Scot : La théorie du savoir*, Paris, Vrin, 2007, p. 261-262.

cette approche lui permet de fonder l'une de ses thèses principales : il y a d'un côté, un sujet pour la métaphysique (l'étant univoque) et d'un autre, l'objet propre de l'intellect (l'étant pris *communissime*), de telle sorte que, l'un et l'autre ne se correspondant pas, la théorie de l'objet et la métaphysique se développent sur des chemins différents[1]. Nous ne voulons pas dire que Demange considère que cela a toujours été le cas chez Scot ; bien au contraire, il montre comment cette thèse a pris le pas sur d'autres options considérées par notre auteur, tout en mettant l'accent sur ce décalage entre la théorie de l'objet et le sujet de la métaphysique. Nous souhaitons simplement montrer que ce décalage n'est pas encore présent à l'époque de la rédaction des commentaires logiques.

Non seulement nous considérons que les analyses de Gilon et Demange peuvent être justes et bien fondées, mais, en même temps, elles mettent en lumière ce qu'il en a été de l'avenir du scotisme. C'est pourquoi nous ne contestons pas le procédé qui consiste à essayer d'établir les rapports entre logique et métaphysique dégagés à partir des *derniers* points de vue de Scot (il ne faut pas oublier que les questions quodlibetales de Scot sont datées, selon les dernières estimations, à peu près entre carême 1305 et carême 1307)[2]. En effet, si ces auteurs visent *à partir des derniers mots* de Scot une vision d'ensemble de sa philosophie ou, au moins, des rapports entre logique et métaphysique afin de mesurer la percée et la portée de sa pensée, notre but est beaucoup plus modeste. Nous nous demandons, *d'abord*, ce que pensait le Scot des commentaires logiques avant tous les développements qui seront les siens. Le moment venu, nous aurons à examiner dans quelle mesure certaines de ses idées de la maturité se trouvent ou non déjà annoncées dans ses premiers textes[3], car, même s'il y a des traces de certaines des thèses classiques de Scot, nous ne sommes pas convaincus de voir déjà *en marche* certains dispositifs comme celui de l'espace intentionnel commun à la logique et la métaphysique.

Pour ainsi dire, tout historien de la philosophie peut se voir contraint à lire un auteur depuis un certain moment de l'évolution de sa pensée. Cela explique, par exemple, l'étonnement des premiers disciples et de quelques historiens du XXe siècle devant les « incohérences » doctrinales de Scot, lisant les commentaires logiques *à partir des* œuvres théologiques ; nous pensons évidemment au cas de l'univocité de l'étant (tout en laissant en suspens le problème de doubles rédactions en ce qui concerne le commentaire à la *Métaphysique*). Ou bien, on peut faire émerger une autre forme de cohérence de la pensée de Scot, lorsqu'on lit les commentaires logiques *à partir du Quodlibet* III.

1. *Cf.* D. Demange, *Jean Duns Scot : La théorie du savoir*, *op. cit.*, p. 434 *sq.*

2. T. B. Noone et H. F. Roberts, « John Duns Scotus'*Quodlibet* », *in* C. Shabel (ed.), *Theological Quodlibeta in the Middle Ages : The Fourteenth Century*, Leyde-Boston, Brill, 2007, p. 132.

3. O. Gilon, *Indifférence de l'essence*, *op. cit.*, n. 22, p. 366.

Que peut-on tirer de ces remarques ? Pour ce qui est de notre approche, nous allons le voir tout de suite, la logique est une science intentionnelle du commun et la métaphysique ~~est~~ une science réelle du commun. Dans le premier cas, le commun renvoie à la dimension intentionnelle, tandis que dans le deuxième cas, le commun renvoie aux traits les plus communs des étants réels. Mais qu'est-ce que la « réalité » dans le sens de l'*ens realis* à l'époque des commentaires logiques ? Apparemment, ce qui n'est pas causé par l'intellect, ce qui ne dépend pas de la considération de l'intellect. De là, l'insistance sur la coexistence de l'analogie réelle et de l'équivocité logique de l'étant dans le commentaire aux *Catégories* question 4 et dans le commentaire à la *Métaphysique* IV question 1. Mais la connexion ou les rapports entre les deux sciences restent flous et problématiques. Nous pensons donc qu'il n'y a pas encore d'espace commun intentionnel à ce moment-là et que le problème des rapports entre logique et métaphysique est encore dans une phase de constitution et sans solution apparente chez Scot. C'est à nous maintenant de prouver que cela est le cas.

Nous nous occuperons donc du traitement du statut scientifique de l'universel, de la distinction entre métaphysique et logique tels qu'ils sont traités dans le commentaire à l'*Isagoge*. Ce cadre servira à déceler les traits communs et les différences entre les deux disciplines qui portent sur l'étant, à prendre conscience du traitement proprement logique du problème de l'étant tel qu'il est déroulé dans ces commentaires et à fournir la toile de fond de toute la problématique sur l'analogie et l'univocité comme critères de détermination du sujet d'une science.

Cela nous permettra, dans le chapitre II, de nous consacrer au problème de la signification de la *vox* et à ses réponses hésitantes, comme préambule à la question sur le sujet du traité des *Catégories*, autrement dit : à la double question sur l'existence d'un concept univoque permettant la constitution de la science des catégories (question à laquelle Scot répondra affirmativement) et à l'idée que l'étant se prédique univoquement des catégories ou qu'il existe un concept univoque d'étant commun aux catégories (question à laquelle Scot répondra négativement).

CHAPITRE PREMIER

LOGIQUE ET UNIVERSEL LOGIQUE

Le commentaire à l'*Isagoge* contient deux moments introductifs fondamentaux. Le premier présente une démonstration de la scientificité et de la portée de la logique[1] en déterminant le syllogisme comme son sujet propre et premier (q. 1-3) ; dans le même esprit méthodique, le second moment est constitué par un bref « préambule », d'une quinzaine de lignes, aux questions sur les universaux, tout au début de la question 4. En effet, ce préambule ouvre, à son tour, la problématique de la scientificité du traitement porphyrien des universaux.

Ce texte suscite plusieurs remarques au sens où il s'efforce d'offrir une première distinction de trois acceptions du terme « universel » : une première, adéquate au domaine logique, une deuxième portant sur le domaine du réel connaissable scientifiquement et une dernière sur le domaine du singulier, de l'étant composé, ou, plus précisément, de l'étant par accident, non connaissable scientifiquement. Proposé comme seuil à la recherche sur les universaux, ce préambule offrira à Duns Scot les distinctions initiales, permettant dans la suite du commentaire d'élaborer d'abord une détermination ontologique de l'universel logique comme être intelligible et accident intentionnel (q. 4-5) ; ensuite, d'offrir une démonstration de la possibilité de la prédication logique (q. 6) ; et enfin, de déterminer l'universel comme sujet de la science des prédicables exposée dans l'*Isagoge*, compte tenu de l'univocité de l'universel vis-à-vis des cinq prédicables (q. 7-8).

Ainsi, dans l'arc établi entre les questions 4 et 8, Scot construit la fondation et la justification de la science des prédicables, en même temps qu'il expose sa considération sur la nature de la prédication logique, comme une forme de

1. Pour une introduction et une bibliographie récente à l'histoire de la logique médiévale, *cf.* J. Brumberg-Chaumont, « The Legacy of Ancient Logique in the Middle Ages », *in* C. Dutilh Novaes & S. Read (eds), *The Cambridge Companion to Medieval Logic*, Cambridge, CUP, 2016, p. 19-44 et J. Marenbon, « La logique en Occident Latin », dans J. Brumberg-Chaumont (éd.), *Ad notitiam ignoti.* L'*Organon* dans la *translatio studiorum* à l'époque d'Albert le Grand, « Studia Artistarum, 37 », Turnhout, Brepols, 2013, p. 173-191.

prédication dans l'ordre intentionnel. Comme nous le verrons, c'est aussi l'occasion pour Scot d'affronter pour la première fois la problématique de l'univocité et de l'analogie par rapport au statut de la notion intentionnelle d'« universel » comme sujet de la science des prédicables. La discussion avec Albert le Grand fournira le cadre pour un premier rejet de ce que Scot voit comme une forme d'intrusion de l'analogie réelle dans la détermination logique de la nature de l'universel. C'est en fait dans ce commentaire à l'*Isagoge* que nous trouvons à petite échelle l'effort de Scot pour distinguer, quant à la nature de l'universel, sujet de la science des prédicables, les ordres logique et métaphysique.

Mais avant d'entrer dans l'analyse de la position scotiste sur l'universel comme intention logique, abordons les éléments fondamentaux de sa conception de la logique comme science intentionnelle commune.

Scientificité et portée de la logique

Les trois premières questions du commentaire à l'*Isagoge* ont une portée plus large que celle limitée au problème de la détermination de l'universel comme sujet des prédicables. Elles présentent la détermination scotiste du statut scientifique de la logique à partir de la détermination de son sujet, le syllogisme[1].

Scot présente deux arguments en faveur du statut scientifique de la logique dont nous retenons le premier, dans lequel il met l'accent sur le but de la science : la production du savoir comme effet de la démonstration[2]. Le cœur de sa position fait appel à la définition de la démonstration empruntée aux *Seconds Analytiques* (I, 2, 71b18-20)[3]. Voici le premier paragraphe de la solution de Duns Scot :

> Il faut dire que la logique est une science, parce que ce que l'on y enseigne est conclu par le moyen d'une démonstration, *comme dans les autres sciences*; par conséquent, cela est su (*sciuntur*), car « la démonstration est le syllogisme qui fait savoir (*scire*) » [4]. On trouve aussi dans la logique, tout ce qui est requis pour

1. Les trois questions posées en préambule sont : q. 1 *Utrum logica sit scientia ;* q. 2 *Utrum logica sit scientia communis* et q. 3 *Utrum syllogismus sit subiectum logicae. Cf.* H. Salinas-Leal, « La determinación de la lógica como ciencia común intencional en Duns Escoto », *Franciscanum*, 165, 2016, p. 51-86, pour une analyse des deux premières questions.

2. *In Porph.*, q. 1 n. 4 (OPh, I, 4) : « Scientia est effectus demonstrationis ; in logica autem multa demonstratione ostenduntur ; igitur etc. ».

3. Aristote, *Analytica Posteriora*, I (A), 2, 71b18-20 (AL, IV4, 286) : « J'appelle “démonstration” un syllogisme scientifique, et j'appelle “scientifique” un syllogisme dont la possession fait que nous avons un savoir scientifique ». (trad. fr. P. Pellegrin, Paris, Flammarion, 2007, p. 67).

4. *Ibid.*, I, 2, 71b18-20.

> la démonstration : tels qu'un sujet et une propriété démontrable du sujet par le moyen terme, qui est une définition [1].

Le trait qui fait de la logique une science est sa démarche manifestement démonstrative *qui fait savoir*. Pour Scot, tout ce qu'on connaît en logique, on le connaît *sicut in aliis scientiis*, c'est-à-dire, par le moyen d'une démonstration [2]. Sur cet aspect-là, la logique est une science parmi les autres et comme elles. Scot démontre que la logique se comporte comme les autres sciences, en y cherchant les conditions requises pour qu'il y ait une démonstration dans un savoir donné. Il dénombre deux conditions : qu'il y ait un sujet et une propriété du sujet démontrable par le moyen terme [3].

La suite de la réponse présente la distinction des deux sens dans lesquels est comprise la logique : comme science, la logique est *docens*, c'est-à-dire, doctrine de la logique ; et comme outil, elle est *logica utens*, logique « appliquée » à la démarche scientifique :

> Il faut savoir, pour autant, que la logique est considérée de deux façons. D'abord, en tant que *logica docens*, et ainsi à partir de principes propres et nécessaires elle conduit à des conclusions nécessaires et elle est une science. Ensuite, en tant que nous utilisons la logique, en l'appliquant aux choses dans lesquelles on en fait l'emploi, et ainsi, elle ne procède pas à partir des principes propres, mais à partir des principes communs, et elle n'est pas une science [4].

Selon cette distinction la *logica docens* est une science parce qu'elle produit des conclusions nécessaires à partir de principes propres et nécessaires à la

1. *In Porph.*, q. 1 n. 6 (OPh, I, 4) : « Dicendum quod logica est scientia, quia quae docentur in ea demonstratione concluduntur sicut in aliis scientiis ; igitur sciuntur quia "demonstratio est syllogismus faciens scire". Sunt etiam in logica omnia requisita ad demonstrationem : ut subiectum, passio demonstrabilis de subiecto per medium, quod est definitio ».

2. Sur la nature de la science et de la science par la cause (*propter quid*) chez Scot, à partir d'une analyse de ces textes du commentaire à l'*Isagoge*, voir Ll. A. Newton, « Duns Scotus's Account of a *Propter Quid* Science of the Categories », in *id.* (ed.), *Medieval Commentaries on Aristotle's Categories*, Leyde-Boston, Brill, 2008, p. 221-258.

3. Le texte aristotélicien parle de trois conditions : Aristote, *Analitica Posteriora*, I (A), 7, 75a39-b2 (AL, IV4, 293) : « *Tria enim sunt in demonstrationibus, unum quidem quod demonstratur conclusio ; hoc autem est quod inest alicui generi per se. Unum autem dignitates ; dignitates autem sunt ex quibus. Tertium autem genus subiectum, cuius passiones et per se accidentia ostendit demonstratio* / Car il y a trois choses dans les démonstrations : l'une est ce qui est démontré, la conclusion (c'est-à-dire ce qui appartient par soi à un certain genre), une autre les axiomes (les axiomes étant ce d'où part la démonstration), la troisième le genre sous-jacent, dont la démonstration met en évidence les propriétés et plus précisément les accidents par soi » (trad. cit., p. 103). Voir aussi *ibid.*, I (A), 10, 76b13-15/21-22 (AL, IV4, 295-296).

4. *In Porph.*, q. 1 n. 7 (OPh, I, 4-5) : « Intelligendum tamen quod logica dupliciter considerantur. Uno modo in quantum est docens, et sic ex necessariis et propriis principiis procedit ad necessarias conclusiones, et est scientia. Alio modo in quantum utimur logica, applicando ad illa in quibus est usus, et sic non est ex propriis sed ex communibus, nec est scientia. Sicut patet in naturalibus ubi Aristoteles ponit rationes logicas quae procedunt ex medio communi et non faciunt scire proprie loquendo ».

logique comme doctrine de son savoir propre, tandis que la *logica utens* aide à produire des conclusions à partir de principes communs appliqués dans les autres sciences, tout en n'étant pas une science. Cette distinction est au cœur de la stratégie scotiste pour inclure la logique dans l'ensemble des sciences, car elle produit des conclusions à partir de principes propres (en tant que *logica docens*), en même temps que Scot préserve la dimension instrumentale et non scientifique de la logique appliquée aux autres sciences à partir de principes communs (en tant que *logica utens*). Il est clair que, pour Scot, il y a science lorsque le raisonnement part de principes propres à un genre déterminé. Scot introduit la *logica docens* dans l'ensemble des sciences, tandis qu'il laisse la *logica utens* du côté de l'instrumental. L'enjeu principal consiste à déterminer la distinction entre principes propres (constituant le point de départ de la construction du raisonnement scientifique à l'intérieur et à partir du genre d'une science déterminée) et principes communs (comme éléments instrumentaux d'application du savoir logique dans toutes les sciences) à l'intérieur de la logique. Nous verrons que ce qui constitue le propre de la logique comme science est cela même qui constitue le commun de la logique à toutes les sciences en tant que la logique est un instrument du savoir. C'est pourquoi nous considérons que la logique est par soi une science *de communibus* dans la mesure où ce qui lui est propre, est cela même qui est commun aux autres sciences.

Quant au caractère commun de la logique, Scot distingue deux types des sciences considérées du point de vue des principes : « On affirme que la méthode de la science (*modus sciendi*) n'est pas une science spéciale ; elle peut, pour autant, être une science commune »[1]. Mais, au juste, qu'est-ce qu'une science commune ? Comment la définir et la différencier d'une science *spéciale*, c'est-à-dire, d'une science délimitée par son sujet propre ? Scot s'appuie sur Robert Kilwardby pour déclarer que la logique est *scientia communis*.

Ce qu'on retrouve chez Kilwardby, notamment dans son commentaire aux *Premiers Analytiques*, c'est la séparation des domaines entre les sciences spéciales (*doctrinae speciales*) et la logique. D'un côté, les sciences spéciales (*doctrinae speciales*) s'occupent des sciences elles-mêmes (*scientias ipsas*), et de l'autre côté la logique s'occupe du *modus sciendi*. Celui-ci comporte deux éléments : l'art de la découverte (*ars inveniendi*) et l'art du jugement (*ars iudicandi*). Ainsi, « le mode de la découverte et celui du jugement ne doivent pas être déterminés dans aucune science spéciale, et c'est pourquoi ils sont déterminés dans la logique qui est une *science commune* »[2]. En fait, chaque

1. *In Porph.*, q. 1 n. 8 (OPh, I, 5) : « Ad primum dicitur quod modus sciendi non est scientia specialis ; potest tamen esse communis ».

2. Robert Kilwardby (sous le nom de Gilles de Rome), *Super Anal. Priora*, éd. Venetiis 1499, f. 1ra : « Licet omnis scientia inveniat et iudicet tamen sola logica modum et artem inveniendi et iudicandi determinatur, ideo iste partes soli ei attribuuntur. Et tunc ulterius dubitatur propter quid in doctrinis specialibus non denominatur ars inveniendi et iudicandi sicut in logica. Et dicendum quod inconveniens est simul quaerere scientiam et modus sciendi. Doctrinae autem speciales

science se trouvant limitée dans sa portée par un genre qui constitue son sujet, lorsqu'on le dépasse dans une démarche rationnelle comme celle de la construction des raisons nécessaires en général, on se trouve immédiatement dans l'exercice des *modi communes*, et on abandonne par conséquent l'espace d'une science spéciale ; c'est le cas manifeste de la logique :

> Le mode de la découverte et le mode du jugement sont des modes communs à plusieurs sciences et c'est pour cela qu'ils ne peuvent pas être déterminés dans aucune science spécial[1].

Dans la question 2, Scot précisera la forme de communauté qui correspond à la logique, fournissant une distinction entre deux sens de « communis », les deux sens étant relatifs au rôle du sujet d'une science par rapport aux autres sciences. Le premier sens renvoie à l'idée qu'il y a une forme d'antériorité du sujet d'une science par rapport à d'autres sujets, de la sorte qu'« *il est prédicable des sujets des autres sciences* » ; le deuxième sens, en revanche, renvoie au fait que le sujet « *tombe dans l'usage* (cadit in usum) *des autres sciences* ». C'est dans ce deuxième cas, où le sujet est utile ou utilisable dans le cadre des autres sciences, que la logique, en vertu des rapports qu'entretient son sujet avec les sujets des autres sciences, est une science commune :

> Il faut dire qu'une science est appelée commune en fonction de son sujet. On peut comprendre « commun » de deux façons : soit parce que le sujet est prédicable des sujets des autres sciences ; soit parce que le sujet tombe dans l'emploi des autres sciences. Dans le premier cas, la logique n'est pas commune si ce n'est peut-être que par accident, si son sujet est applicable à toutes choses. Dans le second cas, elle est commune[2].

Le premier sens renvoie, nous semble-t-il, au cas où, effectivement, le sujet de la logique pourrait être contenu dans le sujet ou les attributs des autres sciences. Autrement dit, dans ce cas, la logique serait une science qui constitue (par le syllogisme) un genre supérieur pour les autres sciences. Mais, évidemment, pour le syllogisme cela n'est pas possible en tant qu'attribut essentiel. Cela est possible, en tant qu'attribut accidentel. C'est pour cela, nous

determinant ipsas scientias, quare modum sciendi non determinabunt. Sed modus sciendi consistit inveniendo et iudicando, quare modus inveniendi et iudicandi non habet determinari in aliqua scientia speciali, et ideo in logica quae est *scientia communis* determinabitur » (nous soulignons).

1. *Ibid.* : « Ratio autem quare inconveniens est simul querere scientiam et modus sciendi hoc est doctrine speciales sunt generis determinati et circa principia generis determinati nec excedunt ea sed extra principia generis determinati sunt modi communes quare scientie speciales ad modos communes determinandos non se extendent sed modus inveniendi et iudicandi est *modus communis pluribus scientiis* quare de illo in aliqua scientia speciali determinari non poterit ».

2. *In Porph.*, q. 2 n. 3-4 (OPh, I, 9-10) : « Dicendum quod scientia dicitur communis a subiecto. Potest igitur intelligi dupliciter 'communis': vel quia subiectum est praedicabile de subiectis aliarum scientiarum ; vel quia subiectum eius cadit in usum aliarum scientiarum. Primo modo non est communis logica nisi forte per accidens, si subiectum eius sit applicabile omnibus. Secundo modo est communis ».

semble-t-il, que la distinction suppose que cette option n'est envisageable que *per accidens*[1]. En revanche, ce premier sens nous invite à considérer la possibilité d'un sujet prédicable *essentiellement* des sujets des autres sciences, autrement dit, un sujet qui couvrirait d'une manière commune, par une prédicabilité non accidentelle, les sujets des autres sciences, même celui de la logique. Est-ce le point de séparation entre métaphysique et logique ? Scot ne nous dit rien d'autre. Pour l'instant nous ne faisons que constater l'équivocité du terme « commun ».

Or selon le deuxième sens, les autres sciences emploient le sujet de la logique, et c'est en ce sens-là qu'elle est commune. C'est comme si l'emploi de la logique était quelque chose d'extérieur à son statut scientifique, c'est-à-dire, quelque chose d'accidentel. Lorsqu'elle va vers les autres sciences, et qu'elle les aide, elle-même n'est pas une science. Elle ne l'est que lorsqu'elle se replie sur elle-même, en déduisant, de son sujet et de ses prémisses nécessaires, ses attributs propres.

La convergence entre la solution de Duns Scot et celle de Kilwardby, bien que partielle, est encore plus manifeste lorsque nous regardons du côté de *De Ortu Scientiarum*. En se demandant comment il peut y avoir une science du raisonnement (*ratiocinio*)[2], Kilwardby distingue dans le raisonnement, un mode selon lequel il est commun aux sciences et un autre mode selon lequel il est propre. « Le raisonnement est propre à la logique par essence ou en tant que sujet, cependant il est commun à plusieurs, voire à toutes [les sciences], selon l'emploi (*secundum usum*) »[3].

Mais, enfin, pourquoi la logique devrait-elle être une science ? Comment peut-elle être une science ? C'est encore Kilwardby qui nous aide à le comprendre. En effet, la science logique se constitue comme le mode de la science de toutes les autres sciences et, en même temps, dans l'exercice de la logique elle-même, c'est-à-dire, dans la construction de ses propres démonstrations, la science et le mode de la science ne font qu'une seule démarche. Pour les besoins de la logique, il n'y a pas une science préalable qui fasse le travail de correction que la logique elle-même procure aux autres sciences, au risque de tomber dans le piège de la *regressio ad infinitum*. Bien au

1. En revanche, nous pouvons à juste titre nous poser la question de la pertinence de ce sens du commun pour ce qui concerne la métaphysique, même si Duns Scot le passe sous silence, car ce premier sens implique justement que la communauté en question permet que le sujet soit prédicable des sujets des autres sciences ; cela étant, il le serait aussi en tout cas de tout ce qui est contenu dans ces sujets.

2. Robert Kilwardby, *De Ortu Scientiarum*, éd. Judy, XLVIII, n. 444, p. 153 : « Sed adhuc est dubitatio difficilis quomodo de ratiocinatione possit esse scientia. Quod enim commune est omnibus scientiis nulli videtur esse proprium. Sed ratiocinatio omnibus est communis, quia omnes utuntur ea eo quod sine illa non est scientia ».

3. *Ibid.*, n. 447, p. 154 : « Et ad primum dicendum quod idem potest esse uno modo multis commune et alio modo uni proprium, […]. Sic est et de ratiocinatione quae est propria logicae per essentiam aut ut subiectum, multis tamen, immo omnibus, scientiis communis secundum usum ».

contraire, la logique est directrice d'elle-même, elle veille à se corriger elle-même en tant que mode de la science de son propre savoir. Et ce double rôle ne revêt aux yeux de Scot aucun risque. La logique à l'égard d'elle-même est aussi bien science que mode de la science, de même qu'elle constitue le mode de la science de toutes les autres sciences. Et Kilwardby de soutenir :

> La logique détermine simultanément la science et le mode de la science et cela n'est pas inconvenant. En effet, la logique s'occupe du mode de la science; et c'est pourquoi elle peut elle-même se rectifier dans le mode et pourquoi elle n'a pas besoin d'une science préexistante qui la rectifie, puisque lorsqu'elle détermine la science et le mode de la science, là, elles ne sont pas deux dans la logique; parce que ce qui est le mode de toutes les sciences, c'est le mode dans la science logique[1].

Dans le *De Ortu Scientiarum*, Kilwardby va dans le même sens : il concède à la logique ce double statut de science rectrice et des autres sciences et d'elle-même :

> Il faut savoir que la science raisonnante (*scientia ratiocinativa*) non seulement est une aide (*adminiculans*) *pour les autres sciences, mais aussi pour elle-même.* En effet, tout d'abord, elle enseigne à constituer et constitue le raisonnement (*ratiocinationem*), et puis, une fois constituée, on l'utilise aussi bien sur ses choses propres que sur les autres [...]. Car aucune personne disposant du savoir (*sciens*) n'enseigne le mode de raisonner (*modus*) sauf le logicien, c'est pourquoi tous [les sages] ont besoin d'abord de savoir la logique (*scire logicam*) et d'être informés par elle, et c'est pourquoi le raisonnement est dit instrument de tous et la logique science de tous [...] la logique est dit art des arts et science des sciences, à savoir, car *elle-même se rectifie et se perfectionne elle-même et rectifie et perfectionne toutes les autres* [*sciences*][2].

La logique en tant que *modus sciendi* est rectrice de toutes les sciences, donc aussi d'elle-même. Voilà pourquoi, dans la démarche de Kilwardby, qui est en quelque sorte celle de Duns Scot, il n'est pas nécessaire de distinguer la logique en tant que mode de la science de sa propre nature de science; la logique est en

1. Robert Kilwardby (sous le nom de Gilles de Rome), *Super Anal. Priora*, éd. Venetiis 1499, f. 1ra : « Et dicendum quod logica simul determinat scientiam et modum sciendi et non est inconviniens ; est enim logica de modo sciendi, unde illa potest seipsam rectificare in modo et non indiget scientia preexistente que rectificet eam, quare cum ipsa determinat scientiam et modum sciendi, hic non sunt duo apud ipsam ; quia quod est modus omnium scientiarum est modus in scientia logica ».

2. Robert Kilwardby, *De Ortu Scientiarum*, éd. Judy, XLVIII, n. 456 et 460, p. 156-158 : « Et sciendum quod scientia ratiocinativa non solum est adminiculans aliis scientiis sed etiam sibi ipsi. Prius enim ratiocinationem docet constituere et constituit, deinde constituta utitur tam circa res propias quam circa alienas [...]. Quia igitur nullus sciens docet modum ratiocinandi nisi logicus, ideo omnes indigent prius scire logicam et ipsa informari, et ideo ratiocinatio dicitur omnium instrumentum et logica omnium scientiarum [...] Patet etiam ex praedictis quare logica dicitur ars artium, scientia scientiarum, scilicet quia ipsa est sui et aliarum omnium rectificativa et perfectiva » (nous soulignons).

même temps, le mode de la science et la science de ce mode soumis à ses propres exigences.

Considérée du point de vue de son rapport aux autres sciences, comme *logica utens*, il est formellement faux de dire que le *modus sciendi* est une science, puisque, effectivement, le *modus* est une condition de la science. Néanmoins, cela est vrai matériellement :

> Cette prédication « le mode de savoir est une science » est vraie, parce que la logique enseigne (*docet*) le mode de savoir d'autant plus qu'il porte sur le syllogisme ou argument, le seul par lequel on obtient (*habetur*) la science [1].

Par la seule condition d'être *modus scientiae*, la logique pourrait être considérée comme une science, car elle enseigne le seul instrument disponible pour obtenir des connaissances scientifiques. C'est donc par rapport à l'objet de son enseignement, à son but en tant que doctrine, qu'elle pourrait être conçue en tant que science. De même, Scot indique que si l'on comprend que la logique rend à la science son mode de savoir, c'est-à-dire, que son but reste la constitution, la régulation de la démarche scientifique, on pourrait bien saisir l'énoncé « le mode de savoir est une science » dans le sens où « la recherche du mode de savoir est la recherche de la science ».

> Cette recherche-là est cette recherche-ci en raison de leur concomitance, de même que la recherche de quelque chose est la recherche de tout ce qui vient avec nécessairement, bien que l'un ne soit pas l'autre [2].

De ce point de vue, la logique est bien différente de la science, elle s'y rapporte par *concomitance*, c'est-à-dire par une liaison qui fait que l'acquisition du mode de la science est l'acquisition de la science elle-même, si l'on entend par là que l'on ne peut pas acquérir la science *sans* le mode de la science, que l'on ne peut pas se passer de la logique pour saisir immédiatement la science ; autrement dit, il n'y a pas de science sans *modus sciendi*, bien que celui-ci ne soit pas celle-là. En ce sens, tout en étant différente de la science, la logique est, en même temps, un préalable absolument nécessaire pour l'atteindre. Or, même si Duns Scot n'emploie pas ce vocabulaire, on peut voir dans la logique, vue comme *modus sciendi*, une condition nécessaire de la *recherche de la science* et, en tant que la logique s'auto-régit, on peut y voir une science à part entière, une science comme les autres, c'est-à-dire, soumise aux conditions imposées par sa méthode qui, dans son cas précis, est elle-même prise sous

1. *In Porph.*, q. 1 n. 13 (OPh, I, 6) : « … haec praedicatio "modus sciendi est scientia" est vera, quia logica docet modum sciendi pro tanto quia est de syllogismo vel argumento per quod tantum habetur scientia ».

2. *Ibid.*, n. 14 (OPh, I, 6) : « Aliter potest dici quod si "modus sciendi" exponatur per "logicam", copulatio non debet cadere inter "scientiam" et "modum sciendi", sed inter "quaerere scientiam" et "quaerere modum sciendi". Nam hoc quaerere est illud quaerere propter concomitantiam, sicut quaerere aliquid est quaerere quodlibet sibi necessario coniuctum, licet unum non sit reliquum ».

l'angle, non de la doctrine logique (*logica docens*), mais de la méthode de la science (*logica utens*).

À cette détermination de la logique comme science commune s'ajoute, dans la question 3, la détermination du syllogisme comme sujet de la logique, après l'analyse des opinions courantes à l'époque[1]. On l'a déjà remarqué, il s'agit de confimer/respecter la preuve des *Seconds Analytiques* où Aristote établit trois conditions à remplir pour tout sujet d'une science. Ce geste restera l'une des marques de la démarche scotiste, en ce qui concerne la détermination de la scientificité d'un savoir ou d'un sujet présupposé d'une science. Sans nous y attarder, retenons la réponse de Scot, ses conditions et ses conséquences.

Voici les conditions que doit remplir le sujet de toute science :

> Afin de voir quelle position est la plus véritable, il faut remarquer que trois conditions sont requises pour le sujet dans une science : à savoir [a] que le « quid est » [l'essence] et le « quia est » [l'existence] soient connus, puisqu'il faut les présupposer dans la démonstration, selon l'affirme le livre I des *Seconds Analytiques* (1, 71a11-16). [b] Deuxième condition, que par leur « quid est » soient démontrées, dans la science, les propriétés du sujet. [c] Troisième condition, que toutes les autres [réalités] déterminées dans la science soient rapportées au sujet et soient considérées à cause du sujet. Autrement, *il n'y aurait pas d'unité de la science à partir de l'unité du sujet*[2].

La première condition insiste sur le fait que la démonstration de l'essence et de l'existence de son sujet propre ne relève pas de la science; tant l'essence que l'existence du sujet doivent être présupposées pour constituer le point de départ de la démonstration scientifique[3]. C'est pourquoi ce que l'on démontre

1. Pour une vision d'ensemble de cette problématique concernant le sujet de la logique, voir A. Robert, « Le débat sur le sujet de la logique et la réception d'Albert le Grand au Moyen Âge », dans J. Brumberg-Chaumont (éd.), *Ad notitiam ignoti, op. cit.*, p. 467-512.

2. *In Porph.*, q. 3 n. 13 (OPh, I, 14) : « Ad videndum quae positio sit verior, notandum quod tres condiciones sunt requisitae subiecti in scientia, videlicet [a] quod sit notum "quid est" et "quia est", nam haec duo oportet praesupponere demonstrationi, ut dicitur I *Posteriorum*. [b] Secunda est quod per eius "quid est" demonstrentur in scientia passiones illius subiecti de eo. [c] Tertia est quod ad ipsum omnia alia determinata in scientia reducantur et propter ipsum considerentur. *Aliter enim ab eius unitate non esset unitas scientiae* » (nous soulignons).

3. Cette condition s'appuie notamment sur un passage des *Seconds Analytiques*, où Aristote expose les deux formes de préconnaissances nécessaires à tout enseignement et apprentissage par le moyen du raisonnement. Cependant, pour Aristote, il ne s'agit pas de deux conditions qui doivent se trouver ensemble dans tous les cas. Tantôt, seule la première condition est nécessaire ; tantôt seulement la seconde et tantôt les deux. Ici, Scot ne fait pas cette distinction, puisque pour le sujet d'une science il faut présupposer les deux : et l'essence et l'existence du sujet. Voir Aristote, *Analytica Posteriora*, I (A), 1, 71a11-16 (AL, IV4, 285) : « Il y a deux manières selon lesquelles il est nécessaire d'avoir une préconnaissance. Pour certaines choses, il est nécessaire de saisir à l'avance qu'elles sont, pour d'autres il faut comprendre ce qu'est la chose dont on parle, pour d'autres il faut les deux » (trad. cit., p. 61). En revanche, dans les *Auctoritates Aristotelis* (éd. J. Hamesse, 311, n. 5) : « Unde iterum habemus quod in qualibet scientia oportet praesupponere subiectum esse et quid significet ipsum ». Là, on voit bien le contraste entre le texte d'Aristote et le texte des *Auctori-*

n'est ni l'essence ni l'existence du sujet, mais les propriétés du sujet. Cela nous amène à la deuxième condition. Celle-ci insiste sur le fait que c'est par la médiation de l'essence du sujet (son *quid est*), que l'on démontre les propriétés du sujet. Enfin, la fonction de la troisième condition consiste à garantir que tout ce qui est démontré dans une science doit pouvoir être ramené à l'unité première de son sujet, celui-ci étant le garant de l'unité de la science. Autrement, la désagrégation des propriétés démontrées, c'est-à-dire le fait qu'elles ne puissent être ramenées au sujet ou qu'elles n'en constituent pas des propriétés, entrainerait, d'un côté, l'invalidité du syllogisme démonstratif, l'absence de démonstration, et de l'autre, la désagrégation du sujet lui-même, et par la suite l'impossibilité d'en faire le sujet d'une science une. Nous le voyons bien, c'est grâce à cette unité générique du sujet, que tout ce qui est démontré dans une science se rapporte à ce sujet-là. Il s'agit bien de ses propriétés qui doivent être démontrées ; c'est la raison pour laquelle le sujet dans son unité constitue la garantie de la science et de son unité[1]. Même si le texte de Scot ne le dit pas de cette façon, il dresse la liste des conditions nécessaires afin de tester les possibles candidats au rôle de sujet d'une science quelconque[2].

Après l'analyse des options présentées par les différents auteurs évoqués par Scot, seul le syllogisme réussira cette preuve en constituant à cet égard le sujet propre de la science logique. Revenons donc au problème concernant le type d'unité que garantit le syllogisme. Voyons déjà comment il remplit les conditions de sujet de la logique. Scot remarque qu'Aristote, au début des *Premiers Analytiques*, en présente la définition[3] ; ensuite, à partir de cette définition, on démontre les propriétés essentielles du syllogisme.

Néanmoins, le point le plus difficile correspond à la façon dont le syllogisme peut remplir la troisième condition. Pour Scot, c'est par sa cause, en vue du syllogisme, que l'on détermine en logique l'incomplexe (les mots simples) et l'énonciation (en tant que *parties intégrales* du sujet traitées dans la *logica vetus*) ; aussi bien les types de syllogisme (en tant que *parties subjectives* du sujet) que les autres espèces d'argumentation, « parce qu'elles se réduisent au syllogisme comme l'imparfait au parfait », y compris le syllogisme sophistique, conçu « comme sa privation ». Voici le texte de la réponse scotiste :

tates Aristotelis. Le premier ouvre la voie à trois possibilités pour la configuration de la préconnaissance : a) on présuppose l'essence b) on présuppose l'existence ou c) on présuppose les deux. Dans les *Auctoritates*, pour le cas de toute science on ne peut que présupposer et l'essence et l'existence.

1. *Cf.* L. A. Newton, « Duns Scotus's Account of a *Propter Quid* Science of the Categories », art. cit., p. 229-230, qui souligne notamment le rôle du sujet en tant qu'il délimite et différencie le domaine d'une science vis-à-vis des autres sciences ; autrement dit, le sujet d'une science détermine sa portée en délimitant et en découpant le champ d'objets qui sont les siens.

2. Dans la suite du commentaire, cette liste de conditions va soumettre à l'épreuve les candidats qui se présentent comme sujet de l'*Isagoge*, les prédicables, qui dans sa pluralité manifeste, semblent irréductibles à l'exigence d'unité d'un sujet un d'une science une.

3. Aristote, *Analytica Priora*, I (A), 1, 24b18-20 (AL, III1, 6) : « Syllogismus autem est oratio in qua positis quibusdam aliud quid ab his quae positis sunt ex necessitate accidit eo quod haec sint ».

Il faut dire que le sujet premier et propre est le syllogisme. Il remplit la première condition, car immédiatement après la détermination de ses parties dans l'ancienne logique (*logica vetus*), au début du livre des *Premiers Analytiques*, on présente sa définition. De même pour la seconde condition, car dans les *Premiers Analytiques*, par le moyen de sa définition, on montre plusieurs propriétés du syllogisme, comme le mode et la figure, et dans les propriétés on montre comment en elles il y a [prédication] de *inesse* et mode – comme posséder trois termes – dans le chapitre « Quoniam igitur in his »[1] pour ce qui est de la nécessité d'arriver à la conclusion, etc. Aussi pour la troisième condition, car à cause du syllogisme, on détermine ses parties, à savoir sur l'incomplexe et sur l'énonciation et sur ses parties intégrales et ses parties subjectives dans les *Premiers* et les *Seconds Analytiques*; et sur les autres espèces d'argumentation, car ces dernières se réduisent au syllogisme comme l'imparfait au parfait; et sur le syllogisme sophistique, comme sur sa privation, car il appartient au syllogisme de connaître et son *habitus* et sa privation. C'est ainsi que la division de la logique est manifeste par la division du syllogisme et ses attributs[2].

Voilà donnée d'un seul coup, la preuve scotiste du syllogisme comme sujet de la logique et la division du domaine logique qui s'ensuit, tout en justifiant l'articulation de l'ensemble des textes logiques d'Aristote. À notre avis, la notion clé qui permettrait de différencier ce type d'unité d'une unité d'analogie est celle de « parties du syllogisme », car le noyau de la réponse consiste à souligner que ce qui est reconduit au syllogisme en est une partie (intégrale ou subjective). Un autre aspect essentiel qui garantirait l'unité de la logique consiste à expliquer l'imparfait par sa réduction au parfait, en l'occurrence, l'étude des formes imparfaites de raisonnement dans leur rapport au syllogisme. Ainsi, cette unité ne ressemblerait pas à une unité d'analogie, mais à une unité fondée sur le rapport entre les parties et le tout, comme nous l'avons déjà suggéré.

Si notre interprétation est correcte, il est tout à fait remarquable de voir comment le choix du syllogisme permet non seulement d'en comprendre la structure interne, car il s'agit bien en logique de démontrer les propriétés du syllogisme, mais aussi, de comprendre la structure totale du domaine de la

1. *Ibid.*, I (A), 23, 40b17 (AL, III3, 228).

2. *In Porph.*, q. 3 n. 20 (OPh, I, 16-17) : « Dicendum ergo quod subiectum primum et proprium est syllogismus. Habet enim primam condicionem, quia statim post determinationem de partibus eius in veteri logica, in principio *Priorum* praemittit eius definitionem. Et secundam, quia in eodem multas passiones de illo ostendit per illam definitionem, ut modum et figuram, in illis de inesse et modo - ut habere tres terminos - in illo capitulo "Quoniam igitur in his" per hoc quod est de necessitate accidere conclusioni etc. Et tertiam, quia propter ipsum determinatur de partibus eius, scilicet de incomplexo et enuntiatione et integralibus partibus eius subiectivis in libro *Priorum* et *Posteriorum* ; et de aliis speciebus argumentationis, quia illa reducuntur ad ipsum ut imperfectum ad perfectum ; et de syllogismo sophistico, ut de privatione eius, quia eiusdem est cognoscere habitum et privationem. Sic ergo penes eius divisionem et attributa illi patet divisio logicae ».

logique comme science dans son instauration aristotélicienne. En choisissant le syllogisme, privilégié sur d'autres candidats aussi prestigieux et traditionnels, Scot est en pleine cohérence avec le rôle régulateur que jouent les *Seconds Analytiques* dans son entreprise philosophico-théologique. Car Scot essaie de construire des preuves syllogistiques, des démonstrations scientifiques pour l'ensemble des sciences théoriques, et ici, en l'occurrence, pour la logique elle-même, ainsi que nous en faisions la remarque *infra*.

Jusqu'ici, nous avons pu remarquer la présence massive des *Seconds Analytiques*, dans la mesure où ces trois premières questions du commentaire sont en dernière instance encadrées par le problème de la scientificité et de la portée de la logique. C'est le rôle opératoire des *Seconds Analytiques*, véritable instrument de validation de la nature scientifique et du sujet de la logique, qui est ici présent et dont le geste se répétera, au moins dans le contexte qui nous intéresse premièrement ici, dans la suite des commentaires logiques[1]. Il faut constater, notamment, l'importance décisive de la définition de la démonstration scientifique comme clé d'inclusion ou exclusion de la logique dans le domaine de la science. Scot prend la route de la logique comme science sans condition, car elle possède aussi une dimension *propre*, celle de la *logica docens*. L'acte de la réflexion de l'intellect sur son activité propre considérée comme objet logique transforme le mode de la science (*modus sciendi*) en science de la logique. Comme science, elle est un savoir en soi, délimité et défini par son sujet.

Comme la métaphysique, la logique est une science *ex communibus* : en effet, les deux débordent la limite imposée aux sciences spéciales par les genres qui découpent la réalité sensible. Néanmoins, il ne s'agit pas du même sens du *commun*. Car, selon notre interprétation, l'une est une science du réel et donc prédicable *essentiellement* des sujets des autres sciences, et l'autre, la logique, est une science de l'intentionnel et est commune par l'emploi que les autres sciences en font, plutôt que par son objet. De plus, le réel est connu par un acte direct qui exige la médiation des sens, tandis que le domaine logique est connu par un acte de réflexion qui, précisément, par sa nature et son objet ne passe pas par la médiation des sens. Cela veut dire aussi que la logique comme savoir en soi, comme *logica docens*, même s'il s'agit de la science rectrice et régulatrice des autres sciences dans leurs propres démarches

1. *In Porph.*, q. 7 (OPh, I, 33) : « Utrum universale sit subiectum libri Porphyrii » ; *In Praed.*, q. 2 (Oph, I, 257) « Utrum iste liber sit de decem praedicamentis ut de subiecto » ; *In I Perihermenias*, q. 1 (OPh, II, 43) : « Quid sit subiectum libri Perihermenias » ; *In Elench*, q. 2-3 (OPh, II, 275-276) : « Utrum sophistica sit scientia ; Utrum sophistica sit de sillogismo sophistico ». Dans le chap. IV de ce travail, où nous traiterons la question du sujet de la métaphysique, nous aurons l'occasion de constater encore une fois le rôle central de la figure de la science *propter quid* telle qu'elle a été comprise à partir de son exposé dans les *Seconds Analytiques* et, en même temps, le geste scotiste de dépassement ou, en tout cas, d'abandon de ce modèle.

scientifiques, ne commence son propre exercice de connaissance qu'après celle de la connaissance sensible, de la connaissance du monde.

Cela dit, le problème de la nature de l'universel tel qu'il est exposé dans le commentaire à l'*Isagoge* est l'occasion de thématiser les rapports entre le domaine du réel et celui de l'intentionnel comme cadres généraux de la problématique du rapport, pour l'instant encore insuffisamment clarifié, de la logique et la métaphysique. C'est ce que nous ferons ci-dessous.

ONTOLOGIE ET INTELLIGIBILITÉ DE L'UNIVERSEL [1]

Sur cette toile de fond, lisons maintenant le préambule à la question 4 (*Utrum universale sit ens*) et sa triple distinction de l'« universel » :

> Il faut que l'on s'interroge spécifiquement sur l'universel. Et puisque ce qui est dit par un nom précède toute question, il faut remarquer que [le terme] « universel », aussi bien que le reste des [termes] concrets, est pris dans trois acceptions. Parfois [a] il est pris pour sujet, à savoir, pour une chose d'intention première, à laquelle s'applique l'intention d'universel, et de cette façon l'universel est le premier objet de l'intellect. Parfois [b] il est pris pour une forme, à savoir, pour une chose d'intention seconde causée par l'intellect et applicable aux choses d'intention première, *et c'est ainsi que le logicien parle proprement de l'universel.* Troisièmement [c] [l'universel] est pris pour l'agrégat du sujet et de la forme, et celui-ci est un étant par accident, parce qu'il agrège des natures diverses à partir desquelles ne se produit pas une [réalité] par soi ; et ainsi, celui-ci ne fait pas partie de la considération d'aucun savant, parce que d'un étant par accident, selon Aristote dans le livre VI de la *Métaphysique* [2], il n'y a aucune science, parce qu'un étant par accident n'est pas définissable. Par conséquent, il n'y aura par la suite un discours sur l'universel que selon la deuxième acception [3].

Nous pouvons remarquer au moins deux rapports entre ces différents sens. Tout d'abord, il y a le rapport construit autour des concepts de « chose

1. Notre article (H. Salinas-Leal, « El universal lógico como *modus concipiendi* en Duns Escoto », *Anales del Seminario de Historia de la Filosofía*, 36/1, 2019, p. 29-48) intègre, dans un ensemble plus large, quelques éléments tirés de cette section.

2. Aristote, *Métaphysique* VI (E), 2, 1027a20-26.

3. *In Porph.*, q. 4 *Proemium* (OPh, I, 21) : « In speciali quaerendum est de universali. Et quia omnem quaestionem praecedit quid dicitur per nomen, ideo notandum est quod "universale", sicut et cetera concreta, sumitur tripliciter. [a] Quandoque pro subiecto, scilicet pro re primae intentionis cui applicatur intentio universalis, et hoc modo universale est primum obiectum intellectus. [b] Quandoque sumitur pro forma, scilicet pro re secundae intentionis, causata ab intellectu et applicabili rebus primae intentionis, *et sic loquitur logicus proprie de universali.* [c] Tertio modo pro aggregato ex subiecto et forma, et illud est ens per accidens, quia aggregat diversas naturas ex quibus non fit unum per se ; et sic non est de consideratione alicuius artificis, quia de ente per accidens, per Aristotelem VI *Metaphysicae*, nulla est scientia, quia non est definibile. Tantum igitur de cetero fiet sermo de universali secundo modo sumpto ».

d'intention première » et de « chose d'intention seconde » qui constitue le critère pour distinguer les deux premières acceptions d'« universel ». De ce fait, Duns Scot entend (a) *sujet* ou chose d'intention première comme *celle à laquelle s'applique* l'intention universelle et (b) *forme* ou chose d'intention seconde comme *celle applicable* à la chose d'intention première ou *sujet*. Déjà, cette « chose » *applicable* est une intention seconde ou intention universelle. C'est donc un rapport, une relation, tournant autour du trait de l'universalité allant d'une chose dont l'universalité est applicable vers une autre qui reçoit cette universalité. À cela il faut rajouter deux remarques. C'est au premier sens, nous dit Duns Scot, que l'universel est l'objet premier de l'intellect, c'est-à-dire, en tant que l'intention de l'universel est appliquée à la chose d'intention première, au sujet. La chose d'intention seconde, quant à elle, dans sa dimension d'applicabilité, est causée par l'intellect, et ces deux aspects constituent l'accès propre du logicien pour construire un discours sur l'universel. La chose d'intention première reçoit donc l'universalité et, ainsi considérée, devient l'objet premier de l'intellect; la chose d'intention seconde, causée par l'intellect, et porteuse de l'universalité et de son applicabilité, constitue l'acception de l'universel propre au discours logique.

La troisième acception, pour sa part, établit un autre rapport entre *sujet* et *forme*, mais cette fois-ci comme éléments agrégés donnant lieu à un étant par accident, dont l'unité composite, forgée à partir de natures diverses, n'est pas traitable comme objet de science, puisqu'étant non définissable. Cette acception est tout au moins embarrassante dans la mesure où elle prend l'universel comme un composé d'un *sujet* et d'une *forme*, composé qui rappelle la constitution de la substance première selon le langage du traité des *Catégories* [1]. Ici, l'idée d'*universalité* se montre moins évidente, sauf si on l'explique en ayant recours à la notion de l'universel *in re*. Sont-ce bien les mêmes sens de *sujet* et de *forme* qui sont décrits dans les trois acceptions d'« universel » ? Faut-il les distinguer ?

Il semble que dans la première et seconde acception « sujet » soit compris comme *essence* et « forme » comme intention logique, universalité. Au contraire, dans la troisième acception « sujet » et « forme » sont compris dans le sens classique de matière et forme, ou, plutôt, de sujet d'inhérence et de forme: cependant, dans le passage, tout se passe comme s'il s'agissait d'une seule et même acception. Par ailleurs, le passage de la *Métaphysique* évoqué par Duns Scot pour distinguer cette troisième acception vise la démonstration de la non-scientificité ou de l'impossibilité de traiter scientifiquement l'accident, mais, en aucun cas, la non-scientificité du composé de substance et d'accident [2].

1. *Cf.* Aristote, *Praedicamenta*, 5, 2a11-19 (AL, I2 48-49).

2. Cf. *id.*, *Metaphysica*, VI (E), 2, 1027a20-26 (AL, XXV2, 120) : « *Quia vero scientia non est accidentis, palam ; scientia namque omnis aut est eius quod est semper aut secundum magis –etenim quomodo discetur aut docebit alium ? Oportet enim diffiniri aut per semper aut per*

Ce préambule distingue donc trois régions où l'on peut parler d'« universel ». a) L'ordre des essences, des choses d'intention première constituant l'objet premier de l'intellect, b) l'ordre des intentions secondes, causées par l'intellect et portant l'universalité, constituant le domaine général de la considération du logicien ; et c) l'espace indéfinissable et donc au-delà de la science, du singulier dans sa concrétion composite.

Scot affirme, à la fin de ce préambule, que dans la suite du commentaire, ne sera construit un discours (*sermo*) sur l'universel qu'au deuxième sens, celui de *forme* ou d'intention seconde. Concernant la détermination du sujet de la logique, Duns Scot déjà, dans la question 3, considérait les intentions secondes comme l'un des candidats pour cette place dans le dispositif de la science logique. Cependant, bien qu'elles appartiennent au domaine logique, elles ne sont pas son sujet premier ; elles y sont considérées, disait-il, comme « plus communes que le sujet, de même que nous affirmons que toute science porte sur l'étant parce qu'aucune ne le fait sur le non-étant » [1]. Duns Scot voit, en effet, dans les intentions secondes une sorte de niveau conceptuel transversal et généralissime au domaine logique, plus commun que le syllogisme, celui-ci tenant le rôle de sujet propre. C'est en ce sens que nous voyons volontiers dans les intentions secondes une forme de sujet commun de la logique.

Dans l'espace d'analyse propre au sujet des universaux *en logique*, le rôle des intentions secondes est de distinguer l'acception logique « universel » des deux acceptions *ontologiques* : a) celle qui permet la science du réel renvoie aux choses de première intention et désigne l'objet propre de l'intellect saisi par l'intention d'universel (nous reviendrons un peu plus bas) ; et b) celle qui renvoie aux individus indéfinissables.

Mais Duns Scot lui-même se pose la question de l'ontologie de l'universel pris dans le deuxième mode, le mode *logique*. Car seul un étant en acte peut mouvoir et actualiser la passivité de l'intellect. Le non-étant, en revanche, ne contenant pas la notion d'intelligibilité, ne peut pas mouvoir l'intellect ; de ce fait, il n'en assure pas l'actualisation. Avec l'universel *logique*, nous nous trouvons bien devant un étant ayant la densité ontologique minimale de l'*intelligible* capable d'actualiser l'intellect:

> Il faut dire que l'universel est un étant, car rien n'est intelligé sous la raison de non-étant, car l'intelligible meut l'intellect. En effet, puisque l'intellect est une puissance passive, selon Aristote dans le livre III *De anima*, l'intellect n'agit

magis [...] ; accidens autem preter hec / Il n'y a pas de science du coïncident, c'est manifeste, car toute science est science de ce qui est toujours ou de ce qui est le plus fréquemment. [Autrement], comment en effet pourra-t-on apprendre ou instruire quelque autre ? Car il faut avoir des définitions par le toujours ou par le plus fréquemment [...], mais le coïncident est en dehors de ces cas-là » (trad. fr. p. 229).

1. *In Porph.*, q. 3 n. 16 (OPh, I, 15) : « Ad auctoritatem Boethii dico quod logica est de illis [secundis intentionis], sed illa non sunt primum subiectum, *sed communius subiecto*, sicut dicimus quod omnis scientia est de ente quia nulla de non-ente » (nous soulignons).

> qu'en étant mu par un objet; le non-étant ne peut pas mouvoir quelque chose, car mouvoir appartient à l'étant en acte; par conséquent rien n'est intelligé sous la raison de non-étant. Mais tout ce qui est intelligé, est intelligé sous la raison d'universel; par conséquent, cette raison [d'universel] n'est pas un non-étant [1].

Mais, de quelle sorte d'étant s'agit-il? Pour caractériser l'universel logique comme *accident intentionnel*, Duns Scot utilise la distinction établie dans le chapitre 2 des *Catégories*, entre « être dit d'un sujet » et « être dans un sujet » [2] ainsi que celle du chapitre 5 entre la substance première et la substance seconde [3]. Cela est remarquable dans la mesure où Scot caractérise l'universel logique relativement à la substance première du livre des *Catégories*.

En effet, la première distinction recouvre deux types d'accidents: « être dans un sujet » est un trait des accidents réels inhérents à la substance première et « être dit d'un sujet » est un trait des accidents intentionnels prédiqués de la substance première. C'est dans ce cadre que l'universel logique n'est présenté que comme un accident intentionnel, tout comme les substances secondes:

> J'affirme que les substances secondes, telles qu'elles y sont traitées, sont des accidents non réels (sur [les accidents réels] on pose l'autre membre, à savoir « être dans »), mais [des accidents] intentionnels, auxquels correspond par soi « être dit de ». L'universel, cependant, est ce qui est le plus commun à la substance seconde, parce que la substance seconde affirme l'universel appliqué à quelque réalité dans le genre de la substance [4].

On ne saurait trop y insister. L'universel constitue en effet le trait « le plus commun à la substance seconde, parce que la substance seconde affirme l'universel appliqué à quelque réalité (*aliquid*) dans le genre de la substance ». De fait, en étant prédiquée d'une substance première, la substance seconde porte, en même temps, la prédication de l'universalité, appliquée à cette substance première. Autrement dit, toute substance seconde est conçue sous la raison d'universel et est en tant que telle appliquée à la substance première.

1. *In Porph.*, q. 4 n. 6 (OPh, I, 23) : « Dicendum quod universale est ens, quia sub ratione non-entis nihil intelligitur, quia intelligibile movet intellectum. Cum enim intellectus sit virtus passiva, per Aristotelem III *De anima*, non operatur nisi moveatur ab obiecto ; non-ens non potest movere aliquid, quia movere est entis in actu ; igitur nihil intelligitur sub ratione non-entis. Quidquid autem intelligitur, intelligitur sub ratione universalis ; igitur illa ratio non est non-ens ». Nous interprétons ce passage selon *In Porph.* q. 3 n. 14, OPh, I, 14-15, où l'étant de raison comporte a) l'étant *considéré par l'intellect* (dont fait partie l'étant réel en tant qu'intelligible), et b) l'étant *causé par l'intellect* comme un sous-ensemble du premier ; l'étant de raison, néanmoins, n'inclut pas l'étant réel dans son autonomie vis-à-vis de l'intellect, O. Gilon, *Indifférence de l'essence*, *op. cit.*, n. 22, p. 366.

2. *Cf.* Aristote, *Praedicamenta*, 2, 1a20-b7 (AL, I2, 47-48).

3. Cf. *ibid.*, 5, 2a11-19 (AL, I2, 48-49).

4. *In Porph.*, q. 4 n. 11 (OPh, I, 24) : « Dico quod secundae substantiae, ut ibi loquitur, sunt accidentia non realia, de quibus ponit aliud membrum, scilicet "esse in", sed intentionalia, quibus per se competit "dici de". Universale autem est quid communius ad secundam substantiam, quia secunda substantia dicit universale applicatum ad aliquid in genere substantiae ».

C'est dans ce contexte qu'il faudrait comprendre la définition de l'universel proposée dans le *De interpretatione* : « universale quidem quod de pluribus natum est praedicari » [1]. En effet, l'ordre intentionnel relève d'une forme d'accidentalité fondée sur l'acte de la prédication en tant qu'il est causé par l'intellect. La prédication est un acte de l'intellect ; comme telle, elle est accidentelle aux choses dans la mesure où ce qui est prédiqué comme universel s'y rajoute dans l'acte même de prédiquer, celui-ci étant externe à la chose elle-même ainsi qu'à ses traits tant substantiels qu'accidentels dans l'ordre réel. Il faut être clair, aussi bien la prédication essentielle dans le genre de la substance que la prédication accidentelle dans toutes ses variétés appartiennent à l'ensemble des accidents intentionnels à partir du moment où nous les regardons avec les yeux du logicien. C'est pourquoi Duns Scot concède que ce que la métaphysique traite par soi, la logique le traite *per accidens*, puisqu'elle traite par soi ce qui s'applique en tant qu'intentionnel à l'ordre du réel [2], ou, selon l'expression du préambule, aux choses d'intention première.

Cela ne veut pas dire – et la lutte permanente de Duns Scot en est le témoignage – que l'universel, tout en étant un étant de raison, et plus précisément, une intention seconde, c'est-à-dire, produit par l'intellect (*ab intellecto*), soit confiné ou réduit au royaume des fictions (*figmenta*). Si c'était le cas, l'universel deviendrait une pure invention de l'intellect sans aucune correspondance externe. La troisième objection de la question 4 affirme en effet que l'universel est produit *ab intellectu solo* et donc, qu'il n'est qu'une fiction [3]. Ici, nous trouvons pour la première fois dans le commentaire, le versant *ontologique* de la dimension logique. L'universel, à la différence de l'étant de fiction, a bien un rapport au réel. Scot parle d'une correspondance entre l'universel et quelque chose d'externe. Celle-ci meut l'intellect en vue de causer une telle intention: l'universel [4].

Ici, on trouve l'un des points de contact entre logique et ontologie. Duns Scot entame cette lutte permanente contre la réduction de l'universel comme entité logique a) soit à la *réalité externe*, en faisant dépendre totalement les entités logiques des choses externes (et en même temps en incluant la dimension intentionnelle dans la structure du réel) ce qui détruirait la

1. Aristote, *De Interpretatione*, 7, 17a39-44 (AL, II², 45) : « par *universel* j'entends ce qui est par nature prédicat d'une pluralité » (trad. fr. Dalimier, p. 277).

2. Cela est plus clair dans le cas du double traitement des catégories, cf. *In Praed.*, q. 2 n. 30 (OPh, I, 265) : « patet quod quae metaphysicus considerat per se, hic [in logica] considerantur per accidens, quia scilicet per se consideratur aliquid intentionnale applicabile eius ».

3. *In Porph.*, q. 4 n. 3 (OPh, I, 22) : « Item, aut est a natura, aut ab intellectu. Non a natura, quia tunc esset singulare et terminus transmutationis. Igitur ab intellectu solo ; igitur est figmentum et ita non-ens ».

4. *Ibid.*, q. 4 n. 12 (OPh, I, 25) : « Ad tertium dico quod universale est ab intellectu. Cum dicitur "igitur est figmentum", dico quod non sequitur, quia figmento nihil correspondet extra ; universali autem aliquid correspondet extra a quo movetur intellectus ad causandum talem intentionem ».

puissance causale de l'intellect en tant que producteur des intentions logiques b) soit à une *entité fictive*, dans la mesure où les intentions secondes n'auraient aucun rapport au réel et ne seraient que le produit de l'intellect: l'universel, en ce cas, ne nous fait connaître aucun trait du réel.

L'universel, en revanche, est constitué par *une double causalité* : l'intellect en est la cause efficiente (ce qui garantit son appartenance au royaume des *entia rationis*) et la chose externe ou l'une de ses propriétés en est une sorte de cause occasionnelle, matérielle ou originaire [1]. Ce motif de l'analyse scotiste de la constitution de l'universel, concentré dans le concept d'*occasio*, reviendra à plusieurs reprises sous la plume de Duns Scot, pour éviter les deux extrêmes que l'on vient de mentionner: d'un côté une forme d'empirisme radical qui détruirait l'objectivité du savoir et la causalité de l'intellect et de l'autre une forme d'intellectualisme vide qui n'aurait rien à voir au réel.

Cependant, la définition ontologique de l'universel reste floue parce qu'elle est liée au fait que l'universel ne peut être réduit ni aux choses d'intention première ni au *figmentum*; aux premières, par absence d'objectivité, au deuxième par absence de rapport au réel. En quelque sorte, la densité ontologique de l'universel consiste justement dans son intelligibilité. Puisque l'étant et lui seul est intelligible, l'universel appartient à part entière à l'ordre de l'étant, précisément en tant qu'intelligible.

Ce rapport au réel, en tant que ce qui est *extra*, joue le rôle d'*occasio* pour le mouvement de l'intellect dans la production de l'universel, ce qui est un point central pour soutenir, sinon la dépendance totale, au moins une dépendance partielle de l'intellect vis-à-vis du réel. Ce qui est un jeu est le statut de l'universel comme fiction. L'universel, en tout état de cause, ne peut pas être compris comme une *invention* de l'intellect. Ceci est un point très controversé, car il y a des lecteurs de Scot qui entendent prôner une forme d'autonomie totale de la logique vis-à-vis du réel [2]. Nous ne nous y accordons pas, du moins en ce qui concerne cette phase de la pensée de Scot.

La question 5 développe cette idée de l'intelligibilité de l'universel et explique d'une autre façon la distinction du préambule entre les trois acceptions d' « universel ». Dans tous les cas, et ceci est central à sa nature, l'universel est *intelligible par soi*, d'une intelligibilité distincte de la chose même qu'il permet de saisir. De ce fait, Duns Scot opère une distinction entre la chose connue et le mode sous lequel elle est connue. Ainsi, l'objet premier de l'intellect, l'essence (*quod quid est*), est connu sous la raison d'universel. Celui-ci n'est pas essentiellement identique à l'essence, il en est un *modus accidentalis*. Cette distinction est fondamentale. D'un côté, nous trouvons l'objet

1. *In Porph.*, q. 4 n. 12 (OPh, I, 25) : « Dico igitur quod effective [intentio] est ab intellectu, sed materialiter sive originaliter sive occasionaliter a proprietate in re ; figmentum autem non sic ; igitur non est figmentum ».

2. *Cf.* D. O. Dahlstrom, « Signification and Logic : Scotus on Universals from a Logical Point of View», *Vivarium*, 18, 1980, p. 81-111.

premier, l'essence, dans sa nudité, de l'autre côté, le mode de sa saisie, l'universalité. « L'intellect peut connaître la différence entre son objet premier et ce mode-là, parce qu'il peut distinguer entre tous ceux qui ne sont pas essentiellement identiques » [1]. Voici un deuxième trait pour différencier les deux premiers sens d' « universel » présentés dans le préambule. L'objet premier de l'intellect, intention première, est connu sous la raison d'universel, celle-ci étant une intention seconde et un mode accidentel de l'objet premier dans sa saisie par l'intellect. Cet objet premier et son mode accidentel étant essentiellement différents, l'intellect peut les connaître séparément. Pour le cas de l'universel, « en réfléchissant, l'intellect se connaît et connaît son opération et le mode d'opérer et toutes les autres propriétés qui s'y adhèrent » [2]. La réflexion sur soi de l'intellect est connaissance des opérations de l'intellect ainsi que de l'opération de constitution de l'universel en rapport avec l'universel lui-même.

En outre, pour revenir au contraste entre la thèse exposée dans le *Quodlibet* III et le commentaire à l'*Isagoge*, nous voyons qu'ici dans la question 5, l'objet premier de l'intellect est présenté comme le *quod quid est*, ce que nous comprenons comme l'essence de la chose, différenciée de sa saisie par l'universel. Déjà, dans le préambule à la question 4, Scot avait identifié la première acception de l'universel à l'objet propre de l'intellect, là où l'universel est pris comme sujet, c'est-à-dire, comme « la chose de première intention à laquelle s'applique l'intention d'universel » [3]. En ce sens, à cette époque, l'objet premier de l'intellect est l'essence ou chose d'intention première et non l'étant. Dans une annotation intercalée dans ce même passage, Scot insiste encore une fois sur l'objet premier de l'intellect comme le *quod quid est* de toute chose, mais il encadre cette affirmation par l'idée qu'il est aussi ce sur quoi portent toutes les sciences, en tant qu'elles portent sur des universaux, mais surtout qu'il relève au plus haut point de la considération de la métaphysique [4]. Nous pouvons relever qu'au moment de ce commentaire, Scot n'a pas encore thématisé l'objet premier de l'intellect en direction de l'étant *communissime sumpto*, comme il le fera dans le *Quodlibet* III.

1. *In Porph.*, q. 5 n. 4 (OPh, I, 27-28) : « Universale est per se intelligibile. Quod patet sic : primum obiectum intellectus, scilicet "quod quid est" intelligitur sub ratione universalis. Illa autem ratio non est idem essentialiter cum illo "quod quid est", *sed modus eius accidentalis*. Igitur intellectus potest cognoscere differentiam inter suum primum obiectum et illum modum, quia potest distinguere inter omnia quae non sunt essentialiter eadem » (nous soulignons).

2. *Ibid.* (OPh, I, 28) : « Igitur intellectus potest cognoscere illum modum sive rationem universalis per se et sub propria ratione. Hoc modo, reflectendo, cognoscit intellectus se et suam operationem et modum operandi et cetera quae sibi insunt ».

3. *Ibid.*, q. 4, Prooemium (OPh, I, 21) : « Ideo notandum est quod "universale", sicut et cetera concreta, sumitur tripliciter. [1] Quandoque pro subiecto, scilicet pro re primae intentionis cui applicatur intentio universalis, et *hoc modo universale est primum obiectum intellectus* » (nous soulignons).

4 *Ibid.* : adnotatio interpolata : « Et omnis scientia est universalium, maxime tamen metaphysica quia considerat "quod quid est" cuiuslibet rei quod est primum obiectum intellectus ».

Les difficultés de la prédication logique

Une définition de l'universel ayant été offerte, il est maintenant impératif de montrer que l'universel a des propriétés démontrables pour qu'il remplisse la deuxième condition exigée au sujet d'une science [1]. Pour qu'il y ait des propriétés démontrables, dans n'importe quel sujet, il faut constater que, en plus des traits constituant la définition du sujet, son essence, d'autres traits y adhèrent, en étant convertibles avec le sujet. Néanmoins, convertibles avec le sujet, ils ne font pas partie pour autant de l'essence [2]. C'est à la démonstration de ces propriétés du sujet que consiste la tâche démonstrative de toute science. Scot rapprochera a) la définition de l'universel présente dans le *De interpretatione* (« l'universel est prédicable de plusieurs » [3]) et b) la propriété de l'universel, présentée dans les *Seconds Analytiques*, selon laquelle l'universel « est un en plusieurs et dit de plusieurs » [4]. Ainsi, si la première donne la définition de l'universel, la seconde en est une propriété convertible non incluse dans cette définition, de sorte que la définition pourrait être démontrée à partir de sa propriété [5].

De ce rapport entre le sujet d'une science, sa définition et ses propriétés, trois difficultés au moins en découlent dans l'ordre de la prédication logique, qui empêcheraient que l'universel ait des propriétés, et donc, qu'il y ait une science de l'universel.

1. Tout d'abord, que la propriété soit convertible avec son sujet fait d'elle aussi un universel. Mais, en étant un universel, la propriété serait elle-même de l'essence du sujet. Comment concilier le fait que la propriété de l'universel soit en même temps *propriété* de l'universel et *universel* ? Comment prédiquer la propriété *de* l'universel sans tomber dans la prédication essentielle d'une propriété ? Inversement, on pourrait ramener l'universel au propre et voir aussi dans l'universel un propre, puisque la convertibilité ferait que l'universel

1. *In Porph.*, q. 3 n. 13 (OPh, I, 14) : « Secunda est quod per eius "quid est" demonstrentur in scientia passiones illius subiecti de eo ».

2. *Ibid.*, q. 6 n. 6 (OPh, I, 30) : « Dicendum quod sic: quia definitio, definiens sufficienter, indicat essentiam cuiuslibet. Igitur cuicumque inest aliquid convertibiliter, praeter ea quae ponuntur in eius definitione, illud habet tale inhaerens pro passion; sic inest aliquid universali ».

3. Aristote, *De Interpretatione*, 7, 19a 39-44 (AL, II2, 45) : « ...dico autem universale quidem quod de pluribus natum est praedicari... ».

4. *Id.*, *Analytica Posteriora*, II (B), 19, 100a6-8 (AL, IV1 105-106) : « Ex experimento autem aut ex omni quiescente universali in anima, uno praeter multa, quodcumque in omnibus unum sit illis idem est, artis principium scientiae... ». *Auctoritates Aristotelis* (éd. J. Hamesse, 321, n. 124) : « Universale est unum in multis et unum praeter multa ». *Cf.* A. de Libera, *La querelle des universaux : de Platon à la fin du Moyen Âge*, Paris, Vrin, 1996, p. 29-31.

5. *In Porph.*, q. 6 n. 6 (OPh, I, 30-31) : « Quia si definitio vera sit "universale est praedicabile de pluribus", quae ponitur I, *Perihermenias*, convertibile praeter essentiam universalis erit illud quod ponitur I, *Posteriorum*, scilicet esse unum in multis et de multis. Et e converso, si illud sit definitio vera, illud erit proprium, et ita alterutrum per definitionem universalis potest de universali demonstrative concludi et ita sciri ».

tombe sous le concept de propre [1]. Soit, la propriété de l'universel est elle-même de l'essence de l'universel; soit, l'universel devient de l'essence du propre. Dans les deux cas, on tombe dans une contradiction logique.

Pour répondre à cette difficulté, Scot introduit une forme autre de prédication, différente de la prédication essentielle et de la prédication accidentelle; il s'agit de la prédication dénominative [2], dans laquelle le prédicat de la proposition est pris comme *modus* de son sujet et non comme son essence ou sa définition:

> Je dis que la propriété de l'universel lui-même - on pose qu'elle est *x* -, est universelle, non que « *x* » soit essentiellement identique à son sujet, mais que l'universel lui est appliqué comme son mode et on aura une prédication dénominative : « *x* est un universel » [3].

Cette prédication dénominative permet de dissocier et de concilier deux dimensions de la *passio* : a) comme trait convertible et non définitionnel de l'universel, c'est-à-dire, comme propriété de l'universel; et b) comme entité elle-même universelle. En fait, ce n'est pas que la propriété *soit* essentiellement son sujet, un universel; mais, plutôt, qu'elle est saisie sous le mode d'universel par la prédication dénominative. C'est déjà le cas pour l'énoncé « homme est universel », car universel est un mode accidentel sous lequel on saisit un trait intentionnel du concept d'homme. C'est un trait que partagent, du moins, les cinq prédicables, en tant qu'intentions secondes. De ce fait, par la prédication dénominative on ne parle plus des choses, mais des intentions :

> On dit que telles [propositions comme] « le genre est une espèce » peuvent être vraies par une prédication dénominative. N'importe laquelle de ces intentions peut être prise comme « un quoi » ou comme « un mode ». En effet, lorsque

1. Cf. *In Porph.*, q. 6 nn. 1-2 (OPh, I, 29).

2. Même si ce type de prédication relève effectivement de la prédication accidentelle, car comme le rappellent A. de Libera et C. Michon, « Glossaire de sources : les origines du vocabulaire médiéval de l'ontologie », dans Thomas d'Aquin et Dietrich de Freiberg, *L'être et l'essence. Le vocabulaire médiéval de l'ontologie. Deux traités* De ente et essentia *de Thomas d'Aquin et Dietrich de Freiberg*, prés. et trad. fr. A. de Libera et C. Michon, Paris, Seuil, 1996, n. 1, p. 17 : « la prédication accidentelle se fait *en disant de* la substance un terme paronyme ("blanc") du nom de l'accident ("blancheur"), qui *est dans* la substance ("la blancheur est dans Socrate"). Les médiévaux parleront de "prédication dénominative", en raison de l'usage d'un terme ("blanc") dont la signification est double, puisqu'il signifie l'accident et la substance, ou le composé – accidentel – de deux ». La prédication accidentelle est appelée par les médiévaux « prédication dénominative » ; et dans le cas précis de l'emploi scotiste de cette expression, elle ne relève seulement pas de la prédication accidentelle, mais plus justement, d'une prédication logique, où au moins le prédicat de la proposition appartient à l'ordre intentionnel. *Cf.* A. de Libera, « Prédication », dans B. Cassin (dir.), *Vocabulaire européen des philosophies : dictionnaire des intraduisibles*, Paris, Le Robert/Seuil, 2004, p. 1008-1016.

3. *In Porph.*, q. 6 n. 7 (OPh, I, 31) : « dico quod passio ipsius universalis – ponatur quod sit a – a est universal, non quod sit essentialiter idem suo subiecto, sed quod universal applicetur sibi ut modus eius et erit praedicatio denominative : "a est universale" ».

> c'est ce qui est intelligé, alors c'est un quoi; mais, lorsque c'est la raison sous laquelle quelque chose d'autre est intelligé, alors cela est pris comme un mode[1].

À première vue, la proposition « le genre est une espèce » est fausse, c'est-à-dire, le genre conçu en tant que genre ne peut pas être une espèce, puisqu'il se trouve au-dessus des espèces et les englobe. Par définition, il n'est pas une espèce. Néanmoins, cette proposition peut être vraie, lorsque l'on conçoit que le prédicat (en tant que *modus*, conçu pour saisir le sujet) fonctionne précisément comme la raison sous laquelle le sujet (en tant que *quid*) est intelligé par rapport à son genre (l'universel)[2]; c'est ainsi que, pour une proposition apparemment incongrue telle que « *x* est universel » (étant *x* une propriété de l'universel), elle peut bien être comprise sans contradiction logique puisque le *modus* ne nous offre pas un trait définitionnel de la chose, mais le rapport qu'elle garde vis-à-vis de son genre, puisqu'un propre est effectivement un universel. Vu comme intention seconde, le sujet peut être saisi du point de vue de ses rapports logiques aux autres intentions. De fait, la confusion pourrait se présenter au moment où l'on saisit le sujet en tant que chose ou en tant que réalité extramentale, puisque, en effet, un genre ne pourrait pas être, sous le même rapport, genre des espèces et lui-même une espèce.

La prédication dénominative permet ainsi d'établir les rapports entre les intentions constituant les éléments de la science des universaux : genre, espèce, différence, propre, accident sont des espèces de l'universel. Cet énoncé ne peut être vrai que par la prédication dénominative où le terme « espèce » est prédiqué des cinq prédicables comme leur *modus* et non comme leur *quid*. La prédication dans l'ordre logique n'obéirait plus à la distinction porphyrienne entre la *predicatio in quid* et la *predicatio in quale*[3], mais plutôt à la logique de la *predicatio denominativa* qui distingue entre le *quid* et le *modus* dans la proposition logique[4].

1. *In Porph.*, q. 7-8 n. 20 (OPh, I, 39) : « Aliter dicitur quod tales "genus est species" possunt esse verae denominative praedicatione. Quaelibet istarum intentionum potest accipi ut "quid" vel ut "modus". Quando enim est illud quod intelligitur, tunc est quid ; quando autem est ratio sub qua aliud intelligitur, tunc accipitur ut modus ».

2. *Ibid.*, q. 26 n. 7 (Oph I 162) : « Concedo quod differentia ut "quid" non est differentia ut "modus" ; tamen necessario differentia est quid. Sed sic species est modus eius, quia ut quid respectu sui generis est species ».

3. Porphyre, *Liber praedicabilium* (*Isagoge*), c. *De genere*, I, 10 (AL, I6, 8) ; c. *De differentia*, III, 10 (AL, I6, 18) ; c. *De propriis generis et differentiae*, VIII, 5 (AL, I6, 23).

4. *Cf.* à ce sujet, G. Sondag, *Duns Scotus. La métaphysique de la singularité*, Paris, Vrin, 2005, p. 58-59, offre une analyse de la proposition « Tout homme est cet homme » comme exemple de la distinction entre *quid* et *modus* dans la prédication dénominative : « Un universel (tout homme) est un singulier (cet homme) – c'est évidemment contradictoire. Mais cette expression est bien compréhensible si l'on pose qu'ici le singulier est signifié sous le mode de l'universalité, car le sens est le suivant : il est commun à tout homme d'être singulier ou encore d'être "celui-ci". Là où la quantification échoue, la modalité peut réussir. Car "être singulier" ne se dit pas de "tout homme" comme d'un sujet universel, mais comme d'un sujet pris sous le mode universel ou le mode de

2. Le constat de la nature accidentelle de l'universel fait émerger une deuxième difficulté. Aristote, dans la *Métaphysique*[1], élimine la possibilité qu'un accident se trouve dans un autre accident, sauf dans le cas où les deux se trouveraient dans la même substance. Comment expliquer qu'un accident ait des accidents ? Comment expliquer que l'universel, étant un accident, ait, dans le cas présent, des propriétés ou des accidents propres[2] ?

Évidemment, il ne s'agit pas pour Scot d'affirmer un emboîtement des accidents dans un ordre potentiellement infini où un accident serait le support d'un autre accident et ainsi de suite. Bien au contraire, la substance reste le sujet premier des accidents. Cependant, un accident qui est déjà dans la substance peut jouer à son tour le rôle de « sujet prochain et immédiat »[3] d'un autre accident[4]. Il en est ainsi parce que le premier accident est « une raison réceptrice par laquelle quelque chose d'autre se trouve (*inest*) dans la substance ». C'est ainsi que l'on peut expliquer le rapport de la surface (premier accident) à la blancheur (deuxième accident), cette dernière se trouvant sur la table grâce à la surface. Il en serait de même pour le rapport entre un universel et ses propriétés[5].

Cette solution est bien problématique si l'on soutient que les propriétés logiques n'ont pas de corrélat dans l'ordre du réel. En effet, déjà le prédicat « genre » ou le prédicat « espèce » ne font pas partie de l'essence d'un sujet tel que « homme » mais ils ne s'y trouvent que sous le rapport d'un accident intentionnel. C'est dire d'un accident qu'il ne relèverait pas de l'ontologie de la chose, mais bien plutôt, de la façon dans laquelle elle est saisie par l'intellect. Nous l'avons déjà vu, Duns Scot distingue entre l'objet de l'intellect et le mode sous lequel il est saisi par l'intellect (l'universalité). Cette distinction vaudrait aussi pour les propriétés de l'universel. En revanche, les accidents réels

l'universel. Un mode n'est pas un *quid*, mais la raison sous laquelle un *quid* est conçu, puis signifié ». *Cf.* aussi O. Gilon, *Indifférence de l'essence*, *op. cit.*, p. 372-374.

1. Aristote, *Metaphysica*, IV(Γ), 4, 1007b2-4 (AL, XXV2, 70) : « Accidens enim non accidenti accidit, nisi quia ambo eidem accidunt ».

2. Cf. *In Porph.*, q. 6 n. 3 (OPh, I, 29).

3. Cela nous fait penser aux principes de la causalité essentielle chez Scot. Le premier accident ne peut agir que grâce à la causalité principale dérivée de la substance elle-même. Sans elle, l'accident ne serait absolument pas et, par la suite, ne pourrait pas jouer le rôle de sujet prochain et immédiat de « l'accident second ». Cf. *De primo principio* I, 4-6 (éd. Kluxen, 4-8) et P. King, « Scotus on Metaphysics », *in* T. Williams (ed.), *Cambridge Companion to Duns Scotus*, *op. cit.*, p. 38-42. C'est un modèle récurrent chez Scot, que nous retrouverons à l'heure d'analyser sa théorie de la signification.

4. En tout cas, il faut voir que Scot détourne en quelque sorte le sens du texte d'Aristote. Là, il s'agit de deux accidents qui se trouvent dans la même substance, mais non, au moins explicitement dans le texte, d'un accident qui se trouve dans la substance par l'entremise d'un autre.

5. *In Porph.*, q. 6 n. 11 (OPh, I, 31-32) : « Dico quod accidens non est subiectum primum accidentis quod est subsistens et supportans, nam tale est sola substantia. Potest tamen accidens esse proximum et immediatum subiectum accidentis, quia est ratio susceptiva per quam aliud inest substantiae, ut superficies est subiectum albedinis. Hoc modo est in accidentibus subiectum passionis ».

relèvent, évidemment, de l'ontologie de la substance, car ils y échoient et en dépendent.

Pas après pas, nous voyons Duns Scot ajuster la logique de la prédication métaphysique à la logique propre de la prédication logique. C'est ainsi que les concepts de second ordre que nous employons pour nous référer à, ou plutôt, pour classifier les choses du monde, deviennent eux-mêmes des objets d'une science, mais d'une science qui est maintenant la science du non-réel/intentionnel, la logique, qui en se dédoublant, analyse et utilise ses concepts pour parler d'elle-même. Ainsi est-il possible que le genre, l'espèce, la différence, le propre et l'accident soient des espèces par rapport à leur genre : l'universel. La distinction entre *quid* et *modus* permet de parler et d'utiliser le même ensemble de concepts sans tomber dans un embarras logique où une circularité vicieuse annulerait le sens de la proposition logique.

3. La troisième difficulté porte sur le statut même des étants de raison. L'universel étant un *ens rationis*, on peut se questionner sur la densité ontologique de ses propriétés, en partant de ces deux prémisses : que « toute propriété est moins étant que son sujet » ; et que « moins étant que l'étant de raison est le non-étant ». Ces deux prémisses éliminent, en quelque sorte, la possibilité même des degrés d'être dans le domaine de l'étant de raison[1].

Comme on l'a déjà remarqué, pour Duns Scot, il y a bien une gradation des étants de raison. La distinction entre le *quid* et le *modus* dans la prédication dénominative en est la preuve. En outre, il y aurait, du moins, un parallélisme formel entre l'étant de nature et l'étant de raison : « dans l'étant de raison il y a plusieurs degrés comme dans l'étant de nature, parce que le mode d'intelliger est un étant moindre que l'étant intelligible »[2]. En fait, il s'agit de garantir la possibilité de la prédication logique : si tous les étants de raison étaient au même niveau de prédicabilité, aussi bien que, selon le passage, d'entité, la prédication logique serait impossible.

Pour accomplir cela, Scot considère qu'entre le *quid* et son *modus*, qui ici correspondent à l'*étant intelligible* et au *mode d'intelliger*, il y a une différence dans leur degré d'entité respectif. C'est donc la notion de *gradus entis rationis* qui est mise en avant. Cette échelle ira même jusqu'au point où ce qui se trouve dans le dernier degré dans l'ordre de l'étant de raison est le non-étant ! Mais la propriété démontrable de l'universel ne se trouve pas dans ce dernier degré[3].

1. *In Porph.*, q. 6 n. 4 (OPh, I, 29) : « Item, omnis passio est minus ens suo subiecto ; sed minus ens ente rationis est non-ens ; igitur cum universale sit ens rationis, eius passio erit non-ens ».

2. *Ibid.*, q. 6 n. 12 (OPh, I, 32) : « Ad quartum dico quod in ente rationis sunt muti gradus sicut in ente naturae, quia modus intelligendi est minus ens ente intelligibili ».

3. *Ibid.* : « Unde quod est minus ens ente rationis in ultimo gradu est non-ens ; sed non sic est proprium quod convertitur cum universali ».

L'UNIVERSEL
SUJET UNIVOQUE DE LA SCIENCE DES PRÉDICABLES

En s'occupant du problème de l'unité de l'« universel » et de son univocité, dans le cadre de la recherche portant sur le sujet de la science des prédicables, les questions 7 et 8 constituent d'une certaine manière l'aboutissement des questions précédentes. Elles forment une unité, un sous-ensemble dans le commentaire, visant un double objectif : a) démontrer qu'effectivement l'universel est le sujet de l'*Isagoge* (q. 7), et pour ce faire b) démontrer l'univocité de l'universel par rapport aux cinq prédicables, en ramenant leur diversité à l'unité de leur universalité (q. 8). Cela est évident, la réponse à la question 7 dépend de celle de la question 8 qui devient alors sa condition préalable. Sans cette unification des prédicables dans l'universel, celui-ci ne pourrait pas jouer le rôle de sujet de l'*Isagoge*.

Dans les questions 4 à 6 (que nous venons d'analyser) Duns Scot montrait que l'universel remplit les conditions exigées pour jouer le rôle de sujet d'une science[1]. C'est, du moins, ce qu'il affirme au début des questions 7 et 8, où ces conditions sont redéfinies comme suit : a) être un étant b) être définissable et c) avoir des propriétés démontrables[2]. Par rapport à la première liste de conditions dressées dans la question 3, cette nouvelle liste en oublie une, la dernière, non encore démontrée, puisque les conditions (a) et (b) forment en fait la première des conditions énoncées dans la question 3 : que le sujet existe (*quia est*) et qu'il soit définissable (*quid est*)[3]. La condition manquante exige que tout ce qui est démontrable dans une science puisse être réduit à et traité par rapport à l'unité de son sujet ; c'est pourquoi, l'unité du sujet, comme référence ultime de toute démonstration, garantit l'unité de la science, tous ses éléments s'expliquant finalement par rapport à leur sujet *un*[4]. Ainsi, l'unité d'une science dépend de l'unité de son sujet. Dans le cas de l'*Isagoge*, comme ce sera d'ailleurs le cas pour les *Catégories*, l'unité de son sujet exige donc une démonstration supplémentaire, puisque, pour être établie, on doit faire face à l'évidence d'une diversité d'objets apparemment irréductibles à un sujet univoque ; cette diversité d'objets s'y présente sous la forme des cinq prédicables.

Les questions 7 et 8 sont donc censées répondre à deux problèmes connexes : celui de la détermination du sujet de l'œuvre et celui de la

1. *In Porph.*, q. 3 n. 13 (OPh, I, 14).

2. *Ibid.*, q. 7-8 (OPh, I, 33) : « Viso quod universale habet condiciones requisitas ad subiectum scientiae, quia videlicet est ens et definibile et habens passiones demonstrabiles de eo, quaeritur an ipsum universale sit subiectum libri Porphyrii ».

3. *Ibid.*, q. 3 n. 13 (OPh, I, 14) : « Tres condiciones sunt requisitae subiecti in scientia, videlicet [primo] quod sit notum "quid est" et "quia est", nam haec duo oportet praesupponere demonstrationi ».

4. *Ibid.* : « Tertia est quod ad ipsum [subiectum] omnia alia determinata in scientia reducantur et propter ipsum considerentur. *Aliter enim ab eius unitate non esset unitas scientiae* » (nous soulignons).

détermination de l'univocité de ce sujet ; il s'agit donc de démontrer que l'universel est le sujet de l'*Isagoge* parce qu'il remplit la dernière des conditions du sujet d'une science. Pour ce faire, il faut montrer comment cette diversité apparente effectivement est réductible à l'unité d'un sujet *un*. Voici qu'émerge, dans la détermination du sujet de l'*Isagoge*, le problème de l'univocité comme problème épistémique général touchant, du moins pour sa première détermination, tout savoir qui se prétend scientifique, c'est-à-dire, unifié autour de l'unité de son sujet. C'est pour cela qu'il ne faudra pas attendre les problèmes posés par l'exigence épistémique de l'unité des catégories pour voir se déplier la première réflexion scotiste au sujet de l'univocité et de l'analogie, comme allons le voir tout de suite.

La question 7 propose trois arguments contre la thèse selon laquelle l'universel serait le sujet de l'*Isagoge*. Pour notre propos, nous ne retiendrons que le troisième où l'on insiste sur l'autonomie de chacun des prédicables à l'égard de son traitement et de sa définition scientifique sans avoir besoin de recourir au concept et à l'unité de l'universel. Les cinq prédicables, dans leur pluralité, peuvent être vus comme le sujet de l'œuvre :

> Ici [dans l'*Isagoge*], on détermine ces cinq sous une raison propre, en divisant et en définissant n'importe lequel par [une raison] propre à lui, en faisant aucune mention de l'universel par soi, ni par rapport à son essence (*quod quid est*) ni par rapport à ses propriétés. Par conséquent, ces cinq seront le sujet, et non l'universel[1].

La détermination propre de chaque prédicable exclut donc la moindre mention ou le moindre emploi soit de la raison d'universel, soit de ses propriétés ; bien au contraire, chaque prédicable se détermine sous une raison qui lui est propre. Cela étant, l'universel ne peut pas être le sujet d'une science des prédicables puisqu'étant extérieur, il ne joue aucun rôle dans leur définition. Cette objection entraînera un long développement dans la structure de la question, conduisant vers la question 8, puisqu'elle porte, finalement, le danger de l'absence d'un sujet *un* pour le traité porphyrien.

Y a-t-il, donc, une sorte d'explosion ou de fragmentation du sujet de l'*Isagoge* désormais éparpillé entre les prédicables ? Gardent-ils un rapport quelconque ou sont-ils tout simplement côte à côte dans un savoir sans unité épistémique ? La question 8 porte, en effet, « sur l'unité de ces cinq par rapport à l'universel, c'est-à-dire, si "universel" est univoque à ces cinq »[2].

1. *In Porph.*, q. 7-8 n. 3 (OPh, I, 33-34) : « Hic determinatur de istis quinque sub propria ratione, dividendo et definiendo quodlibet per propria sibi, nullam faciendo mentionem de universali secundum se, nec quoad eius "quod quid est" nec quoad passiones. Ergo haec quinque erunt subiectum, et non universale ».

2. *Ibid.*, n. 4 (OPh, I, 34) : « quaeritur, de unitate istorum quinque in hoc quod est "universale", an "universale" sit univocum ad haec quinque ».

Pour établir sa propre réponse, Duns Scot analyse celle d'Albert le Grand dans son commentaire à l'*Isagoge*. La confrontation avec Albert repose sur deux objections majeures à l'univocité de l'universel par rapport aux prédicables.

La première rejoint négativement la troisième objection à la thèse soutenue dans la question 7 en proposant une forme radicale d'autonomie épistémique de chaque prédicable, produisant de ce fait l'éclatement du sujet de l'*Isagoge*.

> Tout univoque à plusieurs se rapporte à eux sous la raison de quelque universel ; l'universel ne se compare pas à ces [cinq prédicables] sous une raison universelle. Preuve de la mineure : parce qu'il [ne s'y rapporte pas] sous la raison d'aucun de ces cinq, parce qu'aucun d'eux ne convient aux autres, mais n'importe lequel est distinct des autres ; si, par conséquent, [l'un d'eux se rapportait à un autre] sous la raison de cet autre, il y aurait un sixième universel[1].

Selon la majeure de cet argument, tout terme univoque opère sous la raison de quelque universel, c'est-à-dire : toute prédication d'un terme univoque suppose la raison d'universel incluse dans ce terme (c'est pour cela que le terme est prédiqué *de multi*). Pour la mineure : un universel ne se rapporte pas aux prédicables sous aucune raison universelle, c'est-à-dire, sous aucune raison appartenant à l'un des prédicables, puisqu'il n'y a que les cinq prédicables qui soient universels. Cela étant, un prédicable ne peut pas être prédiqué d'un autre prédicable. La raison en est qu'aucun prédicable ne convient aux autres, qu'aucun prédicable n'en inclut un autre : bien plutôt chacun est distinct des autres de telle façon que si un universel convenait aux autres, il serait, en fait, un sixième universel. De là découle l'impossibilité de mettre les cinq prédicables sous un concept univoque commun : il en découle donc aussi l'inexistence d'un sujet commun dans le traitement scientifique des prédicables. À la limite, cela conduit à l'impossibilité d'une science de prédicables, ou du moins à une science fondée sur un sujet commun.

C'est cette objection capitale qui interdit une proposition telle que « le genre est une espèce », proposition dont nous avons déjà trouvé la trace dans la question 6, mais dont nous n'avions pas encore mesuré la portée. Le problème consiste, en fait, à prouver que tel type de prédication est possible, car la possibilité de la prédication scientifique sur les universaux repose sur elle. En prouvant la possibilité de cette prédication, on prouve aussi bien l'univocité des prédicables sous le concept d'universel que la scientificité du traité porphyrien.

1. *In Porph.*, q. 7-8 n. 5 (OPh, I, 34) : « Omne univocum multis se habet ad illa sub ratione alicuius universalis ; universale non comparatur ad haec sub ratione universalis ; igitur etc. Probatio minoris : quia non sub ratione alicuius istorum quinque, quia nullum istorum convenit aliis, sed quodlibet est distinctum ab aliis ; si ergo sub ratione alterius, erit sextum universale ».

La deuxième objection remarque par le moyen d'une analogie le décalage entretenu entre le rapport prédicatif du genre à ses espèces vis-à-vis de celui de l'universel et des prédicables. D'un côté, selon les mots de Porphyre lui-même, « le genre ne se prédique pas des espèces selon le plus (*magis*) et le moins »[1], c'est-à-dire que le genre se prédique univoquement, dans le même degré, de toutes ses espèces; en revanche, l'universel se prédique selon le plus et le moins. En effet, il y a une forme de gradation dans la prédication de l'universel comme attribut des prédicables, « parce que le genre est plus universel que l'espèce ou la différence, car il se prédique d'un plus grand nombre »[2]. L'objection porte sur l'idée qu'il y a des prédicables avec un degré plus élevé d'universalité en raison du plus grand nombre de choses dont ils se prédiquent. Ainsi, l'universalité ne pourrait pas être prédiquée univoquement des cinq prédicables, en raison des divers degrés de généralité que chacun d'eux posséderait.

C'est ici qu'intervient l'exposé de la position d'Albert le Grand. Sa solution est particulièrement remarquable pour notre propos, car il ne soutient ni l'univocité de l'universel, ni son équivocité radicale. Albert propose une solution moyenne ancrée dans le concept d'analogie. Selon la phrase concise de Duns Scot, Albert soutien que « l'universel est analogue à ces cinq [prédicables], parce que par antériorité (*per prius*) il est dit du genre, et par postériorité (*per posterius*) des autres [prédicables] »[3].

Dans son commentaire, Albert se demande comment l'universel est prédiqué des cinq prédicables. Il faut savoir, d'abord, que ce n'est pas à la façon dont le genre se prédique des espèces, « communément », autrement dit, univoquement, « mais par un commun de proportion à une chose, que les Grecs appellent commun par analogie »[4].

Cet élément premier, à partir duquel on prédique l'universalité des autres prédicables, n'est pas une raison commune partagée par eux, mais plutôt le premier des prédicables dans un ordre de prédication dont il est une sorte de mesure ou de paramètre de l'universalité. L'universel est donc dit *d'abord* du genre, et *ensuite*, des autres prédicables, « selon une analogie proportionnée à

1. Porphyre, *Liber praedicabilium* (*Isagoge*), c. *De differentia*, III, 7 (AL, I6, 16) : « … nam neque genus magis et minus praedicatur cuius fuerit genus… ».

2. *In Porph.*, q. 7-8 n. 8 (OPh, I, 35) : « "genus non praedicatur de speciebus secundum magis et minus", per Porphyrium cap. "De differentia" ; universale praedicatur secundum magis et minus de istis, quia genus est universalius quam species vel differentia, quia praedicatur de pluribus ».

3. *Ibid.*, n. 10 (OPh, I, 35-36) : « Ad istam quaestionem dicitur quod universale est analogum ad ista quinque, quia per prius dicitur de genere, per posterius de aliis ».

4. Albert le Grand, *Super Porph.*, tr. 1, c. 9 (éd. Santos-Noya, I-Ia, 39a) : « Cum ergo quodlibet istorum quinque dicatur universale, sciendum quod "universale" non dicitur communiter de ipsis ut genus, sed ut commune proportionis ad unum, quod Graeci vocant commune secundum analogiam ».

la communauté du genre »[1], mais non comme un genre se prédique de ses espèces. Le genre est plutôt le point de référence de la prédication universelle des autres prédicables.

C'est pour cette raison que, selon la lecture scotiste d'Albert, le sujet de l'*Isagoge* n'est pas l'universel, mais les cinq prédicables. L'unité de la science est sauvegardée chez Albert par le fait que tous les cinq sont des *prédicables*[2]. Néanmoins, pour Albert, on ne peut pas offrir une définition de l'universel, précisément à cause de son unité analogique :

> L'universel ne peut pas être défini par une définition vraie, parce que, par le fait que le prédicable l'est de plusieurs choses, il ne lui appartient pas une raison une et identique, mais il est dit par antériorité et postériorité (*per prius et posterius*) de ceux dont il est prédiqué selon le domaine de sa communauté[3].

Ici, on voit bien comment se constitue une unité analogique permettant, aux yeux d'Albert, l'unité de la science, tout en avouant l'impossibilité de définir l'universel, autrement dit, en avouant l'impossibilité d'une unité par l'univocité du sujet.

Aux yeux de Duns Scot, il n'en reste pas moins que la solution d'Albert est faible, en tant que geste ou procédé méthodique qui est de fonder la scientificité du traité porphyrien sur une unité d'analogie, qui, de surcroît, ne parvient pas à offrir « une vraie définition » de l'universel. Duns Scot résume ainsi la position d'Albert concernant l'unité du sujet de l'*Isagoge* :

> L'universel n'est pas le sujet ici [dans l'*Isagoge*], mais les cinq universaux, et pour autant, c'est une science une à cause de l'unité du premier auquel les autres sont attribués, celui-là est le genre[4].

Cette solution n'est évidemment pas satisfaisante pour Duns Scot. La raison fondamentale, nous semble-t-il, est que pour Scot l'analyse d'Albert relève bien

1. *Ibid.* (éd. Santos-Noya, I-Ia, 39a-b) : « Non per unam rationem sunt haec in multis et de multis. Et per prius quidem convenit hoc generi et speciei, posterius autem differentia. [Adhuc cum esse in multis et de multis prius conveniat ei / quod in multis et de multis est specie et numero differentibus, quam ei quod est in multis et de multis solo numero differentibus,] constat quod per prius universale esse convenit generi et per posterius convenit speciei. Haec enim est ratio communitatis analogiae, [ut in V *Primae Philosophiae* docet Aristoteles quod commnune analogiae simpliciter est in uno,] in aliis autem non est nisi secundum proportionem quandam ad illud. Et per hoc patet quod universale non praedicatur de his ut genus, vel ut species, vel ut differentia, vel ut proprium, vel ut accidens, sed praedicatur de ipsis *ut commune secundum analogiam ad communitatem generis proportionatum* » (nous soulignons).

2. Albert le Grand, *Super Porph.*, tr. 1, c. 1 (éd. Santos-Noya, I-Ia, 18a) : « ...conveniant omnia in hoc quod quodlibet ipsorum est praedicabile. Propter quod etiam scientia est una, et non multae ».

3. *Ibid.* (éd. Santos-Noya, I-Ia, 18b) : « Diffiniri autem universale vera diffinitione non potest, quia, per hoc quod praedicabile est de multis, non est unius et ejusdem rationis, sed est dictum per prius et posterius de istis, de quibus est per ambitum suae communitatis praedicatum ».

4. *In Porph.*, q. 7-8 n. 11 (OPh, I, 36) : « Universale non est hic subiectum, sed quinque universalia, et tamen scientia est una propter unitatem primi ad quod alia attribuuntur, quod est genus ».

plutôt de la métaphysique que de la logique[1]. Si l'on regarde de près sa démarche, on voit bien que ses arguments en faveur de l'analogie se fondent sur une supposée gradation « réelle » entre les prédicables ; cette gradation se fonderait sur la diversité des espèces sous un genre naturel, plutôt que sur l'unité conceptuelle, logique, du genre, permettant la prédication scientifique.

Duns Scot distingue deux domaines d'analyse, deux approches dont les portées sont totalement différentes : l'une *physique* et l'autre *logique*. Il est vrai que pour le physicien, « dans tout genre, une espèce plus parfaite qu'une autre participe de la nature du genre », et c'est comme cela qu'il faut comprendre le passage de la *Physique*, où Aristote affirme que « dans un genre se cachent des équivoques »[2] ; en fait, l'unité générique recouvre la diversité réelle des espèces, chacune étant effectivement bien différente des autres dans une gradation qui va du moins au plus, jusqu'à l'espèce la plus parfaite de son genre. Mais, pour le logicien, le primat appartient à l'unité conceptuelle du genre ; au lieu de mettre l'accent sur la diversité et la gradation réelle des espèces, le logicien met l'accent sur l'unité univoque du genre :

> le logicien pose un genre univoque à cause de l'unité de raison [...] d'un point de vue logique (*logice loquendo*), l'universel pourra être le genre de ces cinq, bien que le genre en quelque sorte (*aliquo modo*) soit plus parfait que les autres[3].

Ainsi, dans le domaine logique, l'analogie n'est plus une approche possible, car *logice loquendo*, s'ouvre la possibilité que l'universel soit bien le genre des prédicables conçu selon une unité générique. L'analogie, de son côté, reste limitée à l'ordre du réel dans une perspective physique et, même si Scot ne le dit pas, métaphysique, puisque, finalement, l'analogie s'applique aux choses elles-mêmes, tandis que l'univocité s'applique à l'unité du concept. D'ailleurs, cette univocité de l'universel n'élimine pas l'analogie des cinq prédicables, elle

1. Il faut tenir compte de la remarque d'A. de Libera, « Les sources gréco-arabes de la théorie médiévale de l'analogie de l'être », *Les Études Philosophiques*, 3-4, *L'analogie*, 1989, p. 319-345, p. 331, où, l'auteur affirme que pour Albert l'analogie est une théorie purement logique ; par contre A. de Libera, dans *Métaphysique et noétique : Albert le Grand*, Paris, Vrin, 2005, p. 95-142, parle d'une théorie logique et autre métaphysique chez Albert, qui, du surplus, doivent être complétées par *sa* propre version, l'analogie théologique, développée dans sa *Somme de théologie* (*cf.* notamment p. 103-127). Dans l'un et l'autre cas, le traitement que nous commentons ici relèverait d'une approche purement logique. Duns Scot, nous le croyons, ne le voyait pas comme cela.

2. Aristote, *Physica* VII (H), 4, 249a 22-24 (AL, VII1 272) ; *Auctoritates Aristotelis* (éd. J. Hamesse, 155, n. 193) : « Aequivocationes latent in generibus ». Selon la traduction française de P. Pellegrin, *Physique*, Paris, Flammarion, 2000, p. 376 : « Le genre n'est pas une chose une, mais qu'à côté de lui s'en cachent beaucoup d'autres ».

3. *In Porph.*, q. 7-8 n. 12 (OPh, I, 36) : « Contra hoc : in omni genere aliqua species perfectius participat naturam generis quam alia. Ideo dicit naturalis quod "in genere latent aequivocationes", VII *Physicorum*. Sed logicus ponit genus univocum propter unitatem rationis, sicut in principio *Praedicamentorum* animal univocum est homini et bovi ; ergo, logice loquendo, *poterit* universale esse genus istorum quinque, licet genus aliquo modo sit perfectius aliis » (nous soulignons).

s'y superpose. C'est pour cela qu'aux yeux de Scot, Albert se trompe d'approche, en faisant des analyses physiques ou métaphysiques pour déterminer le rapport entretenu parmi des entités appartenant à l'ordre logique.

Il y a un deuxième argument contre la solution d'Albert lié à la structure interne de l'analogie comme attribution à un élément premier. Si c'était le cas pour les prédicables, s'ils obéissaient à la « logique » de l'analogie, le premier élément à lui seul, le genre, pourrait constituer le sujet de cette science. La preuve en est ce qui se passe dans le livre Z de la *Métaphysique*, où Aristote identifie l'étant premier à la substance et y réduit la recherche de la métaphysique à sa seule considération[1]. Dans une science fondée sur l'analogie, l'élément premier, auquel tous les autres sont attribués, suffirait comme sujet et, dans le cas de l'*Isagoge*, cela serait le genre, en excluant d'un seul coup les autres prédicables[2].

Duns Scot offre un dernier argument tiré des mathématiques contre la solution d'Albert. En fait, Scot interprète la définition euclidienne du nombre (« le nombre est une multiplicité composée (*aggregata*) à partir d'unités »[3]) à partir de la notion d'analogie, comme une série qui dépend de son élément premier, dans son déploiement et dans la définition de chacun de ses éléments, afin de montrer, malgré cette dépendance de principe, l'impossibilité de la réduction de son sujet à cet objet premier qui ne saurait contenir la totalité conceptuelle de la série. Ainsi, on n'affirme pas *analogice* que le binaire ou le tertiaire soient des nombres, c'est-à-dire, on ne les appelle pas de nombres par rapport à l'unité, « bien que le tertiaire soit [composé] à partir des plusieurs unités ». On en prédique "nombre" univoquement[4]. Autrement dit, on appelle "nombre", au même titre, sous le même concept, et l'unité et la suite de la série numérique. On n'y trouve une primauté réductrice à l'unité ni pour ce qui est

1. Aristote, *Metaphysica*, VII (Z), 1, 1028b7-8 (AL, XXV2 124) : « Quapropter nobis maxime et primum et solum, ut si ita dicatur, de sic ente speculandum est quid est ». D'ailleurs cet argument pourrait se prévaloir d'une certaine force supplémentaire, car, dans la conception de la métaphysique scotiste de la même époque, est affirmée l'idée que le sujet de la métaphysique est bien la substance, à laquelle sont attribuées les autres catégories de façon à fonder l'unité de la métaphysique sur une unité d'analogie. Cf. *In Porph.*, q. 3 n. 19 (OPh, I, 16) : « …sicut unitas metaphysicae est ab unitate substantiae ad quam alia entia attribuuntur ».

2. *In Porph.*, q. 7-8 n. 13 (OPh, I, 37) : « Quoad solutionem alterius quaestionis [n. 10] non dicitur convenienter, ut videtur, quia in principio VII *Metaphysicae* ex hoc quod substantia est primum ens, concludit Aristoteles : "quapropter solum et maxime et primum de sic ente speculandum est". Ex quo accipitur quod ad determinandum de multis, dictis per attributionem ad aliquod primum, sufficit determinare de illo primo. Secundum hoc igitur Porphyrio sufficeret determinare de genere tantum ».

3. Euclide, *Elementa*, VII, def. 2 (éd. H. Busard, 196) : « Numerus est multitudo ex unitatibus composita ».

4. *In Porph.*, q. 7-8 n. 14 (OPh, I, 37) : « Item, ratio sic ponentium non concludit, quia numerus est multitudo aggregata ex unitatibus, nec tamen dicitur analogice de binario et ternario, licet ternarius sit ex pluribus unitatibus, sed simpliciter univoce praedicatur ».

du sujet ni, par conséquent, pour ce qui est de la signification du concept de nombre.

De ces trois arguments découle la conclusion scotiste soutenant l'univocité de l'universel par rapport aux prédicables. Les deux premiers marquent la distance entre une approche physique (sensible au degré de participation des éléments dans un ensemble par rapport à son genre) et une approche logique (sensible à l'unité conceptuelle recouvrant une diversité réelle pour la saisir sous l'univocité du concept). Le troisième argument semble suggérer que même dans le cas des ensembles où un élément premier se présente comme constituant de la série, c'est-à-dire, comme élément de référence dans la définition de chacun des éléments, eux-mêmes ne lui sont ni définissables ni réductibles en vue d'en faire la science à partir de la seule connaissance du premier. Il y a donc des cas où par l'attribution à un premier, celui-ci devient le seul sujet d'une science (la substance dans *Métaphysique* Z) et aussi des cas où cette attribution (à l'unité dans la série des nombres) n'empêche pas la constitution d'un sujet recouvrant et le premier et la suite des éléments d'un genre. Ainsi, l'attribution ou la référence à un élément premier d'un ensemble, ici d'une série, ne peut pas être invoquée en tant que critère pour définir la constitution du sujet d'une science par *analogie*.

En revanche, l'univocité de l'universel affronte encore la première objection (§ 5) selon laquelle les prédicables ne sont pas prédicables entre eux, à cause de leur diversité foncière, pour la raison qu'ils ne s'organisent pas sous le schéma genre-espèce. Ainsi, la possibilité de faire de l'universel un genre et des prédicables ses espèces échoue devant le paradoxe d'un énoncé comme « le genre est une espèce ».

> Si l'universel est le genre de ceux-ci, alors n'importe lequel d'entre eux est une espèce; par conséquent, le genre est une espèce. Ce qui est faux, parce que les espèces opposées ne se prédiquent pas des autres correctement (*vere*) avec ce verbe « est »; mais le genre et l'espèce sont des espèces diverses (*disparatae*) sous l'universel, si l'universel était posé comme genre de ces cinq [1].

Duns Scot propose deux modèles d'analyse pour montrer la viabilité d'une prédication qui puisse être conforme à la logique de la prédication des universaux censée renvoyer exclusivement à des concepts de choses et non aux universaux eux-mêmes, et en même temps, qui puisse fonder l'unité de la science des prédicables sous le concept d'universalité, en prenant l'universel comme genre et les prédicables comme espèces. C'est bien l'enjeu de la prédication des universaux qui consiste à ce qu'ils soient prédicables aussi bien dans le cadre des sciences du réel (ayant donc affaire aux concepts de choses qu'ils

1. *In Porph.*, q. 7-8 n. 7 (OPh, I, 35) : « Contra hoc : si universale est genus ad haec, ergo quodlibet istorum est species ; ergo genus est species. Quod falsum est, quia species opposita non praedicatur de alia vere cum hoc verbo "est" ; sed genus et species sunt species disparatae sub universali, si universale ponatur genus istorum quinque ».

aident à ordonner) que dans le domaine de la science logique de la sorte qu'ils servent à construire *la science d'eux-mêmes*.

Nous avions rencontré le premier modèle, que Scot repend ici pour répondre à cette objection, dans la section précédente de cette étude dans le cadre de cadre de la discussion sur la possibilité de prédiquer d'une propriété *x* de l'universel (elle-même universelle) qu'elle est universelle : « *x* est universel », car l'universalité de la propriété elle-même impliquerait que l'universel est de son essence, ce qui se heurte à la définition d'une propriété[1]. Le modèle pour répondre à cette contradiction repose sur la distinction dans le sujet et le prédicat d'une proposition entre le sujet vu comme *quid* et le prédicat comme *modus* sous lequel est saisi le *quid*, dans ce que Scot appelle la prédication dénominative, par contraste avec la prédication essentielle et la prédication accidentelle thématisées par Porphyre. Dans ce modèle donc, il est correct d'affirmer qu'« *x* est universel » sans risque de redondance logique, car le prédicat ne nous renseigne pas sur la nature de *x*, mais sur le mode sous lequel il est saisi en tant que *quid*.

Le deuxième modèle, que Scot utilise pour répondre à cette objection, repose sur la distinction entre la prédication exercée (*praedicatio exercita*) et la prédication signée (*praedicatio signata*). Voici comment Scot introduit cette distinction :

> Au premier argument [n. 5], je dis que le concept de genre lui est appliqué [à l'universel], vis-à-vis de ces cinq [les prédicables]. Lorsqu'on dit que « n'importe lequel des ceux-ci est distinct des autres », cela est vrai. Par conséquent, ils ne se prédiquent pas les uns des autres par une prédication exercée (*praedicatione exercita*), et quelque chose [ne se prédique] pas de l'un d'eux sous la raison d'un autre, mais [ils se prédiquent] par une prédication signée (*praedicatione signata*), parce que la raison de genre est extérieure à l'universel lorsqu'il est uni à eux par ce verbe « est », de même qu'à « animal » lorsque l'on dit « un homme est un animal »)[2].

Dans ce passage, Scot fait deux mouvements apparemment opposés. D'un côté, il affirme que l'on peut appliquer à l'universel le concept de genre, et, par conséquent, celui d'espèce aux prédicables (même si, d'emblée cela pourrait entraîner le paradoxe déjà évoqué du sixième universel), ouvrant la possibilité de fonder la science des prédicables sur un concept univoque. Et d'un autre côté, Scot concède que les prédicables sont « distincts » entre eux, c'est-à-dire, qu'aucun ne peut être prédiqué des autres en tant qu'universel[3] et qu'il n'est

1. *In Porph.*, q. 6 n. 7 (OPh, I, 31).

2. *Ibid.*, q. 7-8 n. 16 (OPh, I, 37-38) : « Ad primum argumentum dico quod intentio generis sibi applicatur respectu istorum quinque. Cum dicitur, "quodlibet istorum est distinctum ab aliis", verum est. Ideo non praedicantur de se invicem praedicatione exercita, nec aliquid de uno istorum sub ratione alterius, sed praedicatione signata, quia ratio generis est extranea universali quando unitur istis per hoc verbum "est", sicut et animali cum dicitur "homo est animal" ».

3. Cf. *ibid.*, n. 5 (OPh, I, 34) : « Omne univocum multis se habet ad illa sub ratione alicuius universalis ; universale non comparatur ad haec sub ratione universalis ; igitur etc. Probatio

pas possible non plus de prédiquer quelque chose d'un prédicable sous la raison d'un autre prédicable, du fait de cette même distinction. Par conséquent, il rejette, en même temps, la conséquence indésirable du paradoxe du sixième universel.

Cela étant, la science des prédicables exposée dans l'*Isagoge* serait impossible puisque non fondée sur l'univocité du concept d'universel appliqué aux prédicables. C'est ici que Duns Scot distingue entre la prédication exercée, qu'il rejette, et la prédication signée qu'il propose comme forme de prédication possible pour fonder l'univocité des prédicables autour du concept d'universel. La prédication exercée se caractérise pour composer le sujet et le prédicat d'un énoncé au moyen du verbe « être » (« l'homme *est* un animal » (*homo est animal*) ou l'énoncé polémique en question « le genre est une espèce » (*genus est species*)) et pour exclure du même coup l'universalité portée par le prédicat « animal » ou « espèce » du fait de son association prédicative par le moyen de la copule. De son côté, la prédication signée compose le sujet et le prédicat au moyen de l'expression « être prédiqué de » (« "animal" se prédique de "homme" » ou « "espèce" se prédique de "genre" ») tout en inversant l'ordre d'énonciation du sujet et du prédicat. De fait, la prédication signée est un tout autre type d'énoncé, parce que l'on y « mentionne » le rapport prédicatif entre un prédicat et son sujet, plutôt qu'on le produit effectivement. Ainsi, l'énoncé *genus est species* exclut l'universalité du concept d'espèce, de même qu'elle est exclue du concept d'animal dans l'énonce « l'homme est un animal ». À cause de cela, ce type d'énoncé n'établit pas un lien entre le sujet, le prédicat et l'universalité censée être portée et exprimée par le prédicat envers le sujet. Il s'agit donc d'une formulation erronée du rapport entre l'universel et les prédicables parce que cette formulation n'établit pas le lien qu'elle est censée établir entre eux.

G. Sondag considère que la prédication signée, où on inverse non seulement l'ordre des éléments de la proposition et où on mentionne en outre le rapport prédicatif par l'expression « être prédiqué de », correspond plus précisément à la structure de la forme logique de la proposition qu'à la prédication exercée. Dans ce sens, Sondag remarque l'antériorité logique de la prédication signée et soutient qu'il s'agit de la forme que prend la prédication mentale ; tandis que la prédication exercée correspond à la forme de la prédication verbale. De même, Sondag voit dans la prédication signée une forme logiquement supérieure de prédication, car la règle de la transitivité de la prédication est davantage manifeste et le risque du paralogisme est par conséquent moindre[1].

minoris : quia non sub ratione alicuius istorum quinque, quia nullum istorum convenit aliis, sed quodlibet est distinctum ab aliis ; si ergo sub ratione alterius, erit sextum universale ».

1. *Cf.* G. Sondag, *Duns Scot*, *op. cit.*, p. 68 et p. 81-82.

Duns Scot peut donc soutenir que l'universel s'applique aux prédicables et qu'il s'y applique sous la forme de la prédication signée puisque dans le cas de la prédication exercée, le concept de genre est extérieur à l'universel pris en fonction de prédicat.

Mais, comment expliquer cette séparation entre l'ordre du « est » de la prédication exercée et celui du « être prédiqué de » de la prédication signée ? Duns Scot s'appuie encore une fois sur la distinction faite par Aristote dans le chapitre 2 des *Catégories*[1], entre ce qui « est dans un sujet » et ce qui « est dit d'un sujet », pour construire la distinction entre ces deux formes de prédication qui pointent deux dimensions différentes du discours scientifique. L'« est », nous dit Duns Scot, relève des choses, tandis que l'« être dit de » relève des intentions, de l'ordre logique[2]. Il ne faut pas oublier, ce que nous avons remarqué auparavant, que le trait « être dit de » appartient aux accidents intentionnels, et que le trait « être dans » appartient aux accidents réels ; autrement dit, que le premier est une intention seconde, tandis que le seconde une intention première.

De ce fait, Duns Scot arrive à discerner dans la prédication logique le trait distinctif qui permet de la différencier de la prédication métaphysique et des essences et des accidents réels. Plus généralement, on peut exprimer le rapport de genre aux espèces existant entre l'universalité et les prédicables ou a) par la prédication signée qui ne fait que « mentionner » ce rapport ou b) par la prédication dénominative qui unit le sujet et le prédicat par le moyen de la copule sous la condition de ne pas perdre de vue qu'il s'agit non pas d'une instance de la prédication exercée, mais du rapport entre un sujet pris comme *quid* dont on prédique le *modus* sous lequel on le saisit.

Devant la deuxième objection (§ 8), celle portée par les mots de Porphyre selon lesquels « le genre ne se prédique pas des espèces selon le plus (*magis*) et le moins »[3], tandis que pour l'universel cela est le cas étant donné que le genre est plus universel que l'espèce, Duns Scot établit une distinction entre *magis* et

1. *Cf.* Aristote, *Praedicamenta*, 2, 1a20-b7 (AL, I2, 47-48).

2. Cf. *In Porph.*, q. 4 n. 11 (OPh, I, 24). *Cf.* G. Nuchelmans, « The Distiction *Actus Exercitus/Actus Significatus* in Medieval Semantics », *in* N. Kretzmann (ed.), *Meaning and Inference in Medieval Philosophy*, Dordrecht-Boston-London, Kluwer Academic Publishers, 1988, p. 57-90, ici, p. 74 : « More widely diffused was the application of the distinction *exercitus/significatus* to the act of predication. In that use it seems to have been made especially popular by John Duns Scotus, who connected the distinction between a *praedicatio exercita* – for instance *Homo est animal* – and a *praedicatio significata* – for example *Genus praedicatur de specie* – with the distinction between the two levels of conceiving of which first-order and second-order concepts (*intentiones primae* and *intentiones secundae*) are characteristic ». De même, *cf.* I. Rosier, « La distinction entre *actus exercitus* et *actus significatus* dans les sophismes grammaticaux du ms. BN lat. 16618 et autres textes apparentés », *in* S. Read (ed.), *Sophisms in Medieval Logic and Grammar*, Dordrecht, Kluwer Academic Publishers, 1993, p. 231-261 et *id.*, *La parole comme acte : sur la grammaire et la sémantique au XIIIe siècle*, Paris, Vrin, 1994, p. 157-206.

3. Porphyre, *Liber praedicabilium* (*Isagoge*), c. *De differentia*, III, 7 (AL, I6, 16) : « ...nam neque genus magis et minus praedicatur cuius fuerit genus... ».

maius afin de montrer que l'universel se prédique univoquement des prédicables. Ainsi, on ne dit pas que genre est plus (*magis*) universel que l'espèce, mais bien plutôt qu'il est un universel plus grand (*maius*), dont l'extension est plus large. La distinction, en effet, tient à ce que *magis* rend compte de « l'intensité (*intensio*) de la forme à laquelle [le genre] s'ajoute », à savoir : il a affaire à un certain degré interne de réalité appartenant à la forme elle-même et non à ce qui y est rajouté par le genre en tant qu'universel. *Maius*, en revanche, renvoie au fait que l'universel « s'étend à plusieurs ». C'est ainsi qu'il faut comprendre que « le quaternaire est un nombre plus grand (*maior*) que le binaire, bien qu'il ne soit pas davantage (*magis*) un nombre »[1]. Le genre n'est pas donc *davantage* un universel que les autres prédicables, au sens où il aurait un degré d'universalité intrinsèque supérieur; il est un universel *plus grand* dans le sens où il s'étend à plus des choses que les autres. Un universel se définit par le fait « d'être prédiqué de plusieurs »[2] et en ce sens il ne peut pas y avoir de plus et de moins entre les universaux, quand bien même il y aurait une certaine hiérarchie due à l'extension de chaque universel.

Ainsi, l'univocité de l'universel par rapport aux cinq prédicables étant démontrée, Duns Scot peut désormais reprendre la liste des trois conditions qui doivent être remplies par quelque chose pour qu'il soit le sujet d'une science. Pour la première condition, on a démontré que l'*Isagoge* présuppose la connaissance tant de la définition (*quid est*) que de l'existence (*quia est*) de l'universel. En effet, la détermination de chacune de ses espèces en exige la présupposition. Et pour le cas de sa définition, il est clair que Porphyre la prend notamment du *De Interpretatione* d'Aristote.

> C'est pourquoi on utilise la raison d'universel, c'est-à-dire « être prédiqué de plusieurs », dans la définition de ces universaux[3].

Quant à la deuxième condition qui exige la possibilité de la démonstration scientifique des propriétés du sujet par le moyen de son essence, Scot montre que

1. *In Porph.*, q. 7-8 n. 23 (OPh, I, 40) : « Dico quod genus non est magis universale, – quia "magis" dicit intensionem formae eius cui adiungitur–, sed quodammodo maius universale, quia extenditur ad plura, sicut quaternarius est maior numerus binario, non magis. Sicut etiam una species specialissima non dicitur magis species quam alia, licet habeat plura contenta sub se ».

2. Aristote, *De Interpretatione*, 7, 19a 39-44 (AL, II2, 45) : « ...dico autem universale quidem quod de pluribus natum est praedicari... ».

3. *In Porph.*, q. 7-8 n. 24 (OPh, I, 40-41) : « Ad primam quaestionem dicendum quod universale est subiectum huius scientiae. Cum enim sint tres principales condiciones subiecti, "universale" primam habet, quia hic supponitur "quid est" et "quia est" tamquam notum. Nec enim esset possibile aliquam speciem eius sciri, ignoto de ipso "quid est" et "quia est". Hic autem eius species definiuntur, nec oportuit hic definitionem universalis poni, quam supponit auctor sufficienter assignatam fuisse ab Aristotele I *Perihermenias* vel I *Posteriorum*. Unde ratione universalis, scilicet "praedicari de pluribus" utitur in definitione istorum universalium ».

si une certaine propriété univoque à ces cinq est montrée d'eux par la raison d'universel, par cela, elle est montrée de l'universel comme de son sujet premier et si de l'un d'eux [elle] est démontrée, par la raison d'universel qui est « être prédiqué de plusieurs », en cela, elle est montrée de l'universel parce que le [terme] moyen de la démonstration est convertible à la propriété[1].

C'est ainsi qu'en démontrant une propriété des cinq prédicables, en utilisant comme moyen terme de la démonstration, la définition de l'universel (*praedicari de pluribus*), on démontre en même temps, indirectement (*ostenditur*), qu'il est bien le sujet premier de cette science ; et si la définition de l'universel sert de terme moyen pour démontrer une propriété appartenant à un seul prédicable, celle-ci est cependant montrée à propos de l'universel, par le fait qu'elle est convertible avec lui : de ce fait, par extension, elle pourrait être démontrée des autres prédicables. Dans ce passage, Duns Scot considère que tel est le cas puisque, lorsque Porphyre[2] démontre la propriété « différer de l'individu » du genre, en utilisant comme moyen terme la définition de l'universel (« être prédiqué de plusieurs »), il est permis d'étendre la preuve aux autres prédicables en raison de la convertibilité de la propriété avec la définition[3]. Ainsi, cette convertibilité permet non seulement de démontrer, le cas échéant, le sujet à partir de l'une de ses propriétés (en changeant de terme moyen dans le syllogisme), mais aussi, d'étendre la démonstration d'une propriété appartenant à une espèce, à l'ensemble des espèces d'un même genre[4].

L'unité générique de l'universel suffit donc à montrer qu'il remplit la troisième condition comme sujet de la science des prédicables. Chacun en est une espèce dont la définition inclut nécessairement celle de l'universel. Une fois prouvée la scientificité de la démarche porphyrienne dans le traitement de l'universel, Scot posera encore quelques questions portant sur la nature de l'universel (q. 9), sur le statut et la façon de comprendre certaines

1. *In Porph.*, q. 3 n. 13 (OPh, I, 14) : « Secunda est quod per eius "quid est" demonstrentur in scientia passiones illius subiecti de eo ».

2. Porphyre, *Liber praedicabilium* (*Isagoge*), c. *De genere*, I, 7 (AL, I6, 7) : « Ab is ergo quae de uno solo praedicantur, differunt genera eo quod de pluribus adsignata praedicentur ».

3. *In Porph.*, q. 7-8 n. 25 (OPh, I, 41) : « Habet etiam secundam condicionem subiecti quia si aliqua passio univoca istis quinque de eis ostenditur per rationem universalis, illa per hoc ostenditur de universali tamquam de primo subiecto, et si de uno hic demonstratur per rationem universalis quae est "praedicari de pluribus" in hoc ostenditur de universali quia medium demonstrationis aequatur passioni ; aliter esset inconveniens. Sed hoc fit hic, ut patet, quia "differre ab individuo" demonstratur de genere per hanc particulam "praedicari de pluribus", et ita supponitur posse ostendi de aliis ». C'est ce que Scot avait déjà thématisé dans la question 6, où il était question de démontrer que l'universel possède effectivement des propriétés démontrables et coextensives à lui, de la sorte qu'en démontrant que ces propriétés appartiennent effectivement à l'universel, on pourrait de même, en utilisant une propriété comme terme moyen, démontrer l'universel comme sujet de la propriété. Cf. *In Porph.* q. 6 n. 6 (OPh, I, 30-31).

4. *Ibid.*, q. 1 n. 6 (OPh, I, 4) : « Sunt etiam in logica omnia requisita ad demonstrationem : ut subiectum, passio demonstrabilis de subiecto per medium, quod est definitio ».

propositions d'ordre logique (q. 10-11)[1] et sur le thème de la déduction des universaux (q. 12). Nous consacrerons la dernière section de ce chapitre au traitement de ce dernier point, la *sufficientia universalium*, en cherchant encore le geste de constitution du domaine intentionnel dans sa différence par rapport aux sciences réelles (en particulier à la métaphysique).

Remarques sur la déduction des prédicables

La question 12 (*Utrum universalia sint tantum quinque*) traite de la *sufficientia universalium*, c'est-à-dire, de la question concernant la complétude, la cohérence et le bien-fondé, du point de vue logique, de la liste de prédicables dressée par Porphyre dans l'*Isagoge*.

Avant de proposer sa propre déduction, Scot mène un examen critique de deux modèles de déduction des prédicables afin d'établir la convenance de leur méthode et de leur portée.

Le premier modèle, que l'édition critique identifie à celui d'Albert le Grand, se fonde sur l'analyse des signifiés des universaux. Tout d'abord, l'universel signifie soit la substance soit l'accident. Mais la substance peut être signifiée de deux façons, comme partie ou comme tout : en tant que partie a) soit comme une partie matérielle et alors c'est le genre qui la signifie ou b) comme une partie formelle et ainsi c'est la différence qui la signifie ; ou comme un tout substantiel (*totam substantiam*) et ainsi c'est l'espèce qui la signifie. L'accident peut aussi être signifié de deux façons, comme accident convertible signifié par le propre ou comme accident non convertible signifié par l'accident commun[2].

Aux yeux de Scot, cette approche ne tient absolument pas. Le trait fondamental des universaux est le fait d'être des secondes intentions. Les universaux sont donc des accidents intentionnels des choses d'intention première. Ils échoient (*accidunt*) à celles-ci. Cela étant, Scot énonce une règle formelle qui rejette cette déduction : « rien ne se distingue par soi selon ce en quoi il échoit ». En fait, il s'agit d'un rejet nuancé. Scot peut bien accorder qu'il s'agit d'une déduction, mais non d'une déduction par soi, c'est-à-dire tirée de l'ordre et la nature propres aux prédicables en tant qu'entités logiques. Celle-ci serait bien la seule déduction valable dans le contexte logique de l'*Isagoge* :

1. Nous avons analysé les questions 9-11 dans H. Salinas-Leal, « ¿ El universal se encuentra en las cosas o en el intelecto ? La doble respuesta de Duns Escoto en sus Cuestiones a la *Isagoge* », *Daimon. Revista Internacional de Filosofía*, 82, 2021, p. 171-185.

2. *In Porph.*, q. 12 n. 6 (OPh, I, 54-55) : « Uno modo accipitur sufficientia eorum sic : universale vel significat substantiam vel accidens. Si substantiam, vel totam vel partem. Si partem, vel materialem, et sic est genus ; vel formalem, et sic est differentia. Vel totam substantiam, et sic est species, quia "species dicit totum esse individuorum". Si accidens, vel convertibile, et sic est proprium ; vel non convertibile, et sic est quintum universale. Cum igitur non sit possibile significare aliquid dicibile de pluribus nisi aliquo istorum modorum, non erunt nisi haec quinque universalia ».

« le logicien considère les intentions par soi, par conséquent cette division n'est pas logique »[1]. Autrement dit, on ne peut pas distinguer des accidents intentionnels avec des instruments conceptuels qui relèvent de l'ordre du réel, comme « substance » et « accident »[2].

Il semblerait qu'il s'agisse d'une analyse des signifiés des universaux, de leurs références, mais en aucun cas d'une analyse de la distinction *logique* des universaux, considérés du point de vue de leur nature intentionnelle. Il y a là une confusion qui prend les choses comme point de départ, comme critère d'une analyse logique.

L'exposé d'Albert, auquel fait référence l'édition critique, utilise des formules différentes, mais pourrait cependant être la cible de cette critique scotiste. Tout d'abord, Albert distingue entre une approche logique et une approche métaphysique en ce que la première porte sur l'universel « en tant qu'il relève de la raison de prédicabilité (*prout ratio est praedicabilitatis*) », tandis que le métaphysicien s'en occupe « selon que [l'universel] est une certaine nature et une différence de l'étant »[3]. Albert signale en outre que la dimension de prédicabilité est celle que considère le logicien comme raison propre aux prédicables[4].

Cependant, Albert, tout en rappelant la raison de prédicabilité propre à l'universel, traite de la déduction des prédicables en fonction de l'inhérence (*inest*) de l'universel aux choses. Ainsi, à cause de ce choix d'approche, Albert retombe dans une analyse non logique.

L'universel se trouve dans les choses de deux façons : essentiellement et accidentellement. En tant qu'essence, il y adhère doublement, comme un tout et comme une partie : (a) l'espèce, comme un tout formel essentiel (*tota formalis essentia*), et la partie, encore une fois, doublement (b1) le genre, comme une partie essentielle selon la puissance et (b2) la différence, comme une partie essentielle selon l'acte. Albert laisse entendre qu'il s'agit d'une puissance par rapport à l'être inchoatif (*esse per inchoationem*) dans le genre et d'un acte par rapport à l'être selon l'acte parfait (*esse secundum actum perfectum*) actualisé par la différence. Albert divise la deuxième branche

1. *In Porph.*, q. 12 n. 7 (OPh, I, 55) : « Contra hunc modum : universalia, cum sint intentiones secundae, accidunt rebus primae intentionis. Sed nihil per se distinguitur secundum illud cui accidit, igitur nec intentiones distinguuntur per se penes res. Sed logicus considerat intentiones per se, igitur illa divisio non est logicalis ».

2. *Ibid.*, n. 8 (OPh, I, 55) : « Item, omnia universalia inveniuntur in genere accidentis ; igitur male distinguuntur per "significare substantiam vel accidens" ».

3. Albert le Grand, *Super Porph.*, tr. 1, c. 1 (éd. Santos-Noya, I-Ia, 17b) : « Universale autem est quod, cum sit in uno, aptum est esse in pluribus, ut in antehabitis ostensum est. Et per hoc quod in multis per aptitudinem est, praedicabile de illis est. Et sic universale est quod de sua aptitudine "est in multis de multis". Et hoc modo, prout ratio est praedicabilitatis, ad logicum pertinet de universali tractare, quamvis secundum quod est natura quaedam et differentia entis, tractare de ipso pertineat ad metaphysicum ».

4. *Ibid.* : « Praedicare enim et praedicari rationis est ordinantis et componentis praedicabilia secundum praedicabilium propriam rationem ».

principale de la distinction, l'accident, en accident de nature, c'est-à-dire le propre selon qu'il « est causé et procède de l'aptitude même de la nature », ce qui nous rappelle la caractérisation du propre comme celui qui sort (*egreditur*) des principes du sujet, et en accident commun[1].

Le deuxième modèle réfuté par Duns Scot se fonde sur la notion d'« être ordonné » (*ordinari*). Ainsi la déduction des prédicables s'établit en fonction d'un certain ordre qu'ils auraient par rapport au genre, en ce que l'*Isagoge* s'ordonne aux *Catégories* qui déterminent ce qui s'ordonne au genre. La justification de cette déduction est donc la subordination des catégories au genre et des prédicables aux catégories[2].

Il s'agit en fait d'un double ordre : a) dans un même genre, selon les rapports de ceux qui s'y trouvent au-dessous (*sub*) et au-dessus (*supra*), il y a (a1) un ordre direct entre l'espèce et le genre et (a2) un ordre indirect entre la différence, au-dessus de l'espèce et au-dessous du genre. Par ce moyen, on déduit par ces rapports dans un même genre : le genre, l'espèce et la différence. b) Il y a un deuxième ordre d'un genre à un autre genre, c'est celui des accidents à la substance : des accidents convertibles (le propre) et des accidents non convertibles (l'accident commun)[3].

Nous voudrions insister sur deux des objections soulevées par Scot contre cette déduction. D'abord, on voit bien que tout ce qui est « ordonnable » l'est selon des critères de prédicabilité et l'on reconnaît que le principe ou critère de fond de la déduction est le fait « d'être prédiqué », ce qui revient à réduire

1. Albert le Grand, *Super Porph.*, tr. 1, c. 1 (éd. Santos-Noya, I-Ia, 17b-18a) : « Praedicabile autem sic acceptum, prout est universale quod multis inest et est de multis, aut inest essentialiter aut accidentaliter, sive ut essentia vel ut accidens. Si //18a// autem inest ut essentia, aut inest ut tota essentia, aut ut pars essentialis. Si autem inest ut tota formalis essentia, constat quod est species, quia species totum esse formale est individuorum, de quibus praedicatur, quia quidquid est post speciem, est de materia vel individuantibus. Si autem inest ut pars essentialis, tunc aut est secundum potentiam in qua est esse per inchoationem, aut est pars secundum actum in quo est esse secundum actum perfectum. Et priori quidem modo est genus, secundo vero modo est differentia. Si vero inest ut accidens, aut inest ut accidens naturae, quod de ipsa naturae aptitudine causatur et emanat, aut ut accidens commune, quod est accidens individui. Et priori quidem modo est proprium et secundo modo est accidens vocatum. Et de omnibus his tractare est necessarium logico, propter hoc quod praedicabilium considerat ordinem et cum subiectis suis praedicatorum compositionem ».

2. *In Porph.*, q. 12 n. 9 (OPh, I, 55) : « Ideo datur aliter sufficientia eorum penes "ordinari". Dicitur enim quod, quia hic liber immediate ordinatur ad librum *Praedicatorum I* ubi determinatur de ordinabili in genere, ideo hic loquitur de universalibus secundum quod sunt ordinabilia in genere ».

3. *Ibid.* (OPh, I, 55-56) : « Et datur sic sufficientia : quia ordo potest esse eorum quae sunt in eodem genere interse, vel eorum quae sunt in uno genere ad illa quae sunt in alio genere. In eodem genere potest esse ordo directus secundum "sub" et "supra", et sic sunt duo universalia, scilicet genus et species ; vel ordo inderectus, et sic est differentia supra speciem indirecte et sub genere. Accidentium autem ad substantias est ordo : vel convertibilium vel non convertibilium ; et secundum hoc sunt alia duo universalia ».

le fait « d'être ordonné » à celui « d'être prédiqué »[1]. Ensuite, si on accepte le critère de l'ordre tel quel, sans référence à la prédication, et si on pousse jusqu'au bout un tel critère, à savoir en y incluant tout ce qui s'ordonne au genre, on devrait inclure l'individu dans la liste des prédicables : celui-ci étant ordonné à l'espèce, il l'est aussi au genre[2].

Avec la première objection, Scot montre le véritable fondement de la déduction des prédicables : le fait même d'être prédiqué de quelque chose. Avec la deuxième, il prévient cette même déduction de retomber dans une analyse non logique qui exigerait d'y inclure tout ce qui est ordonnable au genre : même ce qui ne relève pas de la logique, comme l'individu, ne peut pas « être prédiqué de ». La démarche de Scot tient donc à un geste à double effet : faire valoir le vrai principe de déduction de prédicables et en exclure tout ce qui y est extérieur, notamment, les rapports « ontologiques » qui étendraient « au-delà de la logique » la portée de la science des prédicables.

Citons ici *in extenso* la déduction proposée par Scot :

> Il faut dire autrement, que leur déduction s'obtient à partir [de la notion] « d'être prédiqué », ainsi : car être prédiqué se divise en « dans le quoi » et « dans le comment » comme en différences par soi, car ceux-ci sont les premiers modes de prédiquer. Être prédiqué dans le quoi consiste à prédiquer l'essence du sujet par le mode de l'essence, c'est-à-dire, par le mode du subsistant et non du dénomment. Cela a lieu de deux manières : ou qu'il prédique toute l'essence du sujet, et ainsi c'est l'espèce. [...] S'il prédique une partie de l'essence, ainsi c'est le genre. [...]
> Être prédiqué dans le comment consiste à prédiquer par le mode du dénomment ; et cela a lieu de deux manières : [a] ou que quelque chose prédique l'essence du sujet par le mode du dénomment, et alors elle est prédiquée dans le comment substantiel et ainsi c'est la différence. « En effet, la différence de la substance est une qualité » selon Aristote dans le livre V de la *Métaphysique*. [b] Ou qu'il prédique l'accident par le mode du dénomment, et alors il est prédiqué dans le comment accidentel. Par conséquent, ou bien il prédique l'accident convertible, sortant des principes du sujet, et ainsi c'est le propre ; ou il prédique l'accident commun, et ainsi c'est le dernier universel[3].

1. *In Porph.*, q. 12 n. 10 (OPh, I, 56) : « Aliqua, secundum quod sunt ordinabilia in genere secundum "sub" et "supra", sunt praedicabilia et subicibilia, igitur hic determinatur de istis in quantum sunt praedicabilia et subicibilia ».

2. *Ibid.*, n. 13 (OPh, I, 57) : « Individuum est per se ordinabile in genere. Igitur, licet non praedicetur proprie, tamen esset ponendum hic sextum universale, quia per sic dicentes non agitur hic de istis in quantum sunt praedicabilia ».

3. *Ibid.*, nn. 15-16 (OPh, I, 57-58) : « Dicendum est aliter quod sufficientia eorum accipitur penes "praedicari" sic : quia praedicatur dividitur "in quid" et "in quale" tamquam in per se diferentias, quia isti sunt primi modi praedicandi. Praedicari in quid est praedicari essentiam subiecti per modum essentiae, id est, per modum subsistentis, non denominantis. Sed hoc contingit dupliciter. Vel quod praedicet totam essentiam subiecti, et sic est species. [...] Si partem essentiae, sic est genus. [...] (n. 16) Praedicari in quale est praedicari per modum denominantis, quod contingit dupliciter ; Vel quod aliquid praedicet essentiam subiecti per modum denominantis, et tunc

Dans son modèle de déduction des prédicables, Scot s'appuie sur la distinction offerte par le texte porphyrien entre ce qu'il appelle « les premiers modes de prédiquer » et qu'il identifie aux différences par soi du genre universel, c'est-à-dire, aux différences diviseuses constituant les deux espèces principales de prédicables : la prédication *in quid* et la prédication *in quale*. En effet, l'*Isagoge* présente et emploie cette distinction à plusieurs reprises ; pour la prédication *in quid*, tout d'abord, dans le contexte de l'exposition de la définition du genre tirée elle-même des *Topiques* d'Aristote :

> Le genre, écrit Porphyre, « est ce qui est prédicable de plusieurs différant par l'espèce, relativement à la question : « qu'est-ce que c'est ? (*in eo quod quid sit*) », par exemple animal[1].

Pour Duns Scot, la prédication *in quid* rend compte de l'essence de la chose, mais doublement : le genre d'une partie de l'essence et l'espèce de la totalité de l'essence.

L'*Isagoge* définit à deux reprises l'espèce comme un prédicable *in quid* : a) par rapport au genre, « l'espèce est ce qui est rangé sous le genre, et dont le genre se prédique relativement à la question "Qu'est-ce que c'est ?" »[2]. b) Pour l'espèce spécialissime : « l'espèce est ce qui est prédicable de plusieurs différant par le nombre, relativement à la question : "Qu'est-ce que c'est ?" »[3]. Comme l'explicitent les *Topiques* pour le cas du genre, juste après l'exposé de la définition, « on doit considérer comme prédicats essentiels tous les termes d'une nature telle qu'ils répondent d'une façon appropriée à la question : *Qu'est-ce que le sujet qui est devant vous ?* »[4]. Ainsi, la prédication *in eo quod quid sit*

praedicitur "in quale substantiale" et sic est differentia. "Est enim differentia substantiae qualitas", per Aristoteles V *Metaphysicae*. Vel quod praedicet accidens per modum denominantis, et tunc praedicatur "in quale accidentale". Vel igitur praedicat accidens convertibile, egrediens a principiis subiecti, et sic est proprium. Vel accidens commune, et sic est ultimum universale. Nam de tali accidente se exponit Porphyrius intelligere ubi ponit divisionem ad declarandum definitionem generis ».

1. Porphyre, *Liber praedicabilium* (*Isagoge*), c. *De genere*, I, 5 (AL, I6, 6-7) : « adsignaverunt genus esse dicentes quod de pluribus et differentibus specie in eo quod quid sit praedicatur, ut "animal" » (trad. fr. cit., p. 3) ; Aristote, *Topica*, I, 5, 102a31-32 (AL, V1, 10) : « Genus autem est quod de pluribus et differentibus specie in eo quod quid est praedicatur ». *Cf.* A. de Libera, « Introduction », *in* Porphyre, *Isagoge*, trad. fr. A. de Libera, A.-Ph. Segonds, Paris, Vrin, 1998, p. XCIX-CI.

2. Porphyre, *Liber praedicabilium* (*Isagoge*), c. *De specie*, II, 3 (AL, I6, 9) : « Adsignant ergo et sic speciem : "species est quod ponitur sub genere et de qua genus in eo quod quid sit praedicatur" » (trad. fr. cit., p. 5).

3. *Ibid.*, II, 4 (AL, I6, 9) : « Amplius autem sic quoque : "species est quod de pluribus et differentibus numero in eo quod quid sit praedicatur" ; sed haec quidem adsignatio specialissimae est et quae solum species est, aliae vero erunt etiam non specialissimarum » (trad. fr. cit., p. 5).

4. Trad. fr. J. Tricot, *Topiques*, Paris, Vrin, 2004, p. 26. *Cf.* Aristote, *Topica*, I, 5, 102a32-34 (AL, V1, 10) : « *In eo autem quod quid est praedicari talia dicantur quaecumque convenit eum qui interrogatur est reddere quid est quod propositum est* / Par attributs appartenant en son essence à leur sujet, entendons les attributs du type de ceux qu'il est pertinent de donner comme réponses à la question : *qu'est-ce que c'est que* l'être dont il s'agit ? » (trad. fr. J. Brunschwig, *Topiques*, Paris, Les Belles Lettres, 1967, p. 7).

renvoie au fait que l'on prédique le genre et l'espèce pour répondre à la question « qu'est-ce que ce sujet ? ».

De son côté, la prédication *in quale* est présentée dans l'*Isagoge*, par contraste avec la prédication *in quid*, dans le passage où Porphyre établit la distinction entre le genre, qui se prédique *in quid*, et les différences et les accidents communs

> lesquels se prédiquent chacun de ce dont ils sont prédicables non pas relativement à la question : « Qu'est-ce que c'est ? », mais relativement à celle-ci : « Comment est la chose ? » ou encore : « Comment est-elle disposée ? »[1].

La prédication *in quale* répond donc à une autre question et par conséquent renvoie à d'autres aspects « de la chose ». Cependant, lorsqu'il s'agit de répondre à la question du « comment » on ne peut affirmer que la prédication *in quale* relève juste de traits accidentels. Selon la déduction de Scot, la différence, le propre et l'accident commun se prédiquent *in quale*. C'est ainsi que, dans le cas de la différence, qu'il y a une prédication de l'essence *in quale*. Selon la citation faite par Scot d'un passage de livre V de la *Métaphysique* où Aristote présente, selon lui, la différence comme « une qualité de la substance »[2], la différence se trouve dans l'ordre de la prédication *in quale*, tout en prédiquant l'essence du sujet. Scot décrit la prédication *in quale* comme la forme de prédication « sous le mode du dénominant » (*per modum denominantis*). Ce mode se dédouble pour donner lieu à la prédication de l'essence par la différence et à la prédication de deux variétés d'accidents : le propre étant l'accident convertible et l'accident commun.

Pour Scot, cette déduction des prédicables est complète et convenable dans la mesure où elle se fait selon un critère proprement logique qui divise son sujet par des différences par soi (la prédication *in quid* et la prédication *in quale*) et, de surplus, montre « l'ordre et la raison de l'ordre » des prédicables[3].

Dès lors, après avoir démontré la *sufficientia universalium* du traitement porphyrien, Scot consacre encore une analyse complémentaire aux objections auxquelles il n'a pas encore donné de réponse. L'objection que nous voudrions souligner soulève le problème du statut de l'étant comme universel. Il s'agit

1. Porphyre, *Liber praedicabilium* (*Isagoge*), c. *De genere*, I, 11 (AL, I6, 8) : « "in eo" autem "quod quid sit praedicari" dividit [genus] a differentiis et communiter accidentibus quae non in eo quod quid sit, sed in eo quod quid quale est vel quodammodo se habens praedicantur de his de quibus praedicantur » (trad. fr. cit., p. 4).

2. En fait, le passage de la *Métaphysique* auquel renvoie l'édition critique, Aristote, *Metaphysica*, V (Δ), 9, 1018a13-17 (AL, XXV2, 96), porte sur la définition de la différence et du semblable. On n'y trouve vraiment pas l'affirmation que la différence est une qualité de la substance.

3. *In Porph.*, q. 12 n. 17 (OPh, I, 59) : « Cum igitur "praedicari de pluribus" non contingat nisi aliquo istorum quinque modorum qui per se dividunt "praedicari de pluribus", quod est ratio ipsius universalis, sequitur quod universale dividitur in haec quinque tantum. Et haec divisio videtur conveniens, quia dividit rationem generis per differentias per se ; et ex hac etiam non tantum patet sufficientia universalium, sed et ordo et ratio ordinis quem tenet Porphyrius, determinando de istis ».

d'une objection manifestement métaphysique, qui porte attente à l'autonomie de la logique et signale le problème de l'intersection entre logique et métaphysique. L'objection invoque l'autorité du livre Γ de la *Métaphysique*[1] pour soutenir que l'étant se prédique *in quid* de toutes choses ; et qu'il ne peut être réduit à aucun des cinq prédicables. C'est pourquoi il doit être posé comme le sixième des universaux[2].

La réponse de Scot, sans en faire mention, suit apparemment la thèse porphyrienne selon laquelle l'étant est équivoque aux dix catégories[3] tout en, semble-t-il, la radicalisant. Ainsi, en partant de l'équivocité de l'étant aux dix catégories, où l'équivocité entraîne la non-universalité de l'étant, une objection pointe du fait que dans la catégorie de la substance l'étant est univoque et par là-même aussi universel. Ce minimum d'univocité à propos de la substance garantirait l'universalité de l'étant, qui, n'étant inclus dans aucun des cinq prédicables, donnerait lieu à un sixième.

Pour Scot, néanmoins, l'étant ne peut pas être un sixième universel parce qu'il reste toujours équivoque, même dans ce cas où l'on considérerait l'étant « dans le genre de la substance ». Quoiqu'il en soit, si Scot rejette l'univocité de l'étant, y compris pour ce qui est de la substance, ce n'est pas pour elle-même, mais parce qu'elle en implique l'universalité. On retrouve donc une raison relevant exclusivement de la déduction des cinq prédicables pour rejeter l'univocité de l'étant.

Voici la réponse de Scot à l'idée qu'il y a une universalité de l'étant relevant de son univocité pour ce qui est de la substance :

> On dit que [l'étant] est encore équivoque à trois. Il est en effet impossible que quelque chose d'univoque (*aliquod univocum*) soit prédiqué, par soi dans le

1. Aristote, *Metaphysica*, IV (Γ), 2, 1003b5-10 (AL, XXV2, 60-61).

2. *In Porph.*, q. 12 n. 4 (OPh, I, 53-54) : « Ens est universale. Et non est genus, per Aristotelem III *Metaphysicae* [c. 3, 998b21-28] ; praedicatur enim per se de differentia. Nec species, quia tunc haberet genus supra se. Nec aliquod aliorum trium universalium, quia illa praedicantur in quale. Ens praedicatur in quid de omnibus, per Aristotelem IV *Metaphisicae* [c. 2, 1003b5-10] ».

3. Porphyre, *Liber praedicabilium* (*Isagoge*), II, 10 (AL, I6, 11-12) : « *neque enim est commune unum genus omnium ens, nec omnia eiusdem generis sunt secundum unum supremum genus, quemadmodum dicit Aristoteles, sed sint posita (quemadmodum in Praedicamentis) prima decem genera quasi prima decem principia. Vel, si omnia quis entia vocet, aequivoce (inquit) nuncupabit, non univoce ; si enum unum esset commune omnium genus ens, univoce entia dicerentur, cum autem decem sint prima, communio secundum nomen est solum, non etiam secundum definitionis rationem quae secundum nomen est* / En effet, l'étant n'est pas un unique genre commun à toutes choses et toutes ne sont pas du même genre en relation à un certain genre suprême, comme le dit Aristote. Posons simplement, comme dans les *Catégories*, les dix premiers genres comme jouant le rôle d'autant de principes premiers : à supposer même qu'on les appelle tous étants, on le fera, dit-il, d'une manière homonymique, mais non pas synonymique. En effet, si l'étant était une sorte de genre commun de tous les êtres, tous seraient appelés étants d'une manière synonymique ; or, entre les dix premiers, la communauté ne s'étend qu'au nom, mais non pas à la définition correspondant au nom » (trad. fr. cit., p. 7-8). *Cf.* les commentaires d'A. de Libera dans Porphyre, *Isagoge*, *op. cit.*, n. 54, p. 51 et ceux de J. Barnes, dans Porphyry, *Introduction*, trad. angl. J. Barnes, Oxford, Clarendon Press, 2003, p. 115-125.

premier mode, des espèces et des différences ; ou d'une différence et de sa différence opposée en vertu de leur différence supérieure que se prédique univoquement, parce que, alors, par rapport aux espèces, par rapport auxquelles elles sont les différences, elles seraient des espèces, et cela est impossible. Par conséquent, l'étant dans la substance est équivoque lorsqu'il est affirmé des espèces dans le genre et des différences, d'un côté, et des différences opposées. Et par conséquent, Avicenne concède qu'il y a trois étants premiers dans n'importe quel genre, mais pas autant de prédicats, parce que les deux coordinations des différences dans tout genre sont réduites à la coordination des espèces[1].

Dans ce passage, l'étant est équivoque dans le sens où il ne peut pas être prédiqué par soi dans le premier mode, c'est-à-dire, il ne peut pas être prédiqué en tant que faisant partie de la définition du sujet a) ni des espèces et de leurs différences b) ni des différences opposées eu égard de leur différence supérieure ; dans les deux cas, il y aurait le risque d'entraîner une contradiction logique qui ferait de ces différences, d'autres espèces du genre au même titre que les *vraies* espèces. Les « trois » équivoques dont il s'agit ici sont, semble-t-il, les espèces et les deux différences opposées. C'est, d'un côté, l'extériorité des différences par rapport aux espèces et la diversité foncière entre les deux différences opposées dans un genre, de l'autre côté, ce qui risque d'être oublié ou gommé, lorsqu'on affirme l'univocité, même en ce qui concerne la catégorie de la substance. L'univocité de l'étant entrainerait donc du même coup a) que les différences deviennent elles-mêmes des espèces du genre et b) que la diversité entre les différences opposées disparaisse.

C'est ici que Duns Scot invoque Avicenne[2], pour établir cette sorte d'équivocité foncière dans le cœur même de l'univocité de la substance. Il s'agit d'une équivocité, d'une diversité, visibles du point de vue ontologique, c'est-à-dire, d'une équivocité réelle, puisqu'il y aurait « trois étants premiers dans n'importe quel genre » ; mais elle ne serait pas visible au niveau de la prédication, du fait de la réduction de la coordination des espèces à la coordination des différences, c'est-à-dire du fait que les différences sont prédiquées avec les espèces dans la prédication *per se primo modo*. Duns Scot entend par là que l'étant ne peut pas se trouver de la même manière dans les espèces et les différences opposées,

1. *In Porph.*, q. 12 n. 24 (OPh, I, 62) : « Dicitur quod adhuc aequivocum est ad tria. Impossibile est enim aliquod univocum praedicari per se primo modo de speciebus et differentiis vel de differentia una et alia opposita pro differentia superiori quae praedicatur univoce, quia tunc respectu specierum, respectu quarum sunt differentiae, essent species, quod est impossible. Ideo ens in substancia aequivocum est ut dicitur de speciebus in genere et differentiis ex una parte et de differentiis oppositis. Et ideo concedit Avicenna quod sunt tria prima entia in quolibet genere, non tamen tot praedicata, quia duae coordinationes diffrerentiarum in omni genere reducuntur ad coordiantionem specierum ».

2. Pour ce qui concerne l'évocation d'Avicenne, le texte de la *Logica* auquel renvoie l'édition critique, Avicenne, *Logica*, I, 10 (11), éd. Hudry, Paris, Vrin, 2018, p. 191-193 ; correspondant à I c. 8 (éd. Venise, 1508, 8ra-rb), ne comporte pas, nous semble-t-il, une référence explicite à cette problématique pour ce qui est de « tria prima entia in quolibet genere ».

du fait de leur diversité réelle et en même temps, que cette diversité est cachée par la logique de la prédication puisqu'elle coordonne les différences et les réduit à l'espèce.

Dans les questions du commentaire à l'*Isagoge* que nous avons traitées, Scot a essayé de montrer quel est l'espace propre de la logique par l'analyse de la constitution des universaux et de quelques éléments de ce que nous appelons la prédication logique, cette forme de prédication qui a à voir avec les intentions secondes comme concepts de second ordre dont on s'occupe et dont on traite par le moyen des intentions secondes elles-mêmes. Il a fallu à Scot trouver des moyens eux-mêmes logiques pour expliquer comment il est possible d'employer un ensemble de concepts pour traiter d'eux-mêmes sans tomber dans la redondance ou la contradiction logiques. Ceci est le prix à payer pour ne pas voir le domaine de l'analyse logique « contaminé » par des approches d'ordre physique ou métaphysique. L'enjeu consiste à protéger l'autonomie discursive de la logique comme science en évitant précisément le recours aux analyses physiques ou métaphysiques pour résoudre des questions logiques. C'est ce que nous avons vu à propos de l'univocité des prédicables autour du concept d'universel ou à propos de la déduction de prédicables. Cette autonomie de la logique relève de la nature même de la science telle qu'elle est thématisée dans les *Seconds Analytiques* selon la compréhension scotiste. Cela veut dire qu'en tant que science, les démonstrations de la logique ne peuvent que sortir des principes propres de la logique. Si pour produire des démonstrations nous avions besoin de concepts ou d'approches d'ordre physique ou métaphysique, c'est la nature même de la logique comme science qui serait compromise par des démonstrations qui feraient des concepts logiques l'effet d'une double causalité (naturelle et intellectuelle), ce qui n'est pas le cas.

Cela est l'autre point central à retenir des analyses de Scot. Même si, comme sujet commun de la logique, les intentions secondes ont un point d'ancrage dans le réel, l'intellect s'y appuyant pour déceler les objets logiques, ceux-ci sont causés par l'intellect, de sorte que la démonstration dans l'ordre intentionnel ne relève que de ce même ordre. Celle-ci est, somme toute, la raison de fond qui explique l'autonomie de la logique comme science vis-à-vis des sciences réelles.

La suite de ce travail suivra un autre fil conducteur pour traiter de la problématique des rapports entre logique et métaphysique. Il s'agit de la question de la signification si débattue au XIIIe siècle. Pour arriver à une analyse de la question portant sur la signification de l'étant comme nom commun et à la possibilité de l'univocité de l'étant selon les analyses dérivées d'une approche logique, nous allons aborder une première question sur le problème général de la signification du nom commun.

DEUXIÈME PARTIE

SÉMANTIQUE

Traditionnellement, Duns Scot est célèbre à cause de « l'invention » d'une toute nouvelle métaphysique de l'étant univoque et de la « destruction » des métaphysiques de l'analogie et de la participation[1]. Son œuvre inaugure, à partir d'un premier commencement plutôt problématique chez Aristote[2], le « second commencement » de la métaphysique[3], désormais véritable science une de l'étant un.

Jusqu'alors, il s'était établi une tension entre a) le modèle métaphysique de l'analogie et de la participation, s'appuyant tant sur le traitement aristotélicien du statut multiple de l'étant, c'est-à-dire, aussi bien sur l'exposition des différentes manières de dire l'étant proposées dans le livre Γ de la *Métaphysique* (1003a25-b15) que sur des formes variées du platonisme chrétien esquissant le rapport de toutes choses à un premier étant créateur et b) les conditions épistémologiques du même aristotélisme telles qu'elles sont esquissées dans les *Seconds Analytiques* (*cf.* 87a38-b4), exigeant l'unité et l'homogénéité nécessaires à chaque genre de science pour qu'elle soit une science véritable et pour qu'il y ait un discours un sur son objet un. L'univocité du discours est la

1. *Cf.* le texte célèbre où s'accomplit ce projet : *Ordinatio* I, d. 3 q. 1-3 (Vat. III, 1-123) et sa traduction française et introduction par O. Boulnois, « La destruction de l'analogie et l'instauration de la métaphysique », dans Jean Duns Scot, *Sur la connaissance de Dieu et l'univocité de l'étant*, Paris, P.U.F., 1988, p. 11-81. Voir aussi *id.*, « Analogie et univocité selon Duns Scot : la double destruction », *Les Études Philosophiques*, 3-4, *L'analogie*, 1989, p. 347-369.

2. *Cf.* P. Aubenque, *Le problème de l'être chez Aristote*, Paris, P.U.F., 1962.

3. *Cf.* L. Honnefelder, *La métaphysique comme science transcendantale : entre le Moyen Âge et les Temps modernes*, trad. fr. I. Mandrella rev. O. Boulnois, J. Greisch, Ph. Capelle, Paris, P.U.F., 2002. C'est bien dans deux œuvres classiques que L. Honnefelder a étayé l'interprétation historiographique classique à propos de Scot comme fondateur de la métaphysique comme science transcendantale et donc du « second commencement de la métaphysique ». Cf. *Ens in quantum ens. Der Begriff des Seienden als solchen als Gegenstand des Metaphysik nach der Lehre des Johannes Duns Scotus*, Münster, Aschendorff, 1979 et *Scientia transcendens : Die formale Bestimmung der Seiendheit und Realität in der Metaphysik des Mittelalters und der Neuzeit* (*Duns Scotus-Suárez-Wolff-Kant-Peirce*), Hamburg, Felix Meiner, 1990.

condition nécessaire et la preuve de l'homogénéité et de l'unité de l'objet de la science.

D'un côté, donc, on trouve la multiplicité des sens du nom "étant" (dépassant déjà la multiplicité catégorielle entre substance et accidents pour y ajouter la diversité entre Dieu et les créatures), et de l'autre, le besoin d'unité que les métaphysiques de l'analogie avaient pensé accomplir précisément grâce au modèle hautement problématique d'une unité fondée sur l'unité d'attribution envers l'étant divin créateur[1].

À son tour, Duns Scot essaye de respecter ces conditions et d'éliminer cette tension, mais cette fois-ci plutôt du point de vue des exigences de la science aristotélicienne – sans pour autant renier des principes de la pensée chrétienne : pour cela, il inclut l'analogie réelle des accidents aux substances, celle des espèces à leur genre et celle des créatures à Dieu (ces analogies ne seront jamais rejetées) dans *l'univocité logique de l'étant*; et par ce mouvement, il renouvelle entièrement la métaphysique en lui donnant finalement un objet unique et par conséquent en l'établissant comme science.

Néanmoins, avant ce déplacement capital, Duns Scot lui-même avait soutenu, dans ses commentaires à l'*Organon* d'Aristote, l'impossibilité logique tant de l'univocité que de l'analogie de l'étant, sans pour autant refuser l'analogie réelle; cela le conduisait à soutenir l'équivocité logique. C'est encore une fois grâce à la distinction entre le domaine logique et celui de la métaphysique que peut se présenter le cadre propice à établir le rejet de l'analogie et de l'univocité logiques de l'étant (impossibles du point de vue du logicien) et l'évidence de l'analogie réelle (vue par le métaphysicien).

Dans l'approche scotiste proposée dans les œuvres logiques (de même que dans les œuvres théologiques), le versant ontologique du problème est absolument central; cependant, on peut considérer comme un second centre ou comme son soubassement, le versant logique et sémantique de la signification des noms, et notamment des noms pouvant signifier plus d'une réalité – les noms équivoques –, qui semblent correspondre beaucoup mieux à des réalités aussi diverses que celles couvertes par le nom « étant ». C'est en réalité la détermination des différentes manières de comprendre l'équivocité des noms, qui permettra l'analyse de l'analogie en général et la prise de position par rapport à la possibilité ou l'impossibilité de l'analogie logique de l'étant que Scot rejettera systématiquement.

1. L'indice du problème se trouve déjà dans le premier chapitre du livre E de la *Métaphysique* où Aristote essaie de concilier la science première comme science particulière (portant en tout cas sur l'être premier) en même temps qu'elle est science universelle (portant sur l'être en tant qu'être) dans la mesure où l'universel dépendrait du premier. *Cf.* Aristote, *Metaphysica*, VI (E), 1, 1026a29-32 (AL, XXV2, 118) : « sed si est aliqua substantia immobilis, ea prior et philosophia prima, et universaliter ita, quia prima ; et de ente in quantum ens eius est speculari, et quid est et que insunt in quantum ens ».

Or il y a au moins deux passages de l'œuvre aristotélicienne qui constituent le fondement de la discussion médiévale sur l'équivocité et l'analogie : (a) la distinction entre les *homonymes*, les *synonymes* et les *paronymes*, au début du livre des *Catégories* (1a1-16) ; et (b) la définition des trois modes de l'équivocité dans les *Réfutations Sophistiques* (166a14-22)[1]. C'est ainsi qu'au XIIIe siècle, grâce aux commentaires à ces passages, le problème de l'analogie se trouve placé sous le traitement plus large de l'équivocité[2].

L'équivocité est une forme d'anomalie possible dans l'exercice argumentatif et l'exercice de la science, car elle met en danger la possibilité de la science fondée sur le syllogisme démonstratif et sur l'unité des concepts scientifiques ; c'est pour cela que la détermination des types d'équivocité et du lieu de l'analogie dans cette distribution est si importante pour le futur et des sciences de choses et de la science des concepts, en particulier pour le futur de la métaphysique.

Dans le contexte du commentaire aux *Catégories*, Scot explique cette anomalie par le caractère conventionnel de la *vox* par rapport au concept et à la chose. Ce trait conventionnel de la voix est dû à l'acte d'imposition, c'est-à-dire, au moment théorique où les mots ont reçu leur(s) signification(s) *ad libitum*. L'approche du commentaire vise donc à déterminer le lieu de la *vox* dans la science logique, autrement dit, son rapport au concept, à la chose et, donc, à la signification. Cette réponse étant établie, Duns Scot pourra se consacrer à la recherche du statut du nom « étant » (univoque, analogue, équivoque ?) prédiqué des catégories.

C'est dans ce cadre que nous allons suivre l'argumentation scotiste visant à démontrer tant l'impossibilité de l'univocité que de l'analogie logique de l'étant, telle qu'elles sont exposées dans la question 4 du commentaire aux

1. A. de Libera, « Les sources gréco-arabes de la théorie médiévale de l'analogie de l'être », *Les Études Philosophiques*, 3-4, *L'analogie*, 1989, p. 320-321, en fait, en a recensé six pour le cas de l'analogie : « Interprétée en termes de corpus, la formation de la théorie médiévale de l'analogie se présente comme la fusion progressive d'au moins six textes aristotéliciens d'inspiration, de portée et de signification différentes : la distinction entre synonymes, homonymes et paronymes du premier chapitre des *Catégories* ; la distinction entre deux types d'homonymie (dérivés des choses à leurs définitions) dans les *Topiques* I, 15, 107b6-12 ; la distinction entre les différents modes de l'erreur selon l'homonymie proposée dans les *Réfutations Sophistiques*, 17 ; la distinction problématique des trois types d'homonymie intentionnelle introduite dans l'*Éthique à Nicomaque* (I, 4, 1096b26-31) [...] ; la théorie de l'unification de la multiplicité des sens de l'être exposée dans le livre IV de la *Métaphysique* sur la base de la signification des termes "sain" et "médical", elle-même complétée par la théorie de l'accident comme flexion de la substance suggérée par certains passages du livre VII de la *Métaphysique* (I, 1028a15-25) ».

2. E. J. Ashworth, « Signification and Modes of Signifying in Thirteenth-Century Logic : A Preface to Aquinas on Analogy », *Medieval Philosophy and Theology*, 1, 1991, p. 39-67 ; ici p. 40.

Catégories[1] et dans la question 15 du commentaire aux *Réfutations Sophistiques*[2].

Notre but est bien d'analyser la problématique de la signification comme centre a) de la problématique logique et b) de l'approche à l'étant pris comme nom. Comment les noms (univoques, équivoques, analogues) signifient-ils ? À quelle catégorie le nom « étant » appartient-il ? Telles sont les deux questions auxquelles nous voulons répondre.

La démarche globale consistera à suivre l'argumentation scotiste sur l'univocité et l'analogie dans la série de ses commentaires logiques, bien avant d'arriver à la lecture de son commentaire à la *Métaphysique* et à l'ensemble des problèmes tant textuels que philosophiques afférents.

À la croisée de la sémantique (la portée du nom), l'ontologie (signifié extramental ou intentionnel ?) et la noétique (le statut sémantique du concept), la question de la signification a été largement débattue au XIIIe siècle[3]. Duns Scot lui-même qualifie le débat autour de la signification de la *vox* comme une *magna altercatio* dans un passage célèbre de l'*Ordinatio*[4]. Mais si nous nous intéressons à la question de la signification dans ses composants aussi bien sémantique, qu'ontologique et noétique, c'est précisément parce qu'elle nous offre une porte d'accès à l'analyse de la question portant sur la signification de l'*étant* comme nom commun. Cette démarche ne fait que confirmer le problème de la signification comme point de convergence de ces trois dimensions et, en ce qui nous concerne, elle pose immédiatement le problème des rapports entre logique et métaphysique. Comment se rencontrent logique et métaphysique dans la problématique de la signification de mots ? Quels rôles jouent l'une et l'autre dans le dispositif de la signification et notamment dans celui de la signification de nom « étant » ? Telles sont les questions qui guident cette partie de notre enquête.

1. *In Praed.*, q. 4 (OPh, I, 273-292) : « Utrum ens sit decem praedicamentis univocum ».

2. *In Elench.*, q. 15 (OPh, II, 331-339) : « Utrum possibile sit aliquod nomen significare unum per prius et reliquum per posterius ».

3. *Cf.* comme introductions générales à la problématique de la signification, l'article classique de N. Kretzmann, « History of Semantics », *in* M. Borchert (ed.), *Encyclopedia of Philosophy*, vol. 8 [1967], New York, Macmillan, 2005 (2e éd.), p. 750-807, et une vue d'ensemble récente de R. van der Lecq, « Logic and Theories of Meaning in the Late 13th and Early 14th Century including the Modistae », *in* D. M. Gabbay et J. Woods (eds), *Handbook of the History of Logic.* Vol. 2 : *Mediaeval and Renaissance Logic*, Amsterdam, North-Holland, 2008, p. 347-388. Aussi A.-M. Mora-Márquez, « "*Peri hermeneias* 16a3-18" : Histoire d'une rupture de la tradition interprétative dans le bas Moyen Âge », *Revue philosophique de la France et de l'étranger* », 136/1, 2011, p. 67-84 et *id.*, *The Thirteenth-century Notion of Signification : The Discussions and Their Origin and Development*, Leyde-Boston, Brill, 2015.

4. *Ord.* I, d. 27 q. 1-3 n. 83 (Vat. VI, 97) : « Licet *magna altercatio* fiat de "voce", utrum sit signum rei vel conceptus » (nous soulignons).

CHAPITRE II

LE PROBLÈME DE LA SIGNIFICATION

S'il y a une passerelle possible entre métaphysique et logique, un point de contact qui permettrait de voir une quelconque articulation entre les deux sciences, celui-ci se trouve dans la problématique de la signification où convergent le nom, le concept et la chose. D'abord, il faut constater que la grammaire (le nom) non seulement va rejoindre la logique (concept) et la métaphysique (la chose) dans le développement de cette problématique de la signification ; en outre, la grammaire constitue l'un des fondements de cette problématique et le point d'ancrage et de projection dans le langage de l'interaction entre le concept et la chose. Il n'y a donc rien d'étonnant à présenter la façon dont le commentaire sur les *Catégories* aborde le problème du rapport entre la *vox* et le concept, c'est-à-dire, celui du lieu et de la fonction de la *vox* comme élément grammatical dans le domaine de la logique caractérisé par Scot comme un domaine proprement intentionnel. C'est ici que se joue l'autre tension propre au concept : son rapport au langage. Le langage va devenir dans le commentaire aux *Catégories*, pour ce qui a trait à la signification, le centre où s'articule l'une des questions centrales sur le couple chose-concept : un nom signifie-t-il une chose ou un concept ?

Dans le cadre du commentaire aux *Catégories*, cette question classique sur la signification des noms sera petit à petit reconfigurée comme celle portant sur la signification des catégories, de sorte que le centre de la problématique qui se met ici en mouvement débouche ensuite sur la question concernant le statut sémantique de l'*étant* analysé dans le cadre complexe des noms équivoques et de leurs significations. Ainsi, à la première question, celle de la signification des noms communs, s'ajoute celle de la signification des noms équivoques à laquelle semble appartenir, par le moyen de l'analogie, le nom « étant ».

C'est par des moyens logiques que se fait l'analyse logico-sémantique de l'étant. Il faudra donc se demander quelles sont les conséquences métaphysiques d'une analyse logique de l'*étant* en essayant de déterminer précisément sa nature et sa portée. Nous verrons alors émerger la première position scotiste soutenant l'équivocité logique de l'étant. Elle est construite en deux étapes. D'abord, le rejet de l'univocité logique et, ensuite, le rejet de l'analogie logique. C'est par une méthode d'exclusion que Duns Scot assume l'équivocité de l'étant. Nous présenterons d'abord une analyse du problème de la signification du nom commun comme seuil à la réponse scotiste au problème de la signification de l'étant.

LE NOM COMMUN [1]

Dès la fin du XIIIe siècle, le débat à propos de la signification de la *vox* a opposé deux modèles, qui, dans un exposé le plus simple et suivant le texte de Scot lui-même, soutiendraient que : a) la *vox* signifie immédiatement le concept (*conceptus*) et médiatement la chose extramentale ou bien que b) la *vox* signifie exclusivement la chose extramentale (*res*). C'est bien dans ce passage où Scot soutient que la *vox* signifie proprement (*proprie*) la chose. Toutefois, il ne faut pas comprendre qu'il s'agit de la chose extramentale, mais bien plutôt de la chose en tant qu'elle est conçue par l'intellect (*ut concipitur* ou *ut intelligitur*). Nous voyons bien la tension entre cette solution et la réponse de Scot dans le commentaire à l'*Isagoge* que nous venons de voir. Par la suite, Scot offrira un modèle des rapports entre les signes (le mot écrit, le son vocal et le concept) et leur signifié (la chose) construit par analogie avec les rapports existants entre un ensemble d'effets et leur cause [2]. Nous reviendrons *in extenso* sur ce dernier point un peu plus tard.

Cette solution, qui donne la primauté à la chose conçue comme signifié du nom, et non à la chose extramentale ou au concept, fait de Duns Scot l'un des premiers représentants de cette théorie de la signification. De ce fait, elle s'oppose à l'influente et active tradition interprétative fondée sur les premières lignes du *Peri Hermeneias* d'Aristote (1, 16a3-8) :

> On sait d'une part que ce qui relève du son vocal est symbole des affections de l'âme et que les écrits sont symboles de ce qui relève du son vocal ; de même que tout le monde n'utilise pas les mêmes lettres, tout le monde n'utilise pas non plus les mêmes vocables ; en revanche, ce dont ces symboles sont en premier

1. Nous avons publié une version préliminaire et moins développée de cette section dans H. Salinas-Leal, « El problema del nombre común en Juan Duns Escoto », *Universitas Philosophica*, 56, 2011, p. 201-240.

2. *Ord.* I, d. 27 q. 1-3 n. 83 (Vat. VI, 97) : « Licet magna altercatio fiat de "voce", utrum sit signum rei vel conceptus, tamen breviter concedo quod illud quod signatur per vocem proprie, est res ». Une version parallèle se trouve dans la *Lectura* I, d. 27 q. 1-3 n. 51 (Vat. XVII, 357).

lieu des signes – les affections de l'âme – sont identiques pour tous, comme l'étaient déjà les choses auxquelles s'étaient assimilées les affections [1].

Cette tradition, selon laquelle le nom proféré signifie le concept mental (ou dans sa version médiévale la *species intelligibilis* ou la *passio animae*), a été initiée en Occident sur le sillage de Porphyre ou d'une tradition porphyrienne[2], par Boèce, traducteur[3] et commentateur[4] du *Peri Hermeneias*. La discussion médiévale passe donc par la grille de lecture offerte par la traduction et les commentaires boéciens et par la variation d'un vocabulaire qui reste assez changeant.

La réponse scotiste de l'*Ordinatio* ne constitue pas néanmoins la première ou l'unique intervention de Scot à propos de la signification. Il s'agit de la réponse la plus tardive et, en quelque sorte, de la moins riche, puisqu'elle se limite à poser la solution en l'expliquant sans se soucier d'étudier les positions en conflit. Pour établir le point de vue scotiste du débat, il faut étudier ses deux commentaires sur le traité de *L'interprétation* (*Questiones in Libros Perihermeneias Aristotelis*), où il consacre deux questions à ce problème[5]. Par la suite, nous présenterons les deux solutions proposées par Scot dans les deux versions de son commentaire, pour revenir, après ce détour, à la solution de l'*Ordinatio* étudiée elle-même aussi dans ses *deux versions.*

Ceci est un point central de notre argumentation. Nous pensons qu'une « première version » de la solution de l'*Ordinatio* se trouve, comme note rajoutée, dans le deuxième commentaire sur le *Peri Hermeneias*, à la fin de la question sur la signification[6]. Si l'on considère cette note rajoutée comme une remarque contemporaine de la rédaction du commentaire, il n'y a pas de doute que la solution de l'*Ordinatio* se trouve déjà présente dans les deux

1. Trad. fr. p. 261.

2. *Cf.* S. Ebbesen, « The Aristotelian Commentator », *in* J. Marenbon (ed.), *Cambridge Companion to Boethius*, Cambridge, CUP, 2009, p. 45-49.

3. Aristote, *De Interpretatione*, 1, 16a3-8 (AL, II1, 5) selon la traduction de Boèce : « Sunt ergo ea quae sunt in voce earum quae sunt in anima passionum notae, et ea quae scribuntur eorum quae sunt in voce. Et quemadmodum nec litterae omnibus eaedem, sic nec eaedem voces ; quorum autem hae primorum notae, eaedem omnibus passiones animae sunt, et quorum hae similitudines, res etiam eaedem ».

4. Boethius, *In de Interpretatione. Ed. prima* (éd. Meisner, 37, 13-15) : « Rem concipit intellectus, intellectum vero voces designant, ipsas vero voces litterae significant ». Et *In de Interpretatione. Ed. secunda* (éd. Meisner, 35, 15-19) : « Quare quoniam passiones animae quas intellectus vocavit rerum quaedam similitudines sunt, idcirco Aristoteles, cum paulo post de passionibus animae loqueretur, continenti ordine ad similitudines transitum fecit, quoniam nihil differt utrum passiones diceret an similitudines ». *Cf.* D. Perler, « Duns Scotus on Signification », art. cit., p. 97-98 et G. Pini, « Species, Concept, and Thing : Theories of Signification in the Second Half of the Thirteenth Century », *Medieval Philosophy and Theology*, 8, 1999, p. 26-27.

5. a) *In Peri herm.* I, q. 2 (OPh, II, 47-59) : Utrum nomen significet rem vel speciem in amina et b) *ibid.*, II, q. 1 (OPh, II, 137-145) : An nomen significet rem an passionem.

6. Il y a donc trois passages où l'on trouve la « solution tardive » de Scot : a) *In Peri herm.* II, q. 2 n. 14 (OPh, II, 151) ; b) *Ord.* I, d. 27 q. 1-3 n. 83 (Vat. VI, 97) et c) *Lectura* I, d. 27 q. 1-3 n. 51 (Vat. XVII, 57).

commentaires au *De Interpretatione* et l'on peut voir dans ceux-ci une sorte de prise de position scotiste, sans nier pour autant le caractère dubitatif du commentaire. Si, en revanche, la note rajoutée est tardive par rapport à la rédaction des commentaires, il faut voir dans les deux commentaires au *De Interpretatione*, une première phase d'analyse des positions en conflits et une forme atténuée de prise de position de la part de Scot, par la suite validée ou confirmée par la note rajoutée postérieurement. C'est comme si à l'époque des commentaires, Scot restait toujours hésitant entre la solution qu'il soutenait dans le commentaire à l'*Isagoge* (le nom signifie immédiatement le concept) et la nouvelle solution que l'analyse des positions en conflit mettait sous ses yeux. De notre côté, nous pensons que cette dernière interprétation est la plus plausible : cela peut expliquer le passage de la solution du commentaire à l'*Isagoge* à la solution où le signifié immédiat d'un terme est la *res ut concipitur* et, au milieu, une phase de doute exprimée par les commentaires au *Peri hermeneias*.

Depuis quelques années, preuves textuelles à l'appui, on discute l'originalité de la position de Scot dans l'*Ordinatio* : on trouve en effet des antécédents chez Siger de Brabant et Thomas d'Aquin[1]. Néanmoins, ni l'exhaustivité et l'acuité de l'exposé du débat dans ses commentaires ni leur influence dans la postérité des théories de la signification ne sont discutées. Cela légitime que l'on pose la question à nouveaux frais : quelle est, *in fine*, la position de Scot sur la signification ? Y en a-t-il eu *une* ? Quelles sont les variations que l'on trouve dans les différents traitements du problème dans les commentaires logiques, la *Lecture*, l'*Ordinatio* ?

LES COMMENTAIRES AU *DE INTERPRETATIONE*

Dès les premières lignes du premier des deux commentaires au *De Interpretatione*, Scot limite la portée de son traitement du problème de la signification. Il ne s'agit pas, en effet, d'une enquête générale sur tous les types de nom. Cette restriction est imposée par la portée même du texte à commenter : cette limitation répond à la nature même du commentaire et de la portée de ces premières lignes du *De Interpretatione* :

> Aristote annonce par ces mots un court traité des voix significatives. [...] Et cela s'entend entièrement, non point des noms qui ont été imposés pour signifier des similitudes (*similitudines*) ou espèces, mais de n'importe quel nom imposé à quoi que ce soit d'autre, comme, par exemple, les noms « homme », « animal », et autres semblables[2].

1. *Cf.* G. Pini, « Species, Concept and Thing », art. cit., p. 39-47.

2. *In Peri herm.* I, q. 2 (OPh, II, 47) : « Hic praemittit Aristoteles brevem tractatum de vocibus significativis. [...]. Et intelligitur omnino non de nominibus impositis ad significandum

Il s'agit donc d'évaluer la signification de noms communs, portant sur des choses de première intention et non sur celles dont l'existence est purement intentionnelle, signifiées par les noms de seconde intention (genre ou espèces), ni sur les noms portant sur des réalités fictives (la Chimère) ou des entités individuelles (Socrate). Néanmoins, vers la fin du premier commentaire, Scot fait appel au statut des noms propres ou bien à celui de noms des entités fictives, afin d'évaluer la portée des solutions proposées. Sur ce point, au moins, il n'est pas possible de se fier entièrement aux intentions programmatiques de Scot.

Cela étant, les deux questions parallèles des commentaires au *De Interpretatione* énoncent le problème de manière divergente. La première se demande « si un nom signifie une chose ou une espèce dans l'âme » [1], tandis que la seconde se demande « si un nom signifie une chose ou une affection (*passio*) » [2]. Comme on l'a déjà remarqué, dans l'*Ordinatio* il s'agit de choisir entre *res et conceptus*. Cela nous montre, dès le début de l'analyse, la situation problématique du vocabulaire cognitif (*species*, *passio animae* et *conceptus*) ; et, en même temps, cela exige de poser la question concernant le rapport entre ces concepts.

C'est ainsi que G. Pini [3] analyse le débat entamé par Scot en montrant qu'il a pour objectif de déterminer le rôle et le lieu de l'espèce intelligible dans le dispositif de la signification, plutôt qu'établir la signification du nom. Dans la solution traditionnelle, l'espèce est identifiée ou bien avec la similitude (*similitudo*), ou avec l'affection (*passio*) ou avec le concept (*conceptus mentis*), pour en faire le signifié premier du nom ; tandis que dans la deuxième solution, l'espèce devient le lieu dans lequel se présente ou à travers lequel s'offre la chose comme seul signifié du nom. Ici, il faut entendre par « chose », la chose en tant que conçue par l'intellect, de la sorte que dans la deuxième solution cette chose en tant que conçue (*res ut concipitur*) est identifiée à l'affection de l'intellect (*passio intellectus*) et à la similitude (*similitudo*).

Désormais le problème peut être reformulé en fonction de deux questions : qu'est-ce que l'espèce ? Et quel est son rôle dans le dispositif de la signification ? Pour la première solution, l'espèce constitue le signifié premier et immédiat du nom ; pour la deuxième solution, l'espèce est cela par l'entremise de quoi l'on accède au seul signifié du nom : la chose en tant que conçue par l'intellect.

similitudines vel species, sed de quocumque nomine alio cuicumque imposito, ut de illo nomine "homo", "animal" et huiusmodi » (trad. fr. p. 69).

1. *In Peri herm.* I, 2, OPh, II, 47 : « Utrum nomen significet rem vel speciem in anima ». Par la suite, je cite la trad. fr. du *In Peri herm.* I par G. Sondag. *Cf.* Jean Duns Scot, *Signification et vérité. Questions sur le Peri hermeneias d'Aristote*, trad. fr., introd. et notes G. Sondag, Paris, Vrin, 2009. Cet ouvrage offre une traduction partielle des deux commentaires scotistes au *Peri Hermeneias*. Pour *In Peri herm.* I, les questions 1-8 et pour *In Peri herm.* II, les questions 5-9 du livre I et les questions 6-9 du livre II.

2. *In Peri herm.* II, 1, OPh, II, 137 : « An nomen significet rem an passionem ».

3. G. Pini, « Species, Concept and Thing », art. cit., p. 23

D'ailleurs il faut remarquer que dans aucun de deux commentaires n'est traité le statut ontologique de l'espèce en tant qu'entité mentale[1].

Par ailleurs, les points de convergence des deux questions sont remarquables. Chacune offre une analyse rigoureuse des positions en conflit sur le fond d'une indétermination ou d'une suspension de la réponse définitive de Scot : c'est ce que donne à penser l'absence d'une *determinatio quaestionis* et les remarques finales de chaque question[2]. Ainsi, les deux questions semblent se limiter à présenter la position traditionnelle fondée sur la lecture des premières lignes du *De Interpretatione*, position selon laquelle, comme on l'a souligné, la voix signifie d'abord l'espèce intelligible et ensuite la chose extérieure qu'elle représente. Puis, elles présentent la thèse novatrice selon laquelle la voix signifie d'emblée la chose en tant que conçue plutôt que l'espèce, dont le rôle devient donc d'être ce dans quoi se trouve le signifié plutôt que d'être le signifié premier du nom. Il n'y aurait donc, dans ces commentaires, ni une prise de position scotiste concernant le problème de la signification, ni une quelconque innovation théorique d'origine scotiste ou à laquelle se serait rallié Duns Scot. Son rôle serait réduit à celui d'un lecteur, commentateur et organisateur bien perspicace des opinions en conflit. Telle est l'interprétation extrême soutenue par G. Pini[3].

L'un des points faibles de cette position consiste dans le fait qu'elle n'arrive pas à expliquer la fonction de la note rajoutée à la fin de la discussion sur les deux solutions au problème de la signification dans le commentaire au *De Interpretatione*. S'il est plutôt clair que Duns Scot se montre prudent lorsqu'il s'agit de déterminer en faveur d'une des deux positions exposées, la note rajoutée montre bien qu'il l'a finalement fait. Ce que nous ignorons est combien de temps s'est passé entre le commentaire et le rajout de la note.

Néanmoins, il semble bien possible de dégager une réponse « cachée » sous la façade de la neutralité de l'analyse scotiste. Cette interprétation est proposée par Dominik Perler, qui soutient en même temps que Scot n'a pas projeté de proposer une solution définitive au problème[4]. Il s'agirait d'une position

1. Il s'agit d'un des problèmes les plus épineux touchant systématiquement les théories médiévales de l'espèce intelligible, *cf.* L. Spruit, *Species Intelligibilis. From perception to knowledge.* Vol. I : *Classical Roots and Medieval Discussions.* Leyde-New York, Brill, 1994, p. 13 : « No satisfactory ontological characterization of intelligible species was given within the Peripatetic conceptual framework ». *Cf.* les pages consacrées à Duns Scot, p. 257-266.

2. On peut se rapporter à la fin de chacune des questions : *In Peri herm.* I, q. 2 n. 51 (OPh, II, 59) : « Prima via [quod nomen significat speciem] videtur probabilior secundum auctoritates ; secunda [quod nomen significat rem] secundum rationem ut patet ». *In Peri herm.* II, q. 1 n. 30 (OPh, II, 145) : « Neutra via est multum necessaria ».

3. G. Pini, « Species, Concept, and Thing », art. cit., p. 23-24 et *id.*, « Signification of names in Duns Scotus and Some of His Contemporaries », *Vivarium*, 39, 2001, p. 20-51.

4. *Cf.* D. Perler, « Duns Scotus's Philosophy of Language », art. cit., p. 167-171. « Scotus does not intend to give a definite solution. Neither in the first nor in the second *Commentary on Perihermeneias* does he present a *determinatio quaestionis.* He rather evaluates the two standard solutions and tries to improve them by adding further distinctions » (n. 15, p. 189).

moyenne entre deux solutions extrêmes, établie grâce à la distinction entre deux aspects de l'espèce intelligible ou similitude (*similitudo*) : (a) vue en tant qu'accident dans l'intellect (c'est-à-dire ontologiquement) et (b) vue en tant que représentation ou signe de la chose (sémantiquement)[1]. Ni l'espèce intelligible, en tant qu'accident de l'intellect, ni la chose en tant qu'extérieure à l'intellect, ne seraient signifiées d'emblée par la *vox*, mais la chose en tant que représentée par l'intellect (dans le cas du premier commentaire) ou conçue dans l'intellect (dans le cas du deuxième).

La position de Perler est doublement problématique : a) les deux réponses possibles au problème de la signification qu'il distingue (le signifié du nom est l'espèce en tant qu'entité mentale ou la chose extramentale) ne reflètent pas les deux solutions telles qu'elles sont présentées et analysées par Scot ; b) celle que Perler considère comme la solution « cachée » de Scot n'est que la première solution que Scot analyse. Il nous faut éviter une confusion. La deuxième solution, telle que Scot la présente, ne soutient pas l'idée que le signifié du nom est la chose extramentale[2]. Les deux solutions en conflit sont en réalité celles-ci : a) l'espèce en tant que signe est le signifié immédiat du nom et la chose en tant que conçue est le signifié médiat ou b) la chose en tant que conçue est le seul signifié du nom. Cette discussion n'offre pas de place à la thèse selon laquelle le signifié immédiat du nom est l'espèce en tant qu'entité mentale ou la chose en tant qu'entité extramentale ; dans les deux cas, on se placerait dans l'ordre ontologique et la discussion, pour sa part, reste toujours ancrée dans l'ordre logique, c'est-à-dire, dans l'idée de voir la signification comme acte de l'intellect.

C'est pourquoi, on ne saurait voir une forme quelconque de représentationalisme chez Duns Scot, dans la mesure où ce qui est représenté ou conçu dans l'espèce intelligible est en tout cas la chose, bien qu'elle ne le soit pas en tant qu'existante[3]. Ainsi, les expressions *res ut intelligitur* et *res ut exsistit* montrent

1. *In Peri herm.* I, q. 2 n. 20 (OPh, II, 51) : « Species intelligibilis] dupliciter consideratur : aut in quantum est quid in se, scilicet accidens informans animam ; aut in quantum repraesentat rem ». *In Peri herm.* II, q. 1 n. 23 (OPh, II, 142) : « Passio, cum sit similitudo rei, potest considerari dupliciter : vel in quantum similitudo est, et sic est signum rei in mente ; vel in quantum exsistit in mente, sicut accidens quoddam in subiecto ». On peut rappeler ici le rôle des concepts comme signes naturels des choses. C. Marmo, « Ontology and semantics in the logic of Duns Scotus », art. cit., n. 7, p. 182 : « The concepts are objects of semantics as far as natural (iconic) signs of things, and of psychology as far as their production in the soul ».

2. Cette position a été soutenue pendant la deuxième moitié du XIIIe siècle par Roger Bacon, *Compendium of The Study of Theology*, II, 2, n. 59 (éd. Maloney, p. 68) : « Dico ergo quod vox imposita ad significandum rem extra animam significat solum eam rem secundum rationem impositionis ; nam non recipit sic rationem nominis et signi nisi propter impositionem factam tali rei. Qua propter solum significabit rem illam cui imponitur, quantum est de proprietate impositionis ».

3. *In Peri herm.* I, q. 2 n. 39-40 (OPh, II, 56) : « Res primo significatur, non tamen secundum quod exsistit quia nec sic intelligitur, sed secundum quod per se concipitur ab intellectu [...] per speciem vel passionem vel conceptum, [...] significatur "res ut intelligitur", ad denotandum quod

les deux formes d'approche de la chose, l'une signifiée par la voix, représentée par l'intellect et indifférente à l'autre, en tant qu'elle existe et est extérieure à l'âme[1].

O. Boulnois pense, tout en s'opposant à Pini et Perler, qu'entre les deux commentaires au *De Interpretatione*, il y a eu un changement de position de la part de Scot qui a défendu deux solutions différentes en passant du premier au deuxième commentaire. Ainsi, Scot soutiendrait dans le premier que le nom signifie immédiatement le concept et médiatement la chose, tandis que dans le deuxième, il soutiendrait que le nom signifie immédiatement la chose. Cela « expliquerait l'existence de deux commentaires sur le *Peri hermeneias*, le second corrigeant le premier sur plusieurs points »[2]. Mieux, cela expliquerait aussi l'adoption de cette deuxième réponse dans les œuvres théologiques. Cette solution est elle aussi problématique parce qu'elle soutient que Duns Scot a donné une solution différente dans les deux commentaires, alors que, *en fait*, il semble qu'il n'y ait pas de *determinatio quaestionis* dans aucun des deux commentaires. Scot fait un emploi de deux solutions que l'on peut qualifier d'hésitant, sauf si, encore une fois, on tient compte de la note rajoutée à la fin du deuxième commentaire.

G. Sondag récemment a soutenu que dès la rédaction de ses commentaires, Scot défendait l'idée que le nom signifie la chose en tant que conçue par l'intellect[3]. Scot aurait toujours défendu la solution en rupture avec la tradition sémantique d'origine porphyrîo-boécienne; par conséquent, il n'y pas eu là-dessous d'hésitation de sa part. Sondag oublie la solution de Scot dans le commentaire à l'*Isagoge*. Ici, sur ce point précis, nous nous trouvons à l'extrême opposé des interprétations récentes sur la sémantique de Scot.

Aucune de ces interprétations ne semble générer une sorte de consensus entre les historiens, bien que la plus complexe d'entre elles, parce qu'est la plus extrême, soit celle de Pini. Pini pense que Scot n'a jamais eu une position vraiment élaborée et, surtout, propre, concernant le problème de la signification ni dans les deux commentaires au *Peri Hermeneias* ni dans son œuvre théologique. Cette question sur la position initiale et finale de Scot à ce sujet reste l'une des plus débattues[4]. Pour notre part, nous inclinons à penser que

"res ut exsistit" non significatur ». *In Peri herm.* II, q. 1 nn. 15-16 (OPh, II, 140) : « Nomen significat passionem intellectus, id est, rem ut concipitur. [...] dico quod Aristoteles et Boethius intelligunt per "passionem", non similitudinem quae est in anima, sed rem prout consideratur ab anima ». *Cf.* D. Perler, « Duns Scotus's Philosophy of Language », art. cit., p. 168 et G. Pini, « Species, Concept, and Thing », art. cit., p. 28.

1. *Cf.* D. Perler, « Duns Scotus on Signification », art. cit., p. 109 : « This distinction between the thing insofar as it exists (*res ut exsistit*) and the thing insofar as it is understood (*res ut intelligitur*) plays a crucial role in Scotus's theory of signification ».

2. O. Boulnois, *Être et représentation*, *op. cit.*, p. 36-37.

3. G. Sondag, « Introduction », dans Jean Duns Scot, *Signification et vérité*, *op. cit.*, p. 31.

4. *Cf.* L. Cesalli, *Le réalisme propositionnel. Sémantique et ontologie des propositions chez Jean Duns Scot, Gauthier Burley, Richard Brinkley et Jean Wyclif*, Paris, Vrin, 2007, p. 125-128, qui offre

Scot n'a pas un point de vue propre au moment où il présente le débat, mais, nous croyons aussi, que l'adjonction de cette note, dont la solution présente une forme de calque de celle offerte dans l'*Ordinatio*, montre clairement que Scot a finalement tranché cette question.

On va donc suivre le développement des deux solutions présentes dans les deux commentaires au *De Interpretatione*, plutôt que celui de deux questions l'une après l'autre. Nous allons essayer de voir les variations dans la présentation de deux solutions dans ses deux versions successives.

Première solution : la transitivité du signifié

Prenons d'abord la première réponse, celle selon laquelle la voix signifie immédiatement l'espèce et médiatement la chose[1]. Dès le début même de la question, l'espèce intelligible est l'objet d'une définition technique :

> J'entends par là l'espèce intelligible ou la similitude (*similitudo*) qui est dans l'intellect comme dans son sujet, de même qu'une espèce sensible, qui est une similitude d'une chose sensible, est dans le sens comme dans son sujet[2].

C'est en tant que similitude de la chose dans l'intellect, c'est-à-dire, en même temps différenciée de la chose même et la signifiant, que la première réponse considère l'espèce comme le signifié immédiat de la voix, en s'appuyant sur une analogie avec l'espèce sensible. Et c'est précisément en tant que signe de la chose que la voix, en signifiant immédiatement l'espèce, signifie médiatement la chose. Mais il faut en tout cas établir les deux sens de l'espèce pour différencier son siège ontologique, dans l'intellect, de sa fonction sémantique, dirigée envers la chose :

> En réponse à la question, l'on dit qu'une espèce intelligible est signifiée immédiatement par une voix. Toutefois, l'espèce est considérée sous deux modes différents : ou bien en tant qu'elle est quelque chose en soi, c'est-à-dire, un accident informant l'âme, ou bien en tant qu'elle représente une chose. Prise sous le premier mode, l'espèce n'est pas signifiée, en raison des arguments en sens contraire, mais elle est signifiée, prise sous le second mode. Or, comme tout signe d'un signe en tant que signe est signe du signifié, il s'ensuit que la voix, qui signifie une similitude en tant que celle-ci est le signe d'une chose, signifie aussi cette chose, de façon médiate cependant, c'est-à-dire parce qu'une

une excellente évaluation des opinions en conflit, se penchant lui-même sur la thèse selon laquelle Scot défend finalement comme signifié du nom la *res ut concipitur*.

1. Cf. *In Peri herm.* I, q. 2 nn. 20-38 (OPh, II, 51-55) et *In Peri herm.* II, q. 1, nn. 21-29 (OPh, II, 141-145).

2. *In Peri herm.* I, q. 2 n. 1 (OPh, II, 47) : « Dico autem speciem intelligibilem vel similitudinem quae est in intellectu ut in subiecto, sicut species sensibilis est similitudo rei sensibilis quae est in sensu ut in subiecto » (trad. fr. p. 69).

voix signifie immédiatement ce qui est le signe d'une chose en tant que c'est un signe[1].

C'est en différenciant les deux aspects de l'espèce intelligible que l'on peut se concentrer sur sa fonction sémantique tout en évitant les objections relevant d'une confusion possible avec son caractère d'accident dans l'intellect. Dans ce passage, les différentes 'vitesses'de signification, médiate et immédiate, dépendent de ce que le signe soit signe de la chose ou signe d'un signe de la chose. Pour le cas de la voix, elle n'est que signe d'un signe ; l'espèce, à son tour, est signe de la chose. Cette relation se fonde sur la transitivité de la signification qui par le moyen de l'espèce lie la voix et la chose, l'espèce étant le signifié de la première et le signe de la seconde[2].

Voyons maintenant la réponse exposée dans le deuxième commentaire :

> Il faut savoir que la propriété de l'âme, puisqu'elle est une similitude de la chose, peut être considérée de deux façons : soit en tant qu'elle est une similitude, et ainsi elle est un signe de la chose dans l'esprit ; soit en tant qu'elle existe dans l'esprit, comme quelque accident dans un sujet. Comme cette statue peut être considérée de deux façons : soit en tant que ce qui reçoit une certaine forme, soit en tant qu'elle est une similitude d'Hercule. Si l'espèce est considérée selon le premier mode [en tant qu'elle est une similitude], et bien l'espèce est signifiée par le nom. Si elle l'est selon le deuxième, elle ne l'est que de façon équivoque. Mais, étant donné qu'elle est considérée selon le premier mode, le nom signifiant l'espèce est signe de la chose, comme les mots écrits dans un texte sont des signes des intentions. De même, donc, que les mots écrits d'emblée signifient la voix, parce que la voix est signe des espèces, et par conséquent ils signifient l'espèce, ainsi la voix est d'emblée signe de l'espèce, et, médiatement, elle est signe de la chose et, ainsi, elle est signe des choses[3].

1. *In Peri herm.* I, q. 2 n. 20 (OPh, II, 51) : « Ad quaestionem dicitur quod species intelligibilis immediate significatur per vocem. Sed illa dupliciter consideratur : aut in quantum est quid in se, scilicet accidens informans animam ; aut in quantum repraesentat rem. Primo modo non significatur, propter rationes ad oppositum, sed secundo modo. Cum autem omne signum signi in quantum signum sit signum significati, sequitur quod vox significans similitudinem in quantum est signum rei, significat etiam ipsam rem sed mediate, quia scilicet immediate significatur illud quod est signum rei in quantum est signum » (trad. fr. p. 77-79).

2. *Cf.* P. V. Spade, « The Semantics of Terms », *in* N. Kretzmann, A. Kenny et J. Pinborg (eds), *The Cambridge History of Later Medieval Philosophy*, Cambridge, CUP, 1982, p. 188-190 et G. Sondag, « Introduction », dans *Signification et vérité*, *op. cit.*, p. 26-27.

3. *In Peri herm.* II, q. 1 n. 23 (OPh, II, 142) : « Sed sciendum quod passio, cum sit similitudo rei, potest considerari dupliciter : vel in quantum similitudo est, et sic est signum rei in mente ; vel in quantum exsistit in mente, sicut accidens quoddam in subiecto. Sicut haec statua potest dupliciter considerari : vel in quantum est hoc cui accidit figura, vel in quantum est similitudo Herculis. Si consideretur primo modo species, sic species significatur per nomen. Si secundo modo, non nisi aequivoce. Sed ut consideratur primo modo, sic nomen significans speciem est signum rei, sicut litterae in scripto sunt signa intentionum. Sicut enim littera primo significat vocem, quia vox est signum specierum, ideo significat speciem, sic vox est signum primo speciei, et mediante est signum rei, et ita est signum rerum ».

Nous observons tout d'abord un changement de vocabulaire. La propriété de l'âme (*passio*) est substituée à l'espèce, pour la raison fondamentale que toutes les deux sont comprises ou bien comme similitude de la chose (*similitudo rei*) dans l'âme, c'est-à-dire, comme un signe de la chose dans l'esprit (*signum rei in mente*) ; ou bien comme un accident existant dans l'esprit (*exsistit in mente*). Puis, il y a une réduplication du rapport sémantique d'immédiateté-médiateté incluant le rapport du mot écrit en tant que signe immédiat de la voix et signe médiat de l'espèce. C'est ainsi que le rapport de signification immédiate et médiate s'étend dès le mot écrit jusqu'à la chose. À l'exception de l'affection de l'âme, la *passio*, signe immédiat de la chose, tous les autres éléments de la chaîne sémantique se dédoublent ; signe d'un signe, ils sont signifié intermédiaire et signe médiat de la chose. Par cette transitivité, bien que chaque signe signifie immédiatement un autre signe, ils arrivent tous aussi à signifier la chose médiatement. Dans cette solution, tous les éléments de la solution considérée comme tardive sont déjà présents, mais ici, il manque encore l'accent sur l'immédiateté de la signification vis-à-vis de la chose en tant que conçue.

L'objection la plus importante contre cette solution se fonde sur un principe selon lequel l'ordre de la signification suivrait l'ordre de l'intellection, c'est-à-dire, sur un rapport de dépendance établi entre l'acte de signifier et l'acte d'intelliger. On retrouve le plus souvent ce rapport sous la formule d'origine aristotélicienne *significare sequitur intelligere*[1]. Ce *motto* peut se comprendre de deux façons : a) selon une interprétation forte où l'on suppose la concordance absolue ou le parallélisme absolu entre les deux ordres ou bien b) selon une interprétation plus faible, qui exige simplement une antériorité nécessaire de l'intellection pour qu'il y ait signification. L'interprétation forte constitue l'un des fondements de l'école de grammairiens et logiciens connus sous le nom de *Modistae*[2]. La différence entre les deux interprétations du *motto* sera plus claire après l'analyse de deux versions de l'objection.

Voici l'objection selon le premier commentaire :

> *Rien n'est signifié qui ne soit intelligé. L'espèce intelligible n'est pas intelligée.* Ce qui est prouvé d'abord par analogie (*per simile*), puisque l'espèce visible n'est pas vue. Deuxièmement, parce que l'espèce intelligible est ce par quoi un intelligible est intelligé ; [...] troisièmement, parce que, si l'espèce est intelligée, elle serait intelligée au moyen d'une autre espèce ; en effet, puisque c'est une faculté passive, l'intellect n'intellige rien s'il n'est pas mis en acte par une espèce de son objet[3].

1. *Cf.* Aristote, *De Interpretatione*, 14, 23a33 (AL, II2, 34) : « Ea quae sunt in voce sequuntur ea quae sunt in anima ».

2. *Cf.* I. Rosier, *La grammaire spéculative des modistes*, Lille, Presses Universitaires de Lille, 1983 et C. Marmo, *Semiotica e linguaggio*, *op. cit.*, p. 139-159.

3. *In Peri herm.* I, q. 2 n. 19 (OPh, II, 50-51) : « Nihil significatur nisi quod intelligitur. Species intelligibilis non intelligitur. Quod ostenditur primo per simile, quia species visibilis non videtur.

Dans le deuxième commentaire, l'objection se concentre exclusivement sur le *motto* modiste :

> *L'acte de signifier suit l'acte d'intelliger* (significare sequitur intelligere) ; *par conséquent, ce qui est intelligé en premier est signifié en premier* ; toutefois, nous intelligeons en premier la chose et non l'affection ; par conséquent, le nom signifie en premier la chose [1].

Pour le moment, regardons de plus près les affirmations visant le lien entre connaissance et signification. La force de l'objection se trouve, évidemment, dans la majeure, c'est-à-dire, dans le rapport de nécessité établi entre intelliger et signifier. Soit avec la formule négative, « Rien n'est signifié, qui ne soit intelligé », soit avec la formule positive et canonique, « L'acte de signifier suit l'acte d'intelliger ». Jusque-là, il semble juste d'affirmer la condition suivante : pour produire un acte de signifier, il faut qu'il y ait un acte préalable d'intelliger portant sur cela que l'on veut signifier. La première version ne va pas plus loin. Elle rajoute juste que l'espèce intelligible n'est pas elle-même intelligée de telle sorte qu'elle ne peut pas être non plus signifiée. Il semble bien qu'il s'agisse de l'interprétation faible du principe *significare sequitur intelligere*. L'objection s'efforce de montrer que l'espèce ne peut pas être intelligée parce que a) elle est comparable à l'espèce sensible, qui n'est pas sentie, et que b) l'espèce est ce par quoi a lieu l'intellection, qu'elle n'est pas intelligible elle-même (*illud quo intelligibile intelligitur*) et que, finalement (c) au cas où elle serait intelligée, elle le serait par une autre espèce. Il s'ensuit de ces trois raisons que si l'espèce n'est pas intelligée, elle ne peut pas être signifiée. Nous reviendrons sur ces arguments.

La deuxième version est beaucoup plus complexe et soutient quelque chose de plus radical : « par conséquent, ce qui est intelligé en premier est signifié en premier ». C'est la version forte, modiste, du principe *significare sequitur intelligere*. Ici, on admet la possibilité que l'espèce puisse être intelligée, bien que cela ne suffise pas pour qu'elle constitue le signifié immédiat de la voix. L'ordre d'intellection de la chose et de son espèce doit être reflété dans l'ordre de leur signification. Et, puisque la chose est intelligée en premier, il s'ensuit qu'elle devra être signifiée aussi en premier.

En comparant les deux réponses de Scot à chaque version de l'objection, nous remarquons l'intention de démontrer que l'on ne peut qu'accepter l'interprétation faible. En faisant cela, Scot doit répondre au problème posé par les intellections de la chose et de l'espèce. Autrement dit, toutes les deux étant

Secundo quia est illud quo intelligibile intelligitur [...]. Tertio quia si intelligitur, intelligeretur per aliam speciem ; intellectus enim, cum sit virtus passiva, nihil intelligit nisi ens in actu per speciem sui obiecti » (trad. fr. Sondag mod., p. 77).

1. *In Peri herm.* II, q. 1 n. 8 (OPh, II, 138) : « Significare sequitur intelligere ; quod igitur primo intelligitur primo significatur ; sed primo intelligimus rem et non passionem ; igitur nomen primo rem significat » (nous soulignons).

intelligibles, il faut savoir laquelle des deux constitue le signifié premier de la voix.

La première version de l'objection soutient : « rien n'est signifié, qui ne soit intelligé. L'espèce intelligible n'est pas intelligée ». Scot ne va pas attaquer la vérité de la majeure, mais celle de la mineure. Il n'est pas vrai que l'espèce ne soit pas intelligée, car « l'espèce est intelligée, non point cependant *en premier*, mais par réflexion »[1]. Ainsi, il est aussi possible d'intelliger l'espèce intelligible, mais non par le *même* acte d'intellection que la chose ou *avant* elle ; en tout cas, l'espèce n'est pas intelligée *en premier* et donc, elle ne saurait être le signifié de la voix bien qu'elle soit capable d'être intelligée dans un deuxième temps.

Scot introduit donc deux précisions : (a) il y a un ordre temporel dans l'intellection de la chose et de l'espèce ; (b) le mode de l'intellection de l'espèce et des autres choses qui ne sont pas l'objet premier de l'intellect est produit par réflexion. Grâce à ces deux précisions, il est maintenant possible de répondre aux arguments contre l'intellection de l'espèce intelligible.

Tout d'abord, l'intellect et le sens ne peuvent pas être comparés dans leurs opérations respectives. Bien au contraire, ils se différencient sur ce point en raison de leur matérialité/immatérialité :

> Comme c'est une faculté matérielle, le sens ne peut se retourner sur son acte, ni sur ce qu'il connaît, et c'est pourquoi l'espèce sensible n'est pas sentie. Au contraire, en raison de son immatérialité, l'intellect peut se retourner sur son acte et sur l'espèce qu'il connaît, et aussi se retourner sur lui-même, et toutes les autres choses que son objet premier, il peut les intelliger et connaître par réflexion[2].

Ainsi la matérialité du sens empêche l'opération de réflexivité qui lui permettrait de se retourner sur lui-même et de connaître son espèce sensible ; l'immatérialité de l'intellect garantit *a contrario* sa réflexivité et la possibilité de connaître l'espèce par le moyen d'un acte second portant sur ses opérations.

Deuxièmement, Scot peut concéder que l'espèce est ce par quoi on intellige l'intelligible (*illud quo intelligibile intelligitur*)[3] et en même temps peut affirmer l'intelligibilité de l'espèce, puisqu'il faut distinguer l'espèce comme lieu d'intellection et « ce qui est connu par son moyen, à savoir l'objet premier ». L'espèce

1. *In Peri herm.* I, q. 2 n. 35 (OPh, II, 55) : « Species intelligitur, licet non primo sed per reflexionem » (trad. fr. p. 85).

2. *Ibid.*,n. 36 (OPh, II, 55) : « Sensus enim, cum sit virtus materialis, non potest reflectere supra suum actum nec supra illud quod cognoscit, et ideo species sensibilis non sentitur. Sed intellectus propter sui immaterialitatem, potest se reflectere supra suum actum et supra speciem quam cognoscit et etiam supra se ipsum, et in omnia alia a suo primo obiecto potest intelligere per reflexionem et cognoscere » (trad. fr. p. 87).

3. Ceci est un trait déterminant dans l'étude de la nature cognitive de l'espèce intelligible, différente de l'objet qu'elle contient et rend « visible ». De plus, il y a sur ce point une connexion forte avec la thèse de Thomas d'Aquin, *STh*, I, 85, 2c (éd. Leonina IV, 334) : « Dicendum quod species intelligibilis se habet ad intellectum ut *quo intelligit intellectus* ». *Cf.* L. Spruit, *Species Intelligibilis*, vol. I, *op. cit.*, p. 156-174.

est donc bien un intelligible, mais différent de son objet premier. Il n'y a pas de contradiction empêchant l'intellection première de la chose et l'intellection seconde de l'espèce comme deux objets différents, intelligés dans deux moments différents et par le moyen de deux opérations différentes[1].

Enfin, l'acte d'intellection réflexive de l'espèce n'exige pas la présence d'une autre espèce par laquelle on connaîtrait la première, parce que

> Seul ce qui est connu en premier par l'intellect, à savoir l'objet premier de l'intellect – qui est le ce-que-c'est de la chose matérielle – engendre une espèce dans l'intellect. L'objet premier mis à part, tout ce qui est connu par réflexion et raisonnement est connu d'une façon qui lui est propre[2].

Ainsi, tout en soulignant la production d'une seule espèce intelligible, Scot soutient qu'elle correspond à l'objet premier de l'intellect, ici identifié à l'essence de la chose matérielle [3].

Tout ce qui est connu par réflexion a comme point de départ cette même et unique espèce intelligible. On voit bien la primauté cognitive de l'objet sensible et le rôle médiateur de l'espèce intelligible. En raison de son immatérialité et de sa réflexivité, l'intellect intellige l'espèce intelligible ; par sa priorité, l'objet sensible est l'objet premier de l'intellect *dans l'espèce,* cette dernière étant aussi intelligible dans un second moment par un acte second.

Dans ce nouveau contexte, nous pouvons revenir à la deuxième version de l'objection contre l'espèce comme signifié premier du nom. Étant donné que l'on signifie en premier ce qui est intelligé en premier et qu'on intellige en premier la chose, alors on signifie en premier la chose. Néanmoins, Scot met en question la majeure de l'argument, c'est-à-dire, la priorité de la signification due à la priorité de l'intellection, en rappelant les conditions constituant l'acte d'imposition des noms par lequel ils reçoivent leur capacité à signifier :

1. *In Peri herm.* I, q. 2 n. 37 (OPh, II, 55) : « Concedo speciem esse aliud ab illo quod cognoscitur per ipsam, scilicet a primo obiecto, quia illius est species ». « J'admets qu'une espèce est autre chose que ce qui est connu par son moyen, à savoir l'objet premier, puisque c'est une espèce de celui-ci » (trad. fr. p. 87).

2. *Ibid.*, n. 38 (OPh, II, 55-56) : « Dico quod species non cognoscitur per aliam speciem, quia solum illud quod primo cognoscitur ab intellectu, scilicet primum obiectum intellectus - quod est quod quid rei materialis - facit speciem in intellectu. Omnia alia cognita per reflexionem et discursum cognoscuntur propria specie » (trad. fr. p. 87).

3. Cela ne sera toujours pas la position scotiste sur l'objet premier de l'intellect, position, qui, avec la constitution de la thèse de l'univocité de l'étant, redéfinira en même temps la nature de l'objet premier de l'intellect *Cf.* D. Demange, *Théorie du savoir*, *op. cit.*, p. 415-425. En tout cas, cette thèse restera très présente dans le commentaire à Aristote et notamment sous la forme de la thèse que la substance est l'objet premier de l'intellect. Par exemple, cf. *In Praed.*, q. 4 n. 53 (OPh, I, 290) : « Ad minorem dico quod *primum obiectum intellectus est substantia.* Quia, ut dicit Aristoteles in principio VII Metaphysicae, "substantia est primum omnium entium cognitione", quod non intelligitur de prioritate temporis sed naturae, scilicet quod cognitio eius est perfectissima. *Auctoritas Avicennae potest concedi vera, sic quod accipit 'ens'pro uno significato quod est primum, scilicet substantia* » (nous soulignons).

> Et, puisque l'imposition des voix est à plaisir, une voix peut être imposée pour signifier ce qui a été visé par l'intellect par réflexion, et pour signifier ce qui a été intelligé en premier [1].

La conséquence est radicale : il n'y a pas de parallélisme ou de coordination biunivoque entre l'ordre de l'intellection (pour lequel convient la priorité ontologique de la chose et la postériorité épistémique de l'espèce) et l'ordre de la signification, parce que l'acte d'imposition des noms aux objets signifiés étant un acte volontaire (*ad placitum*) il n'a besoin que de l'intellection sans tenir compte de « son ordre ». En exposant les conséquences possibles de l'imposition en tant qu'acte volontaire, Scot brise toute tentative d'appliquer la formule *significare sequitur intelligere* dans son interprétation forte, parce que l'imposition établit une discontinuité entre l'intellection, soit des choses soit des espèces intelligibles, et la signification des noms, qui n'obéit pas à l'ordre de l'intellection, mais à la volonté de l'impositeur en ce qu'il choisit ce qu'il veut nommer en premier parmi les objets de ses actes d'intellection [2]. Ainsi, même si la chose est intelligée en premier par l'intellect et l'espèce ensuite par son acte de réflexion, il ne s'ensuit pas que celle-là soit signifiée en premier pour le nom. Cependant, répétons-le, cela ne veut pas dire non plus que la signification ne dépende absolument pas de l'intellection. Cela veut simplement dire qu'elle ne la répète pas dans son ordre propre, comme dans un miroir, bien qu'elle en ait besoin comme condition *sine qua non*. Et Scot d'affirmer : « signifier et intelliger ne sont pas ordonnés l'un à l'autre comme une cause nécessaire à son effet, en réalité signifier présuppose intelliger comme ce sans quoi il n'est pas (*sine quo non*) » [3]. S'il n'y avait pas d'intellection, il n'y aurait pas de signification, mais la signification n'est ni le miroir de l'intellection, ni un effet nécessaire [4] ; si c'était le cas, à une intellection suivrait toujours, à cause de cette nécessité, un acte de signification ; cependant, il y a des intellections sans effets de signification.

1. *In Peri herm.* I, q. 2 n. 35 (OPh, II, 55) : « Et quia impositio est ad placitum, potest vox imponi ad significandum illud mediante intellectu per reflexionem sicut et illud primo intellectum » (trad. fr. Sondag mod., p. 85-86).

2. *Cf.* O. Boulnois, *Être et représentation*, *op. cit*, p. 31 : « Duns Scot [...] ne rapporte pas la signification à la connaissance, mais à la *volonté*. [...] Ce qui s'oppose à l'adage « aristotélico-boécien » : *Sicut intelligitur, sic et nominatur*, ou à la formule des modistes selon laquelle les manières de signifier reposent sur les manières de penser, elles-mêmes fondées sur les manières d'être ». Cf. *In Praed.*, q. 4 n. 33 (OPh, I, 283).

3. *In Peri herm.* I, q. 2 n. 43 (OPh, II, 57) : « Significare et intelligere non ordinatur ad invicem sicut causa necessaria et effectus, sed significare praesupponit intelligere tanquam illud sine quo non » (trad. fr. p. 91).

4. Nous retrouverons cette problématique beaucoup plus amplifiée, lorsque nous aborderons les cas des noms équivoques. Si ici, il s'agit de choisir entre *res* et *species* comme signifié du mot, là il s'agira, pour le cas de l'analogie moyenne, de choisir entre le premier signifié et les signifiés secondaires d'un mot équivoque.

Nous dégageons à partir de ces réponses une compréhension beaucoup plus complexe des rapports entre l'espèce et son signifié, la chose, ou, plutôt, l'objet premier de l'intellect : l'essence de la chose matérielle. Si l'essence est connue en premier dans l'espèce, celle-ci est connue par réflexion dans un acte de l'intellect qui tombe sur elle-même. Bien qu'elle soit objet second, il n'y a pas d'espèce seconde. L'objet premier de l'intellect, l'essence de la chose matérielle, ne saurait être confondu avec son espèce, qui le représente, mais ne saurait être confondu non plus avec la chose extérieure elle-même dont il a été abstrait. Il semble bien que l'*ultimum significatum* n'est pas la chose matérielle dans sa matérialité, mais son essence située ou logée dans l'espèce. Celle-ci est une variation importante par rapport à la façon dont a été posé le problème au début de la question, parce que le problème de la signification ou du signifié immédiat de la voix va se placer maintenant entre le choix de l'espèce ou celui de l'essence de la chose.

Grâce à la dissolution du parallélisme entre l'acte d'intelliger et l'acte de signifier, cette solution peut accorder à l'autorité d'Aristote et Boèce que l'espèce est le signifié immédiat de la voix, sans pour autant compromettre la primauté de l'essence comme objet premier de l'intellect.

En ce qui concerne la deuxième question, elle ne rajoute qu'une seule objection importante à la primauté de l'espèce comme signifié immédiat du nom, objection se fondant sur un élargissement abusif du dispositif de l'analogie dite *per prius et per posterius*[1] au cas du nom commun, en mettant en cause son univocité, pour évoquer une forme de dépendance de la chose en tant que signifié second par rapport à l'espèce en tant que premier signifié :

> Ceux qui sont signifiés par postériorité (*per posterius*), ne le sont qu'en ayant une attribution au premier (*ad primum*) signifié ; par conséquent, si « homme » ne signifie la chose qu'en ayant une attribution à l'espèce, la proposition « la pierre n'est pas dans l'âme »[2] ne serait pas vraie, parce que ce qui est signifié en premier par ce nom « pierre » a un être dans l'âme[3].

Ici on a affaire à quatre éléments nouveaux. Premièrement, l'affirmation de la double signification du nom commun, l'espèce et la chose : celle-ci a donc un rapport de dépendance en tant que deuxième signifié envers l'espèce, signifié premier et principal, de telle sorte que tout nom commun pourrait être pris comme nom analogue ! Autrement dit, l'objection ne suppose pas que le nom

1. Cette objection est aussi centrale parce qu'elle rejoint la problématique de la signification analogique *per prius et per posterius* que nous retrouverons lors du traitement de l'équivocité moyenne dont elle fait partie.

2. *Cf.* Aristote, *De Anima*, III (C), 8, 431b29 (éd. R.-A. Gauthier, p. 235) : « non enim lapis in anima est, set species ».

3. *In Peri herm.* II, q. 1 n. 12 (OPh, II, 139) : « Quae posterius significantur, non significantur nisi ut habent attributionem ad primum significatum ; si igitur "homo" non significet rem nisi in quantum habet attributionem ad speciem, non esset haec vera "lapis habet esse in anima" ; quia quod primo significatur per hoc nomen "lapis" habet esse in anima ».

signifie immédiatement l'espèce et médiatement la chose, dans la mesure où l'espèce serait signe de la chose ou renverrait à la chose en tant que *significatum ultimum*, mais bien plutôt, elle suppose que le nom signifie l'espèce en premier et la chose ensuite, de telle sorte que le deuxième signifié, la chose, soit non seulement dépendent du premier, mais y renverrait aussi comme au signifié principal. Dans le dispositif de l'objection, le signifié ultime est l'espèce dont dépend la chose en tant que signifié postérieur (*per posterius*). En conséquence, deuxièmement, on ne parle pas de signification immédiate et médiate, ce vocabulaire étant substitué au profit du couple *per prius-per posterius* où la notion de signifié premier (*per prius*) et de signifié postérieur (*per posterius*) n'évoquent pas un ordre temporel de la chaîne significative, mais un ordre hiérarchique où la primauté appartient au premier (l'espèce) et non au dernier (la chose en tant que *signifié ultime*). Troisièmement, on y présente la définition de l'attribution du deuxième signifié (la chose) au premier (l'espèce) comme détermination de la chose en tant que signifié : la chose est signifiée dans la mesure où sa valeur sémantique est dépendante et attribuable à l'espèce comme signifié principal. Enfin, la vérité de toute proposition, et dans le passage, de la proposition « la pierre n'est pas dans l'âme », serait évaluée, non pas en fonction des signifiés ultimes des termes (*per posterius*), mais de leurs signifiés premiers (*per prius*), les espèces signifiées par les termes : « la pierre n'est pas dans l'âme » serait une proposition fausse, étant donné que l'espèce signifiée en premier par la voix « pierre » se trouve effectivement dans l'âme comme propriété accidentelle.

Duns Scot désamorcera le dispositif contraignant de l'analogie *per prius et posterius* élargie au nom commun, en détruisant l'élargissement lui-même. Selon sa définition, « le nom analogue signifie l'un et l'autre des analogues, et dans la raison de signifier il n'y a pas d'antérieur ni de postérieur, parce que le nom signifie l'un et l'autre par imposition »[1]. L'imposition, toujours *ad placitum*, y compris dans le cas du nom analogue, ne transpose pas au niveau sémantique le rapport de dépendance entre les signifiés, dérivé d'un quelconque ordre de la connaissance ou de la chose. Autrement dit, dans l'ordre de la signification, il n'y a pas de signifié *per prius* et de(s) signifié(s) *per posterius*, même si dans l'ordre de la nature ou de la connaissance il peut y avoir un certain ordre. Par conséquent, on ne trouve pas une priorité quelconque dans l'acte de signifier, d'un signifié par rapport à un autre : l'acte de signifier est neutre par rapport à ses multiples signifiés. En d'autres termes, au niveau sémantique il y a de la pure équivocité ou de l'équivocité pure lorsqu'un terme possède plusieurs signifiés, l'analogie *per prius* et *per posterius* restant limitée au domaine de la chose. Nous reviendrons largement plus bas sur cet élément central de la sémantique scotiste.

1. *In Peri herm.* II, q. 1 n. 26 (OPh, II, 144) : « Nomen analogum significat utrumque analogorum, et in ratione significandi non est prius et posterius, quia utrumque significat ex impositione ».

Cependant, cela n'est pas le cas du nom commun et de sa double signification (de l'espèce et de la chose), parce que « la priorité et la postériorité se trouvent dans les raisons signifiées; et il y a de la priorité et de la postériorité dans l'acte de signifier »[1]. Face à la signification analogique, dépourvue d'un rapport d'antéro-postériorité envers ses signifiés, selon sa raison de signifier déterminée par l'imposition, Scot affirme, en revanche, que la signification du nom commun a un tel rapport, selon son acte de signifier. Qu'est-ce que cela veut dire? Comment est-ce possible? Dans le cas du nom analogue, il ne s'agit pas de deux ou plusieurs signifiés dont le rapport est d'être signe d'un signe jusqu'à arriver au signe d'un *ultimum significatum*. Dans le nom analogue, il n'y a pas de transitivité entre les signes, mais une multiplication des signifiés derniers, bien qu'ils aient un rapport réel. Ce n'est pas le cas du nom commun :

> Le nom, en effet, ne signifie la chose extramentale que parce que la propriété de l'âme qui est signifiée par la voix, est-elle signe de la chose extramentale. C'est pourquoi *seulement un signifié est signifié par soi*, tandis qu'un autre est signifié en tant qu'il est le signifié de celui qui est signifié premièrement[2].

La transitivité de la signification garde l'univocité du nom commun et explique la « multiplication » de ses signifiés, qui visent tous le signifié dernier : il n'y a pas de multiplication des signifiés, mais des signes. Il faut aussi remarquer l'insistance du passage sur *la chose extramentale*. Ainsi, au moins dans ce passage et à ce moment, Scot reste persuadé que le signifié ultime est la chose extramentale et non la chose en tant que conçue!

Quelles sont les conclusions provisoires que nous pouvons tirer de cette réponse et de son traitement? Le cœur de la solution est la distinction entre l'espèce ou la propriété de l'âme comme accident dans l'âme et comme signe de la chose. L'espèce-propriété, sous la figure de la similitude, se présente comme premier signifié du nom et en même temps comme signe de la chose, celle-ci étant le *significatum ultimum* vers lequel la chaîne de la signification aboutit. Face à l'objection capitale, fondée sur la formule *significare sequitur intelligere* dans son interprétation forte, qui conduirait à faire de l'espèce (connue par réflexion) un signifié second et non premier, la réponse montre que la logique de l'imposition des noms n'obéit pas à l'ordre de la connaissance. Il n'est pas possible non plus, selon la deuxième réponse, de proposer le schéma de la signification *per prius* et *per posterius*, propre à l'analogie, sous le risque de faire d'un nom univoque un nom analogue, voire, après le rejet scotiste de l'analogie, un nom équivoque. En fait, les réponses permettent de dégager le bon modèle et le bon vocabulaire pour l'analyse de la signification (celui de la

1. *In Peri herm.* II, q. 1 n. 26 (OPh, II, 144) : « Prioritas et posterioritas insunt rationibus significatis ; haec autem est prioritas et posterioritas in actu significandi ».

2. *Ibid.* : « Non enim significat nomen rem extra animam nisi quia passio quae significatur per vocem est signum rei extra animam. Unde *tantum unum significatur per se*, aliud significatur in quantum est significatum illius quod primo significatur » (nous soulignons).

chaîne de signifiés et de la signification immédiate et médiate), même s'il reste un doute sur la nature de ce signifié ultime.

Deuxième solution : la voix signifie la chose (ut concipitur)

Une première constatation s'impose à propos du traitement de la deuxième solution dans les deux questions : en principe, le lecteur semble se trouver face à deux réponses assez différentes qui convergent finalement vers une solution unifiée selon laquelle la voix signifie la chose en tant que conçue par l'intellect (*res ut concipitur*) et non la chose extramentale. Concernant le vocabulaire, nous avons vu que la première solution considérée dans l'ensemble de ses deux traitements, a fait converger l'espèce intelligible du premier traitement et la propriété de l'âme (*passio*) du deuxième traitement vers le concept de *similitudo*, premier signifié du nom et signe de la chose; la deuxième solution va faire converger la *res ut concipitur* du premier traitement, et la *conceptio intellectus* du deuxième traitement, vers la forme de la propriété de l'âme ou *passio*, toujours intelligée comme chose conçue, en éliminant d'un côté la portée de la signification jusqu'à la chose extramentale et, de l'autre, l'idée que la *passio* soit un quelconque signifié du nom/signe de la chose, étant déjà, elle-même, la chose *ut concipitur*. Voici la formulation de cette deuxième réponse dans le premier commentaire :

> À la partie opposée dans cette question, l'on répond qu'une chose est signifiée en premier, non point cependant en tant qu'elle existe, puisque ce n'est pas non plus en tant que telle qu'elle est intelligée, mais en tant qu'elle est conçue par soi de l'intellect. C'est l'essence même d'une chose, laquelle est signifiée par une définition, qui est l'objet premier de l'intellect[1].

Là, il est bien clair que la voix signifie la chose en tant que conçue par l'intellect, à savoir, l'essence de la chose extramentale et non la chose elle-même en tant qu'existant. Ainsi le mode d'intellection de la chose explique le mode de sa signification, car la chose est saisie par l'intellect sous une modalité qui ne correspond pas au fait que la chose existe, mais au fait que l'intellect saisit l'essence de la chose. Cette solution doit prouver que la voix ne signifie ni l'espèce en tant que telle, un accident de l'intellect, ni la chose extramentale, existante et singulière. De même, elle doit faire face à ce que disent les autorités, Aristote et Boèce, qui penchent pour la première solution[2], notamment selon la réponse tirée traditionnellement du texte aristotélicien du début du traité *De Interpretatione*. Selon la correction proposée à l'interprétation

1. *In Peri herm.* I, q. 2 n. 39 (OPh, II, 56) : « Ad partem oppositam questionis dicitur quod res primo significatur, non tamen secundum quod exsistit quia nec sic intelligitur, sed secundum quod per se concipitur ab intellectu, hoc est ipsa essentia rei quae significatur per definitiones quae est primum obiectum intellectus » (trad. fr. p. 87-89).

2. *In Peri herm.* II, q. 1 nn. 1-4 (OPh, II, 137).

traditionnelle ou, si l'on préfère, selon la clé de lecture proposée pour lire l'interprétation traditionnelle :

> En réponse à toutes les autorités pour la partie opposée, il est dit que par « espèce », « passion », « concept », ou quoi que ce soit d'autre dans d'autres autorités, ce qui est signifié, c'est « la chose en tant qu'elle est intelligée » (*res ut intelligitur*), afin de notifier que ce qui est signifié, ce n'est pas « la chose en tant qu'elle existe » (*res ut exsistit*) [1].

Il s'agit d'une perspective très importante de rupture vis-à-vis de la solution traditionnelle. C'est l'essence même de la chose qui est signifiée, en tant que chose conçue, qui, de plus, est présentée comme objet propre de l'intellect. N'en reste pas moins surprenante la proximité de cette réponse avec le traitement précédent de la chose signifiée en tant qu'essence et non en tant que chose extramentale. Ce passage-ci, néanmoins, ne se fonde pas sur la distinction entre l'espèce-accident et l'espèce-signe. Au contraire, l'espèce doit être exclue du processus de la signification de la voix comme son premier signifié et remplacée par la chose conçue. Il ne s'agit pas non plus de la question de la transitivité de la signification prenant l'espèce comme le signifié d'un signe (la voix) et le signe de la chose. L'espèce doit être comprise, du point de vue de la signification de la voix, comme ce dans quoi se trouve la chose en tant qu'intelligée. Ceci est un autre point de distinction entre les deux solutions.

Sur la distinction entre la *res ut exsistit* et la *res ut intelligitur*, D. Perler propose deux interprétations visant à notre avis à montrer leur fondation métaphysique. D'abord, il rappelle que cette distinction suppose la distinction métaphysique, d'origine avicennienne [2], entre essence et existence [3] ; mais il pourrait s'agir aussi d'un emploi précoce du concept scotiste de nature commune [4]. Il ne s'agit pas de deux remarques indépendantes. L'essence ou

1. *In Peri herm.* I, q. 2 n. 40 (OPh, II, 56) : « Ad omnes auctoritates in contrarium dicitur quod per speciem vel passionem vel conceptum vel quodcumque aliud in aliis auctoritatibus significatur "res ut intelligitur", ad denotandum quod "res ut existit" non significatur » (trad. fr. p. 89).

2. Avicenna, *Philosophia prima sive scientia divina*, V, 1, (AvL, II, 227-238). Par exemple les célèbres propos avicenniens sur l'équinité (228-229, l. 29-42) : « Definitio enim equinitas est praeter definitionem universalitatis nec universalitas continetur in definitione equinitatis. Equinitas etenim habet definitionem quae non eget universalitate, sed est cui accidit universalitas. Unde ipsa equinitas non est aliquid nisi equinitas tantum ; ipsa enim in se nec est multa nec unum ; nec est existens in his sensibilibus nec in anima, nec est aliquid horum potentia vel effectu, ita ut hoc contineatur intra essentiam, sed ex hoc quod est equinitas tantum. [...] Equinitas ergo, ex hoc quod in definitione eius conveniunt multa, est communis, sed ex hoc quod accipitur cum proprietatibus et accidentibus signatis, est singularis. Equinitas ergo in se est equinitas tantum ».

3. D. Perler, « Duns Scotus on Signification », art. cit., p. 112.

4. *Id.*, « Duns Scotus's Philosophy of Language », art. cit., p. 168-169. Nous avions déjà trouvé une trace de la thèse avicennienne de l'indifférence de l'essence dans le commentaire à l'*Isagoge*. Cf. *In Porph.*, q. 9-11 n. 16 (OPh, I, 46-47) : « Sciendum tamen quod significatum termini communis, significantis veram naturam, tripliciter potest considerari. Uno modo secundum esse in suppositis, quod dicitur esse materiale eius, et hoc modo insunt ei accidentia communis.

nature peut être considérée à partir de trois points de vue : en elle-même, en tant qu'elle est présente dans la matière sensible et en tant qu'elle est conçue par l'intellect. Le recours à cette distinction métaphysique fondamentale permet de garantir, d'un côté, que le signifié du nom, la *res ut concipitur*, constitue en fait l'essence dans sa modalité cognitive, et que la même essence se trouve dans les individus, avec leurs conditions matérielles ; de l'autre côté, que le signifié ne se confond pas avec l'espèce intelligible. Cette dernière distinction écarte toute interprétation, nous l'avions déjà remarqué, visant la position scotiste comme une forme de représentationalisme sémantique. Le nom signifie proprement le réel *ut concipitur*, et non un modèle ou une représentation mentale du réel[1].

Voyons maintenant la version de cette solution proposée dans le deuxième commentaire. D'abord, cette version ne suit pas le même cheminement que la première. Elle est beaucoup plus complexe. On ne dit pas tout de suite que la chose est le premier signifié de la *vox*, mais plutôt que « le nom signifie en premier les propriétés de l'âme, c'est-à-dire, les conceptions de l'intellect (*conceptiones intellectus*) »[2]. Cette réponse semble nous rapprocher de la première solution selon laquelle le nom signifie l'espèce immédiatement et la chose médiatement.

Cependant, par le moyen d'une redéfinition des rapports et des fonctions tant de l'espèce que de la propriété de l'âme (cette dernière maintenant équivalente à la *conceptio intellectus* et, surtout, différente de l'espèce), on arrive aussi à la chose conçue comme premier signifié du nom : « le nom signifie une propriété de l'intellect, c'est-à-dire, une chose en tant que conçue »[3]. Mais, il faut nous poser la question : comment se produisent ces changements ? Comment se fait le passage du signifié premier comme propriété de l'âme à celui de la chose conçue ? La solution, en essayant de justifier que le nom signifie les propriétés de l'âme ou les conceptions de l'intellect, va présenter trois éléments selon un ordre « descendant », qui va de l'espèce intelligible à l'essence de la chose jusqu'à la chose en tant que réalité individuelle, en établissant tant sa fonction que son rapport avec la signification du nom. Il s'agit de déterminer lequel des trois éléments (espèce, essence ou chose extramentale) est signifié en premier par le nom. Regardons d'abord la première formulation de la réponse et la présentation de cet ordre :

Secundo modo consideratur absolute secundum esse quiditativum, et sic insunt ei praedicata essentialia. Tertio modo ut per formam intelligibilem ab intellectu apprehenditur, quod est esse cognitum, et sic insunt ei intentiones ».

1. D. Perler, « Duns Scotus's Philosophy of Language », art. cit., p. 168-169, G. Pini, « Signification of names in Duns Scot », art. cit., p. 30 et L. Cesalli, *Le réalisme propositionnel*, *op. cit.*, p. 128.

2. *In Peri herm.* II, q. 1 n. 14 (OPh, II, 139) : « Nomen primo significat passiones animae, id est, conceptiones intellectus ».

3. *Ibid.*, n. 15 (OPh, II, 140) : « Nomen significat passionem intellectus, id est, rem ut concipitur ».

> Il faut dire, comme le dit Aristote, que le nom signifie en premier les propriétés de l'âme, c'est-à-dire, les conceptions de l'intellect. Pour que cela soit manifeste, il faut savoir qu'il y a trois [éléments] se rapportant selon un ordre. D'abord, il y a l'espèce intelligible, selon laquelle l'intellect est en acte, cette espèce est dans l'intellect comme un acte propre dans sa matière propre. [...]. Deuxièmement, il y a ce qui est la raison de la chose, qui est « l'être-ce-qu'il-est » de la chose, qui est présentée à la puissance intellective dans laquelle est l'acte qui est l'espèce intelligible, selon lequel acte la puissance du connaissant est emmené à l'être-ce-qu'il-est de la chose elle-même. Troisièmement, il y a la chose particulièrement existante sous les conditions individuelles[1].

Cette première formulation de la réponse semble même s'opposer à celle que l'on attend. Elle s'approche plutôt de l'autre solution, tout en s'appuyant sur l'autorité d'Aristote. Dans les premières lignes de ce passage, on voit s'établir l'équivalence entre les propriétés de l'âme (*passiones animae*) et les conceptions de l'intellect (*conceptiones intellectus*), présentées comme signifiés premier du nom. L'analyse va montrer que la propriété de l'âme est maintenant synonyme et de la chose en tant que conçue et de l'essence, tandis que l'espèce intelligible se sépare de toute toute fonction sémantique.

Voyons les éléments du passage et leurs rapports. D'abord, on y trouve l'espèce intelligible définie comme acte propre de l'intellect. Ensuite, l'essence de la chose (« l'être-ce-qu'il-est »), différenciée de l'espèce et définie comme ce vers quoi l'espèce en tant qu'acte conduit l'intellect : la différentiation entre l'espèce et l'essence se fait en tant que celle-là est l'acte de l'intellect et celle-ci est l'objet sur lequel tombe l'acte de l'intellect. Enfin, on y trouve la chose extramentale, singulière et existante. Laquelle des trois est-elle le signifié premier du nom ? Voici la suite de la solution :

> Le premier [l'espèce intelligible] n'est pas signifié en premier par la voix ; parce que l'être-ce-qu'il-est est intelligé avant que l'espèce de la chose ne le soit, et que *ce qui est d'emblée intelligé est d'emblée signifié*. La mineure est manifeste parce que l'intellect n'entend l'espèce intelligible que par réflexion, comme son acte. Le troisième, à savoir, la chose existante indifféremment selon sa raison propre, ne peut pas être signifiée, parce que l'intellect est en acte, en premier, par son objet premier qui est l'être-ce-qu'il-est de la chose. L'intellect, en effet, n'intellige pas en premier le singulier. Mais, bien que l'être-ce-qu'il-est n'existe pas sans les conditions matérielles, il peut pour autant être considéré sans elles. *Et ainsi, le nom est imposé à celui-ci, de la manière qu'il est intelligé*. C'est

1. *In Peri herm.* II, q. 1 n. 14 (OPh, II, 139-140) : « Dicendum, sicut dicit Aristoteles, quod nomen primo significat passiones animae, id est, conceptiones intellectus. Ad cuius evidentiam sciendum quod tria se habent secundum ordinem. Primo est species intelligibilis, secundum quam intellectus est in actu, quae species est in intellectu sicut actus proprius in propria materia sua [...]. Secundum est quod est ratio rei quod est "quod quid est" rei, quod obicitur virtuti intellectivae in qua est actus qui est species intelligibilis, secundum quem actum fertur virtus cognoscens in ipsum quod quid est esse rei. Tertium est res particulariter exsistens sub condicionibus individualibus ».

pourquoi le nom signifie la propriété de l'intellect, c'est-à-dire, la chose en tant qu'elle est conçue[1].

Variation majeure, la stratégie de cette réponse se fonde sur le schème de la formule, que vous avons déjà commentée par rapport à la première réponse, *quod primo intelligitur primo significatur*. Si dans la solution précédente on a défait la force de cette formule afin d'empêcher la primauté de l'espèce dans l'ordre de la signification, dans cette solution, étant donné la primauté de l'essence dans l'ordre de l'intellection, on récupère la formule pour en soutenir la primauté dans l'ordre de signification[2]. Avec cette formule à l'esprit, dans son interprétation forte, on exclut l'espèce intelligible comme premier signifié du nom, car elle n'est connue que par réflexion ; de même, on exclut la chose extramentale, car elle n'est pas ce qui actualise l'intellect, c'est-à-dire, son objet propre, l'essence. Celle-ci, en revanche, sera identifiée avec la chose en tant que conçue, à son tour prise comme signifié du nom. Ce passage redresse l'équivalence propriété de l'âme/conception de l'intellect envers la chose comme conçue, en laissant de côté l'espèce intelligible ; il laisse aussi de côté la chose extramentale insaisissable par l'intellect à cause de ses conditions matérielles. Seule l'essence, *res ut concipitur*, concevable hors de l'existence, reste, par exclusion, comme le seul signifié possible du nom.

Il y a encore deux objections à cette réponse qu'il vaut la peine de retenir. Encore une fois, que faire avec les autorités, surtout celles d'Aristote et Boèce, qui penchent vers l'espèce comme le signifié premier du nom[3] ? La réponse scelle la distinction entre l'espèce et la propriété de l'âme a) en rejetant son association sous le concept de similitude b) en définissant la *res ut concipitur*, maintenant associée à la propriété de l'âme et c) en établissant, par conséquent, leurs fonctions respectives dans l'intellect :

> je dis qu'Aristote et Boèce n'entendent pas, par « propriété de l'âme », la similitude qui est dans l'âme, mais la chose dans la mesure où elle est considérée par

1. *In Peri herm.* II, q. 1 n. 15 (OPh, II, 140) : « Primum non significatur primo per vocem ; quia quod quid est prius intelligitur quam species rei intelligitur ; et *quod primo intelligitur primo significatur*. Assumptum patet, quia intellectus speciem intelligibilem non intelligit nisi per reflexionem, sicut suum actum. Tertium, scilicet res exsistens indifferenter secundum suam rationem propriam, non potest significari, quia intellectus est in actu primo per suum obiectum proprium quod est quod quid est rei. Intellectus enim non intelligit primo singulare. Sed quod quid est sine condicionibus materialibus non exsistit, potest tamen considerari sine illis. Et sic *sibi ut intelligitur, imponitur nomen*. Unde nomen significat passionem intellectus, id est, rem ut concipitur » (nous soulignons).

2. Si la solution définitive de Duns Scot est proche de celle-ci, on ne peut bien comprendre pourquoi son apport fondamental serait la critique de la formule modiste, comme le soutient G. Pini, « Signification of Names in Duns Scotus », art. cit., p. 37-42, que si l'on tient compte que cette critique est fondamentale dans le contexte du problème de l'imposition des noms divins qui signifient mieux qu'ils ne sont intelligés. *Cf.* O. Boulnois, *Être et représentation*, *op. cit.*, p. 303-314.

3. *In Peri herm.* II, q. 1 nn. 1-4 (OPh, II, 137).

> l'âme, c'est-à-dire, cette chose à laquelle est conduit (*conducitur*) l'intellect par l'entremise de l'espèce afin de la connaître[1].

Ici, l'intellect arrive à la connaissance de la chose ou propriété de l'âme par l'entremise de l'espèce ou similitude. Ce qui est d'abord connu est cette propriété ou chose conçue. Ce qui est connu, ensuite, par réflexion est l'espèce.

Toutefois, il faut déterminer le statut de cette similitude identifiée dans la première solution à l'espèce et à la propriété de l'âme et ici identifiée seulement à l'espèce afin d'identifier la propriété de l'âme à la chose en tant que conçue. C'est par rapport à la formulation analogique (*per prius* et *per posterius*) de la première solution (« le nom signifie la propriété de l'âme et la chose ; mais il signifie la chose par postériorité et la propriété par antériorité »[2]), que l'on peut dégager le double statut de la similitude et l'approche de la deuxième solution, puisque Scot va rejeter encore le recours à l'analogie pour établir une quelconque priorité de la similitude comme signifié premier dont s'en suivrait la chose comme signifié secondaire, celle-ci dépendant du premier et renvoyant à lui.

> Il arrive que l'on comprenne la similitude de deux façons : soit selon l'être qu'elle a dans l'âme, soit selon qu'elle conduit à la connaissance de la chose. Si elle était considérée dans le premier mode, le nom, en signifiant la similitude de la chose et la chose, ne signifie pas seulement analogiquement, mais aussi équivoquement. Cependant, si elle était considérée dans la mesure où elle conduit à la connaissance de la chose, alors elle ne serait pas signifiée en premier, mais c'est ce par quoi une autre chose est signifiée ; de même qu'elle n'est pas intelligée en premier, mais c'est ce par quoi le premier intelligible est intelligé[3].

Nous pouvons tout d'abord remarquer l'absence d'un vocabulaire qui fasse de la similitude, malgré la distinction entre son être dans l'âme et sa fonction conductrice, un signe de la chose. Deuxièmement, la distinction montre clairement qu'il n'est pas possible d'accepter que le nom signifie la similitude et la chose (*per prius et posterius*), sans risquer de faire du nom commun, par soi univoque, un nom analogue et, à la limite, équivoque. C'est ainsi que prendre la similitude dans le premier sens (comme accident de l'intellect) et en faire, en même temps, le signifié premier du nom (dont serait dérivée, par analogie, la

1. *In Peri herm.* II, q. 1 nn. 15-16 (OPh, II, 140) : « Dico quod Aristoteles et Boethius intelligunt per "passionem", non similitudinem quae est in anima, sed rem prout consideratur ab anima, id est illud in cuius notitiam ducitur intellectus per species ».

2. *In Peri herm.* II, q. 1 n. 9 (OPh, II, 138) : « Nomen significat passionem rei et rem ; sed rem significat per posterius, passionem autem per prius ».

3. *In Peri herm.* II, q. 1 n. 18 (OPh, II, 141) : « Dico quod similitudinem contingit ostendere dupliciter : vel secundum esse quod habet in anima, vel secundum quod est ducens in cognitionem rei. Si primo modo consideretur, sic nomen significans similitudinem rei ; et rem non solum ipsam analogice significat, sed aequivoce. Si autem consideretur prout ducit in cognitionem rei, tunc non primo significatur, sed est quo aliud significatur ; sicut non intelligitur primo, sed est quo primum intelligibile intelligitur ».

chose en tant que signifié secondaire), ne conduirait à rien d'autre qu'à l'équivocité parce que le nom signifierait en même temps un accident de l'intellect et une essence[1].

Le deuxième sens de la similitude est plus clair. C'est en tant que *conducens*, non signifiée et non signifiante, que la similitude dirige l'intellect vers la chose. Plutôt qu'un signe, elle est ce par quoi la chose est signifiée et ce dans quoi la chose est intelligée. La similitude ne fait pas partie de la chaîne de la signification. Elle est prise dans sa fonction de contenant de la chose conçue, dont le nom, et lui seul, est le signe.

Ainsi, dans cette solution, l'acte de l'intellect (espèce, ressemblance ou propriété de l'âme) doit être compris comme ce dans quoi se présente la chose, comme ce qui conduit vers la chose, mais jamais comme la chose elle-même *ut concipitur* ou comme son signe. De cette façon tant l'intellection que la signification portent directement sur la chose conçue se trouvant dans l'espèce.

Quelles sont donc les différences entre les deux versions de la seconde solution ? On trouve d'abord une variation importante du vocabulaire à l'heure de présenter la réponse au problème (le signifié du nom est ou bien la *chose conçue* ou bien la *conception de l'intellect,* entendue comme la chose conçue). Deuxièmement, la deuxième solution rajoute la distinction entre l'espèce (ce qui dirige vers la chose conçue, lieu où elle se trouve et acte de l'intellect) et la chose conçue (l'essence de la chose, indifférente à l'existence ou non-existence de leurs suppôts). Cependant le plus surprenant est que la deuxième version s'appuie sur la formule controversée et critiquée dans la première version, *quod primo intelligitur primo significatur*, afin précisément de soutenir que l'essence est connue en premier et l'espèce est connue par réflexion d'une façon telle que l'essence soit le signifié du nom ! De son côté, la première version se fonde, pour soutenir sa thèse, sur la distinction entre la chose *ut concipitur* et la chose *ut exsistit.*

Considérée comme un ensemble, cette solution affirme que l'acte de l'intellect (l'espèce ou similitude) doit être compris comme ce par quoi l'intellect accède à la chose (la chose en tant que conçue, l'essence ou propriété de l'âme), comme ce qui conduit l'intellect à la chose alors que l'espèce ne peut jamais être comprise comme la chose en tant que conçue ou comme son signe. De cette façon, tantôt l'intellection, tantôt la signification pointent directement sur la chose en tant que conçue et contenue dans l'espèce.

1. On a vu une critique semblable de l'emploi du modèle analogique dans la première solution proposée par cette deuxième question. Cf. *In Peri herm.* II, q. 1 n. 12 (OPh, II, 139).

Un bilan sur les deux solutions

Vers la fin de la première version du débat, dans la question 2 du premier commentaire, lorsque semble imminente la *determinatio quaestionis*, qui finalement n'arrivera pas[1], et après l'analyse poussée de deux solutions, Scot fait un bilan. Il récupère les objections principales contre chaque solution et inclut de nouvelles objections, des objections visant parfois, en même temps, les deux solutions, bien que ces nouvelles objections dépassent le cadre imposé par l'analyse de la signification du *nom commun*, comme nous le verrons.

En somme, les deux arguments les plus importants en faveur de la première solution et contre la seconde sont : (a) ce que disent les autorités (notamment Aristote et Boèce) visant l'espèce comme signifié immédiat du nom et (b) le fondement de la valeur de vérité de la proposition, à savoir, le fait que la valeur de vérité de la proposition s'établit en fonction du dernier signifié et non en fonction des espèces en tant qu'accidents de l'intellect : les espèces sont prises comme le signifié immédiat et non comme le signe des choses[2].

L'argument le plus important en faveur de la seconde solution et contre la première se fonde a) sur la primauté temporelle et naturelle de l'intellection de la chose (intelligée par l'espèce) sur l'intellection de l'espèce (intelligée par réflexion) ; et, par conséquent b) sur la possibilité que l'intellect impose le nom à la chose, tout en ne l'imposant pas nécessairement à l'espèce[3]. C'est ici un emploi de l'interprétation faible de l'adage *significare sequitur intelligere*, car il affirme la simple possibilité que l'imposition tombe sur la chose et non sur l'espèce, étant donnée sa priorité temporelle et naturelle.

Par la suite, Scot présente deux nouveaux arguments adressés en même temps contre les deux solutions. Pour ce faire, Scot dépasse le cadre de la question sur la signification du *nom commun* imposée par le texte aristotélicien, afin d'y rapporter le problème de la signification des noms propres et des noms des entités fictives.

1. Cette dernière section de la question qui commence en affirmant que « de deux voix on élira la plus probable », *In Peri herm.* I, 2, n. 45 (OPh, II, 57), trad. fr. Sondag mod., p. 91, finit laconiquement en disant que : « la première voix, [que le nom signifie immédiatement l'espèce], semble la plus probable selon les autorités ; la seconde, [que le nom signifie la chose], le semble selon la raison, comme il est manifeste ». *In Peri herm.* I, 2, n. 51 (OPh, II, 59), trad. fr. Sondag mod., p. 95. On pourrait y voir, c'est vrai, une forme de détermination *simpliciter* sans plus de développements, puisque selon la raison c'est la seconde voie qui est la bonne et que *tous* les arguments et contre-arguments ont été présentés ; néanmoins, *il n'en reste pas moins vrai que la suite de la question continue à hésiter autour de deux solutions proposées lorsqu'il faut s'attaquer aux autres questions du commentaire.*

2. *In Peri herm.* I, q. 2 n. 46 (OPh, II, 58) : « Est autem pro prima, et contra secundam, praecipue auctoritas hic in littera et argumenta de veritate et falsitate propositionum ».

3. *Ibid.*, n. 47 (OPh, II, 58) : « Pro secunda et contra primam praecipue est ista ratio : quia res prius intelligitur tempore et natura quam species intelligatur per reflexionem, igitur in illo priori potest intellectus ei nomen imponere, quod nomen tantum rem significat. Igitur non necesse est nomen significare speciem ».

D'abord, il s'agit d'expliquer « la capacité à signifier des noms imposés aux singuliers »[1], c'est-à-dire le mécanisme de la signification des noms propres imposés aux singuliers, qui ne se fondent pas sur l'intellection du singulier par une espèce intelligible qui serait soit son signe de la chose (ici le singulier) soit le lieu d'intellection. Les deux solutions se heurtent d'une façon ou d'une autre à l'absence de l'espèce. On voit bien que l'absence de l'espèce intelligible détruit en quelque sorte un élément constitutif des deux solutions. Il n'en reste pas moins vrai, selon la réponse à cette objection, qu'il pourrait y avoir une issue pour la seconde solution, dans la mesure où « les singuliers sont intelligés d'une certaine manière bien que non en premier ». Cela voudrait dire que la seconde solution visant la chose comme seul signifié, pourrait se passer de l'espèce pour arriver, d'une autre manière, à la chose conçue. C'est cela que note la réponse à l'objection. Pour la première solution, en revanche, il ne semble pas y avoir d'échappatoire à l'objection, car « les singuliers, d'aucune manière, ne génèrent d'espèce dans l'intellect. Par conséquent, les noms imposés à eux ne signifient pas immédiatement les espèces intelligibles »[2].

Le deuxième argument contre les deux solutions porte sur les noms imposés aux entités fictives. Elles posent un autre problème à cause du mode de leur saisie mentale qui se produit dans l'imagination, plutôt que dans l'intellect, car, comme l'expose l'objection, les entités fictives « autant que les singulières, bien qu'elles produisent une espèce dans la faculté imaginative, elles ne le font pas dans l'intellect ». Ici, on signale la césure entre les entités fictives et les étants singuliers et l'intellect comme lieu d'intellection ou d'intellection des essences des choses. C'est ainsi que l'objection rappelle que l'intellect ne peut générer des espèces intelligibles que de son objet propre, c'est-à-dire de l'essence de la chose matérielle et, par conséquent, les noms imposés aux entités fictives ne peuvent pas signifier immédiatement l'espèce intelligible[3].

Scot présente, enfin, un dernier argument contre la seconde solution. En supposant que le nom signifie la chose en tant que conçue, on ne pourrait en prédiquer aucun prédicat réel sans produire une proposition fausse :

> Toute proposition est fausse, où un acte réel est signifié (*denotatur*) comme étant inhérent au sujet, parce que, si un nom signifie une chose en tant qu'elle

1. *In Peri herm.* I, q. 2 n. 48 (OPh, II, 58) : « Vis de nominibus impositis ad significandum singularia ».

2. *Ibid.* : « Licet enim hoc possit salvari per secundam viam, quia scilicet singularia aliquo modo intelliguntur licet non primo, non tamen hoc posset salvari per primam viam, quia illa nullo modo faciunt speciem in intellectu. Igitur nomina eis imposita non significant species intelligibiles immediate » (trad. fr. p. 93).

3. *Ibid.*, n. 49, (OPh, II, 58) : « Contingit arguere de nominibus impositis ad significandum figmenta quia, tam illa quam singularia, licet faciant species in virtute imaginativa, non tamen in intellectu. Quia intellectus tantum natus est recipere speciem sui primi obiecti, quod est quod quid est rei materialis, aliorum autem non, cum una potentia non sit receptiva nisi formarum eiusdem generis ».

> est intelligée, alors un prédicat de ce type lui serait attribué en tant qu'elle est intelligée ; or, il ne lui est pas inhérent (*non inest*) en tant qu'elle est intelligée ; donc, etc. [1].

Ce problème traverse toute la discussion de la signification du nom au carrefour de a) la distinction entre l'ordre des concepts et l'ordre de choses et b) la valeur de vérité des propositions. Si les noms signifient médiatement ou immédiatement les choses en tant que conçues, comme c'est le cas dans les deux solutions, il faut se demander comment établir la vérité des propositions dans la mesure où elles renvoient non aux choses en tant que conçues, mais aux choses en tant qu'elles existent. Ainsi, selon l'objection, une proposition dans laquelle un prédicat réel serait attribué à un sujet intentionnel ne peut être que fausse.

Comme nous l'avons souligné, ces arguments ne reçoivent pas vraiment de réponse, du moins dernière, d'autant que la question, ni dans sa première ni dans sa seconde version, n'offre une *determinatio*. Ce que nous voyons comme une absence explicite de détermination invite à croire que Scot reste au moins prudent à l'époque où il a rédigé les deux commentaires. De plus, la position affichée dans le commentaire à l'*Isagoge* nous fait penser que Scot reste, à ce moment-là, hésitant entre les deux solutions.

La solution tardive : un modèle intégré

Puisqu'aucune des deux questions ne tranche entre les deux solutions, nous croyons possible de trouver quelques pistes supplémentaires dans la suite des deux commentaires. Dans le premier commentaire, la réponse à la troisième question[2] s'appuie sur la thèse que la *res ut intelligitur* est bien le signifié du nom, celle que nous appelons la seconde solution :

> une chose n'est pas signifiée en tant qu'elle existe, mais en tant qu'elle est intelligée (*res ut intelligitur*) ou en tant que l'espèce intelligible de cette chose existe (*ut ipsius species intelligibilis est*)[3].

On distingue parfaitement entre la chose conçue et son contenant, l'espèce. Toutefois, la réponse à la quatrième question[4] s'appuie sur la thèse soutenant la

1. *In Peri herm.* I, q. 2 n. 50 (OPh, II, 58) : « Omnis propositio est falsa ubi subiecto denotantur aliquis actus inesse realis, quia si nomen significet rem ut intelligitur, tunc tale praedicatum attribueretur ei ut intelligitur, et sic ei non inest, igitur etc. » (trad. fr. p. 93-95).

2. *Ibid.*, q. 3 (OPh, II, 61) : « Utrum facta transmutatione circa rem quae significatur, fiat transmutatio in significatione vocis ».

3. *Ibid.*, q. 3 n. 10 (OPh, II, 63) : « Res non significatur ut exsistit, sed res ut intelligitur vel ut ipsius species intelligibilis est » (trad. fr. p. 99). *Cf.* aussi *ibid.* (OPh, II, 65).

4. *Ibid.*, q. 4 (OPh, II, 67) : « Utrum differentia, quam assignat Aristoteles inter litteras et voces et passiones et res, sit conveniens ».

première solution, à savoir que la similitude, qu'on appelle ici « passions de l'âme », est signe de la chose :

> En effet, en tant qu'elles sont des signes des choses dans l'âme, les passions représentent la même chose chez tous ceux qui les conçoivent. Car, une même similitude dans l'âme est toujours représentative de la même chose[1].

Le premier commentaire reste donc soumis à cette indécision entre a) la solution construite sur la double signification de la voix, immédiate (de l'espèce) et médiate (de la chose) et b) la solution construite sur la signification exclusive de la voix visant toujours la chose en tant que conçue.

Le deuxième commentaire est, encore une fois, beaucoup plus complexe. La réponse à la deuxième question[2] soutient la thèse de la première solution, c'est-à-dire que le nom signifie en premier la similitude de la chose : « Le nom est le signe médiat de la chose, de même que la similitude dans l'âme est le signe immédiat de la chose »[3]. Toutefois, une note rajoutée à la fin de la question, cette fameuse note dont nous avons parlé dès le début de cette section sur la signification, présente un cadre plus large fondant ontologiquement la signification du mot écrit, de la voix et même du concept, tous les trois signifiant la chose. Le schéma proposé par Scot est construit par comparaison aux rapports entretenus par les effets ordonnés d'une cause unique.

C'est la première fois que l'on trouve, dans le commentaire sur le traité *De l'interprétation*, une telle façon de s'occuper du problème de la signification. La note en question est très proche par son contenu et par sa structure d'un passage de l'*Ordinatio* (et dans une bien moindre mesure du passage parallèle de la *Lectura*) où Scot s'occupe incidemment de la signification[4]. Tout cela a l'air de porter à croire que la position de l'*Ordinatio* a été adoptée et rajoutée aux deux commentaires sur le *De Interpretatione* pour en faire une sorte de *determinatio* tardive de la problématique de la signification.

1. *In Peri herm.* I, q. 4 n. 6 (OPh, II, 68) : « Passiones in quantum sunt signa rerum in anima apud quoscumque concipientes repraesentant eandem rem. Quia eadem similitudo in anima est semper repraesentativa eiusdem » (trad. fr. p. 109).

2. *In Peri herm.* II, q. 2 (OPh, II, 147) : « An nomen univoce significet rem, re exsistente et non-exsistente ».

3. *Ibid.*, q. 2 n. 9 (OPh, II, 149) : « Nomen est signum mediatum rei ut similitudo in anima est immediatum signum rei ».

4. Cf. *Ord.* I, d. 27 q. 1-3 n. 83 (Vat. VI, 97) y *Lectura* I, d. 27 q. 1-3 n 51 (Vat. XVII, 357). *Cf.* O. Boulnois, *Être et représentation, op. cit.*, p. 37-38 et D. Perler, « Duns Scotus on Signification », art. cit., p. 106-108. Selon une note des éditeurs du texte critique du commentaire au *De Interpretatione* (OPh, II, 151) : « Haec paragraphus habet multa similia in *Ordinatione* Scoti (I d. 27 q. 1-3 n. 83 ; VI 97) et in *Periherm.* Antonii Andreae (éd. 1508, f. 66va) ; inseritur hic in codicibus ELORS, omittitur a codice NW ; ex quibus tamen fontibus derivetur, nescimus ». Cette dernière ligne renferme toute la question. Est-ce que ce paragraphe est antérieur aux passages parallèles de la *Lectura* et l'*Ordinatio ?* Ou bien au contraire, il en dépend et en provient. Nous croyons à cette dernière possibilité.

Nous présentons ci-dessous les versions du commentaire sur le *De Interpretatione* et de l'*Ordinatio* divisées en quatre moments : a) la thèse, b) la comparaison entre l'ordre des signes (vis-à-vis de leur signifié) et l'ordre des effets (vis-à-vis de leur cause), c) le recours à l'exemple de la causalité solaire productrice de lumière et d) l'application du mécanisme causal au cas des signes et leur signifié.

Voyons donc la thèse selon qu'elle est exprimée dans les deux textes (à gauche la version du commentaire au traité *Sur l'interprétation* et à droite la version de l'*Ordinatio*) :

Ce qui est proprement signifié par la voix, est la chose, non en tant qu'elle est existante ou non-existante ; mais la chose en tant qu'elle est abstraite de l'une et l'autre et que l'une et l'autre lui sont externes [1].	Bien qu'il y ait une vaste querelle concernant la voix, sur la question de savoir si elle est signe de la chose ou du concept, je concède cependant, en passant, que ce qui est signifié proprement par la voix est la chose [2].

Dans les deux textes, la voix signifie proprement la chose. Le commentaire au *De Interpretatione*, moins laconique que l'*Ordinatio*, développe l'idée de la chose comme signifié, abstraction faite d'une considération sur son existence ou sa non-existence, autrement dit de la voix en tant que conçue indépendamment de ses conditions d'existence. Sur ce point, la version du commentaire est beaucoup plus développée et explicite que la version de l'*Ordinatio*. Jusqu'ici, la solution adoptée est bien celle de la deuxième solution : le nom signifie la chose en tant que conçue.

Et, cependant, il faut remarquer, à cause des raisons exposées et des autorités, que le mot écrit, la voix et le concept ou propriété de l'âme sont des signes ordonnés du même signifiée, à savoir, de la chose; de même qu'il y a plusieurs effets ordonnés d'une même cause, dont aucun n'est une cause d'un autre [3].	Cependant, le mot écrit, la voix et le concept sont des signes ordonnés du même signifié de même qu'il y a plusieurs effets ordonnés d'une même cause, dont aucun n'est une cause d'un autre [1].

1. *In Peri herm.* II, q. 2 n. 14 (OPh, II, 151) : « Illud quod proprie significatur per vocem, est res, non ut exsistens est vel ut non-exsistens; sed res, ut absolute abstrahit ab istis et est extraneum ei quodlibet istorum ».

2. *Ord.* I, d. 27 q. 1-3 n. 83 (Vat. VI, 97) : « Licet magna altercatio fiat de "voce", utrum sit signum rei vel conceptus, tamen breviter concedo quod illud quod signatur per vocem proprie, est res ».

3. *In Peri herm.* II, q. 2 n. 14 (OPh, II, 151) : « Et tamen est advertendum, propter rationes factas et auctoritates, quod eiusdem significati, scilicet rei, sunt signa ordinata scilicet littera, vox et conceptus, seu passio animae, sicut sunt multi effectus ordinati eiusdem causae, quorum nulla est causa alterius ».

Avec ce passage, tout ce que nous avons discuté jusqu'ici prend une autre allure : en effet, il modifie profondément et encadre autrement toute la problématique de la signification du nom. D'abord, Scot présente le rapport entre les signes (le mot écrit, la voix, le concept) comme un *ordre* de signes vis-à-vis de leur signifié commun (la chose) ; puis, il compare cet ordre des signes avec le rapport entretenu par un ensemble d'effets, considérés comme un *ordre* d'effets vis-à-vis de leur cause commune. Il s'agit de fonder ou expliquer le rapport entre les signes et leur signifié sur la base du rapport entre un ensemble d'effets et leur cause commune. La dernière ligne est fondamentale : cet ordre d'effets dépend d'une seule cause et, en même temps, aucun des effets n'est la cause d'un autre. Or, pour le cas de signes, est-ce qu'aucun d'eux n'est le signifié d'un autre signe ? Cela semble suggérer la comparaison entre les deux ordres : du côté des effets, leur dépendance à une seule cause et, par conséquent, du côté des signes, la dépendance des signes à un unique signifié. Néanmoins, la situation est, comme d'habitude chez Scot, beaucoup plus complexe que cela !

Scot fait appel à un modèle de causalité dont il s'est occupé dans le *De Primo Principio*[2], où l'on distingue deux types d'ordre essentiel : l'ordre d'éminence et l'ordre de dépendance. Celui-ci est divisé à son tour en (a) le rapport d'un effet dépendant de sa cause et (b) le rapport d'un effet distant de sa cause et dépendant d'un effet plus proche de cette cause commune[3]. C'est à partir de ce dernier modèle, où l'on trouve plusieurs effets ordonnés à une seule cause, que l'on analyse le mécanisme de la signification.

Mais, ce qu'il faut absolument souligner, c'est la possibilité avancée par Scot de considérer le rapport des effets à leur cause tout autant comme un rapport *causal*. Cela est un point capital de l'analyse de la signification. Si au sens propre (*proprie*), tous les effets dépendent d'une seule cause ; d'un autre point de vue, « par proximité » (*per propinquitatem*), chaque effet dans l'ordre des effets, sauf le dernier, peut être considéré comme cause de l'effet suivant. C'est donc le choix du point de vue, soit *proprie* soit *per propinquitatem*, qui fait toute la différence.

Voici l'exposition du modèle construit sur le cas de la causalité du soleil[4] qui répand la lumière par le milieu :

1. *Ord.* I, d. 27 q. 1-3 n. 83 (Vat. VI, 97) : « Sunt tamen signa ordinata eiusdem signati littera, vox et conceptus, sicut sunt multi effectus ordinati eiusdem causae, quorum nullus est causa alterius ».

2. Cf. *De primo principio* I, 4-6 (éd. Kluxen, 4-8). Nous avions déjà eu un aperçu de ce modèle lorsque nous traitons le rapport de l'universel logique à ses propriétés en tant que celles-ci sont, en quelque sorte, des accidents d'un accident. Voir *supra* p. 41-42.

3. *Cf.* P. King, « Scotus on Metaphysics », *in* T. Williams (ed.), *Cambridge Companion to Duns Scotus*, *op. cit.*, p. 38-42 et D. Perler, « Duns Scotus on Signification », art. cit., p. 107-108.

4. Dans le *Prologus* de l'*Ordinatio*, Scot emploi le même modèle de la propagation de la lumière solaire dans l'espace pour expliquer comment la théologie divine, dans son objet, porte sur tous les connaissables. Cependant, dans ce texte il insiste sur le rapport *proprie* entre les multiples effets d'une seule cause. Cf. *Ord.*, prol., p. 3, q. 1-3 n. 200 (Vat. I, 135) ; trad. fr. G. Sondag, Paris, P.U.F., 1999, p. 257 : « Si le soleil éclairait une région qui lui est proche (*propinquam*), une autre

De même qu'il est manifeste à propos du soleil qui illumine plusieurs parties du milieu, dont n'importe laquelle est illuminée immédiatement par lui, mais avec un certain ordre, parce que la partie la plus éloignée est illuminée par le moyen de la plus proche. Et là où il y a un ordre de causés sans que l'un soit la cause de l'autre, là il y a un rapport immédiat (*immediatio*) de chacun d'eux envers la même chose, excluant toute autre du statut de cause, mais non de la raison d'effet le plus immédiat. Et alors, *on pourrait dire*, en quelque manière, que l'effet le plus proche est la cause de l'effet le plus éloigné, non proprement (*proprie*), mais à cause de la proximité (*propter propinquitatem*) qu'il y a entre de tels effets à la cause[1].	Comme cela est manifeste à propos du soleil qui illumine plusieurs parties du milieu; et où il y a un tel ordre de causés; sans que l'un ne soit la cause de l'autre, là il y a un rapport immédiat (*immediatio*) de chacun d'eux envers la même cause, excluant tout autre du statut de cause, mais sans exclure un autre de la raison d'effet le plus immédiat. El alors, *on peut concéder*, en quelque manière, que l'effet le plus proche est la cause de l'effet le plus éloigné, non proprement (*proprie*), mais à cause de la proximité (*propter propinquitatem*) qu'il y a entre de tels effets à la cause[2].

Le soleil illumine plusieurs parties du milieu *immédiatement* et, en même temps, *dans un certain ordre*. Bien qu'il n'y ait pas de quelconque antériorité d'ordre temporel, puisque le soleil illumine toutes les parties *immédiatement*, celles-ci s'y rapportent selon un certain ordre, puisque quelques parties sont illuminées par le moyen d'autres. C'est cette interaction entre l'immédiateté et l'ordre de l'illumination du milieu qui détermine la possibilité d'accepter deux

région, plus éloignée du soleil (*a sole remotior*), ne pourrait être éclairée que par le soleil à cause de son obscurité : c'est le soleil qui éclairerait cette région éloignée, et non celle d'abord éclairée ; il y aurait cependant un ordre entre la région proche et la région éloignée (*esset tamen ordo inter propinquam partem et remotam*), à savoir un ordre entre les effets d'une même cause (*sicut ordo effectuum eiusdem causae*), mais non point un ordre de cause à effet (*tamen non ordo causae ad effectum*), puisque la région éclairée n'agit en rien sur la région obscure éloignée ».

1. *In Peri herm.* II, q. 2 n. 14 (OPh, II, 151) : « Sicut patet de sole illuminante multas partes medii, quarum quaelibet illuminatur a sole immediate, sed ordine quodam, quia remotior mediante propinquiori. Et ubi est ordo causatorum absque hoc quod unum sit causa alterius, ibi est immediatio cuiuslibet respecto eiusdem, excludendo aliud in ratione causae, non tamen in ratione effectus immediatioris. Et tunc *posset dici aliquo modo* effectum propinquiorem esse causam remotioris effectus, non proprie, sed propter propinquitatem illam quae est inter tales effectus ad causam » (nous soulignons). La traduction de ce passage s'appuie sur celle réalisée par O. Boulnois, *Être et représentation, op. cit.*, p. 38.

2. *Ord.* I, d. 27 q. 1-3 n. 83 (Vat. VI, 97) : « Ut patet de sole illuminante plures partes medii ; et ubi est talis ordo causatorum ; absque hoc quod unum sit causa alterius, ibi est immediatio cuiuslibet respectu eiusdem causae, excludendo aliud in ratione causa, non tamen excludendo aliud in ratione effectus immediatioris. Et tunc *posset concedi aliquo modo* effectum propinquiorem esse causam effectus remotioris, non proprie, sed propter prioritatem illam quae est inter tales effectus ad causam » (nous soulignons).

approches à propos de la causalité dans le cas *de sole illuminante*. Dans ce sens a) il y a un ordre des causés (des effets), même s'il n'est pas temporel et b) il n'y a pas un ordre de causes, car chaque effet s'explique par le soleil, son unique cause, sa cause *proprie*, qui illumine *immédiatement* chaque effet. Néanmoins, étant donné que chaque effet a lieu par le moyen d'un autre effet, *d'une certaine façon on peut dire* qu'un effet plus proche à la cause est lui aussi cause d'un effet postérieur : un effet sera cause d'un autre effet, non d'une façon propre (*proprie*), mais par proximité (*per propinquitatem*) ou par antériorité (*per prioritatem*). Scot concède bien la possibilité de parler d'une certaine façon de la causalité solaire d'illuminer, de telle sorte que tout en conservant son rôle de cause *propre*, on puisse considérer les effets qui en découlent comme des causes par leurs liens réciproques de proximité. Ce n'est pas une erreur ou une fausse approximation de ce rapport causal, mais une façon de parler qui se fonde sur des rapports réels entre les effets. Néanmoins, ce n'est pas la manière la plus propre de se référer à ce rapport.

C'est en tout cas ainsi que Scot distingue la cause *proprie* (le soleil) des causes *propter propinquitatem* (chaque effet par lequel le soleil cause en effet plus éloigné ou postérieur). L'ordre des effets dépendant d'une seule et unique cause est bien l'ordre propre et premier ; et l'ordre des causes (ou des effets considérés aussi comme causes par proximité), l'ordre dépendant et secondaire. Sans la cause propre, il n'y aurait pas des causes par proximité ou priorité.

Dans cette double constitution, les effets intermédiaires dépendent *médiatement* de leurs causes par proximité et, *immédiatement* de leur cause propre, sans remise en question du seul et unique lien à la cause propre[1]. C'est sur ce modèle que Scot décrit le rapport entre les signes et leur signifié :

On peut concéder, dans la présente discussion, à propos de plusieurs signes ordonnés du même signifié, que quelque chose, d'une certaine manière est signe d'un autre, car il qui donne à intelliger le premier point, par exemple, que le mot écrit est le signe de la voix, et la voix le signe de la propriété de l'âme, puisque le plus éloigné n'étant pas signifié que si

Ainsi, on peut concéder sur plusieurs signes ordonnés au même signifié que l'un d'eux d'une certaine façon est signe d'un autre (parce qu'il lui rend à intelliger), et néanmoins, à cause de cela, l'un n'est pas proprement signe de l'autre, comme dans l'autre passage à propos de la cause et les causés[2].

1. D. Perler, « Duns Scotus on Signification », art. cit., p. 106, essaie d'approcher le lexique "immédiat-médiat" de celui de "propre-par proximité" dans un moment où on ne disposait pas encore d'une édition critique des commentaires logiques où se trouve le premier passage que nous commentons ici. Bien que Perler ne commente que le passage de l'*Ordinatio* (I, 27, 1-3, n. 83, Vat. VI, 97), sa remarque est pertinente pour les deux passages : « Although Scotus does not use the expressions "mediate" and "immediate significate" in the putatively later works, he clearly distinguishes between the significate strictly speaking (*proprie*) and the significate by priority (*propter prioritatem*) ».

l'antérieur immédiat en quelque manière signifie de manière plus immédiate, et pourtant, à cause de cela, l'un n'est pas signe de l'autre. Comme dans l'autre passage, il a été dit à propos de la cause et du causé, car parmi les causés, il y a un ordre de l'effet postérieur à l'effet antérieur, mais non de la cause à l'effet ou de l'effet à la cause[1].

Les signes se rapportent à leur signifié propre (la chose), comme les effets à leur cause propre. C'est pour cela que chaque signe signifie proprement (*proprie*) et immédiatement la chose alors qu'il signifie seulement par proximité (*per propinquitatem*) ou priorité (*par prioritatem*) et médiatement, un autre signe, en excluant bien sûr le signe le plus proche de la chose. Ici, Scot abandonne une réponse censée choisir entre l'espèce-propriété de l'âme (considérée comme premier signifié ou signifié immédiat de la voix) et la chose conçue (vu comme signifié unique)[3].

Nous croyons que Scot offre en réalité une forme de réponse où convergent les deux solutions, en privilégiant celle qui considère la chose en tant que conçue comme le signifié propre et immédiat, non plus du seul nom, mais du nom *et* des autres signes[4]. En même temps, Scot conserve la transitivité de la signification, maintenant ajustée à une hiérarchie de signes vus d'un côté comme signes d'un seul signifié (leur signifié propre et principe de la série des signes) et d'un autre côté comme signes d'un autre signe (en raison de leur proximité à leur signifié) en tant que signe de la chose.

2. *Ordinatio* I, d. 27, 1-3, n. 83, (Vat. VI, 97) : « Ita potest concedi de multis signis eiusdem signati ordinatis, quod unum aliquo modo est signum alterius (quia dat intelligere ipsum), et tamen propter hoc, unum proprie non est signum alterius, sicut alia parte de causa et causatis ».

1. *In Peri herm.* II, q. 2 n. 14 (OPh, II, 151) : « Ita in proposito potest concedi de multis signis ordinatis eiusdem significati quod unum aliquo modo est signum alterius, quia dat intelligere primum ipsum punctum, puta quod littera est signum vocis, et vox signum pasionis, quia remotius non significaretur nisi prius aliquo modo immediatum significaret immediatius, et tamen propter hoc unum non est signum alterius. Sicut ex alia parte dictum est de causa et causatis inter quae causata est ordo effectus posterioris ad effectum priorem, non autem causae ad effectum vel effectum ad causam ». La traduction de ce passage s'appuie sur celle d'O. Boulnois, *Être et représentation, op. cit.*, p. 38.

3. *Cf.* C. Marmo, « Ontology and semantics in the logic of Duns Scotus », art. cit., p. 164 : « Scotus eliminates signification from the formal model of the *vox-conceptus* relation. *Vox, littera,* and *conceptus* are all signs of the same things, however they are ordered according to a hierarchy ».

4. Je ne suis pas tout à fait d'accord avec l'interprétation de L. Cesalli, *Le réalisme propositionnel, op. cit.*, p. 127, selon laquelle chaque signe signifie *par le moyen du signe le plus proche* à la chose signifiée, sauf pour l'espèce qui signifierait la chose immédiatement. Dès le point de vue *proprie*, tous les signes signifient immédiatement la chose et dès le point de vue par proximité, chaque signe signifie, *en plus*, le signe proche de la chose en tant que signe.

Or, il ne faut pas oublier la limite de cette analogie entre le modèle causal et le modèle sémantique. Si dans l'ordre des effets, chaque effet est signe de sa cause, de même que dans l'ordre de signes chaque signe est signe de la chose, ce n'est pas à dire que tout signe soit effet de la chose : ne le sont du moins ni le mot écrit ni la voix dans la mesure où ils sont établis par convention ; l'espèce en revanche est bien un effet de la chose[1]. Ainsi, l'ordre des signes appartient à deux registres. Il y a d'une part les signes naturels qui peuvent être référés à leur cause (comme c'est le cas de l'espèce), et d'autre part des signes conventionnels, liés à leurs signifiés par l'acte d'imposition (comme la voix et le mot écrit). C'est pour cette même raison que l'ordre des signes ne se fonde pas naturellement à partir de leur signifié immédiat (la chose), comme l'est l'ordre des effets naturels à partir de leur cause, à l'exception, évidemment, de l'espèce.

Malgré cette limite du modèle causal appliqué au rapport des signes à leur signifié, la solution scotiste se penche sur la chose conçue, c'est-à-dire sur l'essence comme signifié premier ou principal, non seulement de la voix, mais aussi du mot écrit et de l'espèce (ici identifiée à la propriété de l'âme et au concept). Néanmoins cette troisième solution ne supprime pas la fonction sémantique de l'espèce. Dans la première solution, l'espèce est le signifié immédiat du nom ; dans la seconde solution l'espèce ne joue pas le rôle de signifié, mais celui du lieu où la signification se produit au profit de la chose conçue comme seul signifié de la voix. Ici, dans cette troisième solution, l'espèce reste un signe de la chose, mais elle n'est ni le signifié *immédiat* ni le signifié *propre* de la voix, elle en est un signifié *par proximité*. S'il y a une hiérarchie des signes due à leur proximité sémantique au signifié, cette hiérarchie est impropre et ne doit pas laisser oublier l'immédiateté avec laquelle chaque signe signifie son seul signifié propre : la chose en tant que conçue.

Après ce parcours concernant le problème de la signification, nous pensons qu'il y en a effectivement une solution scotiste. Néanmoins, nous ne pensons pas qu'elle se trouve pleinement développée et adoptée dans les commentaires au *De Interpretatione*. On y trouve, par contre, un exercice d'analyse approfondi qui mène jusqu'à leurs dernières conséquences les arguments *pro* et *contra* des deux solutions et s'efforce de mettre la lumière sur le contenu et la portée de chacune d'elles. Après analyse, nous voyons que les deux solutions comprennent par « chose » la chose *ut concipitur*. Pour la première, la chose est le signifié médiat du nom, l'espèce étant son signifié immédiat. Pour la seconde, la chose est le seul signifié du nom, l'espèce étant ce par le moyen de quoi est saisi le signifié. C'est ainsi que la différence entre les deux solutions dépend du rôle que l'on donne à l'espèce intelligible. L'un des apports le plus importants de la seconde solution par rapport au texte aristotélicien est la

1. Il s'agit, il est vrai, d'un effet partiel, car l'intellect, cause principale, constitue l'espèce à l'occasion de la connaissance intellectuelle de la chose.

distinction entre l'espèce intelligible et l'essence, c'est-à-dire, entre *id quo intelligitur* (l'espèce) et *id quod intelligitur* (l'essence). Or aucune de ces deux solutions ne semble être celle de Scot. Les commentaires montrent, bien au contraire, son extrême prudence et son hésitation.

Si l'on veut trouver une réponse au problème, nous croyons qu'il faut s'adresser au passage de l'*Ordinatio*, qui aurait été rajouté au second commentaire au *De Interpretatione*. Cette adition permettrait de prouver que l'adoption de la solution de l'*Ordinatio* est la solution scotiste. Il est clair, en revanche, que notre interprétation est fortement hypothétique. Cependant, telle qu'elle se présente dans l'*Ordinatio* et dans le commentaire, cette solution est très novatrice, car elle affirme la primauté de la chose en tant que conçue comme signifié du nom grâce à un réaménagement des éléments du problème à partir d'un ordre métaphysique, d'un schéma causal, qu'elle utilise pour expliquer le nouveau rapport entre les éléments en question. Grâce à ce recours, chaque élément occupe un nouveau lieu dans l'ordre de la signification. Et ainsi, Scot construit un nouveau modèle de la signification par une convergence des deux solutions en dispute.

CHAPITRE III

LA RÉDUCTION À L'ÉQUIVOCITÉ DE L'ÉTANT

C'est dans la question 4 du commentaire aux *Catégories* que Duns Scot entame, comme démarche constitutive de sa première position, le rejet de l'univocité et de l'analogie logique de l'étant. Cette démarche comporte deux moments successifs qui ouvrent la voie à une réflexion sur la signification des noms équivoques et analogues. Suivant le rapport entre grammaire et logique, nous nous demanderons d'abord, pour parvenir à saisir cette démarche, quelles sont les conditions qui rendent possible, d'un point de vue logique, l'unité du sujet du traité sur les *Catégories*, malgré la multiplicité catégorielle. C'est le problème du sujet des *Catégories* qui permet de poser le problème concernant les rapports sémantiques entre les catégories (signifiés par un seul terme d'une façon univoque, analogue ou équivoque) et celui, en conséquence, de la signification du terme « étant ».

Ainsi nous proposerons une analyse du parcours qui conduit à la réduction des possibilités d'explication sémantique des rapports entre les catégories comprises sous le terme « étant ». Ce chapitre se consacre à suivre et analyser le travail patient de Scot consacré à la démonstration de l'impossibilité logique de l'univocité de l'étant et des trois types d'analogie qu'il thématise comme modèles possibles d'explication des rapports entre le terme « étant » et ses signifiés multiples. Le moyen pour y parvenir consiste en la théorie du nom équivoque et ses variations.

Tout d'abord, nous allons nous consacrer à la lecture des premières questions du commentaire aux *Catégories* où, comme O. Boulnois l'a justement remarqué, Scot, par contraste avec le texte des *Catégories*, présente un traitement logique de la notion de « catégorie en général »[1]. Celle-ci sera le fondement de la science logique des catégories qui entend sauver leur diversité réelle.

1. O. Boulnois, « Les catégories selon Duns Scot », *in* M. Carbajo Núñez (ed.), *Giovanni Duns Scoto : Studi e ricerche nel VII Centenario della sua morte*, vol. 1, Roma, Antonianum, 2008, p. 358.

Le problème de l'unité des catégories [1]

La lecture et le commentaire du traité sur les *Catégories* dépendent beaucoup de la manière dont Boèce s'est posé le problème sur le sujet du traité dans le sillage de la lecture porphyrienne du texte d'Aristote [2], mais aussi du commentaire à l'*Isagoge*. C'est en tout cas depuis Boèce, dans le monde latin, que l'*Isagoge* est lue comme ce qu'elle est censée être pour Porphyre : une introduction aux *Catégories*. O. Boulnois remarque ainsi très justement que les rapports entre les deux textes constituent un cercle herméneutique dans la mesure où la réponse au statut de l'universel dans le commentaire à l'*Isagoge* commande derechef une interprétation sur la nature des *Catégories* ; de même qu'une interprétation des *Catégories* (sont-elles des voix, des choses ou des concepts ?) intervient sur les décisions à prendre dans la lecture de l'*Isagoge* [3].

Comme nous le verrons, la constitution de l'unité intentionnelle des catégories autour du « concept de catégorie » obéit chez Scot au même geste de distinction accompli dans le commentaire à l'*Isagoge* entre l'essence dans sa nudité et le mode intentionnel de sa saisie par l'intellect. Le concept de catégorie est le mode sous lequel l'intellect saisit la diversité catégorielle.

Le point de départ reste Boèce. En effet, il affirme que le traité des *Catégories* porte sur « les voix significatives des choses en tant qu'elles sont significatives » [4]. Sa lecture est une lecture sur le sujet des *Catégories* qui met l'accent sur le rapport entre les voix et les choses (en excluant les concepts) et qui a pu justement être interprétée comme la défense d'une approche linguistique aux

1. Nous avons publié une versión préliminaire de cette section dans H. Salinas-Leal, « Naturaleza y unidad lógica de las categorías en Duns Escoto », *Pensamiento. Revista de investigación e información filosófica*, 73/275, 2017, p. 129-145.

2. Boèce, *In Categorias Aristotelis* (PL, 64, 160 A) : « Haec quidem est tempori introductionis, et simplicis expositionis apta sententia, quam nos nunc *Porphyrium sequentes*, quod videbatur expedior esse planiorque digessimus » (nous soulignons). *Cf.* A. de Libera, « L'onto-théo-logique de Boèce : doctrine des catégories et théorie de la prédication dans le *De trinitate* », dans U. Bruun et L. Corti (éd.), *Les* Catégories *et leur histoire*, Paris, Vrin, 2005, p. 175-222, et S. Ebbesen, « The Aristotelian Commentator », *in* J. Marenbon (ed.), *Cambridge Companion to Boethius*, Cambridge, CUP, 2009, p. 45-46.

3. O. Boulnois, « Les catégories selon Duns Scot », art. cit., p. 358-359 : « Si l'on soutient que la doctrine des *Catégories* porte sur les choses ou les genres de l'être, la doctrine des prédicables débouche sur un réalisme ; si l'on soutient qu'elle porte sur les *voces*, les mots, on est conduit au vocalisme ou au nominalisme. C'est donc à même l'interprétation des *Catégories* que se décide une option pour les trois "traditions interprétatives", nominalisme, réalisme, conceptualisme ». *Cf.* les remarques d'A. de Libera, dans son « Introduction » à l'*Isagoge*, dans Porphyre, *Isagoge*, *op. cit.*, p. XII-XVII et p. XL.

4. Boèce, *In Categorias Aristotelis* (PL, 64, 160 AB) : « Est igitur hujus operis intentio de vocibus res significantibus, in eo quod significantes sunt pertractare. [...] Sed nunc ad propositum revertamur, sitque in praesens praedicamentorum intentio, quae superius est comprehensa, id est, de primis vocibus significantibus prima rerum genera, in eo quod significantes sunt disputare ».

catégories[1]. Ainsi, l'approche des catégories ne passe ni par une considération des concepts ou des intentions logiques intervenant dans leur traitement ni par une considération des choses en tant que telles dans leur division la plus générale. Robert Kilwardby, par exemple, s'exprime dans des termes semblables toute en faisant référence à la lecture boècienne :

> En effet, comme dit Boèce, la science des *Catégories* porte sur les dix voix signifiantes les dix premiers genres des choses. [...] [porte] sur les voix en tant qu'elles sont signifiantes[2].

De son côté, Scot ouvre son commentaire aux *Catégories* en se demandant, dans la question 1, « si le livre des *Catégories* porte sur les dix voix signifiantes les dix genres des choses »[3]. Il situe la problématique dans la tension établie par la tradition boécio-porphyrienne. Néanmoins, à l'encontre de cette tradition, la réponse de Scot entend distinguer la dimension logique en tant qu'antérieure à l'énonciation de son contenu dans le langage. *Avant* les dix voix, se trouve ce qui est signifié par elles et qui n'a pas besoin des voix afin de garantir son existence mentale. Telle est la réponse au sujet du livre des *Catégories* allant vers la considération des catégories en ce qu'elles ont de commun dans la dimension intentionnelle, leurs signifiés respectifs, voire la raison de signifié :

> Ce livre ne porte pas sur les dix voix comme sujet premier – et aucune partie de la logique ne porte sur la voix, parce que toutes les propriétés du syllogisme et de toutes ses parties peuvent se trouver en lui *selon l'être qu'elles ont dans l'esprit quoiqu'elles ne soient pas proférées*, comme il est évident par induction –, mais *il porte sur quelque chose d'antérieur, qui par rapport à la voix significative n'a que la raison de signifié*[4].

Scot affirme ainsi l'importance de la signification des catégories, des concepts signifiés par chacune d'elles et plus précisément de leur raison

1. *Cf.* S. Ebbesen, « Les *Catégories* au Moyen Âge et au début de la modernité », dans U. Bruun et L. Corti (éd.), *Les* Catégories *et leur histoire*, *op. cit.*, p. 257 : « La question de savoir si les *Catégories* sont un ouvrage qui traite des mots (φωναί), des choses (πράγματα), des concepts (νοήματα) ou d'une sorte de combinaison des trois a constitué un terrain d'affrontement célèbre entre les commentateurs anciens. *Seules les deux premières alternatives (mots ou choses) ont été transmises aux médiévaux par Boèce, et avec elles la réponse "nominaliste" de Porphyre – les mots dans leur capacité à être des signes des choses* » (nous soulignons).

2. R. Kilwardby, *Notulae super Librum Praedicamentorum*, prooemium (éd. Conti) : « Est igitur, ut dicit Boethius, scientia *Praedicamentorum* de X vocibus X prima rerum genera significantibus. Non enim est de vocibus penes diversas figurationes vocum quae sunt inflexio casuum aut temporum, set de vocibus in quantum significativae sunt ». Nous tenons ici à remercier vivement le professeur Alessandro Conti pour sa gentillesse en nous facilitant l'accès à une version préliminaire de la transcription de sa future édition de ce texte de Kilwardby *via* O. Boulnois.

3. *In Praed.*, q. 1 (OPh, I, 249).

4. *Ibid.*, n. 11 (OPh, I, 251) : « Iste liber non est de decem vocibus ut de primo subiecto – nec aliqua pars logicae est de voce, quia omnes passiones syllogismi et omnium partium eius posunt sibi inesse *secundum esse quod habent in mente etsi non proferantur*, ut patet inductive –, sed est de aliquo priore, quod respectu vocis signifcativae tantum habet rationem significati ».

commune de « signifié », comme sujet propre du traité. Par la suite, cette réponse fera l'objet d'une précision tendant à éviter toute confusion qui envisagerait les catégories, d'un point de vue logique, comme des *noms* ou comme des *choses signifiées par des noms*. Scot évite donc deux lectures erronées : l'une qui ferait pencher le traité du côté de la grammaire (les catégories sont des noms) et l'autre qui le ferait pencher du côté de la métaphysique (les catégories sont les divisions les plus générales de l'étant). Il faut rappeler ce qui a été établi dans le commentaire à l'*Isagoge* : le traité des *Catégories* fait partie des traités logiques d'Aristote et s'occupe donc d'une partie du sujet de la logique, celui qui vise les concepts simples formés par l'intellect[1]. C'est sur cette toile de fond qu'il faut comprendre les propos apparemment déroutants de Scot lorsqu'il affirme :

> Il faut poser comme premier sujet de la logique la voix significative. Et ainsi, le sujet premier de ce livre [*Les Catégories*] est la voix signifiant le concept simple, et au plus haut point, les dix voix signifiant les dix genres, parce que toutes les autres voix se ramènent à elles[2].

Tout en n'étant pas erronée, cette réponse n'est pas la réponse définitive de Scot. À première vue, la thèse du sujet de la logique comme voix significative semble contradictoire avec la thèse standard soutenue par Scot où c'est bien le syllogisme le sujet propre de la logique[3]. Néanmoins, dans le contexte du passage, la voix significative peut être le sujet de la logique, mais dans la perspective soulignée de la considérer comme signe immédiat du concept[4], comme voix significative dépendant de l'acte d'imposition; autrement dit, en tant que la voix significative est bien le signe d'un concept simple. La suite du passage radicalise la réponse, car si la voix significative est le sujet des *Catégories*, « les dix voix signifiant les dix genres » les sont au plus haut point.

Comment interpréter cette affirmation par rapport aux théories de la signification exposées dans le chapitre précédent? Nous croyons que Scot utilise le langage du « concept » pour exprimer ce que la deuxième théorie de la signification appelait la *chose ut concipitur*, car la voix signifiant le concept est reconduite aux catégories comprises comme les dix voix signifiant les

1. *In Porph.*, q. 3 n. 7 (OPh, I, 12-13) : « Dicitur quod subiectum logicae est conceptus formatus ab actu rationis, quia ille communis est omnibus consideratis in logica. Nam cum actus rationis sit triplex : primus indivisibilium intelligentia, secundus compositio vel divisio illorum indivisibilium, tertius discursus a noto ad ignotum : de conceptu formato a primo actu rationis est liber *Praedicamentorum*, qui est de incomplexo ; de conceptu formato a secundo actu est liber *Perihermenias*, qui est de enuntiatione ; de conceptu formato per tertium actum est nova logica quae est de syllogismo et eius partibus subiectivis ».

2. *In Praed.*, q. 1 n. 21 (OPh, I, 255) : « Secundum hoc igitur primum subiectum logicaes est ponendum vox significativa. Et sic subiectum primum huius libri est vox significans conceptum simplicem, et maxime decem voces significantes decem genera, quia ad illas omnes aliae reducuntur ».

3. *In Porph.*, q. 3 n. 20 (OPh, I, 16-17).

4. *In Praed.*, q. 1 n. 19 (OPh, I, 254) : « Conceptus est immediatum significatum per vocem ».

dix genres des choses, où les genres des choses sont identifiés aux dix concepts simples. C'est ainsi que le concept est identifié à la chose dans son existence intentionnelle, c'est-à-dire à la chose en tant que conçue, voire à la raison de concept que partagent toutes choses sous la considération logique des catégories.

C'est pourquoi, Scot affirme que le traité des *Catégories* a plus précisément pour sujet « les dix voix signifiant les dix genres », pour cette raison que toutes les autres voix signifiantes sont contenues dans les catégories, ces voix qui sont les catégories signifiant les concepts ou les choses les plus générales en tant que conçues. Il ne faut pas oublier que les catégories sont étudiées en logique comme concepts simples partageant en commun la raison de « signifié ».

De la problématique générale de la signification, on passe à celle de la signification des catégories en insistant sur le trait conceptuel, logique de la signification. Ainsi, l'approche aux *Catégories* est donc plus logique qu'ontologique. Toutefois, concernant cette dernière affirmation, il faut encore faire une autre distinction pour mieux étayer la dimension logique du traité.

Scot se pose donc la question 2 du commentaire concernant le double statut des catégories, en tant que choses et en tant que concepts : à cet égard, sont-elles à juste titre le sujet du livre des *Catégories* ?

La question est justifiée. On considère les catégories à partir de deux points de vue : « D'une façon, en tant qu'elles sont des étants ; d'une autre, en tant qu'elles sont considérées par la raison, ou en tant que quelque propriété causée par l'intellect leur est attribuée » [1]. La première est l'approche propre du métaphysicien et l'autre celle du logicien et, donc, celle propre du traité des *Catégories*. On s'occupe des catégories en tant que concepts les plus généraux incluant en soi leurs propriétés logiques, leur « prédicats intentionnels ». Pour le cas de la substance, par exemple, on trouve des propriétés telles que : « être prédiquée univoquement » ou « ne pas être dans un sujet », etc. Pour l'ensemble des catégories, on trouve des propriétés telles qu' « être divisées en espèces », « avoir plusieurs espèces subalternes » ou « ne pas avoir de genre supérieur (*supraveniens*) » [2].

Néanmoins, le problème fondamental pour faire des catégories le sujet du traité des *Catégories* reste celui de l'unité du sujet : est-ce qu'il y a un élément commun aux catégories pour en faire le sujet du traité ? La multiplicité des catégories demande une explication supplémentaire afin de fonder la science logique des catégories sur un sujet univoque, tel que nous l'avons vu pour le cas de la science logique des prédicables [3]. Dans le cadre du commentaire à

1. *In Praed.*, q. 2 n. 5 (OPh, I, 258) : « Decem praedicamenta possunt dupliciter considerari : uno modo in quantum sunt entia ; alio modo in quantum considerantur a ratione, sive in quantum aliqua proprietas causata ab intellectu eis attribuitur ».

2. *Ibid.*, n. 7 (OPh, I, 259). Ce dernier exemple n'est pas futile si l'on pense à la suite du texte concernant le problème du rapport entre l'étant et les catégories.

3. Voir *supra* chap. premier, p. 43-56.

l'*Organon* la question sur l'unité des catégories doit être reformulée ainsi : est-ce que les catégories n'ont pas, en tant que concepts, une unité logique, de même qu'elles ont une unité d'analogie fondée sur la substance en tant qu'étants ? C'est par le moyen du contraste entre l'approche métaphysique et l'approche logique que Scot pose le problème de l'unité logique des catégories et de la possibilité de son traitement scientifique :

> Mais puisque ces dix [catégories] ne sont le sujet d'une science réelle, à savoir la métaphysique, qu'en tant qu'il y a une première [catégorie] à laquelle les autres soient attribuées, comme on le trouve dans le livre IV de la *Métaphysique*[1] ; et qu'en tant qu'elles sont considérées par la raison, il n'y a rien à quoi elles soient attribuées, comment sont-elles un sujet un[2] ?

L'unité métaphysique des catégories repose sur une attribution réelle à la substance, alors que l'approche logique ignore cette dimension réelle. D'ailleurs, comme nous le constaterons plus tard[3], au moment de la rédaction de ce commentaire, le sujet de la métaphysique n'est pas l'étant en tant que concept univoque (selon la solution scotiste de l'*Ordinatio*), mais la substance en tant que catégorie première à laquelle sont attribuées les autres catégories. Pour ce qui est de la dimension logique, Scot remarque :

> Il faut dire que leur unité [logique] est plus grande, dû à quelque propriété causée par l'intellect qu'en tant qu'elles sont des étants. C'est ainsi que, puisque cette science n'est pas une par une unité d'analogie, *il faut lui assigner quelque chose d'intentionnel qui leur soit commun*, et qui soit sujet premier, parce que le logicien seulement considère un tel [sujet] par soi[4].

Dans ces rapports entre métaphysique et logique un nouveau trait offre l'un des présupposés de l'analyse scotiste de l'étant. D'abord, on a affaire à deux niveaux différents d'unité du sujet. Celle de la métaphysique, unité d'analogie, fondée sur l'attribution des autres catégories à la substance ; et puis, celle de la logique, davantage une, et fondée sur le trait universel d'une propriété intentionnelle seconde ou commune. Ce passage fondamental annonce la solution de Duns Scot dans ce commentaire (solution de jeunesse sur laquelle nous

1. Aristote, *Metaphysica*, IV (Γ), 2, 1003b16-17 (AL, XXV2, 61) : « *Proprie vero primi est scientia, et ex quo alia pendent, et propter quod dicuntur* / Or partout la science est proprement science de ce qui est premier, dont dépend tout le reste et par quoi il se dit » (trad. fr. p. 146-147).

2. *In Praed.*, q. 2 n. 8 (OPh, I, 259-260) : « Sed cum ista decem non sint subiectum unius scientiae realis, scilicet metaphysicae, nisi in quantum est in istis unum primum ad quod alia attribuantur, ut habetur IV *Metaphysicae ;* et in quantum considerantur a ratione nullum est ad quod attribuantur, quomodo sunt unum subiectum ? ».

3. Cf. *infra* chap. IV, p. 163-262, où nous nous occupons des différentes positions et des modèles scientifiques analysés par Scot à propos de la détermination du sujet propre de la métaphysique : a) l'étant, b) Dieu et les intelligences, c) la substance.

4. *In Praed.*, q. 2 n. 9 (OPh, I, 260) : « Oportet dicere quod maior est unitas eorum aliqua proprietate causata ab intellectu quam in quantum sunt entia. Et ita, cum haec scientia non sit una unitate analogiae, oportet asignare aliquid intentionale quod sit commune istis, et primum subiectum, quia de solo tali per se considerat logicus ».

reviendrons), à la question portant sur le statut sémantique de l'étant : équivoque du point de vue logique et analogue du point de vue réel.

Or cette double réponse, l'approche logique des catégories porte sur un trait intentionnel et l'approche métaphysique sur la substance comme élément premier d'attribution auquel les autres catégories sont reconduites, s'appuie sur le caractère intentionnel de la prédication logique, à savoir, sur la causalité de l'intellect produisant les propriétés logiques que l'on trouve par accident dans les catégories et par soi dans le concept intentionnel commun de « catégorie ». Voici la réponse de Scot :

> Par conséquent, on peut dire qu'ici [dans le traité des *Catégories*] on considère les dix catégories dans la mesure où *quelque chose qui est causée par la raison leur est attribuée*, car autrement, elles ne pourraient être considérées par le logicien. Et de cette manière, elles n'ont pas qu'une unité d'analogie, mais aussi une unité d'univocité ; et de cette façon ce qui est univoque aux catégories est quelque chose d'intentionnel, qui est ici le sujet premier. Celui-ci peut être nommé « catégorie » ou « généralissime », car toutes les propriétés qui sont déterminées à propos des catégories dans ce traité y sont déterminées en tant que les catégories possèdent la raison de « généralissime » ou de « catégorie » [1].

Ce trait intentionnel commun et univoque aux catégories permet précisément de distinguer les deux types d'unités propres à chaque approche des catégories. D'un côté a) l'unité réelle d'analogie de la métaphysique, grâce à l'attribution à quelque chose d'un, la substance et b) l'unité logique univoque fondée sur la raison de catégorie ou de plus général. Avec cette dernière unité, on trouve le degré maximum d'unité logique recouvrant les catégories et leurs propriétés logiques. Ainsi, cette unité d'univocité, l'univocité de l'objet logique « catégorie », fait du traitement logique des catégories une véritable science dont le sujet premier est bien ce trait absolument général causé par l'intellect.

L'approche logique et la question sur la scientificité du traité d'un point de vue logique permet précisément à Scot de construire une réflexion sur le concept intentionnel de « catégorie en général » ; l'approche métaphysique en effet reste tributaire de la multiplicité des catégories et de leurs rapports à la substance. Du côté du réel, la diversité catégorielle l'importe sur l'unité intentionnelle du concept de « catégorie ».

Cependant, remarquons encore une fois que l'analyse logique relève de l'ordre de l'accidentel par rapport à l'analyse métaphysique. C'est ce que Duns Scot accepte volontiers lorsqu'il présente le sujet de la science logique des

1. *In Praed.*, q. 2 n. 19 (OPh, I, 262) : « Ideo dici potest quod hic consideratur de decem praedicamentis in quantum eis attribuitur aliquid causatum a ratione, quia aliter non possunt considerari a logico. *Et illo modo non habent tantum unitatem analogiae, sed etiam univocationis ; et illud univocum istis illo modo est aliquod intentionale, quod est hic primum subjectum.* Illud potest nominari "praedicamentum" vel "generalissimum", quia omnes proprietates quae per se determinantur hic de istis, determinantur de eis in quantum habent rationem generalissimi vel praedicamenti » (nous soulignons).

catégories comme concept intentionnel le plus général. En effet, selon une objection totalement assumée par Scot, la détermination logique des catégories est par accident parce qu'elle est faite « seulement selon quelque chose qui se trouve dans les catégories par accident, à savoir, quelque chose d'intentionnel, parce qu'aucune de telles choses peut s'y trouver par soi »[1]. En assumant le reproche, Scot donne un autre trait de la distinction entre métaphysique et logique : « je dis qu'il n'est pas inconvénient que les catégories, qui sont seulement considérées par accident par le logicien, le soient par soi par le métaphysicien »[2]. Il y a ici une sorte de compensation (ou de proportionnalité inverse par rapport à la métaphysique) entre le degré d'unité acquis par la logique (unité d'univocité) et le degré de proximité logique des catégories en tant qu'étants (dans la mesure où le traitement logique n'est qu'un traitement accidentel). L'intentionnel possède une unité plus grande que les choses en soi, mais reste accidentel par rapport à elles et n'en fait pas partie essentiellement, précisément parce qu'il est causé par l'intellect et ne fait pas partie de la définition de chaque catégorie. Une science plus sûre, la logique est aussi une science *per accidens*.

C'est la raison pour laquelle, dans la même ligne, ce trait intentionnel peut être dit « cause » des catégories, bien que celles-ci n'aient pas une cause du point de vue métaphysique, puisqu'elles sont premières[3] :

> à l'égard de leurs propriétés, les catégories ont une cause, principalement à l'égard des propriétés intentionnelles qui se trouvent dans les catégories en tant qu'elles sont considérées par la raison[4].

Si rien n'est antérieur aux catégories du point de vue métaphysique, c'est-à-dire, en soi, il y a, à l'égard de propriétés intentionnelles, quelque chose d'antérieur. C'est par le moyen de la causalité de l'intellect qui se fonde l'univocité logique, ce qui ne limite pas l'analogie métaphysique.

C'est sur ce fondement que l'on répond à la question 3 : comment est-il possible qu'il y ait un prédicat intentionnel univoque aux catégories[5] ? Duns Scot distingue entre la diversité réelle des choses et l'unité causée par l'intellect, qui lui permet de les concevoir d'une façon unifiée :

1. *In Praed.*, q. 2 n. 20 (OPh, I, 262-263) : « De substantia, quantitate etc. Tantum determinatur hic per accidens, quia tantummodo secundum aliquid quod inest eis per accidens, scilicet aliquod intentionale, quia nullum tale potest eis inesse per se ».

2. *Ibid.*, n. 24 (OPh, I, 263) : « Dico quod non est inconveniens illa tantum per accidens considerari a logico quae metaphysicus per se considerat ».

3. *Ibid.*, q. 2 n. 1 (OPh, I, 257) : « Istis nihil est prius naturaliter cum sint prima ».

4. *Ibid.*, n. 28 (OPh, I, 264) : « Licet illorum in se non sit aliqua causa, tamen respectu suarum passionum habent causam, praecipue respectu passionum intentionalium quae insunt eis in quantum considerantur a ratione ».

5. *Ibid.*, q. 3 (OPh, I, 267) : « An aliquod praedicatum intentionale sit univocum istis generalissimis ».

> Quelque chose d'intentionnel univoque peut être appliqué aux choses de tous les genres, parce que toute diversité entre les choses de première intention n'empêche pas qu'elles-mêmes puissent être conçues par l'intellect, par un même mode de concevoir (*modus concipiendi*). Les intentions, donc, sont attribuées à elles en tant qu'elles sont conçues par l'intellect, et, par conséquent, des intentions de la même espèce peuvent être attribuées à des choses diverses[1].

L'univocité des intentions s'appuie sur leur même mode d'être conçues et n'implique aucune univocité au niveau des choses. Cela veut dire qu'il existe un plan où une unité ou une distinction conceptuelle ne correspond à aucune unité réelle : le plan logique. En même temps, cela rejoint les analyses du commentaire à l'*Isagoge*[2] portant sur la nature de l'universel logique en tant que mode de la saisie intellectuelle de la nature dans sa nudité. Ici, la diversité catégorielle est saisie par un mode de concevoir de l'intellect qui en les unifiant sous la raison de catégorie, laisse intacte leur diversité réelle.

Ainsi, prédiquer ce trait intentionnel (le concept de catégorie), en tant que concept de seconde intention, d'une catégorie en tant que concept de première intention configure cette forme de prédication que nous avons étudiée dans le chapitre premier[3] : la prédication dénominative telle qu'elle est thématisée par Scot, où le prédicat est le *modus* sous lequel l'intellect saisit le concept du sujet. C'est un type de prédication accidentelle dans la mesure où le concept de seconde intention n'est pas inclus dans la définition du concept de première intention. Ceci soulève une objection : le prédicat intentionnel (ici le concept de « catégorie ») ne serait pas univoque aux catégories, précisément parce qu'il n'en serait pas prédicable *in quid*[4].

La réponse de Duns Scot se fonde sur une distinction entre deux types d'univocité. D'un côté on peut dire « quelque chose univoque se prédique de plusieurs » (*aliquid univocum praedicari de multis*) et d'un autre on peut dire « être univoque prédiqué de plusieurs » (*esse univocum praedicatum de multis*). Le prédicat intentionnel « catégorie », en tant que *modus concipiendi* (§ 8), n'est univoque que selon le premier mode, sous la forme de la prédication dénominative, car l'univocité selon le deuxième mode correspond effectivement aux prédicats *in quid*. En ce sens, Scot assume l'objection dans la mesure où la prédication du concept intentionnel univoque de « catégorie » aux dix catégories ne correspond pas à un trait essentiel de chaque catégorie.

1. *In Praed.*, q. 3 n. 8 (OPh, I, 269) : « Aliquod intentionale univocum potest applicari rebus omniun generum, quia omnis diversitas in rebus primae intentionis inter se non impedit ipsas posse concipi ab intellectu per eundem modum concipiendi. Intentiones autem eis attribuuntur in quantum ab intellectu concipiuntur, et ideo intentiones eaedem specie possunt diversis rebus attribui ».

2. Cf. *supra* chap. premier, p. 31-37.

3. Voir *supra* chap. premier, p. 38-42.

4. *In Praed.*, q. 3, n. 4 (OPh, I, 267-268) : « Item, nullum univocum est denominativum ; sed praedicatum intentionale tantum dicitur, de illis quae sunt res primae intentionis, denominative ; ergo nullum praedicatum intentionale est univocum istis ».

Néanmoins, il peut être prédiqué des catégories, tout en étant univoque, de façon non univoque :

> C'est pourquoi je concède la conclusion [§ 4] qu'aucun prédicat intentionnel n'est un prédicat univoque pour les choses de première intention, mais quelque chose d'intentionnel et univoque se prédique en soi des catégories (*de istis*) <u>non</u> univoquement[1].

Les manuscrits ne sont pas du tout d'accord sur la dernière négation. Le « non » se trouve dans les manuscrits AEKLRS, dans l'édition de Venise (1492) identifiée avec la lettre ρ et dans l'édition Wadding-Vivès identifiée avec la lettre υ. En revanche, le « non » ne se trouve pas dans les manuscrits BDGNPQTU[2]. À notre avis, la présence du *non* doit être lue comme l'accent mis sur la distinction entre le premier type d'univocité propre au concept de seconde intention et le second type d'univocité propre à un trait essentiel prédiqué d'un sujet. Ainsi compris, le prédicat intentionnel *n'est pas* univoquement selon le deuxième mode. Malgré la divergence textuelle, le sens de la réponse de Scot reste clair : en retenant le « non », l'univocité intentionnelle a à voir avec le mode de concevoir (*modus concipiendi*) les catégories, univoque en soi, et non pas avec l'être même des catégories visées par la prédication. Nous pourrions parler d'intention seconde univoque et d'étant univoque. Dans le cas des intentions, leur univocité n'implique en aucun cas l'univocité réelle des choses. Cette distinction gagnée, Duns Scot nous invite à suivre le développement argumentatif dans la suite du commentaire : « sed de hoc magis dicetur postea »[3].

Le rejet de l'univocité de l'étant

Une fois établie la fondation de l'unité intentionnelle des catégories sur le concept de « catégorie », Scot se pose la question du rapport de l'étant aux catégories. C'est donc au carrefour de la diversité réelle des catégories et de la signification du terme « étant » que Scot se demande dans la question 4 « si l'étant est univoque aux dix catégories »[4]. C'est là que Scot touche pour la première fois, dans le cadre des commentaires à Aristote, le *problème de l'univocité de l'étant.*

1. *In Praed.*, q. 3 n. 14 (OPh, I, 271) : « Aliud est dicere "aliquid univocum praedicari de multis", et "esse univocum praedicatum de multis". Denominativum primo modo est univocum, secundo modo non, ut ostendit ratio. Unde concedo conclusionem quod nullum praedicatum intentionale est univocum praedicatum de rebus primae intentionis, sed aliquod intentionale univocum in se praedicatur de istis *non* univoce » (nous soulignons).

2. Cf. *ibid.*, apparat critique ligne 18.

3. *Ibid.*, q. 3 n. 6 (OPh, I, 277).

4. *Ibid.*, q. 4 (OPh, I, 273-292) : « Utrum ens sit decem praedicamentis univocum ».

Scot consacrera à cette démarche de détermination du rapport sémantique de l'étant aux catégories une autre question dans le livre IV du commentaire à la *Métaphysique*[1]. Comme nous aurons l'occasion de le constater (dans notre chapitre v), les parallèles entre les deux traitements, malgré leurs différentes approches et portées, sont très nombreux, notamment pour la reprise des arguments « en faveur » et « contre » l'univocité. Nous devons à G. Pini une analyse minutieuse et la preuve d'une double rédaction de cette dernière question : structurellement, elle va du rejet de l'univocité dans la première version à l'affirmation de l'univocité de l'étant dans la deuxième[2].

Pour l'instant, bien que les arguments en faveur de la thèse de l'univocité soient d'un intérêt primordial, nous allons reporter leur analyse au chapitre V [3]. Ici, nous allons nous limiter à présenter les arguments *contre* l'univocité : dans le cadre de cette question ils constituent en effet l'arrière-plan de la réponse de Duns Scot, à ce moment de sa pensée, et font partie de sa réponse plus large sur le rapport entre l'*ens* et les *praedicamenta* conduisant au rejet aussi bien de l'univocité que de l'analogie logique de l'étant.

En ce qui concerne ce premier point, la question comporte huit arguments contre l'univocité de l'étant, dont les deux premiers sont des arguments d'autorité, les autres des arguments fondés sur les inconvénients logiques dérivés de l'hypothèse de l'univocité[4].

1. Il y a d'abord le célèbre passage de l'*Isagoge* où Porphyre affirme l'équivocité catégorielle. À propos de toutes choses, « à supposer même qu'on les appelle tous étants, on le fera, [...] d'une manière homonymique »[5]. Selon cette position, l'étant n'est pas un genre commun à toutes choses, et toutes les choses ne se subsument pas sous un genre suprême. Si l'étant était univoque, toutes les choses seraient effectivement contenues sous un seul concept. Et pour ce qui concerne expressément les catégories : « entre les dix premiers, la communauté ne s'étend qu'au nom, mais non pas à la définition correspondant au nom »[6].

1. Cf. *In Met.*, IV, q. 1 nn. 1-91 (OPh, III, 295-320) : « Utrum ens dicatur univoce de omnibus ».

2. *Cf.* G. Pini, *Scoto e l'analogia. Logica e metafisica nei commenti aristotelici*, Pisa, Scuola Normale Superiore, 2002, p. 88-141.

3. Voir *infra* chap. V, p. 268-287.

4. *In Praed.*, q. 4 nn. 16-25 (OPh, I, 277-280).

5. *Ibid.*, n. 16 (OPh, I, 277) : « Ad oppositum est Porphyrius, dicens : "Si quis omnia entia vocet, aequivoce nuncupabit" » (trad. fr. cit., p. 7). *Cf.* Porphyre, *Liber praedicabilium* (*Isagoge*), chap. *De specie*, II, 10 (AL, I6, 12) : « Vel, si omnia quis entia vocet, aequivoce, inquit, nuncupabit, non univoce ». Cet argument sera repris et développé davantage dans *In Met.*, IV, q. 1 n. 17 (OPh, III, 298). *Cf.* G. Pini, *Scoto e l'analogia*, *op. cit.*, p. 98-99.

6. Porphyre, *Liber praedicabilium* (*Isagoge*), chap. *De specie*, II, 10 (AL, I6, 11-12) : « ...en effet, l'étant n'est pas un unique genre commun à toutes choses et toutes ne sont pas du même genre en relation à un certain genre suprême, comme le dit Aristote. Posons simplement, comme dans les *Catégories*, les dix premiers genres comme jouant le rôle d'autant de principes premiers : à supposer même qu'on les appelle tous étants, on le fera, dit-il, d'une manière homonymique, mais non pas synonymique. En effet, si l'étant était une sorte de genre commun de tous les êtres,

Autrement dit, même si les catégories partagent bien le nom « étant », elles n'en partagent pas la notion, le *logos*; en ce sens, les catégories appartiennent à l'ensemble des homonymes selon la définition exposée précisément par Aristote dans les *Catégories*[1], à laquelle renvoie explicitement le passage porphyrien.

2. Le deuxième argument prend pour prémisse le début du quatrième chapitre des *Catégories* : « chacun des termes qui sont dits sans aucune combinaison indique soit une substance, soit une certaine quantité... »[2]. En cas d'univocité, l'étant signifierait les catégories sous une raison commune et non sous une raison propre à chacune. L'univocité entraînerait donc que l'étant ne soit pas un incomplexe[3]. Autrement dit, l'étant ne signifierait pas les catégories, car ce sont les incomplexes qui les signifient. Ce deuxième argument suppose une sorte d'immédiateté de l'équivocité de l'étant dans les dix catégories car les incomplexes signifient les catégories sans la médiation d'une raison supérieure.

Le troisième et le quatrième argument s'opposent à l'univocité en raison des effets contradictoires qui en découleraient, là où l'étant univoque serait un *genre* (troisième argument) et les catégories seraient des *espèces* (quatrième argument).

3. Ainsi, si l'étant est univoque aux catégories, il ne peut être que leur genre. La preuve de cette conclusion repose sur la nécessité que le terme univoque soit dit sous la raison d'un universel et sur l'impossibilité que celui-ci soit autre que le genre. Par exclusion successive, l'étant ne peut être considéré ni comme l'espèce la plus spéciale, parce qu'il ne porte pas sur des singuliers; ni comme la différence parce qu'il ne distingue pas; ni comme le propre ni comme l'accident parce qu'il se dit *in quid*; qu'il ne peut être qu'un genre[4]. Nous

tous seraient appelés étants d'une manière synonymique ; or, entre les dix premiers, la communauté ne s'étend qu'au nom, mais non pas à la définition correspondant au nom » (trad. fr. cit., p. 7-8). *Cf.* les commentaires, déjà évoqués dans le chapitre premier d'Alain de Libera dans Porphyre, *Isagoge*, *op. cit.*, n. 54, p. 51, et ceux de J. Barnes, dans Porphyry, *Introduction*, *op. cit.*, p. 115-125.

1. *Cf.* Aristote, *Praedicamenta*, 1, 1a1-2 (AL, I2 5) : « Aequivoca dicuntur quorum nomen solum commune est, secundum nomen vero substantiae ratio diversa ».

2. Cf. *ibid.*, 4, 1b25-26 (AL, I2 6) : « Eorum quae secundum nullam complexionem dicuntur singulum aut substantiam significat aut quantitatem... » (trad. fr. P. Pellegrin, *Catégories*, Paris, Flammarion, 2007, p. 111).

3. *In Praed.*, q. 4 n. 17 (OPh, I, 277) : « Idem, Aristoteles in principio *Praedicamentorum* : "Singulum incomplexum aut significat substantiam aut quantitatem" etc. Sed si ens significaret aliquod commune istis, nullum istorum significaret, quia quod significat superius, non significat inferius sub propria ratione. Ergo non esset ens incomplexum, quod est inconveniens ; ergo etc. ». L'argument parallèle se trouve dans *In Met.*, IV, q. 1 n. 20 (OPh, III, 299). *Cf.* G. Pini, *Scoto e l'analogia*, *op. cit.* p. 100.

4. *In Praed.*, q. 4 n. 18 (OPh, I, 277-278) : « Si ens sit univocum istis, tunc erit genus istorum, et ita haec non erunt decem genera prima, sed erit unim generalissimum. Probatio consequentiae

sommes ici à un stade où l'argument le plus fort contre l'univocité de l'étant est pour Scot l'impossibilité que l'étant soit un genre. Mais, en quoi cela est-il si important ?

Si c'était le cas, deux conséquences problématiques en découleraient : d'abord, les catégories ne seraient plus les genres les plus généraux, désormais soumis au genre *generalissimum* qui serait l'étant ; et, ensuite, l'étant, tout en faisant partie de l'intellection de toute chose, se heurte à la remarque aristotélicienne[1] selon laquelle le genre, en tant que genre, ne pourrait pas faire partie de l'intellection de la différence ; et puisque celle-ci est distincte du genre, elle ne serait absolument pas : la différence serait un non-étant[2].

4. De même, les catégories, ne se différenciant pas par l'étant, seraient distinguées par quelque chose de rajouté précisément comme différence et seraient des espèces. En étant des espèces, elles ne pourraient plus être considérées comme *genera prima*. Bien au contraire, les catégories seraient définissables et donc constituées par un élément commun (l'étant) et un élément formel rajouté comme différence spécifique[3].

primae : omne univocum dictum de multis, dicitur de illis sub ratione alicuius universalis ; aliter illa quinque universalia non sufficienter dividerent "predicabile de multis". Sed ens, si esset univocum, non posset dici sub ratione speciei specialissimae, quia haec non sunt singularia ; nec sub ratione differentiae, quia nullum istorum distinguit [...] ; nec proprii nec accidentis, quia ens praedicatur in quid, [...] ; haec duo non. Igitur si sit univocum, erit genus respectu illorum ». Dans le commentaire à la *Métaphysique* : *In Met.*, IV, q. 1 n. 50 (OPh, III, 308). Cet argument ne fait pas partie de l'ensemble des arguments *contra* du début de la question. Il est le premier de sept arguments placés après et comme des objections à l'exposition de la position d'Avicenne en faveur de l'univocité, nn. 31-49 (OPh, III, 301-308). *Cf.* G. Pini, *Scoto e l'analogia*, *op. cit.*, p. 110-112.

1. Aristote, *Metaphysica*, III (B), 3, 998b21-26 (AL, XXV2, 49) : « *Non est autem possibile genus existentium unum esse neque unum neque ens ; nam necesse differentias cuiusque generis et esse et unam esse quamlibet, impossibile autem predicari aut species de propriorum generum differentiis aut genus sine suis speciebus ; quare si unum genus aut ens, nulla differentia nec unum nec ens erit* / Mais il n'est pas possible ni à l'un ni à l'être d'être le seul genre des êtres ; car, d'une part, il est nécessaire que les différences de chaque genre existent et que chacune soit une, d'autre part il est impossible de prédiquer ou les espèces du genre, ou le genre sans ses espèces, à leurs propres différences, de sorte que, si l'un ou l'être est un genre, aucune différence ne sera être ni un » (trad. fr. p. 131).

2. *In Praed.*, q. 4 n. 18 (OPh, I, 278) : « Ex hoc non tantum sequitur inconveniens suppositum, scilicet quod haec non sunt genera prima, sed est contra Aristotelem III *Metaphysica*, quia ens est de intellectu cuiuslibet, et genus non est de intellectu differentiae ».

3. *Ibid.*, n. 19 (OPh, I, 278) : « Similiter, si haec decem habent aliquod univocum, praedicatum de eis, per illud non distinguuntur, manifestum est ; igitur per aliquid superadditum unumquodque differt ab alio. Quidquid sit illud, sequitur haec esse differentia et non secundum se diversa, quia "sunt aliquid-idem entia" quod est contra Aristotelem IV *Metaphysicae*. Sequitur etiam haec esse species, quia omne compositum secundum rationem ex aliquo communi dicto de se in quid et aliquo formali superaddito, est proprie definibile per illa. Definitio autem proprie est solius speciei, per Aristotelem VI *Topicorum* ». *Cf.* le parallèle dans *In Met.*, IV, q. 1 n. 54 (OPh, III, 309) où cet argument est le deuxième contre la position d'Avicenne. *Cf.* G. Pini, *Scoto e l'analogia*, *op. cit.*, p. 114-115.

5. Choisir cette perspective qui voit les catégories comme des espèces conduit à nouveau vers des incohérences logiques très embarrassantes, car soit on tombe dans la redondance (*nugatio*) soit on tombe dans la contradiction logique (*repugnantia*). La *reductio ad absurdum* entamée par Scot concernant le statut de la différence est révélatrice de l'impossibilité de considérer l'étant comme un genre et donc, comme univoque. Ainsi, dans l'hypothèse où les catégories seraient des espèces, puisque celles-ci diffèrent et ne diffèrent pas par l'étant en tant que commun, on se demande si la différence, qui les constitue en tant qu'espèces, est un étant ou un non-étant. La question est valable dans la mesure où l'on suppose l'extériorité de la différence par rapport au genre qu'elle divise.

Ainsi, si la différence était un étant, l'étant ferait partie de l'intellection et au moment où on rajoute la différence à l'étant, précisément en tant que différence, il y aurait une redondance, une répétition superflue du prédicat (*nugatio*)[1]; et puisque l`étant et la différence font partie de l'intellection de toutes les catégories, il y aurait une autre redondance et il y en aurait par la suite dans l'intellection et dans la prédication de toutes choses[2]. D'un autre côté, Scot identifie deux inconvénients à considérer que ce que l'on rajoute comme différence est un non-étant :

> d'abord, n'importe quelle catégorie est non-étant formellement, et ainsi tous les inférieurs seront par soi non-étants, parce que l'une au l'autre des catégories se dit de tout inférieur. L'autre est qu'il y ait de la répugnance dans l'intellection de n'importe quelle catégorie, et par la suite, de n'importe quelle intellection[3].

Ces arguments pointent l'impossibilité d'affirmer l'univocité de l'étant, du moins en tant que fondée sur *son identification au genre le plus général*. L'extériorité de la différence par rapport à l'intellection du genre conduit cette identification soit à la redondance soit à la répugnance; et dans les deux cas à une impossibilité logique. Comme il n'est pas possible de nier à la différence son statut d'étant, il est nécessaire de nier à l'étant son statut de genre et, par

1. Cf. *infra* chap. IV, p. 199-201 et *In Met.*, IV, q. 1 n. 57 (OPh, III, 310). G. Pini, *Scoto et l'analogia, op. cit.*, p. 121 et S. Ebbesen, « Concrete Accidental Terms : Late Thirteenth-Century Debates about Problems Relating to such Termes as "*Album*" », *in* N. Kretzmann (ed.), *Meaning and Inference in Medieval Philosophy*, Dordrecht-Boston-London, Kluwer Academic Publishers, 1988, p. 139-142.

2. *In Praed.*, q. 4 n. 20 (OPh, I, 279) : « Si sit commune istis, cum haec differant, et non per ens, quaero de addito in hoc et illo : aut est ens aut non-ens. Si ens, igitur ens est de eius intellectu ; ergo addendo illud enti, erit nugatio. Et ens et illud est de intellectu cuiuslibet praedicamenti, ergo in intellectu simplici cuiuslibet praedicamenti est nugatio. Ergo in intellectu cuiuslibet est nugatio, quia in intellectu cuiuslibet includitur aliquod praedicamentorum ».

3. *Ibid.*, n. 22 (OPh, I, 279) : « Primum quod quodlibet praedicamentum sit non-ens formaliter, et ita omnia inferiora erunt per se non-entia, quia de omni inferiori praedicatur aliquod istorum. Aliud est quod de intellectu cuiuslibet praedicamenti sit repugnantia, et ita de intellectu cuiuslibet, ut prius deductum est ». Cf. *In Met.*, IV, q. 1 n. 57 (OPh, III, 309) où cet argument est le troisième contre la position d'Avicenne et G. Pini, *Scoto e l'analogia, op. cit.* p. 120-121.

conséquent, son univocité. À la limite, ce qui est mis en question est la possibilité même de toute prédication essentielle qui serait tautologique ou contradictoire.

6. Dans le livre VIII de la *Métaphysique*, Aristote affirme que « les substances séparées sont *immédiatement* (*statim*) ce qu'elles sont ». Elles ne se constituent pas en ce qu'elles sont par l'ajout d'une forme à la matière. L'argument cherche à construire une analogie entre cette constitution des substances séparées et le rapport entre l'étant et les catégories : « c'est ainsi que l'étant est *immédiatement* une certaine catégorie, par conséquent, non pas par une différence rajoutée; par conséquent, l'étant n'est pas commun »[1]. C'est par l'idée de la descente *immédiate* de l'étant dans la pluralité des catégories que l'argument implique la non-communauté de l'étant[2].

7. Même la prédication accidentelle, par exemple, « une grande substance » ou « un homme blanc », serait touchée, sinon par la contradiction, du moins par la redondance[3]. Étant donné que l'on ne peut pas nier à la différence son

1. *In Praed.*, q. 4, n. 23 (OPh, I, 280) : « Item, Aristoteles VIII *Metaphysicae* dicit quod sicut substantiae separatae sunt statim id quod sunt, id est non per formam aliquam advenientem materiae, sic ens est *statim* aliquod praedicamentorum, ergo non per differentiam additam ; igitur non est commune » (nous soulignons).

2. Bien que cet argument ne soit pas repris comme argument contre dans le commentaire à la *Métaphysique*, nous y trouvons quelque chose d'étonnant. Premièrement, comme réponse à l'argument d'autorité tiré de Porphyre contre l'univocité et en faveur de l'équivocité de l'étant, *In Met.*, IV, q. 1 n. 25-26 (OPh, III, 300), Scot présente une réponse tirée aussi d'Aristote (mais l'édition critique ne renvoie à aucun passage de le Stagirite), où « le Philosophe dit que l'étant "immédiatement" ("*statim*") est un *quid*, un *quale* etc. [...] c'est pourquoi ce "immédiatement" ne pose pas une équivocité / *Philosophus dicit quod ens "statim" est quid, quale etc,* [...] *unde illud "statim" non ponit aequivocationem* ». Cela veut dire qu'ici, dans le commentaire aux *Catégories*, l'argument se pose contre l'univocité et dans le commentaire à la *Métaphysique*, le même argument se pose en faveur de l'univocité. De même, dans le cadre de la réponse au troisième argument contre la position d'Avicenne, *In Met.*, IV, q. 1 n. 57 (OPh, III, 309), que nous venons de trouver dans cette question, comme argument 5, *In Praed.*, q. 4 nn. 20-22 (OPh, I, 279), Scot propose quatre solutions dont la quatrième affirme la communauté de l'étant de façon à échapper aux problèmes logiques dérivés du statut de la différence, par le recours à une forme de communauté où « [l'étant] est tel commun parce qu'il ne descend dans l'inférieur par rien d'ajouté, mais il dit tout ce que dit l'inférieur » (*...sed est tale commune quod descendit in inferius per nihil additum, sed dicit totum illud quod dicit inferius.*), *In Met.*, IV, q. 1 n. 58 (OPh, III, 311). Les deux arguments ont pour point commun l'idée que l'étant descend sur les catégories sans l'ajout d'un élément formel tel que la différence. Cela, le *nihil additum*, constitue, dans l'argument du commentaire aux *Catégories*, la conséquence du fait que l'étant est *immédiatement* une certaine catégorie et à cause de cela l'étant n'est pas commun. Or cela même constitue, dans l'argument du commentaire à la *Métaphysique*, la preuve que l'étant est commun. Apparemment, Scot a changé d'avis sur la portée de cet argument, car l'*immédiateté* de la descente de l'étant sur les catégories ne correspond plus, dans le commentaire à la *Métaphysique*, à une preuve de l'équivocité de l'étant, mais bien au contraire à une preuve de son univocité.

3. *In Praed.*, q. 4 n. 24 (OPh, I, 280) : « Si ens sit univocum istis, hic erit nugatio "substantia quanta", "homo albus", et universaliter addendo accidens subiecto, quia aliquid idem includitur

statut d'étant, la redondance serait beaucoup plus insidieuse que la contradiction.

8. Pour ce qui est de la prédication essentielle, « dans toute définition, il y aura une redondance » car dans les deux éléments constitutifs de la définition, dans le genre et la différence, dans les deux *definientia*, serait-il contenu le même concept, car aussi bien le genre que la différence sont des étants[1].

La conclusion que l'on tire de ces arguments est que l'étant n'est pas et ne peut pas être univoque aux dix catégories. Scot rejette l'univocité de l'étant surtout en s'appuyant sur l'équivalence douteuse entre le couple formé par l'étant et les catégories, et celle du genre et des espèces. Nous aurons l'occasion de revenir sur cette question, notamment sur le versant en faveur de l'univocité lors de notre analyse de la question 1 du livre IV du commentaire à la *Métaphysique* où Scot reprend le dossier dans le cadre plus large de la question *Utrum ens dicatur univoce de omnibus*. C'est ici que la question porte sur l'ordre de généralité maximale visant le rapport sémantique de l'étant à toutes choses.

Pour l'instant, il convient de continuer à suivre la démarche scotiste dans le commentaire aux *Catégories*, désormais consacré à déterminer, une fois rejetée l'univocité, si l'étant est équivoque ou analogue aux catégories[2].

LE NOM ÉQUIVOQUE

La réponse à cette alternative – l'étant est équivoque ou analogue aux catégories – repose sur une problématique beaucoup plus large, celle de la signification des noms équivoques et analogues. En outre, il s'agit, du moins pour l'analogie, de l'un des problèmes théoriques les plus importants du Moyen Âge, au regard de ses conséquences épistémologiques, métaphysiques et théologiques[3].

per se in intellectu utriusque. Ergo faciendo resolutionem, ponendo rationes pro nominibus, aliquid idem bis dicetur, et ita erit nugatio ».

1. *In Praed.*, q. 4, n. 25 (OPh, I, 280) : « Similiter, in omni definitione erit nugatio propter idem, quia in utriusque definientis intellectu includitur idem ». Ces deux arguments, 7 et 8, soulignant la *nugatio* dans la prédication accidentelle et la prédication essentielle contre l'univocité, constituent-ils le quatrième argument contre la position d'Avicenne dans le commentaire à la *Métaphysique*, *In Met.*, IV, q. 1 n. 62 (OPh, III, 313) et G. Pini, *Scoto e l'analogia*, *op. cit.*, p. 130-132.

2. *In Praed.*, q. 4, n. 26 (OPh, I, 280) : « Propter hoc dicendum est quod ens non est univocum decem praedicamentis. Tamen quomodo se habeat, dubium est, utrum pure aequivoce vel analogice ».

3. Voir la remarquable mise au point, construite sur la longue duré et arrivant jusqu'au (ou plutôt partant du) traitement heideggerien, de J.-F. Courtine, *Inventio analogiae : Métaphysique et Ontothéologie*, Paris, Vrin, 2005. *Cf.* aussi l'article d'A. de Libera, « Les sources gréco-arabes de la théorie médiévale de l'analogie de l'être », art. cit., p. 321-345 ; et J. Lonfat,

Il nous faut surtout analyser le traitement scotiste de la question en privilégiant son argumentation, tout en essayant de la situer sur le fond d'une discussion à laquelle il fait appel et dont il fait partie[1]. Nous allons donc proposer une présentation préliminaire des traits des noms équivoques chez Scot puis nous nous attarderons à la typologie de l'équivocité proposée dans les *Réfutations sophistiques* (166a14-22) dont, selon la tradition interprétative, fait partie l'analogie[2]. Rappelons dès à présent l'insistance de Scot sur l'approche logique. Dans le cadre de la discussion sur l'analogie, cela va impliquer que Scot distingue entre une analogie métaphysique (propre aux rapports de causalité, dépendance et participation entre les étants), qu'il ne rejettera jamais, et une analogie sémantique dont il faut déterminer la pertinence et qu'il va rejeter précisément dans la suite de cette question[3].

La première source ancienne sur les termes équivoques n'est autre que la distinction entre les *homonymes*, les *synonymes* et les *paronymes*, au tout début des *Catégories* (1a1-16), dont la traduction[4] et le commentaire[5] boéciens constituent la première réception au Moyen Âge. C'est notamment le commentaire de Boèce, ayant comme source principale les commentaires de Porphyre[6], qui offre une classification des équivoques en deux groupes : les équivoques dus au hasard (*a casu*) et les équivoques au dessein (*a consilio*). Les premiers n'ont aucun rapport entre eux. L'exemple canonique au Moyen

« Archéologie de la notion d'analogie d'Aristote à Saint Thomas d'Aquin », *Archives d'Histoire doctrinale et littéraire du Moyen Âge*, 71, 2004, p. 35-107.

1. En ce qui concerne l'interprétation sémantique de l'analogie, on peut voir comme aperçu général deux travaux pionniers de E. J. Ashworth, « Signification and Modes of Signifying in Thirteenth-Century Logic : A Preface to Aquinas on Analogy », *Medieval Philosophy and Theology*, 1, 1991, p. 39-67 et *id.*, « Analogy and Equivocation in Thirteenth-Century Logic : Aquinas in Context », *Medieval Studies*, 54, 1992, p. 94-135. Pour les antécédents au XIIe siècle on se reportera sur tout à I. Rosier, « Évolution des notions d'*equivocatio* et *univocatio* au XIIe siècle », dans *id.* (éd.), *L'ambiguïté : cinq études historiques*, Lille, Presses Universitaires de Lille, 1988, p. 103-166. Plus récemment, les mises au point d'E. J. Ashworth, *Les théories de l'analogie du XIIe au XVIe siècle*, Paris, Vrin, 2008 et *id.*, « Analogy and Metaphor from Thomas Aquinas to Duns Scotus and Walter Burley », *in* Ch. Bolyard et R. Keele (eds), *Later Medieval Metaphysics : Ontology, Language, & Logic*, New York, Fordham University Press, 2013, p. 223-248. Voir enfin, *id.*, « Medieval Theories of Analogy », *in* E. N. Zalta (ed.), *The Stanford Encyclopedia of Philosophy* (édition d'hiver 2013), http://plato.stanford.edu/archives/win2013/entries/analogy-medieval/.

2. Pour tout ceci, nous suivons les analyses d'O. Boulnois, *Être et représentation, op. cit.*, p. 223-259 ; C. Marmo, *Semiotica e linguaggio, op. cit.*, p. 264-374 et G. Pini, *Scoto e l'analogia, op. cit.*, p. 25-73.

3. *Cf.* E. J. Ashworth, *Les théories de l'analogie du XIIe au XVIe siècle, op. cit.*, p. 14 et p. 66 *sq.* ; « Medieval Theories of Analogy », art. cit.

4. Aristote, *Praedicamenta*, 1, 1a1-16 (AL, I2 5) : « Aequivoca dicuntur quorum nomen solum commune est, secundum nomen vero substantiae ratio diversa, ut animal homo et quod pingitur ».

5. Boèce, *In Categorias Aristotelis* (PL, 64, 166BC).

6. *Cf. ibid.* (PL, 64, 160 A) : « Haec quidem est tempori introductionis, et simplicis expositionis apta sententia, quam nosnunc *Porphyrium sequentes*, quod videbatur expedior esse planiorque digessimus » (nous soulignons). *Cf.* S. Ebbesen, « The Aristotelian Commentator », art. cit., p. 45-49.

Âge en est le terme *canis* (signifiant l'animal qui aboie, l'animal marin *et* la constellation). Les équivoques au dessein sont à leur tour divisés en quatre types : a) la ressemblance (*similitudo*) dont l'exemple est celui d'un homme et de son portrait; b) la proportion (*proportio*) qui traduit l'« analogia » greque, c'est-à-dire, le rapport d'égalité entre deux proportions à deux termes. « Principium » en tant que l'unité par rapport aux nombres et en tant que point par rapport à la ligne est l'exemple proposé par Boèce; c) la provenance à partir d'un élément unique (*ab uno*) dont l'exemple est le mot « medical »; et finalement d) le rapport à une fin unique (*ad unum*) dont l'exemple canonique est le terme « sanum »[1].

Cependant, c'est en se fondant sur le *De Divisione* de Boèce, que Scot appelle le terme équivoque « un nom multiple »[2], de telle sorte que, pour sa définition préliminaire du terme équivoque, il ne déploie pas toutes les distinctions que l'on pouvait trouver déjà chez Boèce. En effet, tout d'abord, par rapport à son unité, « le nom équivoque ne doit être dit ni simplement un nom ni plusieurs noms, mais il est dit nom multiple (*nomen multiplex*), comme si sous un (*unum*), plusieurs réalités (*multa*) se replient (*plicans*) »[3]. Le nom équivoque, tout en gardant l'unité d'une seule *vox*, porte plusieurs raisons de signifier (*rationes significandi*). Pour lui, l'unité est restreinte à l'unité grammaticale d'une seule voix. Les raisons de signifier, de leur côté, sont « des intentions induites par l'âme » et elles « se diversifient selon la diversité des concepts »[4]. Ainsi, le nom équivoque rompt avec le rapport une voix/une imposition ou plusieurs voix/plusieurs impositions en ayant une seule voix pour plusieurs actes d'imposition : « si plusieurs choses sont imposées à une voix, ce nom est dit multiple »[5]. L'effet de fond de cette définition des équivoques, dira Scot, c'est qu'un seul nom signifie plusieurs choses *immédiatement* et *simultanément*.

Mais à ce point de la question, le problème qui se pose est celui de savoir comment le nom équivoque contient ses signifiés multiples. Scot propose une alternative. Il les contient soit sous le mode de la disjonction, soit sous le mode de la conjonction[6]. La première possibilité sera rejetée parce qu'elle ne fait que cacher une autre forme d'univocité ou l'absence même de signification, tandis

1. *Cf.* E. J. Ashworth, *Les théories de l'analogie du* XIIe *au* XVIe *siècle*, *op. cit.*, p. 22-25 et A. de Libera, « Les sources gréco-arabes de la théorie médiévale de l'analogie de l'être », art. cit., p. 320-321.

2. Cf. *In Elench.*, q. 8 nn. 6-7 (OPh, II, 303) ; Boèce, *De divisione* (éd. Magee, 8 ; PL, 64, 878A).

3. *In Elench.*, q. 8 n. 6 (OPh, II, 302) : « Nomen equivocum nec debet dici simpliciter unum nomen nec plura nomina, sed dicetur nomen multiplex quasi sub uno multa plicans ».

4. *Ibid.*, n. 9 (OPh, II, 303) : « Rationes autem significandi [...] sunt intentiones inductae per animam. [...] Rationes significandi diversificantur secundum diversitatem conceptuum ».

5. *Ibid.*, n. 7 (OPh, II, 303) : « Si autem uni voci imponantur plures res, illud nomen dicetur multiplex ».

6. *Ibid.*, q. 9-10 (OPh, II, 305-311). L'analyse plus complète de cette problématique, pour le cas de l'école modiste, se trouve chez C. Marmo, *Semiotica e linguaggio*, *op. cit.*, p. 279-304.

qu'« à la raison d'équivoque appartient de signifier plusieurs choses »[1]. La disjonction recouvre elle aussi deux autres alternatives : ou a) on signifie la disjonction elle-même (*unum totum disiunctum*) ou b) on signifie ceci ou cela sans détermination (*indeterminate*), c'est-à-dire, sous une raison commune, tandis que la signification *determinate* se fait sous une raison propre[2]. Dans le premier cas, par exemple, par rapport au nom *canis*, « le tout "animal qui aboie ou étoile céleste" serait compris par l'intellect sous une raison déterminée et donc, le terme équivoque ne signifierait qu'une seule chose »[3]. Dans le deuxième cas, Duns Scot rejette la possibilité que l'on signifie quelque chose sans détermination (*indeterminate*) parce que, en s'appuyant sur Aristote[4], « n'importe quelle voix signifiante représente à l'intellect quelque chose avec détermination (*determinate*) [...]. Mais si la voix signifiait ceci ou cela avec disjonction (*disionctive*), elle ne signifierait rien avec détermination »[5].

La deuxième possibilité, le nom équivoque contient ses signifiés sous le mode de la conjonction, est beaucoup plus complexe. Il y en a trois réponses possibles, dont deux fausses et une troisième « qui peut contenir du vrai (*potest habere veritatem*) ». D'abord a) on peut intelliger que le nom équivoque signifie « un concept lié (*unum conceptum copulatum*), comme le font ces deux termes "deux" et "trois" dans cette phrase "deux et trois sont cinq" » ; ou, deuxièmement b) qu'il signifie « deux concepts liés réciproquement par le moyen d'une conjonction, comme ici dans "deux et trois sont cinq" », ou finalement c) on peut intelliger « qu'entre les actes de signifier il y a une conjonction »[6], mais non entre les choses signifiées. Cette dernière possibilité implique le rejet que le nom équivoque contienne ses signifiés sous la forme de la conjonction.

La première option est fausse parce que ce qui n'a qu'une seule raison d'intelliger (*ratio intelligendi*) n'aura qu'une seule raison de signifier (*ratio significandi*) et donc, ne sera pas équivoque. Ici c'est bien le cas, parce qu'« un

1. *In Elench.*, q. 10 n. 15 (OPh, II, 308) : « De ratione aequivoci est plura significare ».

2. *Ibid.*, q. 11 n. 13 (OPh, II, 316) : « Significare aliquid indeterminate est ponere significare sub ratione commune ».

3. *Ibid.*, q. 10 n. 15 (OPh, II, 308) : « Hoc enim totum "latrabile animal vel caeleste sidus" sub ratione determinata occurreret intellectui, et per consequens terminus aequivocus unum solum significaret ».

4. Aristote, *Metaphysica*, IV (Γ), 4, 1006b8 (AL, XXV2, 68) : « nam non unum significare nichil significare est ». « Ne pas signifier une seule chose est ne rien signifier » (trad. fr. p. 156).

5. *In Elench.*, q. 10 n. 15 (OPh, II, 308) : « Quaelibet vox significativa aliquid determinate repraesentat intellectui, per Aristotelem in IV : "Quod enim unum non significat, nihil significat". Sed si significaret hoc vel illud disiunctive, nihil determinate significaret ».

6. *Ibid.*, n. 22 (OPh, II, 310) : « Primo potest sic intelligi quod terminus aequivocus significet unum conceptum copulatum, sicut faciunt isti duo termini "duo" et "tria" in ista oratione "duo et tria sunt quinque". Alio modo potest intelligi, scilicet quod significet duos conceptos ad invicem copulatos mediante copulatione, sicut hic "duo et tria sunt quinque", et sicut sunt subiecta in propositione copulativa. Tertio modo potest intelligi, scilicet quod inter actus significandi cadit copulatio ; et iste intellectus potest esse verus ».

tout lié (*totum copulatum*) peut avoir une raison d'intelliger […]. Et par conséquent, aura la même raison de signifier », n'étant pas équivoque, car « pour le terme équivoque sont requises plusieurs raisons de signifier »[1].

La deuxième option n'est pas vraie non plus, parce qu'il y a un rapport d'antériorité et de postériorité entre les signifiés de noms d'abord et la signification rajoutée pour la conjonction ensuite, rapport qui est soumis au principe : « la raison de l'antérieur n'a pas quelque chose du postérieur ». Ainsi, puisque « l'intention signifiée par le nom est par nature antérieure à l'intention signifiée par la conjonction »[2], l'intellection du nom n'implique aucune intellection de la conjonction qui n'y est que postérieure.

La troisième option peut être vraie à la condition que l'on entende qu'il y a une conjonction entre les actes de signifier (*actus significandi*) du nom équivoque, mais non pas entre les choses signifiées (*res significatas*). Scot est emphatique sur ce point fondamental : « il n'y a aucun rapport entre les choses signifiées par le terme équivoque »[3]. C'est l'un des traits le plus remarquables. Les choses signifiées par la multiplicité d'actes d'imposition qui recouvre le nom équivoque ne peuvent se rassembler que sous le point de vue des actes de signifier, c'est-à-dire de l'acte intentionnel de la signification, mais jamais sous celui des choses elles-mêmes. Il n'y a donc pas de rapport ontologique entre les choses signifiées par le nom équivoque.

1. *In Elench.*, q. 10 n. 23 (OPh, II, 310) : « Quod habet unam rationem intelligendi, si significetur, potest habere unam rationem significandi. Sed totum copulatum potest habere unam rationem intelligendi, cum sit extremum orationis. Ergo habebit eandem rationem significandi. Sed ad terminum aequivocum requiruntur plures rationes significandi. Ergo iste intellectus quaestionis est falsus ». *Cf.* le commentaire d'O. Boulnois, *Être et représentation, op. cit.*, p. 231 : « Si l'on peut remplacer un terme équivoque par la conjonction de *concepts* qu'il signifie, on aura un concept unique intégrant l'ensemble de ces signifiés (une seule *ratio intelligendi*), et donc une seule *ratio significandi* : un terme univoque au second degré » ; de même C. Marmo, *Semiotica e linguaggio, op. cit.*, p. 294 : « Questi ipotesi appare tuttavia insostenibile, a suo parere, per il fatto che un'espressione complessa di quel tipo (detta "totum copulatum") può anche avere una sola significazione (o *ratio significandi*), mentre il termine equivoco si definisce proprio in base alla pluralità di significazioni ».

2. *In Elench.*, q. 10 n. 24 (OPh, II, 310) : « Similiter secundus, scilicet quod significet duos conceptus ad invicem copulatos. Nam de ratione prioris non est aliquid posterius. Sed intentio significata per nomen est naturaliter prior intentione significata per coniunctionem. Ergo de intellectu nominis non erit copulativa coniunctio ».

3. *Ibid.*, n. 26 (OPh, II, 311) : « Si tertio modo intelligitur, scilicet quod inter actus significandi cadit copulatio, et tunc intellectus potest esse verus. Nam "canis" significat latrabile et significat marinam belluam. Unde inter actus significandi cadit copulatio, non autem inter res significatas. Nam inter significata termini aequivoqui nulla est habitudo ». *Cf.* O. Boulnois, *Être et représentation, op. cit.*, p. 232 : « Le terme équivoque équivaut alors, non point à une conjonction entre les signifiés (car ceux-ci sont disparates, incomparables), mais entre les *actes* de signifier : la seule manière de relier médiatement les signifiés est de les comparer par l'acte qui les distingue. La conjonction qui associe les propositions analysant le discours ambigu est donc simplement une forme de métalangage. Elle ne correspond à aucune expérience psychologique, et n'est pas de même nature que les signifiés : c'est l'instrument dont se sert le grammairien pour signaler une ambiguïté ».

Scot rejette autant la solution de la disjonction que celle de la conjonction des signifiés du nom équivoque. Pour lui, il s'agit de sauvegarder l'antériorité des signifiés eu égard à toute analyse qui voudrait cerner le nom équivoque comme autre nom contenant des noms univoques. On ne peut pas évaluer un nom équivoque comme s'il était la forme réduite d'une disjonction ou d'une conjonction de signifiés. Malgré leur appartenance commune au même nom, chaque signifié reste autonome face aux autres signifiés.

À cet égard, les différences que Scot établit entre le nom équivoque et le nom commun (*totum universale*) sont très importantes. D'abord, les signifiés du terme équivoque ne conviennent que par la voix, n'ayant aucune raison commune; tandis que les suppôts d'un terme commun sont univoqués (*univocantur*) dans une raison[1]. Dans le cas du nom équivoque, il ne renvoie à aucun concept englobant ses signifiés, voire ses suppôts : « Dans le terme équivoque il n'y a aucun concept commun à tous les signifiés, parce que rien n'y est commun, sauf la voix »[2]. Deuxièmement, toutes les raisons de signifier, dont la multiplicité définit l'équivocité, « sont impliquées en acte par le terme équivoque; mais aucun suppôt n'est impliqué en acte par un terme commun »[3]. Il faut donc distinguer, dans le nom équivoque, l'absence d'une seule raison de signifier commune à tous les signifiés et la présence d'une multiplication des raisons de signifier, chacune portant l'un des signifiés du nom équivoque. Ensuite, il faut remarquer l'impossibilité du nom équivoque de se rapporter aux suppôts, puisqu'il ne les univoque pas sous une raison commune.

Toutefois, si le nom équivoque ne *contient* pas ses signifiés ni sous la forme de la disjonction ni sous celle de la conjonction, quel rapport a-t-il avec ses signifiés? Par comparaison au nom univoque, qui « signifie un (*unum*) avec détermination (*determinate*) et pose celui-ci en acte envers le prédicat », Scot soutient que le nom équivoque *pose tous ses signifiés en acte* envers le prédicat, à cause des multiples raisons de signifier qui y sont présentes :

> La voix ne se rapporte (*proportionatur*) à la chose elle-même que par la raison de signifier; mais dans le terme équivoque il y en a plusieurs; par conséquent dans le terme équivoque il y aura en acte plusieurs signifiés[4].

1. *In Elench.*, q. 10 n. 17 (OPh, II, 308-309) : « Nam in termino aequivoco non contigit considerare aliquam rationem communem in qua significata conveniat praeter solam vocem ; sed in toto universali contingit considerare aliquam rationem in qua supposita univocantur, et ideo non est simile ». *Cf.* O. Boulnois, *Être et représentation, op. cit.*, p. 224 : « Le signe univoque renvoie à un concept unique, et suppose indifféremment pour tous ses référents ».

2. *In Elench.*, q. 11 n. 27 (OPh, II, 317-318) : « In termino aequivoco non est aliquis conceptus communis omnibus significatis, quia nihil est eis commune nisi sola voix ».

3. *Ibid.* : « Omnis ratio significandi actu importatur per terminum aequivocum ; sed nullum suppositum importatur actu per terminum communem ».

4. *Ibid.*, q. 11 n. 15 (OPh, II, 316) : « Vox non proportionatur ipsi rei nisi per rationem significandi ; sed in termino aequivoco sunt plures rationes significandi ; ergo in termino aequivoco erunt actu plura significata ».

La réponse vise à souligner la radicalité du nom équivoque signifiant *toujours* en acte tous ses signifiés, *au-delà des conditions contextuelles dans lesquelles il s'y trouve*. Les questions[1] portant sur la possibilité que les signifiés du nom équivoque soient restreints à l'un d'entre eux grâce aux mots adjoints médiatement ou immédiatement, c'est-à-dire au contexte, ainsi que la réponse négative de la part de Scot, montrent bien le rôle déterminant accordé à l'imposition dans la théorie scotiste de l'équivocité[2]. L'imposition n'est pas modifiée par le contexte propositionnel. Ce n'est pas ce contexte qui affaiblit ou neutralise la signification multiple d'un terme équivoque.

Les trois types d'équivocité

Toutefois, la nature du nom équivoque est encore plus complexe. Le traitement scotiste des types d'équivocité (*modi equivocationis*) est construit sur une tradition de lecture qui remonte, au moins pour l'histoire récente, à la seconde moitié du XIIe siècle avec les premiers commentaires médiévaux sur les *Réfutations Sophistiques*[3]. Néanmoins, ce sont deux sources, a) d'abord deux séries des questions anonymes écrites entre les années 1270-1280[4] et puis b) les deux séries des questions de Simon de Faversham[5], datant d'environ les années 1280, qui fournissent le cadre de l'interprétation et de la discussion scotiste des types d'équivocité. Toutes reposent sur la lecture d'un passage du quatrième chapitre des *Réfutations sophistiques* (166a14-22) où Aristote présente sa typologie de l'équivocité des mots et de l'amphibologie des propositions :

> Il y a trois façons d'exploiter l'homonymie et l'amphibolie : la première, c'est lorsque la proposition ou le nom ont en propre plusieurs significations, comme c'est le cas pour ἀετός et κύων ; une autre façon, c'est quand nous sommes accoutumés à nous exprimer de la sorte ; la troisième, c'est lorsqu'un mot qui à l'état isolé n'a qu'une signification, en acquiert plusieurs une fois uni à d'autres. C'est le cas de l'expression ἐπίσταται γράηηατα [*les lettres savent* et *il sait les lettres*]. De fait, chacun de ces mots, s'il se trouve seul, signifie une chose précise, en l'occurrence « il sait » et « lettres ». Mais les deux ensembles ont plus d'une

1. *In Elench.*, q. 12-13 (OPh, II, 319-326).

2. *Cf.* E. J. Ashworth, « Signification and Modes of Signifying », art. cit., p. 45-46 : « The effect of such a doctrine [celle de l'imposition] was to downplay the importance of use and context and to make the approach to sentence meaning remarkably inflexible. Il also meant that analogy and equivocation were discussed as if they were properties of single terms ».

3. *Cf.* C. Marmo, *Semiotica e linguaggio*, *op. cit.*, p. 272, et surtout E. J. Ashworth, *Les théories de l'analogie du XIIe au XVIe siècle*, *op. cit.*, p. 22-31.

4. Incerti Auctores, *Quaestiones super Sophisticos Elenchos*, éd. S. Ebbesen, Copenhagen, Gad, 1977. La première série des questions est nommée C par l'éditeur et la deuxième série SF.

5. Simon de Faversham, *Quaestiones super libros Elenchorum*, éd. S. Ebbesen *et al.*, Toronto, Pontifical Institute of Medieval Studies, 1984. Ces deux séries se distinguent comme *quaestiones veteres* et *quaestiones novas*.

> signification : ou bien ce sont les lettres elles-mêmes qui possèdent un savoir, ou bien c'est un autre qui possède le savoir des lettres [1].

De ce passage des *Réfutations Sophistiques* découle, selon les auteurs médiévaux, une classification tripartite des équivoques [2]. a) Premièrement, l'*équivocité radicale* où le terme équivoque signifie plusieurs signifiés, attribués selon plusieurs actes d'imposition et sans rapports entre eux. Il faut remarquer que ce que nous avons défini préalablement, selon le même commentaire aux *Réfutations Sophistiques*, comme nom équivoque correspond à ce premier type de l'équivocité radicale. b) Deuxièmement, l'*équivocité moyenne* où les signifiés du terme équivoque ont un rapport entre eux qui n'exige pas plusieurs impositions puisqu'il y a un signifié premier dont dépendent les autres. C'est ici que se développera la théorie de l'analogie. Et c) finalement, l'*équivocité faible* où un mot, en lui-même univoque, en activant ses propriétés grammaticales ou *modi significandi*, donne lieu à une ambiguïté propositionnelle. Or, sur cette classification par ordre d'intensité décroissante de l'équivocité, qui va des *vrais* termes équivoques aux termes univoques qui dans la composition propositionnelle forment une amphibologie, les interprètes médiévaux vont nous offrir des lectures pas tout à fait homogènes.

Prenons pour commencer, la lecture proposée par l'anonyme C qui nous servira de guide pour les positions de deux séries des questions des auteurs anonymes [3] :

> Les modes de l'équivocité se distinguent réciproquement sous la dépendance de ce qui est sous-jacent à la voix, ce sont ou le signifié ou les modes de signifier. Si deux modes de signifier divers se cachent sous une voix simple, on a le troisième mode, comme ici : « celui qui est malade était guéri » (*laborans sanabatur*), etc. Si plusieurs signifiés se cachent sous une voix simple, cela peut être de deux façons : ou parce que tous sont signifiés par cette voix également et principalement, et c'est le premier mode ; ou de la sorte qu'un (*unum*) d'emblée et absolument est signifié par la voix, et les autres le sont par attribution au

1. Aristote, *De Sophisticis Elenchis*, 4, 166a14-22 (AL, VI1, 9) dans la traduction de Boèce : « Sunt autem tres modi secundum aequivocationem et amphiboliam : unus quidem quando vel oratio vel nomen principaliter significat plura, ut piscis et canis ; alius autem quando soliti sumus sic dicere ; tertius vero quando compositum plura significat, separatum vero simpliciter, ut "scit saeculum" ; nam utrumque, si contingit, unum quid significat, et scire et saeculum ; ambo autem plura, aut saeculum ipsum scientiam habere aut saeculi alium » (trad. fr. L. -A. Dorion, *Les réfutations sophistiques*, Paris/Québec, Vrin/PUL, 1995, p. 125).

2. *Cf.* E. J. Ashworth, « Analogy and Equivocation in Thirteenth-Century Logic », art. cit., p. 117-119 ; O. Boulnois, *Être et représentation, op. cit.*, p. 225-229 ; C. Marmo, *Semiotica e linguaggio, op. cit.*, p. 272-277 ; G. Pini, *Scoto e l'analogia, op. cit.*, p. 33-34.

3. Selon E. J. Ashworth, « Analogy and Equivocation in Thirteenth-Century Logic », art. cit., p. 117-119, il n'y a pas grande différence entre le commentaire C et le commentaire SF.

premier, ou selon un certain transfert de sens ; et c'est le deuxième mode *auquel sont ramenées plusieurs analogies*[1].

Ce passage introduit une distinction très importante, celle entre signifié et mode de signifier. On voit bien, d'abord, qu'un mot peut avoir un signifié et des modes de signifier. Cher au courant des grammairiens *modistae*[2], le concept de *modus significandi* désigne au moins deux groupes de traits des mots. D'abord, on trouve les modes accidentels ou consignifiés, dont le genre, le cas, le temps, le nombre, la personne, sont liés à l'inflexion du mot et forment ses propriétés grammaticales secondaires. Ensuite, on trouve le mode essentiel ou signifié général, dont être un nom, un verbe or un adjectif, bref, un type de nom[3]. Nous voyons bien que le signifié général porte, aussi bien que les modes accidentels, sur des traits grammaticaux du nom. C'est seulement le signifié lexical ou spécial qui porte sur la chose en tant que conçue, si nous employons les termes du commentaire au *Peri Hermeneias*. Ainsi, pour le cas d'un nom univoque, il possède a) un signifié lexical ou signifié spécial, b) un signifié général ou propriété essentielle (être un nom, un adjectif, etc.) et c) des propriétés grammaticales secondaires (un genre, un cas, un temps, etc.).

Irène Rosier[4] dresse une liste de quatre types d'opposition entre le signifié lexical et les modes de signifier. Premièrement, dans l'ordre épistémologique, la logique s'occupe du signifié et la grammaire des modes de signifier. Deuxièmement, dans l'ordre ontologique, « le mode de signifier renvoie à la propriété de la chose ou mode d'être, le signifié correspond à la chose même ». Troisièmement, dans l'ordre sémantique, « les modes de signifier fondent les propriétés *grammaticales*, et servent à définir la *pars orationis*, les signifiés fondent les propriétés *lexicales*, et constituent la *dictio* ». Nous y voyons donc le rôle que jouent les modes de signifier dans le contexte propositionnel face au

1. *Incerti Auctores* C, *In Elench.*, q. 821 (éd. Ebbesen, 309) : « Modi igitur eius distinguuntur ad invicem penes ea quae subiacent voci, haec autem sunt vel significatum vel modus significandi. Si autem duo modi significandi diversi lateant sub una voce incomplexa, sic est tertius modus, sicut ibi "laborans sanabatur" et cetera. Si autem lateant plura significata sub una voce incomplexa, hoc potest esse dupliciter : vel quia omnia aeque principaliter significantur per vocem istam, et sic est primus modus ; [vel] ita quod unum primo et simpliciter significatur per vocem reliquum autem per attributionem ad primum – vel secundum transumptionem quandam, et sic est secundus modus ad quem reducuntur plures analogiae ». Cf. *Incerti Auctores* SF, *In Elench.*, q. 53 (éd. Ebbesen, 116-117).

2. Nous tenons compte de la remarque de E. J. Ashworth, « Signification and Modes of Signifying », art. cit., p. 54 : « There is a strong temptation to associate the notion of *modi significandi* with the *Modistae*, or speculative grammarians, whose work began in the 1240s and is captured in a series of important texts written from about 1270 on. The notions that words have *modi significandi* has its roots in Boethius, however, and was already widely used in the twelfth century in philosophical and theological, as well as grammatical, writings ».

3. Cf. *ibid.*, p. 55-56 et I. Rosier, « *Res significata* et *modus significandi* : les implications d'une distinction médiévale », *in* S. Ebbesen (ed.), *Sprachtheorien in Spätantike und Mittelalter*, Tübingen, G. Narr, 1995, p. 137.

4. I. Rosier, « *Res significata et modus significandi* », art. cit., p. 139-140.

signifié qui n'y joue aucun rôle. Finalement, dans l'ordre linguistique, « la correction et la construction des constructibles dépendent de leurs modes de signifier et non de leurs signifiés alors que la vérité d'un énoncé repose sur les signifiés des constituants de la proposition ». C'est pour cela que même un nom univoque a des variations sémantiques dues aux *modi significandi.*

Cela dit, le passage de l'anonyme C, précédemment cité, fait jouer différents rôles au signifié et aux modes de signifier dans la production des équivocités. Le troisième mode se produit lorsqu'un mot implique deux modes de signifier, sans subir une altération de son signifié. Il faut noter que pour l'anonyme C, bien qu'il y ait une variation sémantique dans des contextes différents, tant le signifié que les modes de signifier sont assignés au mot dès l'acte d'imposition. Dans l'exemple, *laborans sanabatur*[1], le participe « laborans » peut, « par soi », être pris soit au présent soit au passé (« celui qui *est* malade » ou « celui qui *était* malade »), donc sous deux modes des signifier différents par rapport au temps, tous les deux ayant été établis par l'imposition originaire du signifié et étant autonomes vis-à-vis du contexte propositionnel[2]. Ce dernier point est très important et pointe un débat intense parmi les *modistae* concernant le rôle du contexte dans la production du troisième mode de l'équivocité[3].

En revanche, pour l'anonyme C le premier et le deuxième mode de l'équivocité ont affaire à une multiplication des signifiés. Ainsi, lorsque tous les signifiés du terme sont également signifiés, il s'agit du premier mode d'équivocité ou *équivocité radicale.* Et lorsqu'un signifié est signifié d'emblée et que les autres le sont (a) par attribution au premier ou (b) par transfert du sens, on a affaire au « deuxième mode auquel sont ramenées plusieurs analogies ». C'est ici que l'analogie, au moins pour l'anonyme C, s'inscrit dans la logique de l'équivocité, sous la forme de l'interprétation du deuxième mode de l'équivocité des *Réfutations Sophistiques.* Mais chez l'anonyme C, cette analogie

1. L'exemple vient d'Aristote, *De Sophisticis Elenchis*, 4, 166a1-3 (AL, VI1, 8) : « Amplius eundem sedere et stare, et laborare et sanum esse. Nam qui surgebat stat, et qui sanabatur sanus est. Surgebat autem sedens et sanabatur laborans ».

2. *Incerti Auctores* C, *In Elench.*, q. 824 (éd. Ebbesen, 320) : « Dicendum est quod hoc participium "laborans" de se consignifcat ex impositione tam praesens quam praeteritum, [...], et ex hoc patet quod tertius modus aequivocationis non provenit ex eo quod dictio unum consignificet per se et aliud ex adiuncto, sed ex eo quod dictio aliqua aequivoce repraesentat diversos modos significandi ex sua impositione ». *Cf.* aussi *Incerti Auctores* SF, *In Elench.*, q. 53 (éd. Ebbesen, 119). *Cf.* E. J. Ashworth, « Analogy and Equivocation in Thirteenth-Century Logic », art. cit., p. 106.

3. *Cf.* O. Boulnois, *Être et représentation, op. cit.*, p. 233-236, et C. Marmo, *Semiotica e linguaggio, op. cit.*, p. 329-346. Bien que la réponse de Duns Scot se place dans la ligne de l'anonyme C et de Simon de Faversham (comme nous le verrons tout de suite), avec le rejet d'un quelconque rôle du contexte dans l'activation des modes de signifier d'un mot univoque (modes toujours présentes à cause de l'imposition), nous n'allons pas nous attarder sur le traitement scotiste de ce troisième mode de l'équivocité, cf. *In Elench.*, q. 17 (OPh, II, 347-353).

inclut aussi bien l'attribution à un signifié premier que le transfert de sens ou déplacement métaphorique[1]. Cela ne sera pas le cas chez Simon de Faversham.

Voici maintenant la classification des noms équivoques et la variation dans l'interprétation du passage d'Aristote que celui-ci propose :

> Si une voix simple, selon la matière et la forme, signifie plusieurs choses également, principalement et par imposition, c'est le premier mode. Si, cependant, une voix simple signifie plusieurs choses de la sorte qu'elle signifie une par imposition et l'autre par transfert de sens, c'est le deuxième mode. Mais, si une voix simple, selon la matière et la forme, signifie diverses choses, l'une par antériorité et l'autre par postériorité, de la sorte qu'il signifie l'une et l'autre par imposition, c'est le troisième mode[2].

Ce passage de Simon de Faversham offre quelques variations par rapport aux *Incerti Auctores*[3]. D'abord, concernant le premier mode de l'équivocité, l'*équivocité radicale*, à côté de la signification de multiples signifiés (soulignée par l'anonyme C), Simon met l'accent sur le rôle de l'imposition comme clé explicative de l'équivocité : tous les signifiés du terme ont été établis par l'acte d'imposition. Ceci, en revanche, n'est pas le cas pour le deuxième mode dont le signifié par transfert de sens n'a pas été fixé par imposition. Deuxièmement, si l'anonyme C identifiait le deuxième mode à deux modalités différentes (d'un côté, à l'attribution de signifiés secondaires à un signifié premier et, de l'autre, au transfert de sens), Simon réduit la portée du deuxième mode au seul transfert de sens qui comporte le rapport entre un signifié établi par imposition et un autre signifié secondaire établi précisément par ce transfert (*unum ex impositione et aliud ex transumptione*). Simon identifie le troisième mode de l'équivocité à ce qui constitue l'autre forme du deuxième mode chez l'anonyme

1. Sur la théorie de la métaphore, *cf.* E. J. Ashworth, « Metaphor and the Logicians from Aristotle to Cajetan », *Vivarium*, 45, 2007, p. 311-327 ; aussi, *Les théories de l'analogie du* XII*e au* XVI*e siècle*, *op. cit.*, p. 88-103 et « Analogy and Metaphor from Thomas Aquinas to Duns Scotus and Walter Burley », art. cit., p. 223-238.

2. Simon de Faversham, *Quaest. novae in Elench.*, q. 10 (éd. Ebbesen, 127-128) : « Si ergo una vox incomplexa secundum materiam et formam significet plura aeque principaliter et ex impositione, sic est primus modus. Si autem una vox incomplexa significet plura ita quod significet unum ex impositione et aliud ex transumptione, sic est secundus modus. Si vero una vox incomplexa secundum materiam et formam significet diversa, unum per prius et alterum per posterius, ita quod utrumque significet ex impositione, sic est tertius modus. Verbi gratia hoc quod est "laborans" significat laborantem nunc et laborantem prius, et utrumque per impositionem, quamvis per prius significet laborantem nunc ». Cf. *id.*, *Quaest. veteres in Elench.*, q. 21 (éd. Ebbesen, 85-86).

3. E. J. Ashworth, « Analogy and Equivocation in Thirteenth-Century Logic », art. cit., p. 118, rappelle que dans la q. 19 des *quaestiones veteres* (éd. Ebbesen, 80), on trouve la même classification que celle proposée par les *Incerti Auctores*. Simon de Faversham, *Quaest. veteres in Elench.*, q. 19 (éd. Ebbesen, 80) : « Voci autem incomplexae subiacent duo, scilicet significatum et modus significandi. Si lateant plures modi significandi, sic tertius modus ; si lateant plura significata, hoc dupliciter : aut illa aequaliter significantur per terminum, et sic est primus modus ; aut unum per prius et reliquum per posterius, et sic est secundus modus ».

C : l'attribution des signifiés secondaires à un signifié premier, tous étant des signifiés établis par imposition. Cependant, Simon n'utilise pas le vocaculaire de l'*attributio ad primum*, mais le vocabulaire du signifié *per prius et per posterius* qui identifie le traitement de l'analogie. Ainsi, Simon dédouble le deuxième mode de l'équivocité selon le traitement de l'anonyme C, pour en faire le deuxième (le transfert de sens) et le troisième (*per prius et per posterius*) modes selon son interprétation, de telle sorte qu'il exclut la considération des *modi significandi* de l'analyse de l'équivocité.

La problématique de l'analogie se trouve inscrite chez l'anonyme C dans le deuxième type d'équivocité avec ses deux versants (transfert de sens et attribution à un signifié premier) et chez Simon, elle ne comporte que la signification par antériorité et postériorité liée au troisième mode.

Chez Duns Scot, nous ne trouvons pas une telle présentation des types d'équivocité. En outre, le traitement de l'analogie chez les *Incerti Auctores* et Simon de Faversham est aussi assez complexe parce qu'il donne lieu, nous le verrons par la suite, à une nouvelle typologie tripartite de l'analogie. Face à ces typologies, le rôle de Scot sera plutôt d'en présenter la discussion et la critique, notamment du deuxième et du troisième mode de l'analogie tant dans le cadre du commentaire aux *Catégories* que dans celui du commentaire aux *Réfutations Sophistiques*. C'est dans ce cadre de la tripartition de l'analogie que le rapport entre l'étant et ses signifiés verra le jour. C'est là que nous reviendrons sur la question qui tient le fil de notre enquête, celle de la théorie sémantique convenable (équivocité ou analogie ?) à l'étant et ses signifiés multiples.

L'ANALOGIE

L'analogie est à son tour déployée par les *Incerti Auctores* et Simon de Faversham dans trois types d'analogie (l'un penchant vers l'univocité, l'autre vers l'analogie et le troisième vers l'équivocité). Les deux séries des questions des auteurs anonymes C et SF étant presque identiques, nous continuerons à privilégier pour l'analyse celle de l'auteur anonyme C; puis, nous commenterons les différences avec les questions de Simon de Faversham.

a) Le premier type d'analogie, ou analogie faible [1], se trouve quand un genre qui contient et signifie plusieurs espèces. Les espèces sont ordonnées *secundum prius et posterius* selon une échelle établie par leurs différences spécifiques qui va de celle qui est par nature la première espèce du genre, celle qui appartient au genre au plus haut point, jusqu'à celle, dernière, qui porte comme différence la privation de la première différence, son contraire. Ainsi, les espèces sont ordonnées selon leur perfection (*nobilitatem*) relativement au genre. Mais, en revanche, toutes les espèces sont égales relativement au genre du fait de leur

1. *Cf.* O. Boulnois, *Être et représentation*, *op. cit.*, p. 239-240.

participation à la raison du genre (*quantum ad participationem rationis generis*)[1].

b) Le deuxième type d'analogie, ou analogie moyenne[2] *secundum prius et posterius* a lieu lorsque, en participant d'une même raison, une première chose le fait « par soi » et une deuxième le fait « par le moyen de la première ». Il n'y a pas, comme dans le premier cas, de participation égalitaire envers la même raison, mais plutôt une dépendance du deuxième analogué envers le premier pour participer à la raison commune. L'anonyme C présente comme exemple de cette analogie moyenne le rapport que les accidents ont envers la substance, tous les deux placés sous la raison commune et le nom de l'étant[3] : il en découle que l'étant est, pour l'anonyme C, un terme analogue.

L'anonyme C affirme que le nom d'étant non seulement est commun à la substance et à l'accident, mais aussi qu'il signifie une raison commune à eux, parce que, selon Avicenne[4], l'étant est celui qui se présente le premier à l'intellect, non pas sous la raison de substance ou sous la raison d'accident, mais sous une raison commune aux deux. Cette raison doit donc être

> indifférente et commune tant à l'étant par soi, qui est la substance, qu'à l'étant dans un autre, qui est l'accident, parce que la substance participe par soi et

1. *Incerti Auctores* C, *In Elench.*, q. 823 (éd. Ebbesen, 315) : « Triplex [reperitur] analogia : quaedam est specierum diversarum existentium sub genere aliquo quae continentur sub eo secundum prius et posterius, nam genus universaliter descendit in species diversas per differentias specificas contrarias. Nunc autem cuiuslibet contrarietatis necesse est unum extremum esse prius et secundum naturam et reliquum per posterius, quia unum rationem habitus habet, reliquum privationeis magis, ut patet ex decimo Metaphysicae, propter hoc enim contraria reducuntur ad privativa. Species igitur constituta per differentiam priorem prior erit sub genere, reliqua autem posterior, et est intellegenda haec prioritas quantum ad nobilitatem, coaequaeve tamen erunt species sub genere quantum ad participationem rationis generis, et ad illam analogiam respiciens Aristoteles septimo Physicorum dicit quod multae aequivocationes latent sub generibus ». Cf. *Incerti Auctores* SF, *In Elench.*, q. 57 (éd. Ebbesen, 133). Cette analogie rappelle tant l'anonyme C que Simon de Faversham, le texte aristotélicien de la *Physique* VII : « multae aequivocationes latent sub generibus ». *Cf.* Aristote, *Physica* VII (H), 4, 249a 22-24 (AL, VII1 271-272) : « Et significat ratio hec quod genus non unum aliquod, sed iuxa hec latent multa ». *Auctoritates Aristotelis* (éd. J. Hamesse, 155, n. 193) : « Aequivocationes latent in generibus ». « Et ce raisonnement indique que le genre n'est pas une chose une, mais qu'à côté de lui s'en cachent beaucoup d'autres » (trad. fr. Pellegrin, p. 376).

2. *Cf.* O. Boulnois, *Être et représentation, op. cit.*, p. 240.

3. *Incerti Auctores* C, *In Elench.*, q. 823 (éd. Ebbesen, 315-316) : « Alia autem reperitur analogia aliquorum duorum contentorum sub uno cuius est ratio [una], illa tamen duo rationem illam secundum prius et posterius participant ita quod primum eam participat per se, posterius autem non nisi mediante priori, sicut se habent substantia et accidens sub ipso ente ». Cf. *Incerti Auctores* SF, *In Elench.*, q. 57 (éd. Ebbesen, 133).

4. Avicenna, *Philosophia prima sive scientia divina*, I, 5 (AvL, I, 31,1-32,4) : « Res et ens et necessa talia sunt quod statim imprimuntur in anima prima impressione, quae non acquiritur ex aliis notioribus se ».

d'emblée de cette raison d'étant et aussi du nom, tandis que l'accident ne le fait que par le moyen de la substance[1].

Outre la théorie de l'analogie que déploie l'anonyme, on trouve, empruntée à Avicenne, une théorie de l'étant commun, duquel participe la substance et par son moyen, l'accident qui se trouve dans la substance. Si d'un côté, on voit bien une théorie de l'étant plutôt platonisante, exprimée par le concept de participation, de l'autre, on voit aussi sa traduction sémantique qui est rendue possible par cette forme d'analogie. L'ordre de l'étant aurait bien son reflet dans l'ordre sémantique.

c) Le troisième type d'analogie, ou analogie forte[2], a lieu lorsque plusieurs choses n'ont pas une raison commune, et pourtant ont le nom commun, de sorte que

> l'une d'entre elles est signifiée d'emblée et absolument (*primo et simpliciter*) par ce nom, tandis que les autres ne le sont qu'en tant qu'elles sont attribuées à la première (*in quantum attributionem habent ad primum*) ; comme se rapportent le sain dans l'animal et le sain dans l'urine et la diète et la médecine à ce nom « sain »[3].

Nous voyons que les exemples, « étant » et « sain », mis en relation par le fameux passage du livre Γ de la *Métaphysique*[4], qui appartiennent apparemment au même type de rapport[5], sont séparés par l'anonyme C pour exemplifier deux types différents d'analogie. Ici, dans le troisième type d'analogie, il n`y a pas de raison commune, ni de participation ou de dépendance, mais attribution de plusieurs choses sous différentes raisons, à une chose signifiée par le nom « d'emblée et absolument ».

1. *Incerti Auctores* C, *In Elench.*, q. 823 (éd. Ebbesen, 316) : « Ens enim non solum est commune substantiae et accidenti, sed significat aliquam rationem communem unam eis, quod apparet primo per Avicennam in Metaphysica sua dicentem quod illud quod primo occurrit intellectui nostro est ipsa ratio entis universaliter, non autem ratio entis quod est substantia vel accidens, entis ergo est aliqua ratio communis sustantia et accidenti. [...] Ergo necesse est rationem entitatis absolute esse quid indeterminatum et communem ad ens per se, quod est substantia, et ad ens in alio, quod est accidens, cum substantia rationem illam entis et etiam nome primo et per se participat, accidens autem non nisi mediante substantia ». Cf. *Incerti Auctores* SF, *In Elench.*, q. 57 (éd. Ebbesen, 133).

2. *Cf.* O. Boulnois, *Être et représentation*, *op. cit.*, p. 240.

3. *Incerti Auctores* C, *In Elench.*, q. 823 (éd. Ebbesen, 316-317) : « Tertio reperitur analogia aliquarum plurium non habentium aliquam rationem communem unam, sed solum nomen unum, ita tamen quod unum illorum per nomen illud significatur primo et simpliciter, alia autem non significatur per nomen illud nisi in quantum attributionem habent ad primum, ut se habent sanum in animali et sanum in urina et diaeta et medicina ad hoc nomen "sanum" ». Cf. *Incerti Auctores* SF, *In Elench.*, q. 57 (éd. Ebbesen, 134).

4. *Cf.* Aristote, *Metaphysica*, IV (Γ), 2, 1003a33-b10 (AL, XXV2, 60-61).

5. Pour le rôle de ce passage fondamental dans cette discussion, *cf.* G. Pini, *Scoto e l'analogia*, *op. cit.*, p. 60-62.

Pour sa part, la position de Simon de Faversham offre un certain nombre de variations par rapport à l'anonyme C, bien que les types d'analogies soient plutôt les mêmes.

a) Pour ce qui est de la première analogie, l'analogie faible, dans la description des rapports des espèces envers leur genre selon leur perfection majeure ou mineure, Simon abandonne l'expression *per prius et per posterius*, qu'il réservera à la deuxième analogie (dans les *quaestiones veteres*) et à la troisième analogie. De même, il abandonne le vocabulaire platonisant de la participation, cher à l'anonyme C. Finalement, il y rajoute une remarque fondamentale : « Le logicien ne considère pas cette analogie, [la première], mais plutôt le métaphysicien »[1]. Bien qu'elle ne soit pas expliquée par Simon, nous pouvons déjà dire que la première analogie n'est pas de l'ordre du concept, puisque tous les analogués se trouvent également signifiés par le genre, mais de l'ordre des choses, selon leur degré de perfection ; et pour cela, la distinction entre les espèces est une affaire du métaphysicien plutôt que du logicien. Nous y reviendrons.

b) Pour la deuxième analogie, la situation est plus complexe. La définition et surtout l'exemple choisi ne sont pas satisfaisants. Bien que Simon la définisse comme celle qui se produit « lorsque quelque chose selon une raison (*secundum unam rationem*) se dit de plusieurs choses, mais de telle sorte que d'une par le moyen d'autre (*de uno mediante alio*) », on n'y trouve pas exactement la formulation proposée par l'anonyme C, à savoir, celle d'une raison commune participée par un par soi et par un autre par le moyen du premier. L'exemple n'aide pas vraiment et semble, en revanche, assez obscur : « et ainsi se dit "transparent" (*perspicuum*) des choses supérieures et des inférieures »[2]. Le plus remarquable n'est pas l'obscurité de cet exemple, mais l'absence de celui présenté par l'anonyme C : la substance et l'accident par rapport à l'étant

1. Simon de Faversham, *Quaest. novae in Elench.*, q. 9 (éd. Ebbesen, 123) : « Una est analogia quae est duarum specierum contentarum sub eodem genere secundum quod una habet rationem magis perfecti, alia vero minus perfecti. Genus enim universaliter descendit in suas species per differentias contrarias ; contrariorum autem habet rationem habitus, aliud vero privationis ; et quod habet rationem habitus habet rationem nobilioris, quod vero privationis rationem vilioris ; una ergo species habet rationem magis perfecti, alia vero minus perfecti. [...]. Sic ergo est una analogia quae est plurium specierum existentium sub eodem genere, *et istam analogiam non considerat logicus sed magis metaphysicus* » (nous soulignons). Cf. *id.*, *Quaest. veteres in Elench.*, q. 18 (éd. Ebbesen, 78), surtout : « quaedam quae est plurium specierum *aequaliter contentarum sub eodem genere* secundum quod una est magis perfecta, reliqua minus perfecta ».

2. *Id.*, *Quaest. veteres in Elench.*, q. 18 (éd. Ebbesen, 78) : « Secunda analogia est quando aliquid secundum unam rationem dicitur de pluribus ita tamen quod de uno mediante alio, et sic dicitur "perspicuum" de superioribus et inferioribus ». Cf. *Quaest. novae in Elench.*, q. 9 (éd. Ebbesen, 124). Ici j'ai préféré citer le passage des *quaestiones veteres* puisqu'il me semble plus clair. En tout cas, E. J. Ashworth, « Analogy and Equivocation in Thirteenth-Century Logic », art. cit., p. 120, affirme au sujet de l'exemple "perspicuum" : « but he [Simon] gives no hint as to what these might be ».

comme leur raison commune. Pour Simon, la signification de l'étant ne correspond pas au deuxième type d'analogie.

c) Or, c'est dans la troisième analogie, que l'on trouve l'*ens* comme exemple. Cela aura des conséquences profondes par rapport à la position de l'anonyme C. Simon la définit comme « l'analogie qui est de plusieurs choses contenues sous quelque chose d'un, laquelle chose pour autant n'a pas une raison une ». Selon l'exemple, l'*ens*, nom analogue à la substance et à l'accident, se dit des deux, mais sous aucune raison commune bien que *per prius et posterius*. « L'étant se dit par antériorité de la substance, et par postériorité de l'accident, non pas, pour autant, par une raison une se trouvant en eux ». Sous le nom d'étant, on trouve en réalité deux raisons différentes.

> En effet, toute raison d'étant est ou bien absolue, ou comparée ; et ni l'une ni l'autre ne convient à la substance et à l'accident, mais l'absolue aux substances et la comparée aux accidents [1].

Si l'on peut affirmer que la raison d'étant par rapport à l'accident est dite comparée et la raison d'étant par rapport à la substance est dite absolue, on ne peut pas affirmer, par conséquent, qu'il y ait une raison commune prédicable des deux. Ils n'ont un commun que le nom d'étant.

Ici, nous trouvons esquissée une toute autre théorie de l'étant, cette fois découpée dans deux champs sans rapport ; en mettant l'étant dans la troisième analogie, Simon de Faversham s'éloigne de la considération d'origine avicennienne de l'étant commun à la substance et à l'accident, pour défendre l'idée d'une double signification de l'étant sous des raisons diverses vis-à-vis de la substance et de l'accident.

Face à cette tripartition, tant l'anonyme C que Simon de Faversham classent les trois types d'analogie selon les rapports des analogués à la présence ou absence d'une raison commune sous leur nom commun. En faisant cela, les deux auteurs ne laissent d'espace que pour un seul véritable type d'analogie en réduisant les autres ou à l'univocité ou à l'équivocité. La première analogie, celle des espèces par rapport à leur genre, peut donc être réduite à l'univocité *simpliciter* « parce qu'aux analogués eux-mêmes appartient une raison une et aussi elle est participée également pour eux » [2]. La troisième analogie, en

1. Simon de Faversham, *Quaest. novae in Elench.*, q. 9 (éd. Ebbesen, 124) : « Tertia est analogia quae est plurimum contentorum sub aliquo uno, quod tamen unum non habet aliquam rationem unam. Et hoc modo "ens" est analogum ad substantiam et accidens, quia "ens" per prius dicitur de substantia, et per posterius de accidente, non tamen per rationem unam repertam in hiis. Omnis ratio essendi vel est absoluta vel comparata ; et neutra istarum competit substantiae et accidenti, sed absoluta substantiis, comparata accidentibus ». Cf. *id.*, *Quaest. veteres in Elench.*, q. 18 (éd. Ebbesen, 78-79).

2. *Incerti Auctores* C, *In Elench.*, q. 823 (éd. Ebbesen, 317) : « Prima analogia est univocatio simpliciter quia ipsorum analogatorum est ratio una et etiam aequaliter ab eis [participatur] ». Cf. *Incerti Auctores* SF, *In Elench.*, q. 57 (éd. Ebbesen, 134) ; Simon de Faversham *Quaest. novae in*

revanche, peut être réduite au mode de l'équivocité *simpliciter* « parce qu'aux analogués eux-mêmes n'appartient aucune raison commune, mais le seul nom »[1]. C'est le cas pour l'anonyme C du nom « sain » et pour Simon de Faversham du nom « étant », qu'il place parmi les équivoques absolument. Enfin, la deuxième analogie se trouve au milieu des autres deux n'étant ni univoque ni équivoque *simpliciter*. Elle n'est pas équivoque *simpliciter* parce qu'« en quelque sorte, aux analogués appartient une raison une et non seulement le nom » ; elle n'est pas non plus univoque *simpliciter* parce que « toutefois, cette raison n'est pas également participée »[2]. C'est le cas pour l'anonyme C du nom « étant » et pour Simon du nom « perspicuum ».

En suivant la classification selon les critères de l'anonyme C nous avons, pour la première analogie, la convergence (désormais univocité *simpliciter*) d'un nom commun, d'une raison commune et d'une participation égale des analogués (les espèces sous leur genre). Pour la deuxième analogie (la seule analogie restante), la convergence d'un nom commun, d'une raison commune et d'une participation inégale (l'étant pour l'anonyme et le transparent pour Simon). Enfin, pour la troisième analogie, la convergence d'un nom commun avec plusieurs raisons ; nom commun prédiqué *primo et simpliciter* d'une chose et, par attribution à cette première chose, prédiqué des autres (le sain pour l'anonyme et l'étant pour Simon).

Cette toile de fond à l'esprit, où l'étant se trouve entre l'équivocité *simpliciter* (Simon) et l'analogie (Anonyme C), nous reprenons la suite de la discussion scotiste sur le statut de l'étant par rapport aux catégories, discussion que l'anonyme C et Simon de Faversham ont déjà esquissée pour Scot. Il nous faut suivre et comprendre son traitement du problème et les décisions qu'il va prendre pour arriver à sa première thèse au sujet de l'étant : équivoque à la substance et aux accidents et, en cela, en accord avec la position de Simon de Faversham.

Elench., q. 9 (éd. Ebbesen, 124) ; en revanche, Simon ne s'y prononce pas dans *Quaest. veteres in Elench.*, q. 18 (éd. Ebbesen, 78-79).

1. *Incerti Auctores* C, *In Elench.*, q. 823 (éd. Ebbesen, 317) : « Tertia autem analogia est secundus modus aequivocationis simpliciter quia ipsorum analogatorum non est aliqua ratio communis sed solum nomen ». Cf. *Incerti Auctores* SF, *In Elench.*, q. 57 (éd. Ebbesen, 134) ; Simon de Faversham *Quaest. novae in Elench.*, q. 9 (éd. Ebbesen, 124).

2. *Incerti Auctores* C, *In Elench.*, q. 823 (éd. Ebbesen, 317) : « Secunda autem analogia nec est simpliciter aequivocatio [nec simpliciter univocatio], sed quasi media inter has : propter hoc enim quod analogatorum aliquo modo est ratio una et non solum nomen, ideo non simpliciter est aequivocatio ; quia autem ratio ista non est aequaliter participata, ideo non est simpliciter univocatio ». Cf. *Incerti Auctores* SF, *In Elench.*, q. 57 (éd. Ebbesen, 134) ; Simon de Faversham *Quaest. novae in Elench.*, q. 9 (éd. Ebbesen, 124).

LA DÉTERMINATION SCOTISTE

Une fois éliminée la possibilité que l'étant se prédique univoquement des dix catégories, Scot poursuit sa méthode d'élimination *logique* en se demandant si l'étant est analogue ou équivoque. Dans ce qui suit, il éliminera l'option de l'analogie, ne laissant pour réponse que l'équivocité logique de l'étant. La présentation et critique scotiste des trois types d'analogie implique en plus une réorganisation interne de la tripartition.

a) D'abord, Scot s'occupe de l'analogie faible, dont le nom « signifie d'abord une raison, qui en existant de plusieurs manières convient à deux ou plusieurs choses qui sont dites analoguées ». Scot prend pour exemple les noms « cause » et « principe » « qui signifient d'abord une raison, et cependant celle-ci est dans diverses réalités selon un ordre »[1]. Dans cette analogie, on retrouve un nom commun et une raison commune qui conviennent à plusieurs choses en suivant un ordre comme chez l'anonyme C et Simon de Faversham.

Cette première analogie va être presque immédiatement rejetée puisqu'elle est ramenée au modèle du genre et des espèces, c'est-à-dire à l'univocité cachée sous l'analogie faible, dont Scot a déjà fait la critique. Ces termes analogues « semblent être pour le logicien des univoques absolument. Parce que le genre, selon le logicien, est univoque absolument; bien que la raison qui est d'abord signifiée convienne à diverses espèces selon un ordre »[2]. Scot se rallie aux *Incerti Auctores* et à Simon de Faversham dans la réduction qu'ils font du premier type d'analogie à la simple univocité, en reprenant aussi l'argument de Simon de Faversham selon lequel ce qui est analogue pour le métaphysicien, est univoque pour le logicien. Par conséquent, l'étant ne peut pas être analogue selon la première analogie, car pour le logicien, il s'agit d'une forme d'univocité du point de vue de la signification du terme.

À titre d'élément premier de la réorganisation scotiste de la tripartition de l'analogie, G. Pini affirme que cette première analogie présentée par Scot couvre à la fois le nom dont la raison est participée également et celui dont la raison est participée inégalement, selon le vocabulaire de l'anonyme C correspondant au premier et au deuxième modes de l'analogie. Ces analogies sont ramenées à l'univocité en ce qu'elles n'ont qu'une seule raison à participer, et donc, un seul signifié[3].

1. *In Praed.*, q. 4 n. 27 (OPh, I, 281) : « [nomen] significat unam rationem primo, quae in existendo diversimode convenit duobus vel pluribus, quae dicuntur analogata. Sicut hoc nomen "causa" et hoc nomen "principium" et multa alia nomina, [...], significant unam rationem primo, tamen illa est in diversis secundum ordinem ». Scot propose des exemples, tirés du livre Δ de la *Métaphysique*, différents de celui partagé par l'anonyme C et Simon, à savoir, le rapport des espèces d'un même genre.

2. *In Praed.*, q. 4 n. 30 (OPh, I, 282) : « Voces analogae primo modo videntur esse apud logicum simpliciter univoca. Quia genus, secundum logicum, est simpliciter univocum ; licet ratio, quam primo significat, diversis speciebus secundum ordinem conveniat ».

3. G. Pini, *Scoto e l'analogia*, *op. cit.*, p. 58.

b) Ensuite, Scot analyse le deuxième mode de l'analogie (*per prius et posterius*) qui sera la cible principale de sa critique contre la possibilité qu'il y ait de l'analogie sémantique comme reflet de l'analogie métaphysique.

> Une autre manière, on pose l'analogie dans les voix, parce qu'une chose est signifiée par antériorité (*per prius*) par la voix, et une autre chose par postériorité (*per posterius*). Et la cause en est : parce que l'acte de signifier suit celui d'intelliger. (*significare sequitur intelligere*). Par conséquent, ce qui est intelligé par antériorité (*per prius*) à une autre chose, s'il était signifié par la même voix par laquelle l'était aussi l'autre chose, il serait signifié par antériorité [1].

Nous reconnaissons l'argumentation fondée sur la formule *significare sequitur intelligere*. L'ordre de la signification suit comme un miroir celui de l'intellection de sorte que, dans un nom analogue, ce qui est d'abord intelligé, est également d'abord signifié ; ce qui est intelligé par la suite sera aussi signifié par la suite. L'antériorité et la postériorité sémantiques se fondent sur l'antériorité et la postériorité intellectives.

Dans la question 15 du commentaire sur les *Réfutations Sophistiques*, où l'on se demande précisément « s'il est possible que quelque nom signifie une chose par antériorité et d'autres choses par postériorité » [2], Scot présente deux autres versions de cette analogie, inspirées aussi de Simon de Faversham et des *Incerti Auctores*. Selon la première version,

> ces choses qui ont un rapport (*habitudo*) réciproque sont signifiées selon l'antérieur et le postérieur. Car l'acte d'intelliger suit l'être, de même que l'acte de signifier suit celui d'intelliger (*intelligere sequitur esse, sicut significare intelligere*). C'est pourquoi il y a dans la chose (*in re*) un ordre de l'antérieur et du postérieur, et il y aura dans la signification un ordre de l'antérieur et du postérieur [3].

Cette version est beaucoup plus complexe que celle du commentaire sur les *Catégories*. Elle établit directement l'analogie sémantique à partir du rapport ontologique entre les deux choses et amplifie le schéma de dépendance de la signification à l'intellection avec la dépendance de celle-ci à l'étant. Selon G. Pini [4], cette version correspond au troisième type d'analogie proposé par

1. *In Praed.*, q. 4 n. 28 (OPh, I, 281) : « Alio modo ponitur analogia in vocibus, quia unum significatur per prius per vocem, et reliquum per posterius. Cuius causa ponitur : quia *significare sequitur intelligere*. Quod igitur per prius intelligitur alio, si significetur per eandem vocem per quam et illud aliud, per prius significabitur ».

2. *In Elench.*, q. 15 (OPh, II, 331-339) : « Utrum possibile sit aliquod nomen significare unum per prius et reliquum per posterius ». Une étude remarquable de cette question est celle de R. Prentice, « Univocity and Analogy according to Scotus's Super Libros elenchorum Aristotelis », *Archives d'Histoire doctrinale et littéraire du Moyen Âge*, 35, 1968, p. 39-64.

3. *In Elench.*, q. 15 n. 2 (OPh, II, 331-332) : « Istae autem res quae habitudinem ad invicem habent, significabitur sub modo priori et posteriori. Nam intelligere sequitur esse, sicut significare intelligere. Ex quo ergo est in re ordo prioris et posterioris, in significando erit ordo prioris et posterioris ».

4. G. Pini, *Scoto e l'analogia*, *op. cit.*, p. 52-53.

l'anonyme C et Simon de Faversham (celle où Simon a mis « étant » comme exemple), celle donc où l'on trouve un nom commun sans raison commune aux choses et l'attribution de la chose postérieure à la première absolument.

La deuxième version du commentaire aux *Réfutations sophistiques* rajoute aussi des éléments nouveaux, notamment le fait que le nom signifie *une raison commune* se trouvant dans les analogués par antériorité et postériorité. On y trouve encore le reflet de l'analogie des choses dans l'analogie de signifiés : « de même que cette raison diverse se trouve dans diverses choses, de même ce nom se dit d'elles par antériorité et postériorité ». L'exemple choisi par Scot est le nom « étant » dont la raison « d'emblée convient à la substance, et puis à la quantité et ainsi de suite aux autres catégories » [1].

La présence d'une raison commune se trouvant inégalement entre les analogués indique qu'il s'agit de la deuxième version de l'analogie proposée par l'anonyme C et Simon de Faversham.

Tant dans la version du commentaire sur les *Catégories* que dans la première version du commentaire sur les *Réfutations sophistiques* (où l'on ne postule pas une raison commune), la critique scotiste vise notamment à insister sur les conséquences paradoxales de la formule, maintenant remaniée, *intelligere sequitur esse, sicut significare intelligere*. Cette prémisse fait dépendre comme doublement exact, la signification de l'intellection et celle-ci de l'étant ; par conséquent, elle ordonne les signifiés d'une voix selon une échelle d'antéro-postériorité, soucieuse des rapports ontologiques des choses, en oubliant la primauté, la contingence et la neutralité de l'acte d'imposition. Cette critique est appelée par G. Pini, l'*argomento dell'imposizione primaria* [2].

C'est ainsi que Scot va rejeter la possibilité du deuxième mode de l'analogie, parce que la répétition *ordonnée* de l'ordre de la nature par l'ordre de la signification et de l'intellection se heurte à l'autonomie de l'imposition *ad libitum*.

> Le deuxième mode de l'analogie semble impossible, parce qu'il arrive d'ignorer l'antérieur absolument, lorsque le nom est imposé au postérieur parce que le postérieur absolument peut être antérieur pour nous, et ainsi peut être intelligé et signifié d'emblée. Si cette voix était imposée en deuxième lieu à l'antérieur absolument, il est manifeste qu'elle signifierait par postériorité ce à quoi elle est imposée d'emblée, parce qu'il l'a une fois signifié d'emblée, et par conséquent, toujours. En effet, une fois que la voix a été imposée, elle n'est pas modifiée dans l'acte de signifier ce à quoi elle a été imposée, par conséquent *l'ordre des choses n'implique pas un ordre dans la signification des voix* [3].

1. *In Elench.*, q. 15 n. 5 (OPh, II, 332) : « Nomen analogum significat primo *unam rationem communem*. Ista tamen ratio per prius et posterius in diversis reperitur. Et sicut ista diversa ratio in diversis reperitur, sic nomen illud per prius et posterius de eis dicetur. Verbi gratia, "ens" primo significat entitatem [...]. Sed ratio essendi primo competit substantiae, et deinde quantitate, et sic de ceteris praedicamentis » (nous soulignons).

2. G. Pini, *Scoto e l'analogia*, *op. cit.*, p. 52-53.

3. *In Praed.*, q. 4 n. 32 (OPh, I, 282-283) : « Secundus modus analogiae supra dictus videtur impossibilis. Quia contingit ingnorare simpliciter prius, quando nomen imponitur posteriori, quia

Le paradoxe, exigeant l'oubli de l'antérieur absolument, est que ce qui est postérieur absolument peut être intelligé et donc signifié par antériorité, de sorte que l'imposition de celui-ci soit antérieure à celle de l'antérieur absolument : il y a là un renversement de l'ordre du postérieur et de l'antérieur par rapport à l'imposition et à la signification. Ce n'est donc pas vrai que l'acte d'intelliger suit l'être (*intelligere sequitur esse*). Bien au contraire, ce qui est postérieur dans la chose peut bien être intelligé comme antérieur par l'intellect. De ce fait, on établit dans l'ordre de l'intellection et de la signification l'indépendance du domaine logique face au domaine métaphysique, car « il n'y a donc pas d'ordre d'antériorité en logique »[1]. De plus, l'autonomie et la stabilité définitive de l'imposition soulignent leur dépendance vis-à-vis de l'intellection, plutôt que des choses.

Aussi faut-il relativiser cette dépendance nécessaire de l'ordre de la signification vis-à-vis de celui de l'intellection (*significare sequitur intelligere*) pour réordonner complètement les rapports entre signification, intellection et nature.

> Car « l'acte de signifier ne suit pas l'acte d'intelliger » par une conséquence nécessaire, comme l'effet [suit] une cause nécessaire. Car quelque chose peut être intelligée par antériorité à d'autre chose aussi bien dans le temps que par nature, et cependant [elle peut] ne pas être signifiée. Il n'est donc pas nécessaire, pour celui qui intellige, d'imposer une voix à ce qu'il intellige, mais plutôt *il est de sa volonté* qu'il l'impose ou pas[2].

De même que l'on peut intelliger par antériorité quelque chose qui est postérieur dans la nature, de même on peut imposer un nom par postériorité à quelque chose qui a été intelligé par antériorité. Néanmoins on ne le fait pas pour les mêmes raisons. L'ordre de la nature s'intellige selon l'ordre de la puissance cognitive du connaissant, partant donc de ce qui est postérieur dans la nature, mais antérieur pour nous ; tandis que l'ordre de la signification dépend de la volonté de l'impositeur et non pas de l'ordre d'intellection des choses. Scot propose une réinterprétation de la formule *significae sequitur intelligere* qui désormais doit être intelligée

posterius simpliciter potest esse nobis prius, et ita prius intelligi et prius significari. Si ergo secundo vox ista imponatur priori simpliciter, manifestum est quod significabit per posterius illud cui primo imponitur, quia illud semel significavit primo, igitur semper. Vox enim postquam imposita est, non mutantur in significando illud cui imponitur, igitur *ordo rerum non concludit ordinem in significatione vocum* » (nous soulignons). La traduction de ce passage s'appuie sur, et s'éloigne de, celle faite par O. Boulnois, *Être et représentation, op. cit.*, p. 246.

1. O. Boulnois, *Être et représentation, op. cit.*, p. 246.

2. *In Praed.*, q. 4 n. 33 (OPh, I, 283) : « Quia "significare non sequitur intelligere" necessaria consequentia, sicut effectus necessariam causam. Quia aliquid postest intelligi prius alio tempore et natura, nec tamen tunc significari. Non enim necesse est, ut intelligens, vocem imponat ei quod intelligit, sed adhuc *est ad placitum* ut imponat vel non » (nous soulignons).

> comme cela « *sine quo non* », car rien ne peut être signifié, sauf s'il est intelligé ; mais il ne s'ensuit nécessairement, ni selon un ordre semblable dans l'intellection et la signification [1].

La conclusion de cette étape de l'analyse consiste à démontrer que l'autonomie de l'imposition parvient à dissoudre la possibilité de l'analogie sémantique parce que l'imposition de ses signifiés multiples à un terme équivoque *ne reproduit aucun ordre ontologique*. Ainsi, il n'y a que deux possibilités lorsque l'on impose un nom : ou bien on l'impose pour signifier une seule raison (ou une seule chose), ou bien on l'impose pour signifier plusieurs raisons (ou plusieurs choses). Ainsi, puisqu'une imposition implique une seule raison de signifier, il y aura de l'univocité. Si, en revanche, le nom est imposé à plusieurs choses avec plusieurs actes d'imposition « puisque la première imposition n'est pas imprimée à la voix davantage que la deuxième, toutes les deux *sont représentées également* » [2]. L'analogie sémantique est impossible du point de vu de l'imposition, soumise à l'exigence d'impliquer soit une seule raison de signifier pour les cas des univoques, soit plusieurs raisons de signifier pour les cas des équivoques. Par conséquent, l'étant ne peut pas être analogue selon cette version du deuxième type d'analogie.

Pour ce qui est de la deuxième version de l'analogie dans le commentaire aux *Réfutations sophistiques* (celle dont la raison est commune, mais se trouve dans ses signifiés selon un ordre d'antériorité et postériorité), elle est critiquée sous un autre angle, précisément celui de l'impossibilité que l'intellect conçoive sous une raison commune des choses différentes, même si elles ont des rapports ontologiques de dépendance. G. Pini l'appelle l'*argomento della significazione determinata* [3]. Lorsque l'intellect conçoit quelque chose, il n'y a que deux options,

> tout ce qui est conçu, l'est sous la même raison ou sous une raison différente (*diversa*). Mais, ceux qui sont conçus sous la même raison, sont univoqués (*univocantur*) dans cette raison. Et ceux qui sont conçus sous des raisons différentes (*ratione diversa*), sont équivoqués (*aequivocantur*) sous ces raisons. *Puisque, entre le même et l'autre, il n'y a pas de milieu, tout nom sera absolument équivoque ou univoque* [4].

1. *In Praed.*, q. 4 n. 33 (OPh, I, 283) : « Sed ista propositio "significare sequitur intelligere" intelligenda est ut illud "sine quo non", quia non potest aliquid significari nisi inteligatur ; sed nec sequitur necessario nec quoad similem ordinem in intelligendo et significando ». Cf. *In Peri herm.* I, q. 2 n. 43 (OPh, II, 57).

2. *In Elench.*, q. 15 n. 4 (OPh, II, 332) : « Si aliquod nomen imponatur diversis : aut ergo illis imponitur una impositione aut pluribus impositionibus. Si una impositione, cum una impositio accipiatur ab una ratione significandi, illa duo in una ratione univocantur. Si eis imponitur diversis impositionibus, cum prima impositio non magis imprimat voci quam secunda, illa duo aequaliter repraesentabuntur ».

3. G. Pini, *Scoto e l'analogia*, *op. cit.*, p. 55-57.

4. *In Elench.*, q. 15 n. 6 (OPh, II, 333) : « Inter idem et diversum non cadit medium ; ergo omne quod concipitur, concipitur sub eadem ratione vel diversa. Sed illa quae concipiuntur sub

La nature de l'intellect que ne conçoit sous une raison que des choses univoques et sous plusieurs raisons que des choses équivoques, exclue la possibilité de la prédication analogique *per prius et posterius* sous une seule raison.

Cet argument est beaucoup plus fort lorsqu'on l'approche des conditions de l'acte de signifier. Scot reprend la définition traditionnelle de la signification, « l'acte de signifier consiste à représenter quelque chose à l'intellect »[1]. Il entend remarquer que toute conception d'une chose par l'intellect est toujours « sous une raison distincte et déterminée » et non pas sous une raison commune. Il n'est pas possible que l'intellect conçoive une chose sous une raison commune. Selon cette prémisse, si le nom analogue est imposé à plusieurs choses, il faut qu'il le soit sous une raison distincte et déterminée. Et s'il est imposé à plusieurs choses sous plusieurs raisons, il est nécessaire que la voix les représente également à cause de la neutralité due à l'imposition. Bref, si le nom analogue est imposé sous une seule raison, il sera univoque, et s'il l'est sous plusieurs raisons, il sera équivoque[2]. Encore une fois, il n'y a pas de lieu pour l'analogie sémantique.

Le *videtur* de la question 15, soutenu tout au long de l'argumentation, ferme définitivement la possibilité de l'analogie sémantique *per prius et posterius* : cela n'est possible a) ni par la voix, « parce que la voix en tant que telle ne détermine aucune chose », b) ni par l'impositeur, qui « impose à volonté et peut par antériorité imposer un nom à ce qui est postérieur dans la

eadem ratione, in illa ratione univocantur. Quae autem sub ratione diversa concipiuntur, sub illis rationibus diversis aequivocantur. Cum igitur *inter idem et diversum non cadit medium, omne nomen vel erit simpliciter aequivocum vel univocum* » (nous soulignons).

1. *In Elench.*, q. 15 n. 17 (OPh, II, 336) : « Significare est aliquid intellectui repraesentare ». Il s'agit, en fait, de la définition classique de l'acte de signifier au XIIIe siècle : « *significare est intellectum constituere* », cf. *Auctoritates Aristotelis* (éd. J. Hamesse, 305, n. 6), tirée d'Aristote, *De Interpretatione*, 3, 16b19-21 (AL, II1, 7) : « Ipsa quidem secundum se dicta verba nomina sunt et significant aliquid – *constituit enim qui dicit intellectum*, et qui audit quiescit – ». « Donc, lorsqu'ils sont émis eux-mêmes par eux-mêmes, les rhèmes valent pour des noms. Ils signifient bien une chose déterminée (en effet, le locuteur *arrête le mouvement de pensée* et l'auditeur s'est mis en repos » (trad. fr. Dalimier, p. 265-267 ; nous soulignons). *Cf.* E. J. Ashworth, « Signification and Modes of Signifying », art. cit., p. 43-44.

2. *In Elench.*, q. 15 n. 17 (OPh, II, 336) : « Quantum est ex parte vocis significantis, non est possibile vocem significare unum per prius et reliquum per posterius, nam significare est aliquid intellectui repraesentare. Quod ergo significatur, prius ab intellectu concipitur. Sed omne quod ab intellectu concipitur, sub distincta et determinata ratione concipitur, quia intellectus est quidam actus, et ideo quod intelligit ab alio distinguit. Omen ergo quod significatur, sub distincta ratione et determinata significatur. [...]. Si ergo dictio analoga vel vox imponitur diversis, necesse est quod sub ratione distincta et determinata eis imponatur. Si ergo dictio analoga, sub diversis rationibus, diversis imponatur, necesse est quod ea, quantum est ex parte vocis significantis, aequialiter repraesentet ». *Cf.* E. J. Ashworth, « Analogy and Equivocation in Thirteenth-Century Logic », art. cit., p. 121 : « If there is only one act of imposition there will be only one *ratio*, and hence we will be dealing with a case of univocation. If there are two acts of imposition there will be two analyses, and these will have to represent the diverse objects equally, since the process of voluntary imposition does not allow for any ordering of distinct significations. [...] He rejected the very notion of a *ratio communis*, saying that any *ratio* must be determinate ».

chose », c) ni par la chose, « car bien que les choses aient un ordre réciproque, il n'est pas nécessaire pour autant, à cause de cela, qu'elles aient un ordre réciproque en tant qu'elles sont signifiables, car ce qui est postérieur peut être signifié par antériorité »[1]. La neutralité sémantique du nom équivoque face à l'ordre des choses et l'exclusion de l'analogie sémantique de l'ordre logique sont scellées[2].

On trouve ici la deuxième réorganisation du champ de l'analogie opérée par Scot. Il vient d'éliminer l'analogie sémantique de la tripartition des analogies, qui désormais se fonde avec le premier mode de l'équivocité ou équivocité forte.

Il faut donc faire la distinction entre l'analogie logique, impossible en soi, et l'analogie réelle : « dans la chose il peut y avoir de l'analogie, mais dans la voix signifiante il n'y a ni priorité ni postériorité »[3]. Scot ne rejette pas l'analogie métaphysique, mais la possibilité que les voix signifiantes portent dans leurs significations les rapports réciproques entre les choses.

c) Il ne reste à Scot qu'à analyser le troisième type d'analogie. Celle-ci va être ramenée à la métaphore, à peu près comme elle est décrite par l'anonyme C et Simon de Faversham en tant que deuxième mode de l'équivocité. Ainsi,

> la voix est imposée à une chose (*uni*) proprement (*proprie*), et à cause d'une ressemblance à ce dont la voix est imposée d'emblée (*primo*), la voix est transférée (*transfertur*) pour signifier autre chose, comme c'est le cas dans le deuxième mode de l'équivocité[4].

Nous pouvons remarquer qu'ici, il n'y a pas plusieurs impositions, mais une imposition propre et un transfert sémantique. Scot situe cette analogie

1. *In Elench.*, q. 15 n. 1 (OPh, II, 331) : « Quaeritur circa secundum modum aequivocationis, scilicet utrum possibile sit aliquod nomen significare unum per prius et reliquum per posterius. Et *videtur* quod non : Nam si hoc esset possibile, aut hoc erit ex parte vocis aut ex parte ipsius imponentis aut ex parte ipsius rei. Non ex parte vocis, quia vox, in quantum vox est, nullam rem sibi determinat ; nec ex parte imponentis, quia ex quo impones imponit ad placitum, potest per prius imponere nomen ei quod est posterius in re ; nex ex parte ipsius rei, nam licet res inter se ordinem habeant, non tamen oportet propter hoc quod habeant ordinem ad invicem ut sunt significabiles, quia illud quod posterius est, ut dictum est, potest prius significari ».

2. *Cf.* O. Boulnois, *Être et représentation, op. cit.*, p. 244 : « En lui-même, le signe n'institue aucun ordre, n'implique aucune priorité. Il est commun, indifférent et neutre à tous ses signifiés. S'il est imposé sous une seule raison, il renvoie également à tous les suppôts de ce signifié commun ; s'il est imposé sous plusieurs, il représente *également* tous ses signifiés. Dès lors, un nom analogue est, sur le plan conceptuel, immédiatement et définitivement équivoque. *Du point de vue logique, il n'y a pas de place pour l'analogie* ».

3. *In Elench.*, q. 15 n. 18 (OPh, II, 336) : « Unde in re potest esse analogia, sed in voce significante nulla cadit prioritas vel posterioritas ».

4. *In Praed.*, q. 4 n. 29 (OPh, I, 281) : « Tertio modo : quod vox uni imponitur proprie, et propter aliquam similitudinem ad illud cui primo imponitur, transfertur vox ad significandum aliud, sicut est in secundo modo aequivocationis ».

sous le deuxième mode de l'équivocité qui auparavant, dans sa classification, occupait l'analogie *per prius et posterius* : « le transfert ou métaphore à partir de la signification propre à l'impropre à cause d'une certaine ressemblance cause le deuxième mode de l'équivocité »[1]. Celui-ci est le troisième élément de la réorganisation scotiste de la tripartition de l'analogie.

Que se passe-t-il avec l'étant après l'analyse, les critiques et la réorganisation des trois types d'analogie ? Il ne reste plus de place pour l'analogie logique de l'étant : « Mais de quelque manière que l'on pose l'analogie, aucun de ces modes ne semble convenir à l'étant relativement aux dix catégories »[2]. Le premier mode de l'analogie, réduit à l'univocité, a été déjà exclu. De plus, les catégories ne semblent pas avoir un ordre de participation à l'étant parce l'étant est prédiqué essentiellement de toutes. Le deuxième mode, on l'a vu, est impossible pour le logicien qui ne tient pas compte des rapports d'antéro-postériorité entre les choses signifiés, mais de l'immédiateté de tous les signifiés d'un terme multiple. Le troisième, le transfert sémantique, n'est pas pertinent parce que l'étant « ne semble pas être transféré de la substance à l'accident à cause d'une ressemblance de l'accident à la substance, parce qu'il est prédiqué des deux essentiellement et donc, ni de l'un, ni de l'autre, improprement »[3]. Les rapports d'étant aux catégories ne sont pas non plus ceux régis par la métaphore.

Scot formule encore un deuxième argument contre l'analogie entre la substance et les accidents, argument qui sera déterminant pour la conclusion de l'équivocité radicale de l'étant. Il désigne précisément *l'indépendance logique* des concepts des accidents par rapport à celui de la substance. Les accidents sont ressentis et intelligés avant que la substance, et donc un nom, ne puisse leur être imposé sans rapport à la substance. Bien qu'ils soient signifiés par « étant » comme « attribut de la substance », ils seraient signifiés sous une raison propre, parce que la raison d'attribut est propre de la raison d'accident. « Par conséquent, "étant" est absolument équivoque à la substance et à l'accident, car il signifie l'un et l'autre sous une raison propre »[4]. Signifiée par

1. *In Elench.*, q. 15 n. 23 (OPh, II, 338) : « Ad praesens dicatur quod translatio et transumptio a propria significatione ad impropria per aliquam similitudinem causat secundum modum aequivocationis ». Cf. *In Praed.*, q. 4 n. 34 (OPh, I, 283). En éliminant l'analogie *per prius et posterius* et en mettant à sa place la métaphore, Scot revient à une position traditionnelle de lecture des *Réfutations Sophitiques* au XIIe siècle. *Cf.* O. Boulnois, *Être et représentation, op. cit.*, p. 247 ; C. Marmo, *Semiotica e linguaggio, op. cit.*, p. 327 et I. Rosier, « Évolution des notions d'*equivocatio* et *univocatio* au XIIe siècle », art. cit., p. 132.

2. *In Praed.*, q. 4 n. 35 (OPh, I, 283-284) : « Sed qualitercumque sit de modo ponendi analogiam, nullus istorum modorum videtur convenire enti respectu decem praedicamentorum ».

3. *Ibid.* (OPh, I, 284) : « Tertius [modus analogiae] non in proposito, quia hoc nomen '"ens" non videtur transferri a substantia ad accidens propter aliquam similitudinem accidentis ad substantiam, cum de utroque predicetur in quid, [...] et ita de neutro improprie ».

4. *Ibid.*, n. 36 (OPh, I, 284) : « Accidentia prius sunt in sensu quam substantia, igitur et intelectu. Igitur possibile est eis imponi nomen significans ipsa, non per habitudinem ad substantiam.

un seul nom, chaque catégorie l'est sous une raison propre et donc, indépendamment des autres catégories. L'étant n'est prédiqué des catégories ni selon l'univocité, ni selon l'analogie ou la métaphore, mais selon l'équivocité radicale. La prépondérance des raisons propres, distinctes et déterminées signifiant chaque catégorie rend impossible toute autre forme de signification différente de l'équivocité.

Scot clôt son argumentation par une remarque qui rejoint le début de notre travail et détermine son exégèse des passages *analogiques* de la *Métaphysique* d'Aristote.

> Il faut savoir cependant que la voix, qui *pour le logicien est équivoque absolument*, car elle implique d'emblée également plusieurs choses, *pour le métaphysicien et le physicien* qui ne considèrent pas la voix dans la signification, mais les choses qui sont signifiées selon ce qu'elles sont, *est analogue*, à cause des choses signifiées, bien qu'elles ne le soient pas en tant que signifiées ; or en tant qu'elles existent, elles ont un ordre entre elles. C'est pourquoi « étant » est posé par le métaphysicien comme analogue à la substance et à l'accident dans les livres IV et VII[1] de la *Métaphysique*, car ces choses qui sont signifiées, dans l'existence ont un ordre ; mais pour le logicien elles sont équivoques absolument, car en tant qu'elles sont signifiées par la voix, elles sont signifiées d'emblée également[2].

Le partage des savoirs explique la coexistence d'une approche logique et d'une approche métaphysique et physique. Pour le logicien ne sont possibles que l'univocité ou l'équivocité de la voix, pour le métaphysicien et le physicien, par contre, en raison des choses signifiées, est aussi bien possible l'analogie qui, d'un point de vue réel, l'emporte sur l'équivocité, de telle sorte que le terme qui est équivoque pour le logicien est analogue pour le métaphysicien (l'étant) ; ou de telle sorte que le terme qui est univoque pour le logicien est équivoque pour le physicien (le genre).

Cette distinction, nous l'avons vu, se trouve annoncée ou esquissée chez Simon de Faversham, lorsqu'il analyse le premier type d'analogie (celles des espèces contenues sous un genre). Précisément afin de la réduire à l'univocité, Simon note que « le logicien ne considère pas cette analogie, mais plutôt le

Etiamsi accidens significaretur per hoc nomen "ens", ut "attributum substantiae", igitur significaretur sub propria ratione, quia ratio attributi est propria ratio accidentis. Igitur simpliciter est "ens" aequivocum substantiae et accidenti, quia utrumque significat sub propria ratione ».

1. Aristote, *Metaphysica*, VII (Z), 4, 1030a21-22 (AL, XXV2, 128) : « Sicut enim ens in omnibus, sed non similiter, verum huic quidem primum illi vero consequenter, ita et quid simpliciter quidem substantie, quomodo vero aliis ».

2. *In Praed.*, q. 4 n. 38 (OPh, I, 285) : « Intelligendum tamen quod vox, quae apud logicum simpliciter aequivoca est, quia scilicet aeque primo importat multa, apud metaphysicum vel naturalem, qui non considerant vocem in significando sed ea quae significantur secundum illud quod sunt, est analoga, propter illud quod ea quae significantur, licet non in quantum significantur ; tamen in quantum exsistunt habent ordinem inter se. Ideo "ens" a metaphysico in IV et VII *Metaphysicae* ponitur analogum ad substantiam et accidens, quia scilicet haec quae significantur, in essendo habent ordinem ; sed apud logicum est simpliciter aequivocum, quia in quantum significantur per vocem, aeque primo significantur ».

métaphysicien »[1]. Le logicien ne considère pas cette analogie parce qu'il ne considère le genre que sous un concept univoque tandis que le métaphysicien reste attentif à la diversité réelle entre les espèces contenues sous le genre[2].

Cependant, pour le cas de l'étant, c'est grâce à un article de Silvia Donati[3] que la thèse d'une tradition anglaise concernant le double traitement de l'univocité et de l'analogie a été remarquée, non seulement au sujet des auteurs contemporains de Scot, mais aussi de quelques auteurs de la génération précédente. En effet, un auteur tel que Geoffroy d'Aspall, dont les commentaires à la *Physique* et à la *Métaphysique* datent des années 1250-1270, propose cette double approche de l'analogie (réelle) et de l'équivocité (logique) de l'étant en fonction du point de vue a) du métaphysicien et du physicien ou b) du logicien :

> Il faut dire qu'il y a trois conditions pour l'équivocité. La première est que l'attribut soit attribué par des raisons diverses à ceux à quoi il est attribué. La deuxième condition est que la définition de l'un ne dépende pas de la définition de l'autre. La troisième condition est que [l'attribut] ne soit pas attribué à l'un à cause de l'autre. [...] Le logicien requiert seulement pour l'équivocité [d'un terme] que l'on dise ses contenus selon des raisons diverses, et cela parce qu'*il ne considère que le prédicat ou le mode de prédiquer*. Et pour l'univocité [d'un terme], il requiert seulement que l'on dise ses contenus selon la même définition. Et par conséquent, puisque *l'étant possède des définitions diverses selon ce qu'on dit de ses contenus* [...] pour cette raison *le logicien dit que l'étant est dit de façon équivoque*. En revanche, *le physicien et le métaphysicien considèrent les choses non seulement selon leur prédicat, mais aussi selon la vérité de la chose*, et c'est pourquoi ils rajoutent les deux autres conditions, qui manquent à l'étant.

1. Simon de Faversham, *Quaest. novae in Elench.*, q. 9 (éd. Ebbesen, 123) : « Una est analogia quae est duarum specierum contentarum sub eodem genere secundum quod una habet rationem magis perfecti, alia vero minus perfecti. Genus enim universaliter descendit in suas species per differentias contrarias ; contrariorum autem habet rationem habitus, aliud vero privationis ; et quod habet rationem habitus habet rationem nobilioris, quod vero privationis rationem vilioris ; una ergo species habet rationem magis perfecti, alia vero minus perfecti. [...]. Sic ergo est una analogia quae est plurium specierum existentium sub eodem genere, *et istam analogiam non considerat logicus sed magis metaphysicus* » (nous soulignons).

2. G. Pini, *Scoto e l'analogia, op. cit.*, p. 63-64, montre aussi que cette distinction est appliquée par Thomas d'Aquin au cas du genre dans son analyse du premier type d'analogie. *Cf.* Thomas d'Aquin, *In Sent.* I, d. 19, q. 5, q. 2, ad 1 (éd. Mandonnet I, 492).

3. S. Donati, « La discussione sull'unità del concetto di ente nella tradizione di commento della *Fisica* : commenti parigini degli anni 1270-1315 ca. », *in* M. Pickavé (ed.), *Die Logik des Transzendentalen. Festschrift für Jan A. Aertsen*, Berlin-New York, Walter de Gruyter, 2003, p. 60-139 : « L'idea di un diverso approccio del logico e del metafisico al problema dell'unità dell'ente sembra invece constituere un tratto caratteristico della tradizione di commento inglese » (p. 71). *Cf.* G. Pini, « Univocity in Scotus' *Quaestiones super Metaphysicam* : The Solution to a Riddle », *Medioevo : Rivista di storia della filosofia medievale*, 30, 2005, p. 69-110, notamment p. 80-84.

Et c'est pour cela qu'*ils ne disent pas que l'étant est dit de façon équivoque, mais de façon analogue*[1].

En tout cas, à partir de ce témoignage et d'autres[2], Donati et Pini voient la preuve d'une tradition anglaise comme source de cette distinction chez Scot. Néanmoins, dans son ouvrage *Métaphysiques Rebelles*, O. Boulnois présente Albert le Grand comme source ou comme antécédent principal de cette distinction chez Scot[3]. Boulnois s'appuie sur un passage du *De praedicabilibus*, où Albert distingue une double dimension d'approximation à la problématique de la diversité des catégories, car, d'un côté, la réduction des accidents à la substance n'est pas la réduction « à un genre, mais comme la réduction à un sujet », de sorte que les catégories sont des étants de façon équivoque[4], et, de

1. Galfridus de Aspall, *Quaestiones super Physicam*, I, q. 26, ms. Oxford, Merton College, 272, f. 91ra, dans S. Donati, « La discussione sull'unità del concetto di ente nella tradizione di commento della *Fisica* », art. cit., n. 22, p. 74 : « Dicendum quod tres sunt condiciones aequivocationis. Prima est ut attributum attribuatur per diversas rationes eis quibus attribuitur. Secunda condicio est ut definitio unius non dependat ad definitionem alterius. Tertia condicio est quod [attributum] non attribuatur uni propter aliud. [...] Logicus non requirit ad suam aequivocationem nisi quod dicatur de suis contentis secundum diversas rationes, et hoc quia solum respicit praedicaum sive modum praedicandi. Et ad univocationem non requiritur nisi quod dicatur de eis secundum eandem definitionem. Et ideo, quia ens habet diversas definitiones secundum quod dicitur de contentis [...] ideo logicus dicit ens dici aequivoce. Naturalis autem et metaphysicus considerant de rebus non solum secundum praedicatum, sed secundum rei veritatem, et ideo superaddunt alias duas condiciones, quae deficiunt a parte entis. Et ideo non dicunt ens dici aequivoce, sed analogice ».

2. *Cf.* le commentaire anonyme à la *Physique*, ms. Siena, Biblioteca Comunale degli Intronati, L. III, 21, f. 8va-b, dans S. Donati, « La discussione sull'unità del concetto di ente nella tradizione di commento della *Fisica* », art. cit., n. 22, p. 74 : « Ad aliud quod logicus in sua aequivocatione tantum requirit diversam rationem praedicandi. Et ideo dicit [scil. Porphyrius] : "si quis omnia entia vocet etc.", quia *solum considerat modum praedicandi. Metaphysicus autem modum praedicandi et modum essendi considerat*, ut secundum tres condiciones iam positas, et ita secundum metaphysicum non est eaquivocum, sed solum analogum. Et similiter omne genus respectu suarum specierum. Et secundum metaphysicum sola species univoca est ».

3. O. Boulnois, *Métaphysiques rebelles : genèse et structures d'une science au Moyen Âge*, Paris, P.U.F., 2013, p. 271 : « Scot admet donc la thèse, déjà défendue par Albert le Grand, que l'*ens* est équivoque logiquement, tout en étant analogue réellement. L'étant est analogue pour ce qui concerne la relation des autres catégories à la substance, parce qu'elle suppose une dépendance réelle, tandis que la signification logique est simplement équivoque : aucun sens de l'être n'a de priorité logique sur les autres ».

4. Albert le Grand, *De praedicabilibus* (éd. Borgnet, I, 70a) : « Entia ergo secundum sui diversitatem in diversis generibus posita sunt, sicut in *Praedicamentis* ab Aristotele dictum est. Sunt enim decem genera quasi prima decem principia, quorum unum ad alterum reduci non potest. *Et si omnia docet Aristoteles reducere ad substantiam, haec reductio omnium ad unum non est sicut ad unum genus, sed sicut reductio aliquorum ad unum subjectum : propter quod si quis dicat, quod omnia sunt entia, et quod ens sit commune praedicatum de omnibus, aequivoce, ut inquit Aristoteles, et non univoce omnia entia nuncupatit* » (nous soulignons).

l'autre, cette réduction implique une forme d'analogie entre les catégories en raison de leurs modalités de réduction à la substance[1].

S'il est vrai que nous pouvons lire cette distinction dans le texte d'Albert, il est vrai aussi que la distinction entre l'approche du logicien (qui ne conçoit que l'univocité ou l'équivocité) et l'approche du métaphysicien et du physicien (qui acceptent l'analogie réelle) est beaucoup plus nette dans les textes de la tradition anglaise où elle est de plus exprimée dans le cadre de la question concernant la portée sémantique de l'étant. Même si Albert a pu jouer le rôle de source de la distinction qui nous intéresse, il semble plus juste d'insister sur le rôle capital qu'a joué la tradition anglaise à ce sujet.

Ainsi, la formulation scotiste est beaucoup plus claire : « le physicien et aussi le métaphysicien considèrent les choses elles-mêmes (*ipsas res*) ; le logicien considère les choses de raison (*res rationis*) »[2]. Scot peut donc lire dans les livres Γ et Z de la *Métaphysique* le discours *analogique* du métaphysicien, portant sur les choses elles-mêmes, et non le discours logique portant sur les significations des mots ou les choses en tant que conçues.

Alors que dans le fameux passage de *Métaphysique* Γ, 2 Aristote met en jeu, en les comparant, l'étant et le sain, pour montrer qu'il s'agit bien du même type de prédication, Scot va montrer leur différence en employant précisément l'approche logique. En parlant d'un terme analogue dans son commentaire sur les *Réfutations Sophistiques*, Scot réduit ce terme, en fonction de sa signification ou bien à l'équivocité ou bien à l'univocité. Il y a donc deux types de noms analogues : celui qui « représente plusieurs choses » et celui qui ne représente qu'une seule chose, « mais cette chose une se trouve selon plusieurs êtres dans des réalités diverses »[3].

Scot donne comme exemple du premier type, le nom « étant » qui signifie la substance et l'accident ; et « bien que l'étant qui est l'accident ait une attribution dans la chose à la substance, dans la voix signifiante pour autant il n'a aucun rapport [à la substance] »[4]. C'est pour cela que ce type de nom analogue est réduit à l'équivocité. Comme exemple du deuxième type, il propose le nom « sain » qui signifie la proportion entre le chaud et le froid, et, l'humide et le sec. Cette proportion, affirme-t-il, « se trouve dans l'animal comme dans le

1. Albert le Grand, *De praedicabilibus* (éd. Borgnet, I, 70b) : « Tamen quia in talibus respectus est ad unum quod est simpliciter ens, ideo non simpliciter est aequivocum. Quare non omnium ad unum respicientium est idem modus et ratio respiciendi : unum enim est ut mensura, alterum ut dispositio. Ideo quoad hoc est aequivocum. Et ideo totum simul analogum, hoc est, commune secundum proportionem vocatur, quod medium est inter univocaum et aequivocum ».

2. *In Elench.*, q. 15, n. 19 (OPh, II, 337) : « Naturalis, et etiam metaphysicus, ipsas res considerant ; logicus considerat res rationis ».

3. *Ibid.*, q. 16 n. 13 (OPh, II, 344) : « Verumtamen, intelligendum quod terminus analogus quandoque plura repraesentat, quandoque tantum unum solum ; sed illud unum secundum diversa esse in diversis reperitur ».

4. *Ibid.* : « "Ens" significat ens quod est substantia et ens quod est accidens. Et licet ens quod est accidens in re habeat attributionem ad substantiam, in voce tamen significante nullam habet habitudinem ».

sujet, et dans l'urine comme dans un signe et dans la diète comme dans le conservant ». Scot réduit ce nom à l'univocité, « puisque les analogués ne signifient d'emblée qu'une [réalité] »[1]. C'est de fait la seule fois dans le texte où il analyse la signification du terme « sain » ; il faut l'avouer, cette analyse a un résultat très problématique à moins que nous ne voyions dans le nom « sain », de soi univoque, un cas de métaphore sémantique par rapport à ses autres signifiés. Il ne signifie d'emblée que la santé corporelle en tant que proportion des humeurs et apparemment *per translationem* tant pour l'urine comme signe de la santé que pour la diète comme son conservant.

Quoi qu'il en soit, « étant » et « sain », selon l'interprétation de Scot, appartiennent à des registres logiques différents, même si on les prend pour des noms analogues, étant donné que tout nom s'impose sous une raison distincte et déterminée. En raison de l'imposition, tout nom analogue représente également tous ses signifiés. Pour l'étant, les catégories sont également signifiées par le terme « étant » de la sorte que leur analogie réelle devient une équivocité du point de vue logique. En revanche, le terme « sain » a, selon l'analyse de Scot, une seule signification, à cause des rapports réels entre les analogués du terme sain ; on peut donc parler de l'urine comme signe et de la diète comme moyen conservant la santé. Néanmoins, du point de vue logique, l'absence d'une pluralité des signifiés réduit ces réalités analoguées à l'univocité du nom sain.

Rien n'empêche donc la coexistence des deux registres discursifs sur l'étant : celui de la métaphysique et celui de la logique. À ce stade de sa pensée, Scot trace la ligne divisant les deux approches entre le domaine des « choses elles-mêmes » et les choses de raison où Scot inclut les signifiés des termes ou les choses en tant que conçues par l'intellect (aussi bien les premières que les secondes intentions), c'est-à-dire, en mettant à part les rapports réels entre les choses elles-mêmes. Nous ne sommes pas encore au stade annoncé ou esquissé dans le *Quodlibet* III où l'*ens communissime* va englober, en tant que « ce qui n'inclut pas de contradiction », aussi bien l'étant réel que l'étant de raison[2].

1. *In Elench.*, q. 16 n. 13 (OPh, II, 344) : « "Sanum" significat proportionem calidorum et frigidorum, homidorum et siccorum : ista proportio in animali reperitur ut in subiecto, et in urina ut signo, in diaeta ut in conservante. [...]. Et talia analoga reducenda sunt ad univocationem, cum solum primo significent unum ».

2. *Quodlibet* III, n. [2] 8 (éd. Alluntis, p. 93) : « Ens ergo vel res isto primo accipitur omnino communissime, et extendit se ad quodcumque *quod non includit contradictionem, sive sit ens rationis*, hoc est praecise habens esse in intellectu considerante, *sive sit ens reale*, habens aliquam entitatem extra considerationem intellectus » (nous soulignons).

En guise de conclusion

Cette analyse nous a montré la nature et la portée de la logique comme domaine du traitement de l'« étant ». L'approche logique repose sur le statut de la signification fondé sur l'acte d'imposition des signifiés aux mots, dont les traits soulignent sa primauté (puisque du point de vue de la signification rien n'est antérieur à l'acte même de donner des signifiés aux noms), sa contingence (due à la volonté de l'impositeur tant du point de vue de la matérialité de la voix que de l'ordre d'imposition des signifiés lorsqu'il y en a plusieurs) et sa neutralité (due à la présence égalitaire de ces signifiés dans la voix). Un tel statut se fonde sur l'accidentalité de la logique (due à son caractère intentionnel et non réel par rapport à la métaphysique). C'est pourquoi nous voyons dans la signification, causée par l'intellect, mais occasionnée par les choses, le centre de cette approche logique des choses (en tant que conçues et mis à part leurs rapports réels).

Ses principes ainsi établis, l'approche logique a pu critiquer une théorie de la signification fondée sur la formule *intelligere sequitur esse, sicut significare intelligere*. En fait, il n'y a pas une articulation par homologie entre ces trois ordres (*esse*, *intelligere* et *significare*), parce que l'imposition (*significare*) est de l'ordre de la volonté et non pas de la nécessité (*esse*) ; et que l'intellection (*intelligere*) suit l'ordre des puissances cognitives qui vont de ce qui est plus connu pour nous au plus connu en soit, et non pas l'ordre des choses (*esse*). On même pourrait y voir une petite esquisse d'une critique de la connaissance et de la signification.

Par sa portée, l'approche logique nous a bien montré les limites de la signification ne touchant les choses que selon les règles de l'imposition et selon les règles de la conception de l'intellect, c'est-à-dire indépendamment de l'ordre de la nature. La signification ne reflétant pas, comme un miroir, l'ordre de la réalité, elle ne se soumet pas à ses règles, mais à celles de l'intellect. L'imposition serait le signe de l'autonomie de la logique et des règles de l'intellect par rapport aux choses. Il y a deux ordres de dépendance, et donc deux approches.

Pour nous, tout ce cadre n'a d'intérêt que relativement à l'enquête sur la sémantique de l'étant. C'est ce que Scot a fait, comme un travail de réduction des options de signification de l'étant, dans la quatrième question de son commentaire sur les *Catégories*.

L'étant n'est pas univoque aux catégories parce qu'il ne le serait que comme genre (puisqu'en tant qu'univoque il serait prédiqué sous la raison d'universel et donc, par exclusion sous la raison de genre) et tomberait comme tel dans la contradiction (n'étant pas prédiqué de la différence en même temps que celle-ci est aussi un étant) ou dans la redondance logique (lorsque la différence en se rajoutant au genre, doublerait aussi la prédication de l'étant).

L'étant n'est pas analogue aux catégories parce que, d'une façon générale, l'analogie sémantique de n'importe quel nom est impossible. Ici, les limites sont, encore une fois a) la primauté, contingence et neutralité de l'imposition qui, dans les cas des noms dits analogues, emporte tous ces signifiés également et simultanément, écartant toute sorte d'antéro-postériorité, et b) le fait que toute signification se fasse sous une raison déterminée et distincte (pour les cas de noms univoques) ou sous plusieurs raisons déterminées et distinctes (pour les cas de noms équivoques). L'étant signifie simultanément et sous des raisons déterminées et distinctes pour chacun de ses signifiés : la substance et les accidents.

Mais l'équivocité de l'étant ne met pas en danger la hiérarchie des étants dans la réalité, son analogie métaphysique. C'est ici que nous rejoignons la distinction entre le logicien et le métaphysicien. L'un s'occupe des *res rationis*, sur un plan qui s'avère au-delà des rapports réels entre les choses du monde ; et l'autre des *res naturae* sur un plan qui s'occupe précisément des choses dans ses rapports réciproques.

TROISIÈME PARTIE

MÉTAPHYSIQUE

Le premier traitement scotiste concernant la problématique de la métaphysique comme science, et le plus exhaustif à ce sujet, se trouve dans les *Quaestiones super libros Metaphysicorum Aristotelis*. Ce texte, situé auparavant au début de sa carrière, en tout cas avant la rédaction de la *Lectura*[1], contient en réalité des textes qui appartiennent à des moments différents de composition, comme le notait déjà en 1993 A. B. Wolter, quelques années avant la publication de l'édition critique[2]. Cela veut dire que les *Quaestiones* ont été composées dans la longue durée, et qu'il s'agit d'une œuvre sur laquelle Scot a travaillé pendant toute sa vie.

1. Les *Prolegomena* publiés dans le vol. XIX des *Opera Omnia* (Ioannis Duns Scoti, *Lectura* II, dd. 7-44, éd. Commissio Scotistica, Civitas Vaticana, Typis Vaticanis, 1993, p. 40*-46*) situent toujours les *Quaestiones* à la *Métaphysique* comme œuvre de jeunesse ou, du moins, antérieure à la *Lectura*, sur l'évidence d'un nombre de passages parallèles notamment entre le livre VII du commentaire et la *Lectura* II : « Ex aliquibus allegationibus ac locis inferendum est *Quaestiones super Metaph.* anteriores esse *Lectura* » (p. 41*) ; « *Lectura* dependentia a *Quaestionibus super Metaph.* evidens hic est » (p. 42*). Quant aux renvois trouvés dans les *Quaestiones* vers de nombreux passages des *Sentences*, les éditeurs voient plutôt l'intention d'évoquer chez le lecteur des matières traitées dans le texte de Pierre Lombard ou traitées par quelqu'un d'autre, ou par Scot lui-même, mais sans aucun engagement théorique : « Nec in contrarium est quod aliquando in *Quaestionibus super Metaph.* – explicite vel tacite – memorantur libri *Sententiarum*. Ibi enim Duns Scotus non intendit aliquid allegare, sed simpliciter vult in mentem lectoris revocare plus de respectivis materiis inveniri seu tractari in libris *Sententiarum* tam suis quam aliorum auctorum, ubi aptiorem habent locum » (p. 42*).

2. A. B. Wolter, « Reflections on the Life and Works of Scotus », *American Catholic Philosophical Quarterly*, 67/1, 1993, p. 1-36, ici p. 35-36 ; et *id.*, « Reflections about Scotus's Early Works », *in* L. Honnefelder, R. Wood et M. Dreyer (eds), *John Duns Scotus : Metaphysics and Ethics*, Leyde, Brill, 1996, p. 37-57, plus part. p. 38 et p. 52 où, selon l'auteur, il n'est plus possible de voir le commentaire à la *Métaphysique* comme une œuvre achevée avant la rédaction de la *Lectura*.

À la suite de la publication de l'édition critique en 1997[1], on a commencé[2] à esquisser une toute nouvelle interprétation du texte, fondée sur l'évidence d'y trouver au moins deux moments différents de rédaction attestés par l'inclusion dans le texte de la première rédaction d'un nombre considérable d'*Additiones* ou *Extras* de taille et d'importance variables, dont la finalité était de réélaborer les sujets traités.

Sur ce point il y a deux éléments à retenir. D'abord, l'édition critique s'est efforcée de souligner, sur la base de l'évidence manuscrite et des remarques de Maurice O'Fihely (Mauritius de Portu Hibernico), l'éditeur de Scot au XVIe siècle[3], la trace d'un travail de correction du texte de la part de Scot, par la voie ou bien de la substitution ou annulation de certains passages, remplacés par de nouvelles élaborations, ou bien de l'addition de nouveaux passages. Pour les éditeurs, ces deux types de passages, appelés dans la tradition textuelle et par Maurice O'Fihely *Additiones* ou *Extras*, sont « en général » authentiques et ajoutés par Scot dans un deuxième moment après la première rédaction. Néanmoins, « dans certains cas isolés », il n'a pas été possible de trancher entre une première possibilité selon laquelle il s'agirait bel et bien d'un rajout de la part de Scot, et une deuxième : ces textes proviendraient de quelqu'un d'autre, un scribe ou un disciple de notre auteur[4].

Un deuxième élément correspond à la présence d'un autre type de textes, appelés par les éditeurs *Adnotationes interpolatae* ou *textus interpolati*. La tendance d'attribution de ces textes est inverse par rapport aux précédents : pour la plupart d'entre eux, ils n'appartiendraient pas à Scot. En tout cas, les éditeurs pensent que l'absence d'éléments probants dans ce cas invite à la plus grande prudence[5].

1. Ioannis Duns Scoti, *Opera philosophica* III-IV : *Quaestiones super libros metaphysicorum Aristotelis*, éd. R. Andrews *et al.*, Saint Bonaventure (NY), The Franciscan Institute, 1997. Le vol. III contient les questions aux livres I-V de la *Métaphysique* et le vol. IV aux livres VI-IX.

2. Je me suis notamment appuyé sur D. Demange, « Pourquoi Duns Scot a critiqué Avicenne », *in* M. Carbajo Núñez (ed.), *Giovanni Duns Scoto : Studi e ricerche nel VII Centenario della sua morte*, *op. cit.*, p. 195-232 ; R. Wood, « First Entity as the Subject of Metaphysics », *in* L. Honnefelder *et al.* (eds), *Johannes Duns Scotus 1308-2008. Die philosophischen Perspektiven seines Werkes*. « Archa Verbi : Yearbook for the Study of Medieval Theology – Subsidia » 5, Münster-New York, Aschendorff Verlag-Franciscan Institute Publications, 2010, p. 87-105 ; et *id.*, « Duns Scotus on Metaphysics as the Science of First Entity », *in* Ch. Bolyard et R. Keele (eds), *Later Medieval Metaphysics : Ontology, Language, & Logic*, *op. cit.*, p. 11-29.

3. Maurice O'Fihely (*ca.* 1460-1513), franciscain irlandais, archevêque de Tuam, a édité et commenté Duns Scot. Pour ce qui nous concerne ici, on peut consulter son édition des *Questiones subtilissime Scoti in metaphysicam Aristotelis*, Venetiis, 1497, sur la plateforme électronique *Gallica* de la Bibliothèque Nationale de France. D'ailleurs, l'édition Wadding, vol. IV (1639), reproduite dans l'édition Vivès, vol. VII (1893), présente le texte de Scot accompagné de ses *Adnotationes in Metaphysicam Scoti*.

4. Introduction, § 4 : « Additions, Extras, Cancelled Texts, Interpolations », in *Opera philosophica* III, *op. cit.*, p. XXVIII.

5. *Ibid.*, p. XXVIII-XXIX.

La complexité textuelle du commentaire ne s'arrête pas là. Les éditeurs ont constaté une très grande diversité dans l'organisation interne des *Quaestiones* dans les différents manuscrits : des ordres différents des paragraphes dans une même question; des ordres différents des questions; des versions différentes d'une même question; enfin, l'absence de larges sections du texte d'une version à une autre. Les éditeurs n'ont pas hésité à dénommer cette colossale diversité textuelle, par référence à une observation de Maurice O'Fihely, « *Chaos Metaphysicum* »[1]; on entendait ainsi pointer, bien entendu, la grandeur de la tâche philologique nécessaire pour donner un peu d'ordre à une tradition textuelle tellement particulière et dont l'établissement du texte critique reste un point controversé, au dépit de l'apport manifeste qu'il constitue[2].

Les conséquences qui découlent de cette nouvelle clé herméneutique mise en évidence par la présence de strates de rédaction sont d'une importance et d'une portée capitales. D'abord, il faudrait reconsidérer le problème concernant la chronologie possible des rédactions du texte et, corrélativement, celui de l'évolution de la pensée de Scot. Ce dernier point est très important dans la mesure où l'une des difficultés du texte réside dans l'impossibilité de déceler une position ou une solution de Duns Scot à plusieurs des questions posées dans le commentaire. Dès l'époque où ses élèves se penchaient sur ce texte, l'étonnement ne se faisait pas attendre lorsque l'on constatait soit la position de plusieurs thèses incompatibles les unes avec les autres, accompagnées de l'absence manifeste d'une *determinatio quaestionis* (c'est le cas du

1. Introduction, § 5 : « Scotus's "Chaos Metaphysicum" », in *Opera philosophica* III, p. XXXII-XXXVII. Les éditeurs citent, p. XXXI, une remarque de Maurice O'Fihely, dans ses *Adnotationes in Metaph. Scoti* (éd. Vivès VII, 429a) : « Pertransibis lento passu illud chaos metaphysicale Scoticum » ; cela veut dire que l'état de dispersion du texte était déjà un défi pour ses tout premiers éditeurs.

2. *Cf.* les remarques critiques de G. Pini, « Duns Scotus's Metaphysics : The Critical Edition of his "*Quaestiones super libros Metaphysicorum Aristotelis*" », *Recherches de Théologie et Philosophie médiévales*, LXV/2, 1998, p. 353-368, notamment, les problèmes herméneutiques dérivés du choix des éditeurs de suivre la « méthode rationnelle » pour la constitution du texte, au lieu de chercher à établir un *stemma codicum* qui aurait pu offrir un critère philologique plus sûr, moins subjectif, pour la classification et le choix des *lectiones* des différents manuscrits (p. 362-365). Concernant l'expérience dans l'élaboration de l'édition, les choix de méthode qui ont donné lieu à la façon de faire les éditions à la franciscaine (« The St. Bonaventure method »), où a été privilégié le travail de restitution du texte par la discussion collective et la recherche d'un consensus plutôt que par la constitution d'un *stemma*, voir les précieux témoignages d'une partie des éditeurs dans la table ronde organisée à propos de l'édition des *Opera Philosophica*, G. Etzkorn, R. Andrews, T. B. Noone et R. Green, « Appendix : The Critical Edition of the *Opera Philosophica* : A Round Table », *in* M. B. Ingham et O. Bychkov (eds), *Johannes Duns Scotus, Philosopher*, « Archa Verbi : Yearbook for the Study of Medieval Theology – Subsidia » 3, Münster-New York, Aschendorff Verlag-Franciscan Institute Publications, 2010, p. 256-262. Finalement, pour une récente critique de la « méthode rationnelle » et la justification de la méthode de constitution d'un *stemma* ou de plusieurs *stemmae* en fonction de la tradition textuelle de chaque livre, on peut consulter les précieuses remarques de D. Poirel, « Introduction au texte latin », *in* Jean Duns Scot, *Questions sur la Métaphysique*, t. I : *Livres I à III*, dir. O. Boulnois, trad. fr., introd. et notes O. Boulnois et D. Arbib, « Épiméthée », Paris, P.U.F., 2017, p. 19-26.

problème du sujet de la Métaphysique dans *In Met.*, I, q. 1) soit la position d'une thèse opposée à celle que l'on considère comme propre au maître (c'est le cas du problème de l'univocité de l'étant dans *In Met.*, IV, q. 1). Giorgio Pini rappelle la stratégie d'Antonio Andrea, l'élève catalan de Scot, qui, face à l'embarras de cette distance entre « la pensée du maître » et ce que Scot affirmait dans son commentaire à la *Métaphysique*, a lui-même aménagé un commentaire, qui a d'ailleurs eu beaucoup de succès, ajusté aux positions qu'il considérait les vraies positions de Scot[1].

Nous devons donc faire face à cette question méthodologique portant sur le statut des *Additiones* et des *Extras*, en dévoilant cette « structure » en deux strates de rédaction appartenant par conséquent à deux moments différents de la carrière de Scot, de sorte qu'aucune lecture voyant ce texte rétabli comme un tout harmonieux entièrement fondé sur une vision d'ensemble et une refonte de la part de l'auteur n'est encore possible. Et cela, même s'il s'agit, par ailleurs, d'*une* question dans la mesure où l'intervention sur le texte de base, semble-t-il, manifeste l'intention de produire un nouveau texte *un*.

Au premier abord, il semble clair qu'il y a, d'un côté, la strate la plus ancienne, qui serait celle propre au début de la rédaction du commentaire et, de l'autre, la strate postérieure dont les thèses se rapprocheraient d'un Scot plus mûr. Toutefois, il faut rester prudents et se contenter, avant de lancer des hypothèses hasardeuses, de relire ces textes : le Scot « plus mûr » reste encore à découvrir, car la deuxième strate, au moins pour le livre I, question 1, va bien au-delà des positions classiques de l'*Ordinatio*, à propos de l'univocité de l'étant et de la fondation de la métaphysique qui définiront l'un des traits principaux du « scotisme ». Dans son introduction au livre I, dans la traduction française du commentaire, O. Boulnois le dit très nettement à propos du scotisme de l'*Ordinatio* : « Mais *ce n'est pas le dernier mot de Duns Scot*, qui n'était pas "scotiste" »[2].

Afin d'établir le rapport entre la strate de base et tout ce qui a pu être ajouté dans une intervention postérieure, nous suivrons le conseil que T. B. Noone a partagé à l'occasion de la table ronde du Colloque Scotiste de Cologne en 2008[3]. Ainsi, pour les étapes de notre parcours, nous ferons d'abord

1. G. Pini, « Duns Scotus's Metaphysics : The Critical Edition », art. cit., p. 354 ; et *id.*, « The Solution to a Riddle », art. cit., p. 71 ; les deux renvoyant à G. Pini, « Sulla fortuna delle *Quaestiones super Metaphysicam* di Duns Scoto : le *Quaestiones super Metaphysica* di Antonio Andrea », *Documenti e studi sulla tradizione filosofica medievale*, 6, 1995, p. 301-303.

2. O. Boulnois, « Introduction au livre I », dans Jean Duns Scot, *Questions sur la Métaphysique*, t. I, *op. cit.*, p. 29-30.

3. G. Etzkorn *et al.*, « Appendix : The Critical Edition of the *Opera Philosophica* », art. cit., p. 264 : « Regarding the *Metaphysics*, I would suggest the following, in general : The best way to handle it, I think, is to sit down and read the text of the *Metaphysics* commentary without the *Extras* [...]. Then read the *Extras*, any *Extras* that are cross-referenced to each other (or seem to be such) need to be read together ». Voir aussi les remarques d'O. Boulnois à ce propos dans son « Introduction générale », dans Jean Duns Scot, *Questions sur la Métaphysique*, t. I, *op. cit.*, p. 9-13.

abstraction des *extras* contenus dans chaque section du texte, pour nous concentrer sur ce que dit la première rédaction. C'est seulement dans un deuxième moment que nous analyserons le rapport entre les *extras* et le texte de base afin d'établir leurs liens doctrinaux.

Nous allons essayer de déceler la réponse de Scot à deux questions centrales : a) celle relative à la détermination du sujet de la métaphysique et b) celle portant sur l'univocité de l'étant. La première question se situe et s'explique par rapport aux exigences épistémologiques, à maintes reprises évoquées, imposées par la théorie de la science des *Seconds Analytiques*[1], qui façonne entièrement la conception de la métaphysique comme science au XIIIe siècle[2]. Dans ce cadre, la deuxième question porte soit sur l'identification de l'étant au sujet de la métaphysique soit sur son articulation à celui-ci. À cette étape de l'enquête, nous pourrons offrir ce que nous croyons être la configuration de la conception scotiste de la métaphysique *avant l'univocité de l'étant* et, en raison des effets de la double rédaction du commentaire, une hypothèse sur le développement de la pensée métaphysique *après l'univocité*.

1. Aristote, *Analitica Posteriora*, I (A), 7, 75a39-b2 (AL, IV4, 293) : « Tria enim sunt in demonstrationibus, unum quidem quod demonstratur conclusio ; hoc autem est quod inest alicui generi per se. Unum autem dignitates ; dignitates autem sunt ex quibus. Tertium autem genus subiectum, cuius passiones et per se accidentia ostendit demonstratio ». Voir aussi *ibid.*, I (A), 10, 76b13-15/21-22 (AL, IV4, 295-296) : « Omnis enim demonstrativa scientia circa tria est, et que et esse ponuntur (hec autem sunt genus, cuius per se passionum speculativa est), et que communes dicuntur dignitates, ex quibus primis demonstrant, et tertium passiones, quarum unaqueque quid significet accipit. [...] Sed nichil minus natura tria hec sunt, circa quod demonstrat et que demonstrat et ex quibus ». *Cf.* pour une vision d'ensemble du rôle de *Seconds Analytiques* dans la « logique du savoir » de Duns Scot, D. Demange, *Jean Duns Scot : La théorie du savoir*, *op. cit.*, p. 77-114.

2. *Cf.* A. Zimmermann, *Ontologie oder Metaphysik ? Die Diskussion über den Gegenstand der Metaphysik im 13. Und 14. Jahrhundert*, Leyde-Köln, Brill, 1965 ; J.-F. Courtine, *Suarez et le système de la métaphysique*, Paris, P.U.F., 1990, p. 75-154 ; O. Boulnois, *Être et représentation*, *op. cit.*, p. 457-470 ; et R. Wood, « The Subject of the Aristotelian Science of Metaphysics », *in* R. Pasnau et Ch. van Dyke (eds), *The Cambridge History of Medieval Philosophy*, vol. II, Cambridge, CUP, 2010, p. 609-621.

CHAPITRE IV

LE SUJET DE LA MÉTAPHYSIQUE

La question 1 du livre I du commentaire à la *Métaphysique* porte sur la détermination du sujet de la métaphysique[1]. Scot ouvre cette question en rappelant le résultat de la distinction faite, dans le prologue du commentaire, au sujet des *maxime scibilia*, objets dons s'occuperait la métaphysique, entre a) les *transcendentia vel communissima* qui correspondent à l'étant en tant qu'étant et b) les *certissima cognoscibilia* qui correspondent aux premiers principes et premières causes[2]. Pour Scot, ceux-ci sont bien les deux objets autour desquels tourne la recherche métaphysique : l'étant et Dieu. Dans cette question, au moins dans sa formulation de principe, il s'agit de savoir lequel des deux en est bien l'« objet propre »[3].

La première nouveauté de cette question consiste à donner un visage précis à chacune des deux options. Ce qui ne va pas sans conséquence, car Scot met en scène une confrontation entre la position soutenant l'étant en tant qu'étant,

1. Par la suite, je cite la récente traduction française de cette question d'O. Boulnois, dans Jean Duns Scot, *Questions sur la Métaphysique*, Vol. I, Livres I à III, sous la direction d'O. Boulnois, trad. fr., intr, et notes par O. Boulnois et D. Arbib, Avec une introduction au texte latin par D. Poirel, « Épiméthée », Paris, P.U.F., 2017, p. 80-177.

2. *In Met.*, I, Prol. nn. 16-21 (OPh, III, 7-10). Pour une analyse du prologue et de son rapport avec celui de commentaire de Thomas d'Aquin, *cf.* D. Demange, « L'objet de la philosophie première selon Thomas d'Aquin et Jean Duns Scot », *Le Philosophoire*, 20 (2003), 173-196 et H. Salinas-Leal, « *Dignitas et nobilitas metaphysicae* : Objeto y articulación de la Metafísica en el Prólogo del comentario de Duns Escoto a la *Metafísica* de Aristóteles », *Revista Española de Filosofía Medieval*, 23 (2016), p. 241-258.

3. *In Met.*, I, q. 1 (OPh, III, 15) : « De isto autem obiecto huius scientiae ostensum est prius quod haec scientia est circa transcendentia ; ostensum est autem quod est circa altissimas causas. Quod autem istorum debeat poni proprium eius obiectum, variae sunt opiniones ».

désormais identifiée à la pensée d'Avicenne, face à la position d'Averroès défendant, de son côté, l'option portant sur Dieu et les intelligences[1].

Cette confrontation avait déjà été suggérée dans le prologue. Cependant, Scot n'y proposait pas une articulation générale de la métaphysique où les rapports entre les différents objets possibles s'organisent autour d'un sujet constituant en quelque sorte le centre de cette science; bien au contraire, Scot ouvre dans son prologue la boîte de Pandore, pour étaler sous nos yeux, les réponses possibles à la question du sujet de la métaphysique, sans pour autant s'avancer sur une ébauche de solution pour simple qu'elle soit[2]. Or nous n'y voyons pas le témoignage d'un échec annonçant la suite, mais précisément l'exposé rigoureux d'une problématique et de ses enjeux. En tout cas, cette absence marque une distance vis-à-vis de l'articulation de la métaphysique proposée, par exemple, chez Thomas d'Aquin dans le prologue à son commentaire à la *Métaphysique*[3], absence que nous estimons délibérée de la part de Scot, au sens où la problématique métaphysique tournant autour de la détermination de son sujet ne pouvait plus se résoudre sans entamer l'analyse critique des positions majeures jusqu'alors soutenues.

Désormais, personne ne peut s'approcher de cette première question du livre I[4] sans tenir compte des études de Dominique Demange[5] et Rega Wood[6], entamées dans le sillage de la méthode utilisée par Giorgio Pini[7] pour mettre en évidence et analyser la double rédaction de la question 1 du livre IV du

1. *In Met.*, I, q. 1 (OPh, III, 15) : « Ideo de hoc quaeritur primo utrum proprium subiectum metaphysicae sit ens in quantum ens (sicut posuit Avicenna) vel Deus et Intelligentiae (sicut posuit Commentator Averroës.) ».

2. Voir les positions contrastées de L. Honnefelder, *La métaphysique comme science transcendantale*, *op. cit.*, p. 36-37 ; J. Aertsen, « Scotus's Conception of Transcendentality : Tradition and Innovation », *in* L. Honnefelder *et al.* (eds), *Johannes Duns Scotus 1308-2008*, *op. cit.*, p. 107-123, pour la critique de la lecture de Honnefelder, p. 108-112 ; O. Boulnois, *Métaphysiques rebelles*, *op. cit.*, p. 263 et n. 3 ; et H. Salinas-Leal, « *Dignitas et nobilitas metaphysicae* », art. cit., p. 251-255.

3. Thomas d'Aquin, *In XII Met.*, I, Lec. I nn. 1-4 (éd. Cathala, p. 6). *Cf.* pour une analyse récente O. Boulnois, « La métaphysique selon saint Thomas d'Aquin. Lecture du "Prologue" de son commentaire d'Aristote », dans T.-D. Humbrecht (dir.), *Saint Thomas d'Aquin*, Paris, Cerf, 2010, p. 37-88. Pour une vision d'ensemble de la métaphysique thomasienne, où le prologue auquel on fait référence joue le rôle de fil conducteur, *cf.* J.-F. Courtine, *Suarez et le système de la métaphysique*, *op. cit.*, p. 31-74. Pour une lecture où l'on privilégie le contraste entre la solution thomiste (où Dieu est cause de l'étant commun) et la solution scotiste (où l'étant univoque inclut le concept de l'étant infini) voir O. Boulnois, « Quand commence l'ontothéologie ? Aristote, Thomas d'Aquin et Duns Scot », *Revue Thomiste*, 95, 1995, p. 85-108.

4. *Cf.* pour une présentation claire qui ne s'occupe pas néanmoins de la complexité textuelle de la question M. B. Ingham et M. Dreyer, *The Philosophical Vision of John Duns Scotus*, Washington, The Catholic University of America Press, 2004, p. 52-73.

5. D. Demange, « Pourquoi Duns Scot a critiqué Avicenne », art. cit., p. 195-232.

6. R. Wood, « First Entity as the Subject of Metaphysics », art. cit., p. 87-105 et « Duns Scotus on Metaphysics as the Science of First Entity », art. cit., p. 11-29.

7. G. Pini, *Scoto e l'analogia. op. cit.*, p. 93-141 ; et plus récemment, une solution à l'*imbroglio* textuel de cette question dans « Univocity in Scotus' *Quaestiones super Metaphysicam* », art. cit., p. 69-110.

même commentaire portant sur le problème de l'univocité de l'étant. De même, il y a dans la question 1 du livre I, de quoi soutenir l'existence d'une double rédaction et donc d'un texte de base et d'une modification postérieure introduite par Scot. Pour Demange et Wood, il est clair qu'il y a *un avant* et *un après* la thèse de l'univocité présente dans l'*Ordinatio*; *avant et après* qui traversent le commentaire et permettent de comprendre le rapport entre les deux rédactions qu'il recouvre.

Mais avant d'entrer dans les détails historico-philosophiques de la question, nous voudrions juste rappeler quelques données strictement quantitatives qui peuvent aussi nous donner une idée externe et préliminaire des rapports entre les deux rédactions. Dans l'édition critique, cette question s'étend sur 57 pages et se divise en 163 paragraphes de longueur inégale. En tenant compte des marques soulignant les *additiones* ou *extras*, on constate que la première rédaction correspond à 74 paragraphes sur 33 pages, tandis que la somme des *additiones* correspond à 89 paragraphes sur 28 pages. En faisant un décompte approximatif, on constate aussi que les *additiones* font à peu près la même quantité de mots que la première rédaction (chacune tournant autour de 5 500 mots).

Dans le même sens et toujours suivant l'édition critique, on peut aussi constater que sur les 89 paragraphes constituant la deuxième rédaction, 67 ont étaient placés à la fin du texte initial, soit 23 pages sur 28. Cela veut dire que, à l'exception d'un pan de 14 paragraphes (3 pages dans l'édition critique), introduits ici et là dans le texte de base, Scot a concentré les modifications après la fin de la première rédaction.

Il faut avertir le lecteur que cette statistique élémentaire est aussitôt mise à l'épreuve par l'absence de certitude totale sur l'endroit où se situe la fin de la première rédaction ou le début du dernier long *extra* qui constitue la presque totalité de la deuxième rédaction. Toujours suivant l'édition critique, pour les manuscrits A et B, ce dernier *extra* commence au paragraphe 97, et c'est là que l'édition critique à mis la marque identifiant le début de l'*extra*; néanmoins pour les manuscrits E et J, l'*extra* ne commence qu'au paragraphe 110[1]. Mais l'élément le plus important n'est pas la modification relative

1. Sur ce point, nous tenons compte, tout comme Demange, de l'apparat critique concernant les paragraphes 97 et 110 (OPh, III, 49, l. 19 et 53 l. 9) où la situation est très complexe, car le manuscrit B est évoqué pour soutenir que l'*extra* commence au paragraphe 97, mais aussi pour soutenir qu'il commence au paragraphe 110 ! D'ailleurs, il faut aussi remarquer que le manuscrit J ne fait pas partie de l'ensemble de manuscrits collationnés par les éditeurs (OPh, III, xxi). De même, au début du paragraphe 97, l'édition critique (OPh, III, 49, note 184) renvoie au témoignage de Maurice O'Fihely dans ses *Adnotationes* (éd. Vivès VII, 39a), où, déjà, il remarque la divergence entre quelques manuscrits concernant le début de l'*extra*, soit au paragraphe 97, soit au paragraphe 110 dans la numération actuelle : « Consequenter ibidem infra : *Sed contra praedicta instatur* [§ 97], vel secundum alios ibi : *Tenendo quod Deus sit subjectum, etc.* [§ 110] usque ad finem quaest. ponitur *Extra* in aliquibus originalibus, materia tamen singularis est, ideo totam lege ». Il ne nous reste qu'à suivre ce dernier conseil de Maurice.

de notre statistique, mais la modification de l'interprétation de l'ensemble, dérivée du choix de l'une et l'autre possibilité. Cela dit, malgré l'impossibilité textuelle de déterminer précisément l'endroit où finit la première rédaction, nous soutenons qu'elle se conforme au choix de l'édition critique (dans le paragraphe 96). Nous proposerons quelques arguments sur le contenu de la discussion pour soutenir ce choix.

Pour l'instant, la seule conclusion préliminaire que l'on peut tirer de tout cela est que Scot ne s'est pas contenté de corriger quelques points ou même de tout revoir dans l'espace de quelques lignes rajoutées à la marge de sa première version. Bien au contraire, la deuxième rédaction[1] constitue une *révision totale* de ce qu'il avait considéré comme solution dans la première rédaction. Néanmoins, et nous tenons à insister sur cet aspect de notre approche, puisqu'il s'agit d'une reconsidération qui, en même temps, intervient sans aucune trace d'un rejet en bloc de la première rédaction (car nous avons des *textus cancellati* dans le commentaire à la *Métaphysique* qui prouvent le recours de Duns Scot à cette sorte de procédé), nous croyons qu'il faut étudier la deuxième rédaction *dans le nouvel ensemble qu'elle constitue avec la première*, et non comme un tout indépendant de celle-ci, même si le résultat final de la question en vient à rejeter des résultats de la première rédaction[2]. Nous ne voulons pas oublier que pour la tradition textuelle, malgré la diversité et les divergences de différents manuscrits, il est toujours question d'un texte unique, même s'il a été retravaillé et remanié par son auteur. Nous voudrions nous situer donc dans une forme d'équilibre entre la distinction nette de deux rédactions et la lecture d'un texte unique pour essayer de trouver dans un même mouvement les continuités et les ruptures au sein d'un texte retravaillé, mais finalement unitaire.

De même, pour la première fois, l'édition critique a rendu possible une vision d'ensemble des articulations et de la structure générale de la question. Nous présentons dans le schéma suivant, à la suite de Dominique Demange[3], cette articulation offerte par l'édition critique, tout en soulignant que nous

1. Je tiens compte, *pour la comprehensión d'ensemble du commentaire de Scot*, de la remarque d'O. Boulnois, « Introduction générale », dans Jean Duns Scot, *Questions sur la Métaphysique*, t. 1, *op. cit.*, p. 10-11 : « Il serait même abusif de parler de "seconde rédaction", c'est plutôt une révision, où Duns Scot corrige, ajoute, objecte à ses propres réflexions primitives, voire avoue son embarras ». Tout de même, comme nous le verrons, dans le cas précis de la question qui nous occupe, on peut bien affirmer qu'il s'agit d'une deuxième rédaction.

2. En ceci, nous nous séparons de l'approche de D. Demange et de R. Wood qui tiennent à mettre l'accent sur l'effet de distance entre les deux rédactions. Par exemple, selon sa vision d'ensemble du commentaire, pour D. Demange, « Pourquoi Duns Scot a critiqué Avicenne », art. cit., n. 11, p. 198 : « Duns Scot y a manifestement travaillé pendant toute sa carrière, ne procédant pas tant par suppression des parties anciennes qui ne lui convenaient plus que par ajouts (*additiones*, *extra*) venant compléter ou contredire les arguments déjà présentes, ce qui complique considérablement le travail des interprètes ».

3. Cf. *ibid.*, p. 202-204.

proposerons quelques modifications de la *divisio textus* dans la suite de cette étude :

In Met. I q. 1 : *Utrum proprium subjectum metaphysicae sit ens in quantum ens (Avicenna) vel Deus et Intelligentiae (Averroës)*

0. §§ 1-12 : trois arguments principaux contre Avicenne (l'étant en tant qu'étant) et Averroès (Dieu et les intelligences) ; un *sed contra pro ente* et un *sed contra pro Deo*.

I. §§ 13-90 : Traitement des positions d'Averroès et d'Avicenne
I.A §§ 13-67 : La position d'Averroès
I.A.1 §§ 13-18 : Énoncé de la thèse et arguments d'autorité et de raison *pro*
I.A.2 §§ 19-29 : Réponse dans le sens d'Averroès aux trois arguments principaux (§§ 1-10)
I.A.3 §§ 30-67 : Réfutation de la position d'Averroès
I.A.3.a §§ 30-42 (*Extra* §§ 32-33) : Contre la position en soi
I.A.3.b §§ 43-61 (*Extra* §§ 41 ; 44-57) : Contre la lecture averroïste d'Aristote (§§14-16)
I.A.3.c §§ 62-67 : Contre les arguments de raison *pro* Averroès (§§ 17-18)

I.B §§ 68-90 : La position d'Avicenne
I.B.1 §§ 68-73 : Énoncé de la thèse et arguments d'autorité et de raison *pro*
I.B.2 §§ 74-84 (*Extra* §§ 79-83) : Réponse dans le sens d'Avicenne aux trois arguments principaux (§§ 1-10)
I.B.3 §§ 85-90 : Réfutation des arguments avicenniens contre les arguments principaux (§§ 74-77)

II §§ 91-109 : La substance comme sujet propre en tant que sujet premier d'attribution
II.A §§ 91-96 : Exposé de la thèse
(*Extra* §§ 97/110-163)
II.B §§ 97-103 : Réfutation de la thèse de la substance et réémergence de Dieu comme sujet
II.C §§ 104-109 : Petite question sur les principes des objets métaphysiques postérieurs

III. §§ 110-163 : Comment peut-on poser Dieu comme sujet de la métaphysique ?
III.A §§ 111-129 : Réfutation d'Avicenne et d'Averroès
III.B §§ 130-136 : Comment peut Dieu être sujet de la métaphysique
III.C §§ 137-163 : Doutes concernant cette thèse et leurs réponses

Vue dans son ensemble, et malgré l'énoncé de sa problématique, qui limite apparemment l'enquête à la dispute entre Averroès et Avicenne, cette question se présente en fait comme une confrontation entre trois thèses. Pour ce qui est explicitement énoncé, a) la solution averroïste selon laquelle le sujet de la métaphysique sont *Dieu et les intelligences* ; b) la solution avicennienne selon laquelle le sujet de la métaphysique est *l'étant en tant qu'étant et tout ce qui en découle* et, enfin, émergeant dans le mouvement de réfutation d'Averroès et Avicenne, c) l'une des solutions d'Aristote, celle selon laquelle le sujet de la métaphysique est la *substance* à laquelle sont réduites toutes les autres réalités.

Quant à la première rédaction, elle correspondrait, a) ou bien à la section préliminaire de la question (§ 1-12), à la section I (§ 13-90) et II (§ 91-109), si l'on accepte que le long *extra* de la fin commence au paragraphe 110; b) ou bien elle n'irait que jusqu'à la section II.A (§ 91-96), si l'on accepte que l'*extra* final commence au paragraphe 97. Ce changement de la limite de la première rédaction produit un très important effet de fond sur son interprétation globale. Si l'on se penche sur la forme courte de la première rédaction (§ 1-96), que nous soutenons, la solution du texte soutient la thèse de la substance comme sujet de la métaphysique en tant que sujet premier d'attribution (section II.A). Par contre, si l'on se penche sur la version longue (§ 1-109), dont le tournant décisif se trouve au paragraphe 103[1], la première rédaction reviendrait, après une nouvelle réfutation de la thèse portant sur la substance, à la thèse de Dieu comme sujet de la métaphysique, tout en gardant une certaine ambiguïté sur la solution définitive à prendre, car les formules employées relèvent d'un langage hautement hypothétique[2] et non sur la forme des expressions typiques d'une *determinatio* tel que *respondeo quod*, *responsio*, *dicendum quod*, *dico igitur quod*.... Quoi qu'il en soit, dans la version longue, la thèse de *Dieu* comme sujet de la métaphysique apparaît comme aboutissement de la question, tandis que dans la version courte, c'est bien la solution sur la *substance* comme sujet qui clôt le texte. Dans le premier cas, Scot aurait considéré dès sa première époque la possibilité de Dieu comme sujet de la métaphysique; dans le deuxième, cela serait une considération tardive.

Gardons à l'esprit cette double fin probable de la première rédaction. La question comporte une structure en surface assez simple. Elle s'ouvre par une première section 0 (zero) qui comporte l'exposé de trois arguments principaux contre Averroès et Avicenne (§ 1-10) assortis d'un argument *contra* en faveur d'Avicenne (§ 11) et d'un autre argument *contra* en faveur d'Averroès (§ 12). S'ensuit le traitement séparé de deux thèses sous une forme apparemment presque identique (section I). Enfin, Scot présente soit la solution soutenant la thèse de la substance (fin de la rédaction au

1. D. Demange, « Pourquoi Duns Scot a critiqué Avicenne », art. cit., p. 203, considère, en effet, que le paragraphe 103 constitue non seulement le tournant de la première rédaction longue, mais de l'ensemble de la question, au sens où elle pencherait finalement sur la solution soutenant Dieu comme sujet de la métaphysique.

2. Par exemple, le paragraphe 104 (premier paragraphe de la section II.C), qui vient juste après le retour de l'hypothèse de Dieu comme sujet de la métaphysique, s'ouvre sur une disjonction hypothétique avant d'énoncer la question qui l'occupe. *In Met.*, I, q. 1 n. 104 (OPh, III, 51) : « *Sed sive Deus sive substantia ponatur hic subiectum*, numquid de aliis posterioribus hic consideratis sunt aliqua principia simpliciter » (nous soulignons).

paragraphe 96 et donc incluant juste la section II.A), soit la solution soutenant *hypothétiquement* la thèse de Dieu, après la réfutation de la thèse de la substance (fin de la rédaction au paragraphe 109 et donc incluant la section II dans son ensemble)[1].

De son côté, la deuxième rédaction, que nous lisons dans sa version longue (§ 97-163), s'ouvre par un double geste : la réfutation de la thèse de la substance comme sujet de la métaphysique et la postulation de Dieu comme sujet (section II.B § 97-103) ; ensuite, la section II.C présente une petite question relative aux principes des objets métaphysiques « postérieurs ». Enfin, la section III (§ 110-163) se décline en trois moments : la section III.A (§ 111-129) réfute à nouveau les thèses d'Avicenne et d'Averroès sur un certain nombre de points évoqués au paragraphe 111[2]. La section III.B (§ 130-136) se demande comment Dieu peut être sujet de la métaphysique. Pour finir, la section III.C (§ 137-163) présente six doutes (*dubitationes*) et ses réponses concernant la thèse de Dieu comme sujet de la métaphysique.

Pour nous, la première rédaction ne comporte que la réfutation des thèses d'Avicenne et Averroès ainsi qu'une double formulation de la thèse de la substance comme sujet de la métaphysique dans le moment final de chaque réfutation ; de son côté, la deuxième rédaction introduit la nouveauté de la thèse de Dieu comme sujet de la métaphysique.

Concernant cette vision d'ensemble, Demange et Wood s'accordent plus ou moins sur quelques points fondamentaux :

- Il y a bien au moins deux rédactions dans la question.
- Duns Scot change de thèse de la première à la deuxième rédaction, soutenant d'abord la substance comme sujet de la métaphysique en tant que science *propter quid* et, ensuite, Dieu (*premier étant*) comme sujet de la métaphysique en tant que science *quia*.
- La solution de la deuxième rédaction permet d'intégrer la thèse de l'univocité de l'étant qui, en tant que science *propter quid de ente* devient une partie de la métaphysique *quia de Deo*.
- La première rédaction serait antérieure à l'*Ordinatio* (et donc à la thèse de l'univocité) et la deuxième serait même postérieure au prologue des *Reportata Parisiensia*, texte qui est censé contenir la position « finale », ou, au mieux, « tardive » de Scot, de sorte que la deuxième rédaction

1. Pour ce qui est des *extras* inclus postérieurement dans le texte, les trois premiers (§ 32-33, 41, 44-47) ont été inscrits dans la section I.A. 3 dans le cadre de la réfutation de la thèse d'Averroès ; et le quatrième (§ 70-83) dans la section I.B. 2 dans la réponse dans le sens d'Avicenne aux arguments principaux du début de la question. Le dernier *extra* constitue à lui seul, dans sa version longue (§ 97-163) ou courte (§ 110-167), la presque totalité de la deuxième rédaction, à laquelle il faudrait rajouter ou pas, après une analyse minutieuse, les *extras* inclus dans le texte de la première rédaction.

2. Dans cette nouvelle réfutation, D. Demange voit une preuve que Duns Scot reprend à nouveau frais l'ensemble de la problématique de la question, « Pourquoi Duns Scot a critiqué Avicenne », art. cit., p. 205.

deviendrait le « dernier mot » de notre auteur concernant la question du sujet et de la structure de la métaphysique.

Sur ce dernier point, c'est-à-dire sur la postériorité de la deuxième rédaction par rapport au prologue des *Reportata Parisiensia*, Demange reste très prudent, tout en soutenant que Dieu en tant que premier étant, « correspond à une version plus développée et sophistiquée de la question, mais elle est au fond compatible avec » l'univocité de l'étant, « qu'elle intègre en fait »[1]. Par cette position, Demange rejette l'interprétation selon laquelle il y aurait « des stades d'évolution différents de la pensée de Scot ». Il s'agirait plutôt de la complexification de la solution présente dans les œuvres théologiques.

Nous avons l'impression que Wood se sépare de cette lecture au sens où elle voit d'une manière plus nette le rapport de postériorité de la deuxième rédaction vis-à-vis du prologue des *Reportata parisiensia*[2] (sur ce point nous nous rapprochons de la lecture de Demange), tout en soutenant que la deuxième solution, celle de la métaphysique comme science *quia de Deo* inclut la science *propter quid* de l'étant en tant qu'étant comme une partie.

Récemment, dans son interprétation de cette dernière solution, O. Boulnois[3] pense que l'on peut parler d'une nouvelle forme de structure analogique de la métaphysique sous la base de deux idées : a) l'univocité dont parle la question est restreinte à l'univocité entre substance et accidents (c'est-à-dire au niveau de la créature) et b) c'est cette réalité conçue univoquement qui est attribuée comme à son principe à Dieu. Pour l'instant, nous voudrions juste annoncer que pour nous il s'agit bien de l'univocité envers toutes choses dont il est question dans cette discussion de la deuxième rédaction ; pour cette raison nous tenons à soutenir la position de D. Demange au sens où la science *propter quid* de l'étant en tant qu'étant (univoque à toutes choses) s'intègre comme une partie de la métaphysique *quia aggregata de Deo* dont Dieu est bien le sujet par une « priorité d'intention ». Une tout autre chose, contre la position de Demange, consiste à affirmer que ce traitement de Scot est bien une réponse en règle au Prologue des *Reportata Parisiensia*. Ce que nous ne soutenons pas.

Afin de rentrer dans cette discussion, il convient de revoir le texte de la question dans son ensemble. Nous allons procéder en deux moments. Tout d'abord, en étudiant la première rédaction, dépouillée, des *extras* ; deuxièmement, en étudiant la deuxième rédaction, dans ses liens avec la première. Cela suppose que nous examinerons avec attention tant les éléments qui traduisent une forme de continuité que les éléments qui en supposent une rupture.

1. D. Demange, « Pourquoi Duns Scot a critiqué Avicenne », art. cit., p. 231.

2. R. Wood, « First Entity as the Subject of Metaphysics », art. cit., p. 87 et « Duns Scotus on Metaphysics as the Science of First Entity », art. cit., p. 12.

3. O. Boulnois, *Métaphysiques rebelles*, *op. cit.*, p. 295-298.

Le développement d'ensemble de la question permettra de voir comment Scot, non seulement fonde son analyse du sujet de la métaphysique sur la théorie de la science des *Seconds Analytiques*[1], mais qu'en même temps, *il la dépasse* pour fonder une science inspirée des principes aristotéliciens, mais d'esprit différent. Il s'agit de la possibilité de fonder, après les critiques de la substance comme sujet de la métaphysique comme science *proter quid*, une science dont le sujet n'est d'abord connaissable que nominalement et par ses effets (*quia*), ce qui va à l'encontre de l'idée aristotélicienne de la science démonstrative.

LA PREMIÈRE RÉDACTION
LA SUBSTANCE COMME SUJET DE LA MÉTAPHYSIQUE

Les sections 0 (zéro) et I de la question sont entièrement consacrées à la discussion des thèses d'Averroès[2] et d'Avicenne[3]. Elles rentrent dans le commentaire pour incarner les deux branches de la science métaphysique telle qu'elle avait été décrite par Scot dans le prologue : d'un côté, comme science des *transcendentia* ou de l'étant en tant qu'étant, et de l'autre, comme science des *maxime cognoscibilia*, c'est-à-dire, les premiers principes et premières causes, branche désormais conçue comme science d'*altissimae causae*. Toute la stratégie de la première rédaction consiste à mettre à l'épreuve les deux thèses et à les réfuter dans une démarche parallèle, afin de soutenir la thèse de la substance comme sujet de la métaphysique.

Le point de départ se trouve condensé dans les trois arguments principaux contre les deux philosophes (la section 0). Quel est leur point commun ? Ces arguments contre Averroès et Avicenne ont en commun des majeures tirées des *Seconds Analytiques*. Deux des majeures formulent les deux premières conditions à remplir pour constituer le sujet d'une science[4].

1. Pour le cas de la détermination du sujet de la science des prédicables (cf. *In Porph.*, q. 7-8 nn. 24-26 ; OPh, I, 40-41 ; voir *supra* chap. premier, p. 43-56) et du sujet des *Catégories* (cf. *In Praed.*, q. 1-3, OPh, I, 249-271 ; voir *supra* chap. III, p. 106-114). Dans le même sens, on peut étudier son traitement de la question du sujet de la logique (cf. *In Porph.*, q. 1-3, OPh, I, 3-20).

2. Sur la pensée métaphysique d'Averroès, *cf.* R. Arnzen, « Ibn Rushd on the structure of Aristotle's *Metaphysics* », *Documenti e studi sulla tradizione filosofica medievale*, 21, 2010, p. 375-410, et M. di Giovanni, « The Commentator : Averroes's Reading of the *Metaphysics* », *in* F. Amerini et G. Galluzzo (eds), *A Companion to the Latin Medieval Commentaries on Aristotle's* Metaphysics, Leyde-Boston, Brill, 2014, p. 59-94.

3. Sur la pensée métaphysique d'Avicenne, *cf.* A. Bertolacci, « From Al-Kindī to Al-Fārābī : Avicenna's Progressive Knowledge of Aristotle's *Metaphysics* According to His Autobiography », *Arabic Sciencie and Philosophy*, 11, 2001, p. 257-295, et *id.*, *The Reception of Aristotle's* Metaphysics *in Avicenna's* Kitāb Al-Šifā'. *A Milestone of Western Metaphysical Thought*, Leyde-Boston, Brill, 2006. Aussi voir C. D'Ancona, « Avicenna and the *Metaphysics* : Reflections about a New Approach », *International Journal of the Classical Tradition*, 3, 2008, p. 457-465.

4. *In Porph.*, q. 3 n. 13 (OPh, I, 14) : « Ad videndum quae positio sit verior, notandum quod tres condiciones sunt requisitae subiecti in scientia, videlicet [a] quod sit notum "quid est" et "quia

Pour le premier argument, à propos du sujet d'une science, nous avons une préconnaissance de son existence (« si est ») et de sa définition (« quid est »)[1] ; de Dieu, nous n'avons ni l'un ni l'autre ; et de l'étant nous n'avons pas de définition préalable[2]. Pour le second argument, un sujet possède des propriétés démontrables ; mais ni Dieu ni l'étant n'en possèdent un tel type de propriétés[3]. Finalement, le sujet d'une science possède des principes propres et des parties[4] ; mais ni Dieu ni l'étant n'en possèdent[5]. À partir du moment où soit Dieu soit l'étant manquent de l'une de ces conditions, ni l'une ni l'autre ne peuvent être sujet de la métaphysique.

Or c'est dans les preuves fournies pour étayer les mineures que nous trouvons la force des objections. Pour le premier argument, il faut prouver les trois parties de la mineure : « Or, dans cette science-ci [la métaphysique], on ne sait ni [a] si Dieu est, [b] ni ce qu'il est, pas plus [c] qu'on ne sait ce qu'est l'étant » [6].

a) Nous ne savons pas que Dieu est. Dans sa *Philosophia prima*[7], Avicenne exclut l'hypothèse que Dieu soit sujet, en raison du fait que son existence n'est pas connue par soi, mais à partir de ses effets (comme l'attestent les preuves de la *Physique*[8] et la *Métaphysique*[9]), ce qui montre qu'il est cherché plutôt que supposé en métaphysique[10]. En ce sens, Aristote prouve dans la

est", nam haec duo oportet praesupponere demonstrationi, ut dicitur I *Posteriorum*. [b] Secunda est quod per eius "quid est" demonstrentur in scientia passiones illius subiecti de eo. [c] Tertia est quod ad ipsum omnia alia determinata in scientia reducantur et propter ipsum considerentur. Aliter enim ab eius unitate non esset unitas scientiae ».

1. Aristote, *Analytica Posteriora*, I (A), 1, 71a11-12 (AL, IV4, 285).

2. *In Met.*, I, q. 1 n. 1 (OPh, III, 16) : « De subiecto scientiae oportet notum esse "si est" et "quid est", secundum Philosophum I *Posteriorum* a et infra cap. illo "Difficile autem est nosse". Sed in ista scientia nec de Deo notum est si est vel quid est, nec de ente quid est ; ergo etc ».

3. *Ibid.*, q. 1 n. 6 (OPh, III, 17).

4. C'est dans la version de Jacques de Venise que l'on trouve l'affirmation que le sujet se compose de principes (*primis*) et parties : Aristote, *Analytica Posteriora*, I (A), 28, 87a38-39 (AL, IV1, 60-61) : « Una autem scientia est que est unius generis, quecumque ex primis componuntur et partes aut passiones horum sunt per se ».

5. *In Met.*, I, q. 1 n. 9 (OPh, III, 18).

6. Trad. fr. p. 81.

7. Avicenna, *Philosophia prima sive scientia divina*, I, 1 (AvL, I, 4-5).

8. Aristote, *Physica* VIII (Θ), 1, 251a 8-b10 (AL, VIII1 278-280).

9. *Id.*, *Metaphysica*, XII (Λ), 6, 1071b12-20 (AL, XXV2, 211)

10. *In Met.*, I, q. 1 n. 2 (OPh, III, 16) : « Primo, sicut probat eam Avicenna, I *Metaphysicae* cap. 1 b, "quia Deum esse non est per se notum", cum concludatur ex effectibus, VIII *Physicorum*, et XII *Metaphysicae* "nec est desperatum cognosci, quia signa habemus de eo". Et etiamsi sit desperatum, tunc non praecognoscitur nec inquiritur eius esse in alia scientia, nec morali nec doctrinali, et sic de aliis. Igitur inquiritur eius esse in ista scientia ».

Métaphysique II[1] qu'il y a un terme dans la série des causes efficientes et que ce terme est Dieu en tant que cause efficiente première[2].

b) Nous ne savons non plus ce que Dieu est. Pour Avicenne, « le Premier n'a pas de genre, ni de quiddité, ni de définition, lui qui est le Très-haut et glorieux »[3] ; et même si Dieu en avait une quiddité, celle-ci ne serait pas présupposée en métaphysique, car Aristote rappelle que le rapport entre l'intellect humain et Dieu est comme celui de la chauve-souris vis-à-vis de la lumière du jour[4]. Si l'argument d'Avicenne met l'accent sur le caractère transcendant de la nature divine, celui d'Aristote porte sur la limitation de l'intellect humain. Il y a donc une double impossibilité de connaître la nature de Dieu, tant de côté de connu que du côté du connaissant[5].

c) Nous ne savons pas ce qu'est l'étant. D'abord, en raison de l'autorité porphyrienne soutenant l'équivocité de l'étant[6], mais aussi, parce que si l'étant était univoque, sa communauté envers toutes les réalités (*communissimum*) l'empêcherait d'avoir une quiddité : il n'aurait en effet ni genre, ni différence, qui sont les éléments constitutifs de la définition[7].

La mineure du deuxième argument principal soutient que ni Dieu ni l'étant ne possèdent de propriétés démontrables. Dieu n'en a pas : toute propriété est extérieure à l'essence de son sujet, or en Dieu rien n'est extérieur à son essence, à cause de sa simplicité absolue. Il faut l'affirmer de nouveau car Avicenne soutient qu'en Dieu il n'y a ni genre, ni qualité… : en lui, il n'y a pas de

1. Aristote, *Metaphysica*, II (α), 2, 994a1-b32 (AL, XXV2, 37-39).

2. *In Met.*, I, q. 1 n. 3 (OPh, III, 16) : « Secundo probatur eadem pars minoris sic : in II huius, probat Aristoteles statum esse in causis efficientibus. Probat igitur primam causam efficientem esse ; illa est Deus ».

3. Scot offre cette citation raccourcie d'un passage de la métaphysique d'Avicenna, *Philosophia prima sive scientia divina*, VIII, 5 (AvL, II, 411) : « Iam igitur manifestum est quiod primus non habet genus nec quidditatem nec qualitatem nec quantitatem nec quando nec ubi nec simile sibi nec contrarium, qui est altissimus et gloriosus » (trad. fr. Boulnois, p. 83).

4. Aristote, *Metaphysica*, II (α), 1, 993b9-11 (AL, XXV2, 43).

5. *In Met.*, I, q. 1 n. 4 (OPh, III, 16-17) : « Probatio secundae partis minoris dupliciter : tum quia Deus non habet quid, secundum Avicennam VIII *Metaphysicae*, cap. illo "Opus est ut repetamus" : "Sed primus non habet genus nec quiditatem, nec definitionem, qui est altissimus et gloriosus" ; tum quia si haberet quiditatem, illa non est praecognita in hac scientia, quia secundum Philosophum II huius cap. 1 : "Sicut oculus nycticoracis ad lumen diei, sic animae nostrae intellectus ad ea quae sunt omnium naturae manifestissima" ».

6. Porphyre, *Liber praedicabilium* (*Isagoge*), chap. *De specie*, II, 10 (AL, I6, 12) : « Vel, si omnia quis entia vocet, aequivoce, inquit, nuncupabit, non univoce ».

7. *In Met.*, I, q. 1 n. 5 (OPh, III, 17) : « Probatio tertiae partis minoris dupliciter : tum quia ens est aequivocum, sicut dicit Porphyrius cap. "De specie" : "Si quis omnia entia vocet, aequivoce nuncupabit" (et de hoc amplius infra, quando quaeritur de univocatione entis, IV huius) ; tum quia si sit univocum, est communissimum, nec habens genus, nec differentiam, et per consequens nec definitionem (definitio enim indicat quid) ». Il faut remarquer que Scot renvoie au traitement sur l'univocité de l'étant du livre IV, q. 1 de son commentaire, que nous aurons l'occasion d'analyser plus tard. Cf. *infra* chap. V, p. 259-316.

propriétés selon l'ordre catégoriel[1]. L'étant ne possède pas de propriétés, car une propriété est essentiellement différente du sujet dont elle est propriété et l'étant appartient à l'essence de toute réalité; mais aussi, parce que « la propriété est prédiquée dénominativement, alors que le sujet n'est prédiqué de la propriété que par accident »[2]. Dans les deux cas, il s'agit d'une forme de prédication qui ne rend pas compte de l'essence du sujet, car le prédicat est non définitionnel. L'étant, cependant, se prédique essentiellement de toutes les réalités. L'étant comme prédicat ne peut que rendre compte d'un trait essentiel de tout sujet dont il se prédique. C'est dans ce sens que l'étant n'a pas de propriétés, car elles-mêmes sont des étants.

Ainsi, d'un côté, en raison de son absolue simplicité, Dieu ne peut posséder des propriétés; de l'autre, l'étant, dans son absolue communauté ne peut de même en posséder. C'est dans les deux cas pour la même raison de fond : toute propriété est logiquement et ontologiquement extérieure à son sujet. Dans la définition de la propriété n'est pas inclus le concept de son sujet (exigence que l'étant ne remplirait pas) et son sujet, dans son essence propre, n'inclut pas l'essence de ses propriétés (exigence que Dieu ne remplirait pas).

La mineure du troisième argument principal soutient que ni Dieu ni l'étant ne possèdent de principes propres ou de parties. Dieu n'en possède pas à cause de sa primauté (il n'y a rien d'antérieur à lui) et de sa simplicité absolue (il n'a pas de parties). L'argument concernant l'étant (assez obscur et focalisé exclusivement sur la réfutation de l'idée de principes de l'étant) est construit comme une inférence dont la conséquence semble indésirable : « si l'étant *en tant qu'étant* avait des principes, alors n'importe quel étant aurait des principes »[3].

1. *In Met.*, I, q. 1 n. 7 (OPh, III, 18) : « Probatio primae partis minoris : tum quia passio est extra essentiam subiecti ; nihil est in Deo quod non est eius essentia ; tum quia Avicenna VIII *Metaphysicae*, ubi prius : "Primus non habet qualitatem nec quantitatem" etc., "et non potest fieri demonstratio de eo" ».

2. *Ibid.*, q. 1 n. 8 (OPh, III, 18) : « Probatio secundae partis minoris : tum quia, ut prius, passio differt essentialiter a subiecto ; ens est de essentia cuiuslibet ; tum quia passio praedicatur denominative de subiecto, et subiectum de passione non nisi per accidens ; ens praedicatur in quid de quolibet, ex IV huius » (trad. fr. Boulnois, p. 85). Pour la prédication dénominative, cf. *supra* chap. premier, p. 38-42.

3. Pour ce qui est de l'argument principal, il semble que la formule « l'étant *en tant qu'étant* » impliquerait quant à la possession de principes, que tout étant, y compris Dieu lui-même, aurait des principes, car c'est en tant que compris comme étant qu'ils auraient des principes. Cette inférence se fonde sur un passage du chapitre 38 des *Premiers Analytiques* (I (A), 38, 49a12-25, AL, III1, 79-80), consacré à l'analyse de la réduplication, c'est-à-dire, à l'emploi de la formule « en tant que » et de ce qu'elle implique dans le cadre de la structure syllogistique. Cf. *In Met.*, I, q. 1 n. 10 (OPh, III, 18) : « Prima pars minoris patet, cum Deus sit primus et simplicissimus. Probatio secundae partis : quia *si ens, in quantum ens, haberet principia, igitur quodlibet ens haberet principia*, sicut arguit Philosophus I *Priorum* cap. "De reduplicatione" : si iustitia esset bonum in eo quod bonum, iustitia esset omne bonum » (trad. fr. Boulnois, p. 87 ;nous soulignons). Nous y reviendrons lorsque Scot reprendra cette problématique dans le troisième *extra* (§ 79-83) rajouté à la réponse (§ 78) à cet argument. Contentons-nous de constater, pour l'instant, que Scot

Comme dernier élément à retenir de la section initiale de la question, nous trouvons les deux arguments *pro*. Le premier, *pro ente*, se fonde sur Aristote et Avicenne qui postulent une science de l'étant en tant qu'étant comme science commune (*non est aliqua particularis*)[1]. Quant à l'argument *pro Deo*, il s'agit d'une longue citation, remaniée par Scot, du commentaire d'Averroès à la *Physique* où le Commentateur défend la thèse sur les « étants séparés » comme sujet de la métaphysique. Cet argument est construit par opposition à la thèse d'Avicenne qu'il critique fortement.

Averroès avance simultanément trois thèses : a) la science première ne prouve pas l'existence des étants séparés, b) c'est la physique qui en prouve l'existence et c) les étants séparés sont le sujet de la philosophie première. De fait, la troisième thèse est la conclusion qui s'ensuit de la thèse (a) ainsi que de l'exigence imposée par les *Secondes Analytiques* : l'existence et la nature du sujet d'une science doivent être présupposés et non cherchés dans cette science. Il y a une double possibilité pour la présupposition du sujet : ou bien il est évident par soi ou bien il est démontré dans une autre science. Ce dernier cas explique le rôle de la physique dans le dispositif de la science première selon Averroès, car pour lui c'est bien la physique qui fournit à la métaphysique la preuve de l'existence de son sujet (Dieu et les intelligences). Cet argument conduit Averroès à critiquer la position et la démarche d'Avicenne dans la *Scientia Divina*, où l'on démontre l'existence des étants séparés, de façon à les exclure du rôle de sujet[2] et à en faire seulement un autre objet de recherche en métaphysique[3].

n'a pas présenté un argument contre les parties de l'étant, mais seulement contre l'idée de « principes de l'étant ».

1. *In Met.*, I, q. 1 n. 11 (OPh, III, 19) : « Ad oppositum pro ente est Aristoteles IV huius in principio, ut videtur manifeste ex intentione, quod "aliqua scientia speculatur ens in quantum ens", et illa non est aliqua particularis. Avicenna libro I *Metaphysicae* cap. 2 d : "Primum subiectum huius scientiae est ens in quantum ens" ». *Cf.* Aristote, *Metaphysica*, IV (Γ), 1, 1003a21-22 (AL, XXV2, 60) et Avicenna, *Philosophia prima sive scientia divina*, I, 2 (AvL, I, 12).

2. Le passage d'Averroès fait directement référence aux *Seconds Analytiques* et considère qu'Avicenne se trompe *au plus haut point* dans son affirmation selon laquelle c'est au métaphysicien qu'il convient de démontrer l'existence des étants séparés, *Physica* I, com. 83 (éd. Iuntina IV f. 22vb) : « Sed notandum est, quod istud genus entium, esse scilicet separatum a materia, non declaratur nisi in hac scientia naturali. Et qui dicit quod prima Philosophia nititur declarare entia separabilia esse, peccat. Haec enim entia sunt subiecta primae Philosophiae, et declaratum est in *posterioribus Analyticis* quod impossibile est aliquam scientiam declarare suum subiectum esse, sed concedit ipsum esse, aut quia manifestum per se, aut quia est demonstratum in alia scientia. Unde Avicenna *peccauit maxime*, cum dixit quod primus Philosophus demonstrat primum principium esse, et processit in hoc in suo librum de scientia Diuina » (nous soulignons). Pour une évaluation contemporaine de ce débat, *cf.* A. Bertolacci, « Avicenna and Averroes on the Proof of God's Existence nad the Subject-Matter of Metaphysics », *Medioevo : Rivista di storia della filosofia medievale*, 32, 2007, p. 61-97.

3. *In Met.*, I, q. 1 n. 12 (OPh, III, 19) : « Ad oppositum pro Deo est Commentator I *Physicorum* commento ultimo, dicens : "Qui dicit quod prima philosophia nititur probare entia separabilia esse, peccat : genus enim entium separatorum esse non declaratur nisi in scientia naturali. Haec

Ainsi, l'argument *pro ente*, fondé sur Aristote et Avicenne, souligne une forme de convergence de deux auteurs sur l'idée de la métaphysique comme une science de l'étant en tant qu'étant, tout en restant sur un registre non polémique ; tandis que l'argument *pro Deo* non seulement se réclame directement de la pensée d'Averroès, mais est de plus construit par opposition à Avicenne.

Le moins que l'on puisse dire est que la confrontation entre Avicenne et Averroès, constituant presque entièrement le corps de la première rédaction, se tisse depuis le début sur le fond d'un jeu permanent de citations et d'interprétations de textes d'Aristote allant à l'appui tant d'Avicenne comme d'Averroès ; et dans le cas des arguments *pro Deo*, on voit bien qu'Averroès s'oppose aussi bien à Avicenne qu'à un certain Aristote (celui de la science de l'étant en tant qu'étant).

La position d'Averroès

La section I s'ouvre par l'exposé, la défense et la critique de la position d'Averroès, pour qui Dieu et les Intelligences sont le sujet de la métaphysique (section I.A § 13-67)[1]. Il est nécessaire d'anticiper : jusqu'à un certain point, dans la deuxième rédaction, Scot soutiendra une version de cette solution. Ainsi nous verrons, à ce moment-là, jusqu'à quel point Scot adopte et jusqu'à quel point il modifie la position d'Averroès, telle que Scot lui-même la présente. Rappelons la structure de cette partie de la question :

I.A § 13-67 : La position d'Averroès
I.A.1 § 13-18 : Énoncé de la thèse et arguments d'autorité et de raison *pro*
I.A.2 § 19-29 : Réponse dans le sens d'Averroès aux trois arguments principaux (§ 1-10)
I.A.3 § 30-67 : Réfutation de la position d'Averroès
I.A.3.a § 30-42 (*Extra* § 32-33) : Contre la position en soi
I.A.3.b § 43-61 (*Extra* § 41 ; 44-57) : Contre la lecture averroïste d'Aristote (§14-16)
I.A.3.c § 62-67 : Contre les arguments de raison *pro* Averroès (§ 17-18)

Le premier moment correspond aux arguments à faveur de la thèse (§ 14-18) ; il est constitué d'abord des arguments d'autorité, tirés presque tous de la *Métaphysique* d'Aristote, puis de deux arguments *ratione*.

enim entia sunt subiecta primae philosophiae. Et impossibile est aliquam scientiam probare suum subiectum esse, sed concedit ipsum, aut quia est manifestum per se, aut quia est demonstratum in alia scientia. Unde peccavit Avicenna qui dixit philosophum primum demonstrare primum principium esse" ».

1. *In Met.*, I, q. 1 n. 13 (OPh, III, 19) : « Una [opinio] est Commentatoris, quod substantiae separatae, scilicet Deus et Intelligentiae, sunt hic subiectum ».

Le premier argument d'autorité (§ 14) rassemble un certain nombre d'énoncés d'Aristote. (a) La sagesse porte sur les premiers principes et les premières causes[1] et la science divine (*maxime divina*) porte au plus haut point sur les réalités divines[2]. Puis, dans la division des sciences spéculatives, à la philosophie première correspond l'étude « des séparables et des immobiles »[3]. L'argument fait converger vers les réalités séparées, les énoncés portant sur la sagesse et la science divine. C'est pour cela que si la division des sciences spéculatives est correcte (*conveniens*), le critère de distinction (la séparabilité et la mobilité) constituerait le sujet respectif de chaque science spéculative : dans le cas de la philosophie première, les réalités séparables et immobiles[4]. L'effort de l'argument consiste à remarquer l'un des volets traités dans ce que Scot appelle le « prologue » de la *Métaphysique*, c'est-à-dire, les premières pages du texte, où Aristote définit la sagesse. En même temps, on note l'accord de cette définition avec la division des sciences spéculatives du livre VI, de sorte que la sagesse a, comme sujet, les premiers principes et les premières causes, autrement dit, les réalités divines (séparées et immobiles).

Le deuxième argument d'autorité mobilise la définition aristotélicienne de la métaphysique comme théologie : a) lorsqu'Aristote affirme « si le divin existe quelque part, il existe dans une telle nature »[5], l'argument identifie cette nature avec les réalités immobiles et séparables dont s'occupe la métaphysique. b) De plus, dans le même passage, Aristote affirme qu'« il faut que la science la plus honorable porte sur le plus honorable genre de l'être »[6], d'où s'ensuit que la métaphysique ne peut porter que sur les substances séparées[7].

1. Aristote, *Metaphysica*, I (A), 1, 981b29-30 (AL, XXV2, 9) : « … cuius autem gratia nunc orationem facimus, hoc est, quod *denominatam sapientiam circa primas causas et principia* esse videtur » (nous soulignons).

2. *Ibid.*, I (A), 2, 983a5-8 (AL, XXV2, 11) : « Nam maxime divina et maxime honoranda et talis dupliciter ea sola ; quam enim maxime deus habet, divina scientiarum est, tamen et si qua sit divinorum ».

3. *Ibid.*, VI (E), 1, 1026a16-17 (AL, XXV3, 127) : « Prima vero circa separabilia et immobilia ».

4. *In Met.*, I, q. 1 n. 14 (OPh, III, 20) : « Quod confirmatur primo auctoritatibus Aristotelis. Hic in prooemio probat quod sapientia est speculativa circa prima principia et primas causas ex descriptione sapientiae. Et infra, cap. 3 : "Haec scientia maxime divina est, quia est divinorum". Et infra in VI huius cap. 1, distinguit Aristoteles tres partes scientiae speculativae, dicens : "Physica circa inseparabilia et mobilia ; mathematica circa immobilia et inseparabilia ; prima vero philosophia circa separabilia et immobilia", cuiusmodi sunt substantiae separatae. Si igitur haec distinctio scientiarum speculativarum sit conveniens, videtur quod sit circa propria subiecta ipsarum. Quia secundum Philosophum III *De anima* : "Scientiae secantur ut res", hoc est, *sicut subiecta considerata in scientiis* » (nous soulignons).

5. Aristote, *Metaphysica*, VI (E), 1, 1026a20-21 (AL, XXV3, 118) : « … theologia (non enim manifestum quia si alicubi divinum exsistit, in tali natura exsistit ».

6. *Ibid.*, 1026a21-23 (AL, XXV3, 119) : « …et honorabilissimam scientiam oportet circa honorabilissimum genus esse ».

7. *In Met.*, I, q. 1 n. 15-16 (OPh, III, 20-21) : « Item, ibidem in VI, vocat hanc scientiam "theologiam", et probat dupliciter : "quia si alicubi divinum exsistit, in tali natura exsistit", hoc est, in immobili et separabili, quam dixit istam scientiam considerare. Secundo probat sic : quia

Il y a encore deux arguments *ratione*. D'abord, que nous ayons une certaine connaissance des réalités séparées suppose l'existence d'une science qui s'en occupe. La division des sciences spéculatives du livre VI montre bien qu'il ne s'agit ni de la physique ni de la mathématique[1]. Deuxièmement, toute science considère un certain nombre de propriétés appartenant à un élément premier, de façon à en faire le sujet premier de la science, car toutes les autres réalités lui sont attribuées. C'est comme cela que l'argument interprète ce passage de la *Métaphysique*: « partout la science est proprement science de ce qui est premier, dont dépend tout le reste et par quoi il se dit »[2]. De là, la conclusion que cet élément premier est bien la *prima causa* et qu'elle est proprement le sujet de cette science[3].

Tant les arguments d'autorité que les arguments de raison tournent autour de trois motifs de la *Métaphysique* d'Aristote : (a) la description de la sagesse ou science divine (livre I), (b) la division des sciences spéculatives en physique, mathématique et théologie (livre VI) et (c) la réduction, opérée au livre IV, à une réalité première à laquelle toutes les autres choses sont attribuées, interprétée comme la réduction de toutes choses à Dieu, plutôt que comme réduction à l'étant ou à la substance.

Après l'exposé de la position et des arguments en faveur d'Averroès, la section I.A. 2 (§ 19-29) présente la réponse averroïste aux trois arguments principaux *contra* de la section zéro (§ 1-10) : (a) En métaphysique on n'a la préconnaissance ni de l'existence ni de l'essence de Dieu, tandis qu'on les présuppose pour le sujet d'une science (§ 1-4); (b) Dieu ne possède pas de propriétés démontrables, tandis que tout sujet en possède (§ 6-7) et (c) Dieu ne possède ni principes propres ni parties, tandis que tout sujet en possède (§ 9-10).

Comme réfutation du premier argument, on oppose trois réponses contre la première partie de la thèse (on ne connaît pas que Dieu est); et deux réponses contre la deuxième partie (on ne connaît pas la quiddité de Dieu).

"honorabilissimam scientiam oportet circa honorabilissimum genus esse" ; haec est honorabilissima, ut probatum est in I, et genus substantiarum separatarum honorabilissimum ; ergo etc. ».

1. *In Met.*, I, q. 1 n. 17 (OPh, III, 21) : « Praeterea, confirmatur positio Commentatoris ratione sic : Substantiae separatae non sunt nobis omnino ignotae, cum de ipsis "multa signa habeamus" ; igitur cognitio earum traditur in aliqua scientia ; non naturali vel mathematica, igitur in ista, cum sint tantummodo tres partes scientiae speculativae, ex VI huius ».

2. Aristote, *Metaphysica*, IV (Γ), 2, 1003b17-18 (AL, XXV2, 68) : « Ubique vero proprie primi est scientia, ex quo alia pendent et propter quod dicuntur » (trad. fr. p. 146-147).

3. *In Met.*, I, q. 1 n. 18 (OPh, III, 21) : « Item, omnis scientia considerans aliqua multa attributa ad aliquid unum primum, maxime considerat illud primum tanquam proprium subiectum ad quod alia attribuuntur, ut dicit Philosophus IV huius cap. 1 : "Ubique primi proprie est scientia, ex quo alia dependent, et propter quod dicuntur" ; sed prima causa est ad quod omnia entia attribuuntur ; igitur de primo maxime proprie est ista scientia, ut de subiecto ».

D'abord, face à l'argument (§ 2) qui considère que Dieu est connu par ses effets et non dans une autre science ou selon soi, la première réponse (§ 19) introduit la distinction entre ce qui est plus connu selon soi (*secundum se notius*) et ce qui est connu pour nous (*nobis notum*). Il y a en métaphysique une connaissance immédiate et par soi de l'existence de Dieu, de même qu'il y en a une connaissance *indirecte* par ses effets pour nous. Face au deuxième argument (§ 3), où l'on soutenait que l'existence de Dieu est connue en métaphysique en tant que *prima causa efficiens*, la réponse accentue deux éléments de cette preuve : il s'agit d'une preuve par les effets qui ne prouve pas que Dieu est, mais que Dieu est *cause efficiente*, de la sorte que le statut de « cause efficiente première » étant convertible avec Dieu, l'un peut bien être démontré par le moyen de l'autre, « comme la définition et la propriété du sujet sont convertibles, et cependant l'un est le moyen pour démontrer l'autre ». En ce sens, Dieu serait pré-connu en métaphysique[1].

La deuxième réponse (§ 20) fait appel au passage du commentaire d'Averroès au premier livre de la *Physique*, déjà cité comme argument *pro Deo* (§ 12), où il affirme que l'existence de Dieu n'est prouvée (*ostenditur*) qu'en physique, de telle sorte que s'il y a un argument, en métaphysique, qui prouve l'existence de Dieu, « ce n'est qu'en prenant pour prémisse une des propositions montrées en physique » [2]. C'est de cette façon qu'Averroès commente[3] la preuve aristotélicienne de la cause première dans livre II, car c'est dans la physique qu'il est démontré que tout mû à un moteur[4] :

> Par là, la réponse au premier argument [§ 2] est évidente : l'existence de Dieu est recherchée dans la physique, et non dans cette science-ci. – Et [la réponse] à

1. *In Met.*, I, q. 1 n. 19 (OPh, III, 22) : « Secundum istam opinionem respondetur ad rationes. Ad primam [§ 1] : quod minor est falsa quoad utramque partem. De Deo enim naturaliter et secundum se notum est si est. Et ad probationem in contrarium [§ 2], dicitur quod Deum esse desperatum cognosci non est, nec quaesitum in alia scientia, nec in ista secundum se, quamvis quoad nos fiat notum ex effectibus, sicut procedit ratio. Potest enim aliquid secundum se notius, fieri nobis notum ex aliis nobis notioribus. Per hoc ad secundam probationem [§ 3] patet. Illa enim demonstratio in II non procedit nisi ab effectu, sive ille effectus sit medium naturale sive metaphysicum. Aliter ad secundam probationem dicitur quod in II huius non ostenditur "esse" de Deo, sed ostenditur status de causis efficientibus. Et quamvis haec duo convertantur, tamen unum potest esse praecognitum in scientia et aliud ostensum, sicut definitio et passio subiecti convertuntur, et tamen unum est medium demonstrandi aliud ».

2. Trad. fr. Boulnois, p. 93.

3. Averroès, *Metaphysica* II, com. 6 (éd. Iuntina VIII f. 31ra) : « Si posuerimus media esse infinita, tunc uniuersum non habebit causam mouentem. Media enim mouent postremum tantum quapropter uniuersum mouebitur sine motore. *Et declaratum est in Naturalibus quod omne motum habet motorem* » (nous soulignons).

4. *In Met.*, I, q. 1 n. 20 (OPh, III, 22) : « Aliter videtur Commentator respondere, commento ultimo I *Physicorum*, quod Deum esse non ostenditur nisi in scientia naturali. Et si ad hoc ostendendum fiat aliqua ratio in ista scientia, hoc non est nisi assumendo aliqua ex ostensis in scientia naturali, sicut per expositionem eius patet II huius, commento 6, ubi exponit demonstrationem Aristotelis de statu in causis efficientibus, ubi dicit : "Declaratum est in naturalibus quod omne motum habet motorem", et totam rationem pertractat de movente et moto ».

la seconde [§ 3] : la démonstration, au livre II de cet ouvrage, procède à partir d'un moyen terme physique, à partir des raisons de mouvant et de mû, et non à partir d'un moyen terme métaphysique[1].

La troisième réponse va beaucoup plus loin dans la considération du statut du sujet et introduit une modification capitale par rapport à la lettre du texte d'Aristote, car elle soutient qu'*une science peut bien démontrer l'existence de son sujet, par postériorité*[2], au lieu de la présupposer comme l'exigent les *Seconds Analytiques*. Ceci est un changement de fond, car il implique une forme d'autonomie par rapport à l'autorité d'Aristote et l'inclusion d'un autre type de démonstration : « Pourtant, aucune science ne démontre que son sujet existe par une démonstration par la cause (*propter quid*) et *a priori* »[3].

Retenons cette modification : elle jouera un rôle décisif dans la possibilité d'établir Dieu comme sujet de la métaphysique dans la deuxième rédaction, tout en restant premier, c'est-à-dire sans cause. En effet, par rapport à l'existence de Dieu, il n'est pas possible de produire une démonstration *proter quid*.

En ce sens, le paragraphe 22 propose une synthèse des rapports entre ces trois réponses et une forme d'évaluation scotiste de ces trois arguments. C'est ainsi que cette troisième réponse coïncide avec la première en affirmant que l'existence de Dieu n'est pas cherchée dans une autre science, mais qu'il est possible de la démontrer en métaphysique. Sur ce point, Scot pointe le paradoxe de la position d'Averroès, notamment dans la première solution, devant l'exigence de présupposer l'existence du sujet :

> C'est pourquoi, puisqu'une préconnaissance du sujet est requise avant toute la science – et qu'aucune réponse sinon la première ne pose cette préconnaissance –, elle seule [cette réponse] est suffisante pour cette double démonstration [§ 2-3]. En effet, le Commentateur se borne à fuir, s'il pose que Dieu est seulement connu de nous par un moyen terme physique. Et s'il pose que Dieu est absolument préconnu à partir d'un tel moyen terme, et qu'il est ici [en métaphysique] présupposé en tant qu'il est connu, alors la science physique sera

1. *In Met.*, I, q. 1 n. 20 (OPh, III, 23) : « Per hoc patet ad primam probationem, quia Deum esse quaesitum est in scientia naturali, non in ista. Et ad secundam : quia illa demonstratio II huius procedit ex medio naturali, videlicet ex ratione mouentis et moti, non autem ex medio metaphysico » (trad. fr. p. 95).

2. L'argument cite comme exemple la démonstration *a posteriori* du syllogisme sophistique dans les *Réfutations Sophistiques* (1, 164a23-25 (AL, VI1, 5)) et la démonstration de l'*oratio* dans le livre sur *Les constructions* de Priscian (*Institutiones grammaticae* XVIII c. 1, éd. Hertz, II 108).

3. *In Met.*, I, q. 1 n. 21 (OPh, III, 22) : « Tertio modo responderi potest ad istas duas probationes quod bene potest aliqua scientia demonstrare suum subiectum esse, et hoc a posteriori, sicut in libro *Elenchorum* demonstratur syllogismum sophisticum esse per simile. Et similiter Priscianus libro *Constructionum*, ostendit orationem constructam esse per similem modum habendi syllabarum ad dictiones, et dictionum ad orationes. *Tamen nulla scientia demonstrat suum subiectum esse demonstratione propter quid et a priori* » (trad. fr. p. 95 ; nous soulignons).

absolument antérieure à celle-ci [la métaphysique], car ce qui est ici le plus connu, est là-bas [en physique] plus connu absolument[1].

Le grand obstacle à la position d'Averroès est cette conclusion indésirée de l'antériorité de la physique qui conduit à la subordination de la métaphysique à la physique. Si l'existence de Dieu ne peut être démontrée, c'est-à-dire *préconnue*, que par la science physique, et cette donnée est centrale pour faire de Dieu le sujet de la métaphysique, alors la *préconnaissance* de l'existence de Dieu est en soi une donnée physique, prise postérieurement comme point de départ de la recherche métaphysique en tant que *présupposé*. Ainsi, si l'on *présuppose* l'existence de Dieu en métaphysique, cela veut dire qu'elle est *préconnue* ailleurs, en physique.

En ce qui concerne la possibilité d'une préconnaissance de la quiddité de Dieu, ce que rejette aussi le premier argument principal (§ 1-5), on présente deux réponses. La première, au premier argument, là où (§ 4) on nie que Dieu *possède* une essence. En Dieu, nous dit la réponse, il y a une essence *non conventionnelle*, car non saisissable par le moyen d'une définition. Dans le cas de Dieu le trait « définitionnel » est que son essence est *illimitée*, de sorte que sa quiddité est aussi *illimitée*. C'est en ce sens qu'il faut comprendre le passage d'Avicenne (§ 4) : lorsqu'il affirme que Dieu n'a ni quiddité ni définition, il se réfère à la définition conventionnelle, qu'Avicenne lui-même exclut de Dieu dans le même texte[2].

La seconde réponse objecte l'argument (§ 4) selon lequel si Dieu avait une quiddité, elle ne serait pas préconnue en métaphysique, à cause de la limitation de l'intellect humain. La réponse emploie le même outil de la première réponse en faveur de la préconnaissance de l'existence de Dieu (§ 19), c'est-à-dire, l'idée que la quiddité de Dieu est bien préconnue *par soi*, mais non *pour nous*. Or l'argument rajoute que « l'une et l'autre [l'existence et l'essence de Dieu], peuvent être montrées *a posteriori* dans cette science, comme le dit la troisième

1. *In Met.*, I, q. 1 n. 22 (OPh, III, 23-24) : « Ista tertia responsio concordat cum prima [§ 19] ; declarat enim secundam partem eius. Similiter, non videtur facere nisi ad secundam probationem. Unde cum requiratur praecognitio subiecti ante totam scientiam, quam praecognitionem nulla responsio ponit nisi prima, sola illa est sufficiens ad utramque probationem. Commentator enim tantum fugit, si ponit Deum esse tantum nobis praecognitum ex aliquo medio naturali. Si autem ponit Deum esse simpliciter praecognitum ex tali medio, et hic praesuppositum in quantum sit cognitum, igitur scientia naturalis simpliciter erit prior ista, quia notissimo hic est aliquid ibi simpliciter notius » (trad. fr. p. 95).

2. *Ibid.*, n. 23 (OPh, III, 24) : « Ad aliam partem minoris de "quid est" [§ 1 et 4] dici potest quod licet non habeat "quid" quod exprimitur per definitionem, quia tale "quid" est limitatum (cum omnis differentia definiens habeat differentiam oppositam omne autem habens oppositum est limitatum), tamen sicut Deus habet essentiam illimitatam, ita habet "quid" illimitatum. Primo modo potest exponi auctoritas Avicennae praeallegata [§ 4], cum dicat "nec quiditatem" etc., et subdit : "non habet definitionem", et hoc loquendo de definitione proprie dicta, quae est ex genere et differentia, quae a Deo removetur superius in eodem capitulo. Per hoc patet ad primam probationem ».

réponse [§ 21] » [1]. Ainsi, la prémisse sur la limitation de l'intellect renvoie à la connaissance de la quiddité divine *pour nous* et non à sa connaissance absolue[2]. À nouveau, les réquisits des *Seconds Analytiques* sont remplis dans l'ordre de l'absolu, même si pour l'homme, le recours à la connaissance *a posteriori* reste incontournable.

Le deuxième argument principal de la section zéro (§ 6-8) rejetait l'idée qu'il y ait des propriétés divines démontrables. La stratégie de la réponse consiste à distinguer le rapport entre essence et propriétés dans le cas de la créature et dans le cas de Dieu sur le fond d'une mise en question de l'idée qu'il est toujours nécessaire qu'une propriété soit « essentiellement différente de ce dont elle provient ». En effet, l'imperfection de la créature impose cette distinction, *habens non est quidquid habet*; c'est ce qui explique la composition d'acte et puissance dans la créature. Le cas de Dieu est bien différent :

> Or en Dieu, toutes les perfections, qui existent sans être limitées, sont cela même qu'est son essence, à cause de sa simplicité souveraine, et pourtant chacune d'elles est distinguée en raison de son essence. Et là [en Dieu], une différence de cette sorte entre la propriété et le sujet suffit, de même qu'entre les créatures une différence réelle [suffit] [3].

Il est donc possible de démontrer certaines propriétés divines, tout en protégeant la simplicité divine par le recours à une distinction entre cette essence et ses propriétés : ce n'est qu'une distinction fondée sur des relations formelles et non une distinction fondée *in re*. Cette solution renvoie à la distinction plus profonde entre la nature de la créature et la nature divine soulignant que le rapport de l'essence de la créature à ses propriétés n'est pas le rapport *simpliciter* possible entre une essence et ses propriétés, mais un cas particulier qui relève de l'imperfection de la créature.

Afin de répondre au troisième argument principal de la section zéro (§ 9-10), qui soutenait l'absence de principes propres et de parties en Dieu, la stratégie de la réponse revient finalement sur deux distinctions : a) entre la démonstration par la cause (*propter quid*) et par les effets (*quia*) et b) entre ce qui est connu par soi et ce qui est connu pour nous. Concernant les principes, il n'est pas nécessaire que le sujet possède des principes antérieurs à lui, mais

1. Trad. fr. p. 97.

2. *In Met.*, I, q. 1 n. 24 (OPh, III, 24) : « Ad secundam probationem, sicut prius de "si est" secundum primam responsionem [§ 19] : esse Dei est naturaliter praecognitum in ista scientia secundum se, licet non quoad nos ; ita de quid est. Potest tamen utrumque a posteriori in hac scientia manifestari, sicut dicit tertia responsio [§ 21]. Illa autem propositio II huius "sicut oculus nycticoracis" etc. concludit de notitia quiditatis *quoad nos, non simpliciter* ».

3. *Ibid.*, n. 26 (OPh, III, 25) : « Ad primam probationem : quod non oportet semper proprietatem esse aliud essentialiter ab illo cuius est, licet hoc semper sit in creaturis, ubi, propter imperfectionem, habens non est quidquid habet ; unde est in eo compositio actus cum potentia. In Deo autem omnes perfectiones, exsistentes illimitatae, sunt idipsum quod essentia eius, propter summam simplicitatem, tamen quaelibet ratione differt ab essentia. Et talis differentia sufficit ibi inter proprietatem et subiectum, sicut in creaturis differentia realis » (trad. fr. p. 97-99).

que les propriétés possèdent des principes par lesquels elles adhèrent au sujet, dans le cas où il est possible la démonstration *propter quid*[1]. Celle-ci est une modification capitale à la considération du sujet, tel qu'il est thématisé dans les *Seconds Analytiques*. Cette exigence des principes consiste d'abord à accepter qu'il s'agisse des principes autres que ceux relevant de l'antériorité ontologique dans le cas même de la démonstration par la cause.

Une autre restriction est ensuite levée lorsqu'on ouvre la voie à un sujet dont la seule démonstration possible est la démonstration *quia* : Dieu, dont on connaît les propriétés par une démonstration par les effets. C'est ainsi que dans la démonstration *quia*, au lieu de principes, c'est un effet qui joue le rôle de terme moyen de la démonstration. Les perfections de Dieu sont démontrées par un tel moyen, dans la mesure où c'est le seul moyen accessible à (connu par) nous[2].

Dans ce sens, l'autorité d'Aristote, là où le Philosophe affirme que le sujet d'une science possède de principes et de parties, est vraie *ut in pluribus*, et non par une nécessité dérivée de la définition du sujet. Le cas de l'unité, comme sujet de la mathématique, montre bien que Dieu, comme sujet de la métaphysique, ne serait pas la seule exception à cette exigence : dans d'autres sciences, il peut y avoir un sujet, comme cette unité mathématique, « qu'elle soit première en son genre et indivisible, et que dans ce genre, donc, elle n'ait ni principes ni parties »[3].

De même, nous pouvons comprendre l'affirmation que « le sujet d'une science doit avoir des principes », selon l'ordre de la démonstration elle-même, c'est-à-dire dans la structure logique des propositions jouant le rôle de prémisses de la démonstration : ce sont des principes complexes.

> En effet, sur tout sujet de science, on peut prouver quelque chose dans une proposition qui peut être prise pour prémisse dans une démonstration portant sur ce sujet. Et sur un principe de cette sorte, il faut d'abord connaître d'avance qu'il existe (*quia est*), c'est-à-dire qu'il est vrai[4].

1. *In Met.*, I, q. 1 n. 27 (OPh, III, 26) : « Ad tertiam rationem principalem [§ 9-10]. Ad maiorem dicendum quod non oportet quodlibet subiectum habere principia priora se, sed principia proprietatum per quae suae proprietates sibi inhaereant, si de ipso sit demonstratio propter quid ».

2. *Ibid.* : « De Deo solummodo est demonstratio quia. Et ideo loco talium principiorum sumuntur effectus pro medio, per quos concludimus perfectionem Dei de Deo tanquam per medium notius nobis ».

3. *Ibid.*, n. 28 (OPh, III, 26) : « Quod autem dicit Philosophus subiectum habere principia et partes, verum est ut in pluribus, non tamen est de necessitate subiecti scientiae. Posset enim forte de unitate esse *demonstratio mathematica, quamquam sit primum in genere suo et indivisibile, et ita in illo genere nec habens principia nec partes* » (trad. fr. p. 99 ; nous soulignons).

4. *Ibid.*, n. 29 (OPh, III, 26) : « Aliter potest dici quod "subiectum scientiae debet habere principia" intelligendum est de principiis complexis, cuiusmodi sunt praemissae demonstrationis. De omni enim subiecto scientiae potest aliquid probari in aliqua propositione quae potest sumi pro

Ainsi compris, ce n'est pas dans l'ordre de la nature du sujet que l'on parle de « principes du sujet », mais dans l'ordre logique de la vérité propositionnelle des prémisses de la démonstration scientifique portant sur les propriétés du sujet. Cet argument fait appel aux trois éléments constitutifs de la science démonstrative selon Aristote : un genre (sujet), des prémisses (*dignitates*) et des propriétés démontrables[1].

Le rapport entre ces principes et les effets du sujet se tisse dans la mesure où les termes, à partir desquels est construit le principe complexe, peuvent renvoyer aux effets réels du sujet : dans le cas présent, ce sont les effets de Dieu en tant que cause première. Les principes, ainsi compris, signifient donc des effets du sujet. En ce qui concerne la saisie intellectuelle du principe, il suffit de connaître immédiatement les termes qui le composent pour le connaître. Une telle sorte de principe, qui ne correspond pas à une entité ontologiquement antérieure au sujet, peut bien jouer le rôle de principe pour démontrer quelque chose sur Dieu[2].

Nous pouvons maintenant esquisser le visage de la position averroïste : le premier point est la thèse qui pose Dieu comme sujet de la métaphysique. Le rôle des intelligences est assez ambigu tout au long de la question. Elles apparaissent et disparaissent en fonction des besoins dans tel ou tel endroit de l'argumentation. En tout cas, l'exposé insiste sur l'idée d'une science métaphysique portant sur Dieu, plutôt que sur Dieu et les intelligences. Deuxièmement, contre la structure la plus commune de la science aristotélicienne conçue comme science par la cause (*propter quid*), la métaphysique est présentée comme une science *quia*, fondée sur les effets du sujet qui jouent le rôle de termes moyens dans la démonstration des propriétés du sujet. Ce changement est fondamental pour permettre à Dieu d'être sujet, car n'ayant pas de cause, une science *propter quid* sur Dieu n'est pas possible. Troisièmement, la distinction entre la connaissance en soi et la connaissance pour nous permet de respecter la préconnaissance (en soi) de l'existence et de l'essence du sujet (Dieu), tout en gardant l'ignorance (pour nous). Enfin, la notion de « principes du sujet » est réinterprétée de façon à éviter l'idée de quelque chose d'ontologiquement antérieur à Dieu, pour en faire plutôt une sorte de notion logique qui renvoie aux prémisses de la démonstration scientifique, car les principes du sujet correspondent à des propositions complexes jouant un rôle dans la démonstration.

praemissa in demonstratione de tali subiecto. Et de tali principio primo oportet praecognosci quia est, hoc est, quia verum est... » (trad. fr. p. 99).

1. Cf. *Anal. Post.*, I (A), 9, 76b11-16 (AL, IV4, 295-6)

2. *In Met.*, I, q. 1 n. 29 (OPh, III, 27) : « Talia autem principia possunt habere effectus illius subiecti de quo est demonstratio pro terminis suis. Sufficit enim ad tale principium quod statim cognoscatur cognitis terminis. Et tale principium potest esse aliquod ad demonstrandum aliquid de Deo ».

Nous voyons que la position d'Averroès telle qu'elle est thématisée dans la question, tend à faire une place à Dieu comme sujet de la métaphysique par un infléchissement des paramètres épistémiques des *Seconds Analytiques* qui obéit à l'intégration dans le domaine du réel d'une entité connaissable qui ne comporte ni principes ontologiquement antérieurs, ni parties; une entité dont l'existence et l'essence sont préconnues par soi, mais pas pour nous; enfin, pour soutenir l'opinion d'Averroès, il aurait fallu élargir la conception de la science démonstrative aristotélicienne. Beaucoup de ces éléments seront repris dans la solution exposée dans la deuxième rédaction de la question. Nous y reviendrons.

La section I.A. 3 (§ 30-67) réfute la position d'Averroès et introduit trois niveaux de réponses. D'abord, contra la thèse en elle-même (§ 30-42); puis, contre l'interprétation averroïste d'Aristote (§ 43-61) et finalement, contre les arguments de raison pro Averroès (§ 62-67) de la section I.A. 2 (§ 17-18)[1].

1. Le premier niveau de la réfutation, contre la position en soi (§ 30-42), comporte un premier argument qui rejette a) que la métaphysique soit une science *quia* (elle ne peut être qu'une science *propter quid*) et b) qu'il y ait une science quelconque qui s'occupe de Dieu ou en tant que cause ou en tant qu'effet ou en tant que principe complexe. En effet, la métaphysique identifiée à la sagesse doit être la science la plus certaine. Or, entre la science par la cause et la science par l'effet, la première est la plus certaine : la métaphysique ne peut donc être une science *quia*. En ce qui concerne la connaissance de Dieu, nous ne pouvons pas en avoir une science de Dieu en tant que cause, parce que *Dieu n'opère pas nécessairement*. Le rapport de Dieu en tant que cause vis-à-vis de ses effets est un rapport contingent. Par conséquent, Dieu ne peut pas être déduit à partir de ses effets, du moins pas nécessairement, ce qui fait de cette sorte de preuve une preuve non scientifique. L'argument finit par conclure que Dieu n'est traité d'aucune façon dans aucune science[2].

La situation ontologique de Dieu empêche a) un traitement de sa nature et de ses propriétés *par la cause*, c'est-à-dire de la manière la plus certaine, car il n'y a rien d'ontologiquement antérieur et autre à Dieu qui joue le rôle de cause et terme moyen de la démonstration; et, en même temps b) lorsque nous reconnaissons la possibilité de la démonstration par les effets, elle s'avère

1. Il faut noter que c'est dans cette section, où la question réfute la position d'Averroès, que les *extras* à la première rédaction se concentrent (§ 32-33, 41, 44-57). Pour l'instant nous ferons abstraction des *extras* pour nous concentrer sur ce que dit la première rédaction.

2. *In Met.*, I, q. 1 n. 30 (OPh, III, 27) : « Contra istam positionem, Secundum Philosophum I huius in proemio : sapientia est certissima scientia ; certior autem est scientia "propter quid" quam "quia", ex I *Posteriorum* ; ergo metaphysica, quae est proprie sapientia, secundum Philosophum hic in I, est scientia propter quid. De Deo autem non est scientia propter quid ut de primo subiecto, et nulla scientia considerat Deum ut causam, cum nihil causat necessario secundum veritatem, quidquid sit de Aristotele ; igitur neutro modo consideratur Deus in aliqua scientia, nec ut effectus, nec ut principium complexum, certum est ; igitur nullo modo, ut concedit responsio ad tertiam rationem ».

scientifiquement faible, incertaine, non nécessaire. Scot développe en détail cette double impossibilité d'accès scientifique à la nature divine :

> Et on prouve cela : il est certain que rien n'est connu de Dieu par une cause antérieure à lui. Et si une cause est prise pour moyen terme par rapport à ce qu'on cherche à conclure de Dieu, soit ce qu'on cherche à conclure est une propriété absolue de Dieu, comme la sagesse, la puissance, l'éternité, l'immuabilité, etc. ; soit il indique une relation envers l'extérieur, comme [être] désirable, premier moteur, première cause, etc. D'une manière ou de l'autre, il faut que ce qui est démontrable de Dieu soit essentiellement identique à lui, de façon que rien d'autre ne soit vrai de lui. Mais ce qui est essentiellement identique à Dieu n'a rien d'autre que lui-même qui lui soit antérieur par nature – en effet, la cause est autre chose que l'effet, et elle lui est antérieure par nature – donc rien de ce qui est en Dieu ne peut d'aucune manière en être démontré par la cause : ni par une cause qui soit cause d'être, ni par une cause inhérente, car d'aucune de ces deux manières elle ne peut être autre que lui et antérieure en nature. Mais si quelque chose de cette sorte est démontrée de Dieu par un effet, ce n'est pas une démonstration par la cause, mais par l'effet, d'après les *Seconds Analytiques*[1].

Dans les deux cas de types de propriétés démontrables sur Dieu, soit une propriété absolue (sans rapport au monde crée), soit une propriété relative à l'acte créateur et à la créature, le même obstacle ontologique empêche de traiter cette forme de « démonstration », comme une démonstration par la cause : Dieu est identique à ses propriétés et à ce qui dans la démonstration joue le rôle « logique » de cause. Dans cette indistinction, la possibilité d'une cause s'annule, étant inapplicable à ce rapport de Dieu à lui-même, car la définition de la cause exige sa distinction réelle vis-à-vis de ses effets. En Dieu ou avant Dieu, rien n'est ni autre ni naturellement antérieur à lui, donc, il n'y a pas de cause, d'où l'impossibilité de démontrer de lui quelque aspect ou propriété par la cause. Tout ce qu'on peut démontrer de Dieu est circonscrit à la démonstration par l'effet. En ce sens, on respecte autant la nature divine que l'épistémologie des *Seconds Analytiques* où la valeur de la démonstration par la cause est incontestablement supérieure à celle de la démonstration *quia*.

1. *In Met.*, I, q. 1 n. 31 (OPh, III, 28) : « Et hoc probatur : certum est quod nihil de Deo scitur per causam priorem ipso. Si autem causa accipiatur pro medio respectu alicuius concludendi de Deo, aut illud concludendum est proprietas absoluta Dei, ut sapientia, potentia, aeternitas, immutabilitas et huiusmodi ; aut dicens respectum ad extra, ut appetibile, primum movens, prima causa et huiusmodi. Sive sic sive sic, oportet illud demonstrabile de Deo esse idem essentialiter ei, eo quod nihil aliud est verum de ipso. Sed illud quod est idem essentialiter Deo, non habet aliquid aliud a se prius naturaliter ipso – causa autem est aliud a causato et prius naturaliter ipso –, igitur nihil quod est in Deo potest de ipso aliquo modo per causam ostendi, nec per causam quae sit causa in essendo, nec inhaerendo, quia neutro modo potest esse aliud ab ipso et prius naturaliter. Sed si aliquid tale demonstratur de Deo per effectum, non est demonstratio propter quid, sed quia, ex I *Posteriorum* » (trad. fr. p. 101-103). Nous reviendrons sur ce passage fondamental au moment où nous commenterons le premier *extra* (§ 32) qui modifie la portée du paragraphe 31 et qui a fait l'objet d'une proposition de modification de la part de R. Wood, « Duns Scotus on Metaphysics as the Science of First Entity », art. cit., p. 25.

2. Un deuxième argument contre la thèse en soi porte sur l'impossibilité de trouver quelque chose d'univoque à Dieu et aux intelligences et donc, sur l'impossibilité d'en faire le sujet de la métaphysique. C'est la première fois dans la question que la problématique de l'univocité émerge; son rôle n'est autre que celui de montrer a) la diversité ontologique entre Dieu et les intelligences et b) si on admet l'hypothèse de l'existence d'un trait univoque entre Dieu et les intelligences, le danger d'y voir la présence de différences constitutives qui rendraient possible une définition de Dieu par genre et différence. Le trait univoque à Dieu et aux intelligences est rejeté à cause de cet effet contraire à la nature divine. À l'arrière-plan, se trouve la supposition de la nécessité de l'univocité du sujet de toute science et la thèse de l'impossibilité de l'univocité entre Dieu et quelque chose d'autre afin de protéger la nature divine d'une forme de composition attestée par une définition formée par genre et différence[1]. Bien que placé dans le cadre du rejet de la position averroïste, cet argument comporte une critique cachée à la thèse avicennienne, car l'univocité de l'étant comporte de même ce danger de composition en Dieu. Nous y reviendrons.

Or on constate le recadrage de la recherche métaphysique sur les restrictions classiques tirées des *Seconds Analytiques* et, par conséquent, le rejet explicite de l'assouplissement de ces conditions proposé par la solution averroïste. À notre avis, il ne faut jamais oublier que la querelle sur le sujet de la métaphysique se joue pour Scot dans l'interprétation des *Seconds Analytiques* : soit l'interprétation dure, fondée sur la nécessité des restrictions scientifiques imposées au sujet (ce qui exige la constitution de la métaphysique comme science *propter quid*), soit l'interprétation souple, fondée sur l'idée de la non-nécessité de ces restrictions, mais sur leur haute récurrence, *ut in pluribus* (ce qui permet la constitution d'une métaphysique comme science *quia*).

Cet argument ouvre la voie à la question de la place de Dieu dans l'articulation de la métaphysique. Dès le moment où Dieu est exclu du rôle de sujet, l'occasion se présente de réintroduire la distinction entre le sujet et la cause du sujet, chère à Thomas d'Aquin dans le prologue de son commentaire[2].

> Pour résoudre les arguments [§ 13-18] qui semblent aller en faveur du Commentateur, il faut remarquer qu'une science porte non seulement sur quelque chose en tant que sujet considéré principalement, mais encore sur les causes de ce sujet. Ainsi, la *Physique* traite de la nature, bien que ni le Commentateur ni Avicenne ne pose la nature pour sujet de cette science, mais bien quelque chose dont la nature est le principe. De même, le livre *De l'âme* traite de la définition de l'âme, de ses propriétés et de ses parties, bien que le corps animé dont l'âme est le principe soit posé pour sujet de cette science. De même, la

1. *In Met.*, I, q. 1 n. 34 (OPh, III, 29) : « Item contra Commentatorem : Deo et Intelligentiis non videtur esse aliquid commune univocum, quia tunc illud in eis distingueretur differentiis, et ita Deus posset definiri. Igitur non potest una scientia esse de Deo et de Intelligentiis, ut de subiecto, quia "una scientia est unius generis", I *Posteriorum* cap. illo "Certior" etc. ».

2. *Cf.* Thomas d'Aquin, *In XII Met.*, Prooemium (éd. Cathala, 1).

> logique traite de multiples [éléments] qui sont les principes du syllogisme, bien que le syllogisme y soit posé pour sujet principal. Et dans le livre *De l'interprétation*, on traite du nom, du verbe et du discours, qui sont les principes de l'énonciation, laquelle est posée pour sujet de ce livre. Et ainsi pour les autres [sciences][1].

La prolifération d'exemples montre que le rapport de Dieu à l'étant, comme « cause du sujet » au « sujet de la métaphysique », ne fait que reproduire *une articulation commune à d'autres sciences*, dans lesquelles sont traités aussi bien leurs sujets que les principes/causes des sujets. Ainsi, cette position anti-averroïste et apparemment avicennienne (ou bien thomasienne si l'on suit le passage du prologue au commentaire à la *Métaphysique*), situe Dieu dans l'articulation de la métaphysique comme cause de l'étant et comme une réalité dont la métaphysique s'occupe effectivement, précisément à titre de cause et principe du sujet. Averroès se trompe donc lorsqu'il considère que le traitement métaphysique de Dieu relève de son statut de sujet. Dieu est bien un objet privilégié de la recherche métaphysique, *comme cause du sujet*. Cela veut dire que, dans cette approche, le sujet de la science ne circonscrit pas le domaine de la recherche scientifique, mais qu'il inclut, tout en le situant à l'extérieur du sujet, ses causes et principes :

> De même pour notre propos : cette science considère les causes les plus hautes en tant que principes de son sujet, et non en tant que sujet principal. C'est pourquoi il est dit au début du livre VI de la *Métaphysique* : « les principes et les causes sont recherchés en tant qu'étants »[2]. Et le Philosophe, au début du livre IV de cet ouvrage, montre que cette science porte sur l'étant parce qu'elle porte sur les causes premières, et que ces causes sont causes en soi de l'effet premier, qui est l'étant en tant qu'étant[3].

1. *In Met.*, I, q. 1 n. 36 (OPh, III, 29-30) : « Ad illa igitur quae videntur facere pro Commentatore solvenda, notandum quod scientia non solum dicitur esse circa aliquid tanquam circa subiectum principaliter consideratum, sed etiam circa causas subiecti. Sicut in *Physica* tractatur de natura, quamvis nec Commentator nec Avicenna ponat naturam esse subiectum illius scientiae, sed aliquid cuius natura est principium. Similiter, in libro *De anima* tractatur de definitione animae et passionibus et partibus eius, quamvis subiectum illius scientiae ponatur corpus animatum cuius anima est principium. Similiter, in logica tractatur de multis quae sunt principia syllogismi, quamvis syllogismus ponatur ibi subiectum principale. Et in libro *Perihermenias* tractatur de nomine et verbo et oratione, quae sunt principia enuntiationis, quae ponitur subiectum illius libri. Ita in aliis » (trad. fr. p. 105).

2. Aristote, *Metaphysica*, VI (E), 1, 1025b2-3 (AL, XXV2, 116) : « Principia et causae quaeruntur entium, palam autem in quantum entia ».

3. *In Met.*, I, q. 1 n. 37 (OPh, III, 30) : « Consimiliter in proposito : circa causas altissimas est consideratio istius scientiae tanquam circa principia subiecti, non autem tanquam circa subiectum principale. Unde habetur in principio VI huius : "Principia et causae quaeruntur entium in quantum entia". Et Philosophus, in principio IV huius, ostendit hanc scientiam esse circa ens ex hoc quod est circa primas causas, quia illae causae sunt causae secundum se effectus primi quod est ens in quantum ens » (trad. fr. p. 105-107).

3. Il reste un dernier argument de la réfutation contre l'opinion en soi d'Averroès. Il traite le problème du lieu de Dieu et les Intelligences, en métaphysique, par la voie des concepts d'immatérialité et séparation. La fonction de cet argument consiste à situer les Intelligences entre deux lieux de l'articulation de la métaphysique. D'abord en tant que causes, mais aussi en tant que parties du sujet.

> Il faut faire une autre remarque : les substances immatérielles et immobiles ne relèvent pas de la considération d'une science particulière : pas de la physique, car elles ne sont pas mobiles ; ni de la mathématique, car elles n'ont pas de quantité. Mais leur considération relève d'une science supérieure, qui, par sa considération, les abstrait du mouvement et de la quantité. C'est pourquoi sont considérées dans cette science, non seulement comme les causes du sujet, mais comme les parties principales de son sujet, [les réalités] qui sont abstraites selon l'être (*secundum esse abstracta*), de l'abstraction qui est propre à cette science, et cette abstraction selon la raison convient aussi aux autres objets considérés dans cette science. Elle considère en effet tout ce qui est considéré ici, mais non en tant que quantifié, ni en tant que mobile ; et ainsi, tout ce qui est considéré [en métaphysique] est abstrait, selon cette considération, à la fois de la quantité et du mouvement. Et par conséquent, dans cette science sont considérées exclusivement les réalités qui sont séparées selon l'être de l'un [la quantité] et de l'autre [le mouvement], et telles sont les substances séparées[1].

Plusieurs observations s'imposent. D'abord, en raison du rejet de la position averroïste, cette réfutation se doit de justifier et de resituer le lieu et le rôle de Dieu et des intelligences dans un dispositif où ils ne sont plus le sujet de la métaphysique. Ces substances immatérielles ne restent pas moins étrangères à la considération de deux autres sciences théoriques : elles ne tombent ni sous la physique (car dépourvues de mouvement), ni sous les mathématiques (car dépourvues de quantité). Elles ne peuvent appartenir qu'à une science supérieure qui *abstrait* ses objets tant du mouvement que de la quantité. On en infère l'argument que les substances immatérielles sont autant des *causes du sujet* que des *parties du sujet*. Cela reflète un changement fondamental par rapport aux arguments des paragraphes 38-40, où les intelligences étaient considérées comme des causes traitées strictement en physique, à cause de leur

1. *In Met.*, I, q. 1 n. 42 (OPh, III, 31) : « Aliud est notandum quod substantiae immateriales et immobiles non pertinent ad considerationem alicuius scientiae particularis. Non naturalis, quia non sunt mobilia ; nec mathematicae, quia non quanta. Sed pertinet earum consideratio ad aliquam scientiam superiorem, cuius consideratio abstrahit a motu et a quanto. Unde in ista scientia considerantur non solum tanquam subiecti causae, sed tanquam principales partes subiecti, quae sunt secundum esse abstracta, illa abstractione quae propria est huic scientiae, quae etiam abstractio secundum rationem competit aliis consideratis in hac scientia. Consideratur enim quidquid hic consideratur, non in quantum "quantum", nec in quantum "mobile" ; et ita quodlibet consideratum abstrahitur, secundum considerationem, et a quanto et a motu. Et per consequens praecise considerantur hic illa quae secundum esse abstrahuntur ab utroque ; huiusmodi sunt substantiae separatae » (trad. fr. p. 107-109).

lien au mouvement[1]. Ici, on réintroduit sous le concept de *substances immatérielles* un ensemble ontologique qui peut bien recouvrir tant Dieu que les Intelligences. La méthode employée afin de les réunir n'est autre qu'une certaine conception de l'abstraction *secundum esse*, qui ne renvoie pas à un acte de l'intellect, mais à un état de fait. L'abstraction *secundum esse* ou *in essendo* (§ 59) fait référence à une réalité qui est *déjà* séparée de la matière, non à une réalité qui doive en être séparée[2]. C'est en ce sens que les *substances immatérielles* sont traitées par cette abstraction du mouvement et de la quantité. Sur elle repose la délimitation des causes et parties du sujet de la métaphysique en tant que séparées.

En fait, la notion de *partes subiecti* est possible, nous semble-t-il, par l'appel à cette abstraction *secundum esse*. En faisant cela, on peut réintroduire les substances séparées dans le sujet de la métaphysique, puisqu'elles n'y sont pas considérées du point de vue de la physique (du mouvement), ni du point de vue de la mathématique (de la quantité), même si elles restent *cause du sujet*. Leur description n'en reste pas moins problématique en tant que *parties du sujet*. Ce passage n'explique pas en quel sens il faut comprendre que les substances immatérielles sont considérées aussi bien en tant que *cause* qu'en tant que *parties du sujet*. Comment se fait-il que la même réalité soit en même temps cause de *x* et partie de *x* ?

Le deuxième niveau de la réfutation d'Averroès (I.A. 3.b § 43-61 ; *Extra* § 44-57) comporte la critique de la lecture averroïste d'Aristote (§ 14-16). Notons l'importance, pour l'instant quantitative, du long *extra*. Une fois qu'on l'a mis entre parenthèses, ce niveau de la réfutation est assez homogène et court.

Dans la suite du dernier argument de la section précédente, ce niveau s'ouvre par l'exposé scotiste de la position du prologue de saint Thomas, où l'on distingue nettement la place et le rôle tant de Dieu que des Intelligences dans l'articulation de la métaphysique :

> En effet, cette science est dite[3] porter sur les causes les plus hautes et les réalités divines, parce qu'elle porte sur Dieu, non en tant que sujet, mais en tant que

1. *In Met.*, I, q. 1 nn. 38-40 (OPh, III, 30).

2. *Cf.* O. Boulnois, « *Abstractio metaphysica*. Le séparable et le séparé, de Porphyre à Henri de Gand », *in* M. Pickavé (ed.), *Die Logik des Transzendentalen*, *op. cit.*, p. 37-59.

3. Thomas d'Aquin, *In XII Met.*, Prooemium (éd. Cathala, 2) : « Quamvis autem subiectum huius scientiae sit ens commune, dicitur tamen tota de his quae sunt separata a materia secundum esse et rationem. Quia secundum esse et rationem separari dicuntur, non solum illa quae nunquam in materia esse possunt, sicut Deus et intellectuales substantiae, sed etiam illa quae possunt sine materia esse, sicut ens commune. Hoc tamen non contingeret, si a materia secundum esse dependerent. Secundum igitur tria praedicta, ex quibus perfectio huius scientiae attenditur, sortitur tria nomina. Dicitur enim scientia divina sive *theologia*, inquantum praedictas substantias considerat. *Metaphysica*, inquantum considerat ens et ea quae consequuntur ipsum. Haec enim transphysica inveniuntur in via resolutionis, sicut magis communia post minus communia. Dicitur autem *prima philosophia*, inquantum primas rerum causas considerat ».

> cause du sujet ; de sorte qu'elle porte sur intelligences en tant que parties principales de son sujet, et non en tant que causes, car celles-ci ne causent qu'en mouvant ; et qu'elle porte sur Dieu en tant que cause, et non partie de ce sujet, car il n'est en rien univoque avec les autres[1].

La critique à la position d'Averroès revient à la charge contre cet amalgame qui établit des liens incorrects entre Dieu et les Intelligences sous le concept de substances immatérielles. Ce passage distingue le point de contact et surtout le point de divergence entre Dieu et les Intelligences quant à la manière de produire des effets et au niveau de l'univocité[2].

Le premier argument de la lecture averroïste d'Aristote (§ 14) tisse un lien entre a) le « prologue » à la *Métaphysique*, où Aristote définit la sagesse et b) le livre VI où il distingue les sciences théoriques. La réfutation proposera trois arguments visant à réinterpréter Aristote dans le sens de la non-inclusion de Dieu et des Intelligences dans le sujet de la métaphysique.

a) Le premier argument contre (§ 58) montre que la division des sciences du livre VI n'est pas faite selon le critère de la distinction des sujets, mais selon celui de la distinction de *principes*.

> Et sans doute (*forte*) cette distinction par les principes est-elle antérieure et plus essentielle, quoiqu'on tire parfois la distinction des sujets, comme le prouve l'autorité du *Traité de l'amê* III[3].

La réfutation recadre la distinction du livre VI qui est valable comme distinction par les sujets, pour le cas de la physique et de la mathématique, tout en laissant la place à une distinction plus essentielle et antérieure, par les principes, pour le cas de la métaphysique. En ce sens, la distinction par

1. *In Met.*, I, q. 1 n. 43 (OPh, III, 32) : « Secundum hoc patet ad auctoritates Philosophi. Dicitur enim haec scientia esse circa altissimas causas et divina, quia de Deo non tanquam de subiecto sed tanquam de causa subiecti ; ita quod de Intelligentiis est tanquam de principalibus partibus subiecti et non causis, quia non causant nisi movendo ; de Deo autem tanquam de causa et non de parte subiecti, quia in nullo univocatur cum aliis » (trad. fr. p. 109).

2. En ce sens, la réfutation d'Averroès semble s'aligner sur la position développée par Thomas. À la suite de ce paragraphe commence le long *extra* (§ 44-57) qui met en question la position même de Thomas par une considération plus nuancée de la production des effets et de la nature de la cause. Nous y reviendrons. Pour l'instant, dans le cadre de la première rédaction, il faut voir dans l'exposé de la solution de Thomas, l'arrière-plan de la relecture des autorités d'Aristote contre l'interprétation qui en propose la solution d'Averroès.

3. *In Met.*, I, q. 1 n. 58 (OPh, III, 35) : « Ad auctoritatem primam [§ 14] VI huius dicitur quod secundum Philosophum I *Posteriorum* cap. illo "Certior autem" : "Scientia altera est ab altera, quorumcumque principia neque ex eisdem neque ex alteris sunt". Distinguuntur ergo scientiae non solum penes diversa subiecta, sed etiam penes diversa principia. Et forte haec distinctio per principia est prior et essentialior, quamquam per subiecta aliquando fiat distinctio, sicut probat auctoritas illa III *De anima*. Sic igitur potest intelligi illa distinctio trium scientiarum speculativarum, VI huius, quod licet duarum, naturalis scilicet et mathematicae, ponantur ibi subiecta distinguentia – vel forte principia – tamen huius scientiae ponuntur ibi principia, non subiecta, per quae ab aliis distinguuntur » (trad. fr. p. 115).

l'immobilité et la séparabilité est une distinction par les principes. À partir de cette distinction découle une autre forme de partition du domaine du réel, car s'il s'agissait exclusivement de la distinction par les sujets, la métaphysique, comme cela arrive dans le cas défendu par Averroès, ne porterait que sur une partie (bien que la plus éminente) de la réalité.

Ainsi, sans l'exclure du champ métaphysique, Dieu doit rester à l'extérieur du sujet en jouant le rôle de cause ou principe. L'effort général de la réfutation d'Averroès consiste à resituer Dieu dans un autre rapport au sujet de la métaphysique.

b) Le deuxième argument contre cette lecture (§ 59) renforce cette distinction par un travail de clarification de la manière de distinguer la métaphysique des autres sciences.

> On peut dire autrement que cette science considère toutes [les choses] que considèrent les autres sciences particulières, quoiqu'elle les considère sous une raison plus commune et plus abstraite. Pourtant, elle considère certaines [choses] qui ne sont pas considérées dans les autres [sciences], celles à qui convient un tel degré d'abstraction dans l'être (*abstratio in essendo*) qu'il ne convient pas aux [choses] considérées dans les autres sciences. Et c'est pourquoi, lorsqu'on distingue cette science des autres, il convient que ce soit fait par les objets de considération dans lesquelles elle ne concorde pas avec les autres sciences, mais dans lesquelles elle s'en distingue. Dès lors, cette science porte sur les [réalités] « séparables et immobiles » [§ 14], non comme sur des sujets, mais comme sur les parties principales de son sujet, qui ne font pas partie de la raison du sujet d'une autre science [1].

Cette réponse relie les deux versants de la recherche métaphysique. D'un côté, elle porte sur ce sur quoi portent les autres sciences, mais sous un angle plus général : celui d'une raison plus commune et plus abstraite ; dans ce versant, la métaphysique se superpose aux autres sciences pour ramasser, par une vision d'ensemble, ce que les autres sciences étudient séparément. C'est apparemment le versant qui s'occupe de l'étant dans sa communauté. Or la métaphysique considère aussi une certaine réalité dont ne s'occupent pas les autres sciences. C'est cette réalité distinguée par les traits de l'immobilité et la séparabilité repérables par l'*abstractio in essendo*. Selon cette réponse, c'est aussi par cette réalité dont s'occupe exclusivement la métaphysique qu'il convient de la distinguer des autres sciences. La notion d'*abstractio in essendo*

1. *In Met.*, I, q. 1 n. 59 (OPh, III, 35-36) : « Aliter potest dici quod ista scientia considerat omnia illa quae et aliae scientiae particulares, licet sub ratione communiori et magis abstracta. Aliqua tamen considerat quae in aliis non considerantur, quibus convenit tanta abstractio in essendo quanta non convenit consideratis in aliis scientiis. Et ideo quando distinguitur haec scientia ab aliis, convenienter hoc fit per illa considerabilia in quibus non convenit cum aliis scientiis, sed in quibus distinguitur. Unde haec scientia est "circa separabilia et immobilia", non tanquam circa subiecta, sed tanquam circa principales partes subiecti, quae non participant rationem subiecti alicuius alterius scientiae » (trad. fr. p. 115).

prend une importance considérable, en ce qu'elle est définie comme celle qui correspond exclusivement à ce dont s'occupe la métaphysique et absolument pas les autres sciences : cette région de la réalité comprise par ce qui est séparé de la matière. Puisqu'il s'agit d'une région particulière, les objets qui s'y trouvent ne constituent pas le sujet de la métaphysique, mais une partie principale.

c) Une troisième réponse est encore possible contre l'interprétation averroïste d'Aristote. L'idée des entités « séparables et immobiles » recouvrirait tout existant (*quaecumque sit*). L'abstraction dont il est question n'est plus l'abstraction *in essendo* exclusive de Dieu et les Intelligences; il s'agit de celle qui peut porter sur tout étant, aussi bien le séparé que le séparable. L'exemple des mathématiques permet de comprendre la portée de cette abstraction, car les mathématiques portent sur les *immobilia* au sens où elles considèrent les quantités « sous une raison antérieure », en les séparant du mouvement[1].

Cette réponse propose donc une tout autre manière de comprendre en quel sens la métaphysique porte sur les réalités « séparables et immobiles ». Nous voyons bien que la réfutation de l'interprétation averroïste d'Aristote cherche des réponses possibles à une question en quelque sorte implicite : comment peut-on comprendre la *séparabilité et l'immatérialité* dont parle le passage en question du livre VI de la *Métaphysique* de façon à ne pas faire de Dieu et des Intelligences le sujet de la métaphysique ?

Ce deuxième niveau de la réfutation d'Averroès comporte donc trois stratégies. Pour la première réponse (§ 58), la division des sciences théoriques n'est pas faite selon le critère de la distinction des sujets, mais, au moins pour le cas de la métaphysique, par la distinction des principes, cette distinction étant « antérieure et plus essentielle ». La deuxième réponse (§ 59) distingue la métaphysique des autres sciences par l'*abstractio in essendo*, exclusive de la métaphysique, abstraction qui signale un trait déjà existant dans certaines réalités : elles sont séparées et immobiles avant toute intervention de l'intellect. La troisième réponse (§ 60), en revanche, pense l'immobilité et la séparabilité comme un trait de la réalité qu'elle considère, tiré de l'approche propre à la métaphysique. Cela veut dire que tout le réel peut être considéré en tant que séparé et immobile par un autre type d'abstraction opéré par l'intellect. De ce fait, Dieu et les Intelligences perdent toute spécificité dans la mesure où le type de séparation et d'immobilité dont s'occupe la métaphysique couvre la totalité de la réalité.

1. *In Met.*, I, q. 1 n. 60 (OPh, III, 36) : « Respondetur tertio modo sic : haec scientia est circa "immobilia et separabilia". Hoc est, circa quaecumque sit, circa illa est considerata sub istis rationibus, abstractione scilicet a motu et a materia naturali quae est principium generationis et corruptionis. Sicut mathematica dicitur esse circa immobilia, non quia quanta in essendo sint omnino immobilia, sed quia scientia mathematica considerat illa sub ratione priori, abstrahendo a motu ».

Ces trois réponses constituent trois tentatives de réfutation visant à « délocaliser » Dieu et les Intelligences du rôle de sujet de la métaphysique pour devenir : a) principes du sujet, b) parties principales du sujet ou c) seulement un couple d'entités incluses dans le vaste champ de la recherche métaphysique. Nous voyons deux modèles d'approche du problème du sujet de la métaphysique : a) un modèle causal qui relie Dieu à l'étant comme la cause à son effet et b) un modèle abstractif (selon l'*abstractio in essendo*) qui relie Dieu et les Intelligences à la métaphysique comme ceux qui sont déjà séparés à ceux qui sont séparables. Selon le premier modèle, Dieu et les Intelligences sont le sujet de la métaphysique; selon le deuxième modèle, ils sont une partie principale du sujet.

Finalement, que faire du nom « théologie » que le livre VI réfère à la métaphysique comme portant sur le sujet le plus noble (§ 15-16) ? La réfutation revient à l'idée que le nom « théologie » renvoie à la *cause* du sujet et non au sujet lui-même, de même que la physique porte sur la nature, bien qu'elle ne soit pas le sujet de la physique, mais principe du sujet[1] (*cf.* § 36).

Il ne nous reste qu'à commenter le troisième niveau de la réfutation (I.A. 3.c § 62-67), qui comporte la réponse aux arguments de raison *pro* Averroès de la section zéro (§ 17-18). Jusqu'à présent, la réfutation d'Averroès n'a proposé aucune position positive à l'égard de la thèse de Dieu et des Intelligences comme sujet de la métaphysique, même si les arguments *contra* laissent penser que l'option pour l'étant se met en place lorsque l'on déplace Dieu vers le rôle de cause ou partie du sujet. Cette section, en revanche, montrera l'émergence d'une réflexion qui met au centre du débat la possibilité de la *substance* comme sujet de la métaphysique, au moins comme hypothèse alternative à celle de Dieu.

En ce sens, le deuxième argument *pro* (§ 18) nous intéresse particulièrement. Il pointait le rapport entre les attributs considérés dans toute science et l'élément premier auquel ils sont attribués. L'argument concluait que le sujet propre de la métaphysique était la cause première (Dieu) à laquelle tous les étants sont attribués[2]. La réfutation de cet argument revient sur l'idée que les attributs du sujet d'une science doivent être démontrés par une science *propter quid*[3]. La raison du rejet de Dieu comme sujet repose sur les conditions de sa

1. *In Met.*, I, q. 1 n. 61 (OPh, III, 36) : « [Ad caeteras auctoritates] Ad alias auctoritates VI patet quod haec scientia potest dici theologia, non a subiecto sed a causa, sicut naturalis scientia dicitur a natura, quae non est subiectum illius scientiae, sed principium subiecti ».

2. *Ibid.*, n. 18 (OPh, III, 21) : « Item, omnis scientia considerans aliqua multa attributa ad aliquid unum primum, maxime considerat illud primum tanquam proprium subiectum ad quod alia attribuuntur, ut dicit Philosophus IV huius cap. 1 : "Ubique primi proprie est scientia, ex quo alia dependent, et propter quod dicuntur" ; sed prima causa est ad quod omnia entia attribuuntur ; igitur de primo maxime proprie est ista scientia, ut de subiecto ».

3. *Ibid.*, n. 63 (OPh, III, 36-37) : « Ad aliam rationem [§ 18]. Ad maiorem dici potest quod scientia, quae est de multis attributis ad unum primum, maxime est de illo primo ut de subiecto *si illud primum habet condiciones requisitas ad subiectum in tali scientia puta si scientia sit propter*

connaissance en métaphysique, où Dieu ne peut être connu que par ses effets. Néanmoins, il faut faire face à un deuxième argument en faveur de Dieu comme sujet qui met l'accent sur sa primauté ontologique, dans la mesure où toutes choses sont attribuées effectivement à Dieu absolument (*simpliciter*). C'est cette confrontation de l'ordre ontologique (où l'attribution correspond à une dépendance ontologique) et des limites de la connaissance scientifique (dont la rigueur impose la connaissance par la cause) qui détermine, nous semble-t-il, la coexistence de deux approches :

> [§ 64] On confirme cet argument [*cf.* § 63 et 18] : quand certaines choses sont attribuées à d'autres selon l'ordre de l'antérieure et du postérieur, la considération qui est absolument première porte sur les choses qui sont attribuées à ce qui est absolument premier. Tous les accidents sont immédiatement attribués à la substance, mais à Dieu en tant qu'antérieur, car même le genre de la substance est attribué à Dieu; donc la considération absolument première des étants porte sur eux en tant qu'ils sont attribués à Dieu et non à la substance. Par conséquent Dieu est absolument le sujet premier [de la métaphysique].
> [§ 65] - Je réponds : la considération absolument première porte sur les étants en tant qu'attribués à Dieu, non en tant que sujet (car il ne peut pas avoir les caractères de sujet d'une science par la cause), mais en tant que cause [1].

La primauté ontologique de Dieu est la dernière preuve offerte par la position averroïste pour fonder le statut de Dieu comme sujet de la métaphysique. Or on ne saurait surestimer dans cet argument, qui figure parmi les derniers dans le traitement de la position d'Averroès, l'émergence a) de la présence prudente, mais ferme, de la substance dans le dispositif ontologique sur lequel porte finalement la quête métaphysique et b) le recours au langage de l'analogie (*per prius et posterius*) pour pointer l'antériorité absolue (*simpliciter primum*) propre du sujet de la métaphysique, déterminée ici par le fait que le sujet premier est celui auquel l'attribution des étants est absolument première et antérieure par rapport à l'attribution des accidents à la substance.

Ainsi, le premier mouvement de réduction des étants à Dieu, un grand arc qui commence par les accidents, consiste justement dans la réduction *immédiate* des accidents à la substance par une première attribution qui marque leur dépendance à son égard. Mais cette attribution immédiate ne correspond pas à la forme de l'attribution première ou à l'absolument premier. Cela est prouvé

quid et tale primum habeat aliquid demonstrabile de eo per causam. Ita non est in proposito, cum haec sit scientia propter quid, et de Deo nihil per causam demonstretur » (nous soulignons).

1. *In Met.*, I, q. 1 nn. 64-65 (OPh, III, 37) : « Confirmatur illa ratio : quia quando aliqua attribuuntur ad alia, ut ad prius et posterius, simpliciter prima consideratio est de illis ut attribuuntur ad simpliciter primum. Accidentia omnia attribuuntur immediate ad substantiam, sed ad Deum ut ad prius, quia et ipsa substantia genus attribuitur ad Deum ; ergo simpliciter prima consideratio de entibus est de illis ut attribuuntur ad Deum, non ad substantiam. Ergo Deus est simpliciter primum subiectum. [§ 65] Responsio : simpliciter prima consideratio est de entibus, in quantum attributa ad Deum, non ut subiectum (quia non potest habere condiciones subiecti scientiae propter quid), sed ut ad causam » (trad. fr. p. 117-119).

par le fait que la substance elle-même est attribuée d'une façon, non plus immédiate, mais *absolue* à Dieu. Il faut donc différencier l'attribution *immédiate* des accidents à la substance et l'attribution *absolue* de la substance à Dieu. Tous les étants sont donc attribués à Dieu, non en tant que celui-ci serait le sujet de la métaphysique, *mais en tant que Dieu est la cause des étants.*

Cette structure, où Dieu est le premier auquel toutes les autres réalités sont attribuées, est vraie du point de vue ontologique ; il n'en reste pas moins vrai que Dieu ne remplit pas les conditions du sujet d'une science par la cause. Néanmoins, à aucun moment le rejet de Dieu comme sujet ne suppose une forme de rejet parallèle de sa primauté ontologique. C'est, au contraire, aussi bien sa primauté elle-même que la limite de notre connaissance qui l'excluent du rôle du sujet. Sa primauté, car rien ne peut être démontré de Dieu par une cause, étant lui-même la cause première ; notre connaissance, car elle ne peut connaître avec certitude que par la cause.

La fin du traitement de la position d'Averroès semble donc arriver à une double conclusion : Dieu est l'absolument premier. Cependant, en ce qui concerne le rôle du sujet de la métaphysique, il n'est pas le premier auquel les autres étants sont attribués. Tout en étant l'absolument premier auquel tous les étants sont attribués, il devrait, pour être aussi le sujet de la science première, posséder les conditions du sujet de la science. De ce fait, l'attribution ontologique à un premier (Dieu) ne correspond pas à l'attribution des propriétés au sujet de la métaphysique, en raison de l'impossibilité d'attribuer des causes au premier au sens ontologique. Ainsi, une certaine idée de la science et du mécanisme de certification ou validation de la connaissance empêche la postulation de Dieu comme sujet de la métaphysique. C'est pour cela que la question sur cet élément auquel toutes choses sont attribuées et qui, par conséquent, constitue le « sujet principal » de la métaphysique, reste intacte et à suivre[1]. Nous aurons l'occasion de souligner plus tard [2], l'importance de cette notion de « sujet principal » vis-à-vis de la substance, que Scot va présenter vers la fin de la première rédaction de cette question (§ 94-96).

Ce qui surprend dans cette analyse de la position d'Averroès est l'évocation finale d'une certaine position aristotélicienne, par un passage du livre Γ (2, 1003b17-18)[3], déjà cité dans le paragraphe 18 (où il était interprété pour soutenir la *cause première* comme sujet), mais maintenant *complété par sa suite*, où Aristote pose l'hypothèse de la substance comme sujet. Elle arrive dans la question, une fois Dieu est exclu et une fois avéré qu'il faut continuer l'enquête :

1. *In Met.*, I, q. 1 n. 67 (OPh, III, 37) : « Sed quid sit illud primum ad quod omnia alia attribuuntur, quod sit hic ponendum subiectum principale, dicetur in consequentibus ».

2. Voir *infra* chap. IV, p. 203-213.

3. Aristote, *Metaphysica*, IV (Γ), 2, 1003b17-18 (AL, XXV3, 68) : « Vbique uero proprie primi est scientia, ex quo alia pendent et propter quod dicuntur ».

Et le Philosophe, au livre IV, à l'endroit cité, conclut aussitôt : « Donc si c'est la substance, il faut que le philosophe possède les principes et les causes des substances »[1]. Il pose donc que celui-ci est la substance, et non Dieu. Et on trouve la même chose au début du livre VII[2].

Cette présence de la substance surprend dans la mesure où elle n'avait pas été incluse dans la liste des candidats, alignés sous les figures d'Averroès et d'Avicenne. Toutefois, elle ne devrait pas surprendre, dans la mesure où c'est de la *Métaphysique* d'Aristote dont s'occupe toute l'opération interprétative de la question et du commentaire. De plus, nous allons voir revenir la substance comme candidat au rôle de sujet de la métaphysique, vers la fin du traitement de la position d'Avicenne (§ 91-97). Nous voyons ici et là un parallélisme dans la structure des deux traitements qui nous permettra de proposer certains changements dans l'interprétation de la *divisio textus* : en effet, la première rédaction choisira finalement la substance comme solution à la question, de sorte que cette première mention de la substance, dans les paragraphes que nous venons de commenter, s'explique comme anticipation de la solution la plus probable face aux hypothèses d'Averroès et d'Avicenne évaluées à la lumière des *Seconds Analytiques* et de son idée de la science *propter quid* telle que Scot la comprend.

Si l'on demande, après l'exposé continu de cette section de la question, quelle est la critique centrale à la position d'Averroès, ou pourquoi il faut rejeter Dieu comme sujet de la métaphysique, il faut dire que la réponse penche pour des raisons d'ordre épistémique, notamment sur l'évidence que Dieu ne peut pas être conçu comme sujet. Dieu en effet ne respecte pas les réquisits exigés au sujet d'une science *propter quid*, notamment relativement à la recherche de la certitude scientifique qui repose sur la nécessité de démontrer les propriétés du sujet par sa cause ou ses causes. Cela peut laisser donc la place, pour l'instant à titre de suggestion ou d'hypothèse à vérifier dans la suite de la question, à la substance comme sujet de la métaphysique en tant que sujet premier d'attribution. Cette hypothèse peut compter sur l'autorité d'Aristote, en particulier par la lecture croisée de quelques passages centraux des livres Γ et Z.

1. Aristote, *Metaphysica*, IV (Γ), 2, 1003b19 (AL, XXV3, 68) : « Ergo si hoc est substantia, substantiarum oportet principia et causas habere philosophum ».

2. *In Met.*, I, q. 1 n. 67 (OPh, III, 37) : « Et Philosophus in IV, ubi allegatum est, concludit statim : "Ergo si hoc est substantia, substantiarum oportet principia et causas habere philosophum". Unde illud primum ponit substantiam, non Deum. Et idem habetur in principio VII » (trad. fr. p. 119). *Cf.* Aristote, *Metaphysica*, VII (Z), 1, 1028a29-34 (AL, XXV3, 132-133) : « Palam ergo quia propter eam et illorum singula sunt. Quare primo ens et non aliquid ens sed ens simpliciter substantia utique erit. Multipliciter quidem igitur dicitur quod primum ; sed substantia omnium primum, ratione et notitia et tempore ».

Finalement, un élément de la position d'Averroès qui restera flottant jusqu'à sa réfutation explicite par Scot[1], est la double attribution du rôle de sujet à Dieu et les Intelligences.

La position d'Avicenne

Le traitement de la position d'Avicenne (I.B § 68-90) est parallèle dans sa structure générale à celui d'Averroès. Voici le schéma de cette section :

I.B § 68-90 : La position d'Avicenne
I.B. 1 § 68-73 : Énoncé de la thèse et arguments d'autorité et de raison *pro*
I.B. 2 § 74-84 (*Extra* § 79-83) : Réponse dans le sens d'Avicenne aux trois arguments principaux (§ 1-10)
I.B. 3 § 85-90 : Réfutation des arguments avicenniens contre les arguments principaux (§ 74-77)

Néanmoins, le traitement d'Averroès est beaucoup plus long : l'extension du texte de base, compte non tenu des *extras*, est environ double par rapport à celui d'Avicenne. Cela se voit déjà en ce que la section I.B. 3 ne décline pas la réfutation des arguments d'Avicenne en trois niveaux. De plus, la section I.B. 3 réfute les arguments de la section I.B. 2, tandis que dans le cas du traitement d'Averroès, la réfutation porte sur les arguments de raison *pro* de la section I.A. 1.

Nous pouvons aussi remarquer que le degré d'intervention des *extras* se concentre dans la section I.B. 2, tout en étant beaucoup moins développé que dans le cas de la position d'Averroès. Il nous faut donc nous demander pourquoi la position d'Avicenne pouvait être traitée d'une façon moins développée que celle d'Averroès. C'est au niveau de la thèse soutenue que nous croyons voir une forme de réponse à cette question. Ainsi, tout laisse croire que la réfutation d'Avicenne a déjà été faite dans le cadre de la discussion sur l'unité ou diversité des catégories dans le commentaire aux *Catégories*[2], de sorte que son traitement ici, dans le commentaire à la *Métaphysique*, est une forme de constatation des acquis obtenus ailleurs.

On a l'impression que la section sur Avicenne est beaucoup plus hypothétique dans son langage, beaucoup plus « prudente », si l'on veut, dans l'exposition de la position. Les arguments d'autorité ne se concentrent qu'autour de quelques motifs tirés de la *Métaphysique* traités hypothétiquement. Nous ne nous attarderons que sur le premier argument. Celui-ci soutient que « *Le Philosophe semble* » prouver que le sujet de la métaphysique est l'étant en tant qu'étant. Comment ? Puisque la métaphysique s'occupe des premières causes (livre I), « il faut considérer l'*effet des premières causes en lui-même*. Mais les premières causes sont en elles-mêmes les causes des étants en

1. *In Met.*, I, q. 1 nn. 125-129 (OPh, III, 58-59).
2. Cf. *In Praed.*, q. 1-4 (OPh, I, 249-292). Voir *supra* chap. III, p. 114-120.

tant qu'étants. Donc l'étant en tant qu'étant est ici [en métaphysique] considéré comme le sujet »[1]. C'est par un accent sur l'*effet* des premières causes que l'argument revient à l'articulation de la métaphysique que nous avons rémarquée, dans laquelle le sujet est constitué par l'effet (étant), tandis que ses causes (les premières causes) restent à l'extérieur du sujet.

D'un autre côté, la thèse d'Avicenne *semble* être soutenue par deux arguments de raison qui marquent la tension entre les sciences particulières, limitées à un genre déterminé, et les propriétés, dont s'occupe la métaphysique, applicables à tout étant.

Le premier argument est constitué de deux volets : d'abord l'idée que l'étude des *communissima* semble exiger une science autre que les sciences spéciales, « sans lesquelles les choses particulières ne peuvent pas être connues »[2]. L'argument marque *négativement* la différence entre ce qui relève de l'étude de réalités particulières et ce qui relève de l'étude des *communissima*, par l'impossibilité de s'occuper des *communissima* dans les sciences particulières et par le besoin de s'en occuper en tant que condition de la connaissance de ces réalités[3]. C'est ce qu'affirme le deuxième volet en remarquant que les propriétés dont s'occupe cette science « ne semblent pas être immédiatement les propriétés de quelque chose de déterminé, mais de toute chose (*cuiuslibet*) en tant qu'étant ». L'irréductibilité des propriétés étudiées en métaphysique oblige donc à considérer la nature de cette science du général qui est la science de l'étant : « Or ce dont les propriétés sont considérées par soi immédiatement dans une science *semble être* son sujet premier et propre »[4].

Le deuxième argument attire l'attention sur le paradoxe qu'il y aurait à supposer que la métaphysique porte sur un genre déterminé. Si c'était le cas, la détermination de ce genre par ses différences impliquerait l'existence de quelque chose d'antérieur : il devrait donc y avoir une science antérieure à la métaphysique. Pourquoi ? Ce qui serait supérieur au genre métaphysique aurait lui-même des propriétés démontrables, propriétés qui seraient plus générales

1. *In Met.*, I, q. 1 n. 68 (OPh, III, 38) : « Alia est opinio Avicennae quod primum subiectum huius scientiae est ens in quantum ens. [Argumenta ex auctoritatibus] Hoc *videtur* Philosophus probare in principio IV huius : "Est scientia quaedam" etc., ubi secundum Commentatorem intendit stabilire subiectum istius artis, ad quod innuitur ibi talis ratio : quia metaphysica considerat primas causas, ut probatum est in I huius, ideo debet considerare effectum secundum se primarum causarum. Primae autem causae sunt causae secundum se entium in quantum entia ; ergo ens in quantum ens consideratur hic tanquam subiectum » (trad. fr. p. 121).

2. *Ibid.*, n. 72 (OPh, III, 39) : « Item, ad hoc videtur esse ratio : tum quia oportet esse aliquam scientiam per se considerantem communissima, sine quibus non possunt particularia cognosci ».

3. C'est ce que le prologue appelait les *transcendentia* les réalités transcendantales ou transcendantes, insaisissables sous une science particulière dans la mesure où toutes les sciences particulières y font appel pour leurs propres démarches. Cf. *In Met.*, I, Prol. n. 17 (OPh, III, 8).

4. *Ibid.*, q. 1 n. 72 (OPh, III, 39) : « Tum quia passiones hic consideratae puta unum et multa, potentia et actus, et similia non uidentur esse alicuius determinati primo, sed cuiuslibet in quantum ens. Illud autem videtur primum esse subiectum et proprium cuius primo sunt passiones quae per se considerantur in scientia » (trad. fr. p. 123).

que le sujet de la métaphysique, de telle sorte que la science démontrant ces propriétés serait antérieure et plus haute que la métaphysique[1].

L'évidence que la métaphysique s'occupe de démontrer des propriétés transcendantales *semble* indiquer qu'elle s'en occupe en tant que propriétés de son sujet propre et premier (l'étant) ; d'un autre côté, l'idée que la métaphysique porte sur un genre *déterminé* comporte une conséquence absolument indésirable : qu'il y ait une science antérieure et plus haute que la métaphysique. Ainsi, le premier argument insiste sur la généralité du sujet et le second sur son indétermination absolue : ceci ne peut qu'être l'étant.

La section I.B. 2 § 74-84 (*Extra* § 79-83) présente la réponse aux trois arguments principaux de la question (§ 1-10). En ce qui concerne la position d'Avicenne, le premier argument (§ 1 et 5) rejette la possibilité d'une préconnaissance de l'essence (*quid*) de l'étant sur la base de deux raisons : l'autorité de Porphyre[2] soutenant l'équivocité de l'étant et les conséquences dérivées de l'hypothèse de l'univocité. Elle entrainerait, en tant que l'étant serait *communissimum*, que celui-ci ne possède ni genre ni différence et qu'il ne possède donc pas de définition (celle-ci étant l'expression du *quid* de l'étant).

Pour y répondre, on propose un changement majeur consistant en l'inclusion d'une conception *large* de la définition. On assiste à une double distinction : entre *quid* et *quidditas proprie dicta* qui fonde celle entre la définition *large* et la définition *proprie dicta*. Avoir un *quid*, ce n'est pas avoir nécessairement une quiddité. Les *communissima* n'ont pas une « définition proprement dite », mais ils possèdent un *quid*. Cette distinction renvoie à un deuxième dédoublement entre la définition formée par la composition d'un genre et une différence spécifique (la définition *proprie dicta*) ; et la définition *large* qui exprime le *quid* des *communissima*[3].

Au fond, la réponse distingue deux types des réalités : les espèces et les réalités *communissima* ou *transcendentia*. Ceux-ci possèdent une définition, malgré le fait qu'ils ne sont pas soumis à la composition par genre et différence,

1. *In Met.*, I, q. 1 n. 73 (OPh, III, 39-40) : « Item, si ista scientia esset de aliquo genere determinato, quod quidem genus haberet aliquid superius ad ipsum, tunc alia esset scientia superior et prior ista ; consequens falsum ex VI huius. Probatio consequentiae : quia illud superius haberet aliquam passionem demonstrabilem de ipso in alia scientia. Ergo eadem passio esset demonstrabilis de subiecto illius scientiae, accipiendo pro medio illud cuius primo est. Et ita illa scientia de subiecto communiori demonstraret aliquid tanquam conclusionem, quod acciperetur hic pro principio, et ita illa scientia prior et superior ista ».

2. Porphyre, *Liber praedicabilium* (*Isagoge*), c. *De specie*, II, 10 (AL, I6, 12).

3. *In Met.*, I, q. 1 n. 75 (OPh, III, 40-41) : « Et ad aliam probationem, cum dicitur "ens non habet quid quia est transcendens", responsio : hoc concluderet aequaliter de omni generalissimo, quia nullum generalissimum habet quiditatem proprie dictam. Tamen quodlibet habet quid ; tum quia habet essentiam ; tum quia alias non praedicaretur in quid de aliquo. Unde probatio illa est insufficiens, scilicet "si non habet definitionem proprie dictam, non habet quid" ; non sequitur nisi de quiditate speciei, cuius proprie est definitio ».

car ils possèdent, néanmoins, une essence et qu'ils se prédiquent essentiellement (*in quid*) de toutes choses.

Le deuxième argument principal (§ 6 et 8) exclut l'existence de propriétés de l'étant (*passiones entis*). L'argument en offre deux raisons *croisées* : l'étant se prédique essentiellement de toute chose et appartient à l'essence de toute chose, tandis que les propriétés de quelque chose sont essentiellement différentes de leur sujet d'inhérence et que celui-ci ne se prédique qu'accidentellement de ses propriétés. C'est ainsi que tant la généralité absolue de l'étant que sa prédicabilité *in quid*, elle aussi générale, excluent la possibilité que l'étant possède des propriétés.

La réponse en faveur des *passiones entis* comporte une distinction importante entre l'étant *en tant qu'étant* et l'étant *pris dans sa généralité*. Cela permet, en même temps, de concéder que les propriétés soient extérieures à l'étant et que l'étant se prédique essentiellement de toute réalité. Voici le passage en réponse au deuxième argument principal (§ 6 et 8) :

> L'étant en tant qu'étant peut avoir une propriété quelconque qui est hors de son essence en tant qu'il est étant[1]. C'est ainsi qu'être un ou multiple, en acte ou en puissance, est hors de l'essence de chaque chose en tant qu'elle est un *étant* ou un « quid » en soi. Cependant, *l'étant*, pris selon une raison générale quelconque, est prédiqué de toute chose dans son « ce que c'est » (*in quid*), et il appartient à l'essence de chacune. Par là, [la réponse] à l'autre argument [§ 8] est manifeste : l'étant est prédiqué *in quid* de chaque chose prise en tant que « ce que c'est » (*quid*) mais non prise sous n'importe quelle raison selon laquelle elle est une propriété de l'étant[2].

Le troisième argument principal (§ 10) rejette l'idée que l'étant possède des principes propres[3] : « si l'étant *en tant qu'étant* avait de principes, alors n'importe quel étant aurait des principes »[4]. L'argument suggère que l'existence des principes propres à l'étant *en tant qu'étant*, impliquerait que *chaque étant* en possèderait, de sorte que ce qui serait propre au sujet de la métaphysique serait un trait commun à tout étant, l'étant divin inclus.

1. Cf. *Ord.*, I, d. 3 p. 1, q. 3 nn. 134-136 (Vat. III, 83-85).

2. *In Met.*, I, q. 1 nn. 76-77 (OPh, III, 41) : « Ad aliam rationem responsio : ens in quantum ens potest habere passionem aliquam quae est extra essentiam eius in quantum est ens. Sicut esse unum vel multa, actu vel potentia, est extra essentiam cuiuslibet in quantum est ens sive quid in se. Tamen ens, acceptum secundum quamcumque rationem generaliter, praedicatur de quolibet "in quid", et est de essentia cuiuslibet. Per hoc patet ad aliam rationem, quia ens praedicatur "in quid" de quolibet accepto ut quid est, non tamen accepto secundum quamcumque rationem, secundum quam est passio entis » (trad. fr. p. 125).

3. *Cf.* Aristote, *Analytica Priora*, I (A), 38, 49a12-25 (AL, III1, 79-80).

4. *In Met.*, I, q. 1 n. 10 (OPh, III, 18) : « Probatio secundae partis : quia *si ens, in quantum ens, haberet principia, igitur quodlibet ens haberet principia*, sicut arguit Philosophus I *Priorum* cap. "De reduplicatione" : si iustitia esset bonum in eo quod bonum, iustitia esset omne bonum » (nous soulignons).

La question offre deux réponses. Selon la première :

> Au troisième argument, il faut répondre : lorsqu'on dit « les principes de l'étant en tant qu'étant », on ne comprend pas le [terme] « en tant que » au sens réduplicatif (*reduplicative*), comme s'il signifiait la cause, mais au sens spécificatif (*specificative*), au sens suivant : [principes] de l'étant en tant qu'étant, c'est-à-dire, de l'étant selon son entité[1].

La réponse relie *reduplicative* à une forme de renvoi à la cause, tandis que *specificative* prend le sens d'une concentration sur l'entité de l'étant, plutôt que sur sa cause. En ce sens, il semble que l'interprétation de ce passage considère que l'étant (ou tout étant) a des principes, *en tant qu'étant*, au sens où à l'étant correspond un *quid* et une définition large, et non au sens où les principes de l'étant *en tant qu'étant* renverraient à une cause de l'étant (ou de tout étant)[2]. Cette distinction neutralise l'idée d'une cause de Dieu en tant que tout étant aurait des principes compris comme des causes.

Dans la même optique, une tout autre réponse est donnée, qui vise à limiter la portée de l'idée de « principes de l'étant en tant qu'étant » à l'étant *créé* : par là, la conséquence, « il y a des principes de tout étant de cette sorte », n'est plus un inconvénient, car elle ne porte pas sur Dieu en tant qu'étant premier[3].

Les deux réponses visent à neutraliser la portée d'une interprétation où *tout étant* aurait des principes, afin de la limiter, soit par le biais d'une lecture *specificative* de « l'étant en tant qu'étant », soit par une lecture qui le réduit au niveau de la créature.

La section I.B. 3 du traitement de la position d'Avicenne (§ 85-90) s'occupe de construire la réfutation des arguments avicenniens contre les arguments principaux (§ 74-77). Il s'agit donc de réfuter les raisons en faveur de l'étant comme sujet de la métaphysique (arguments correspondant à la section I.B. 2) et, indirectement, de réfuter l'univocité de l'étant.

Résumons les thèses à réfuter : Avicenne semble rejeter l'équivocité de l'étant (thèse porphyrienne dans l'*Isagoge*) (§ 74). Tout en étant *transcendens*, l'étant possède un *quid*, bien qu'il ne possède pas une quiddité à la façon des espèces (§ 75) ; l'étant en tant qu'étant possède des propriétés extérieures à son essence (§ 76-77) ; « en tant que » doit être interprété *specificative* et non *reduplicative* dans l'expression « l'étant en tant qu'étant » (§ 78), ou encore, il faut l'interpréter comme renvoyant exclusivement à l'étant créé (§ 84).

1. *In Met.*, I, q. 1 n. 78 (OPh, III, 41) : « Ad tertiam rationem dicendum : cum dicitur "principia entis in quantum ens", non intelligitur ly "in quantum" reduplicative ita quod denotet causam, sed specificative, ut is sit sensus : entis in quantum ens, id est, entis secundum suam entitatem » (trad. fr. p. 125).

2. Sur ce point et dans cet endroit de la question va s'insérer le seul *extra* (§ 79-83) inclus dans le traitement de la position d'Avicenne. Nous y reviendrons.

3. *In Met.*, I, q. 1 n. 84 (OPh, III, 43) : « Aliter dicitur ad hoc, quod cum dicitur "entis in quantum ens sunt principia", non intelligitur nisi de ente creato. Et si concludatur "ergo cuiuslibet entis talis sunt principia", nihil mali accidit de tali ente ».

La réfutation de l'univocité de l'étant se trouve devant une double possibilité : tout en attaquant l'univocité, on peut suivre la thèse porphyrienne en faveur de l'équivocité ou bien se pencher sur la position moyenne de l'attribution à un élément premier, l'analogie métaphysique.

C'est cette dernière option qui va s'ensuivre de la réfutation d'Avicenne. En se fondant sur *Métaphysique* IV, la réfutation part de la supposition que « l'étant ne puisse pas avoir de concept commun aux dix catégories (*genera*) », afin de noter, d'un côté, qu'aucun sujet, à cause des exigences d'unité scientifique, ne peut porter sur une pluralité, même si elle est attribuée à un élément premier et, de l'autre, que dans ce dernier cas, c'est l'élément premier qui constitue « le sujet propre » d'une telle science pour garantir son unité. L'exigence d'unité, « une science unique a un sujet unique », est expliquée par le rapport strict entre l'*habitus* de l'intellect qui ne peut porter par un acte unique que sur un objet unique et non sur une pluralité, même dans le cas où elle est attribuée à un élément premier[1].

Or, cette réfutation se construit dans le cadre d'une hypothèse : au lieu d'accepter l'équivocité de l'étant (qui sera traitée à fond dans le livre IV du commentaire), *la non-communauté de l'étant aux dix catégories* est supposée. La réfutation assume tant la non-communauté que le fait que cette non-communauté ne porte que sur les *dix catégories*. Par là, la réfutation nous montre ce qu'il faut accepter ou supposer pour arriver à rejeter l'univocité de l'étant.

Nous voyons dans cette première réponse un prélude de la solution qui, petit à petit, semble s'imposer dans la première rédaction de la question : le sujet de la métaphysique est bien la substance, premier élément d'attribution dans le régime catégoriel, qui remplit les exigences de scientificité imposées par les *Seconds Analytiques* au sujet d'une science.

Le deuxième moment de la réfutation vise la thèse de l'existence des propriétés de l'étant en tant que commun aux dix catégories (§ 76-77). Cette réfutation se dédouble sur deux fronts : la réfutation de l'étant comme étant commun et la réfutation de l'idée que l'étant possède des propriétés, car *tout étant en possède* (ceci étant la reformulation de la réponse après la réfutation du premier front).

Quant à ce premier front, la réfutation recense deux « conséquences inadmissibles » (*inconvenientia*) ou inconvénients logiques à l'idée que « l'étant selon toute sa communauté envers les dix catégories (*genera*), a une certaine

1. *In Met.*, I, q. 1 n. 85 (OPh, III, 44) : « Contra responsionem ad primum. Supponatur quod ens non possit habere conceptum communem ad decem genera propter auctoritates Philosophi et rationes quae tanguntur in principio IV. Tunc cum unius scientiae sit unum subiectum, ex I *Posteriorum*, et probatur sic : secundum unum habitum convenit operari uno actu ; unus autem actus intelligendi non potest esse nisi circa unum obiectum (non enim potest esse unus actus intelligendi circa omnia attributa ad unum, quia tunc unum esset intelligere omnium entium, cum omnia attribuantur ad unum primum) ; sequitur ergo quod *oportet ponere aliquod unum ens, cui alia attribuantur, proprium subiectum ex cuius unitate sit scientia una* » (nous soulignons).

propriété, par exemple *x* »[1]. Autrement dit, la réfutation thématise la tension qui se produit entre deux positions incompatibles : a) que l'étant soit univoque aux dix catégories et b) que l'étant possède des propriétés.

Voici le passage où Scot expose le premier inconvénient logique :

> La première conséquence est que l'étant pris dans toute sa communauté serait hors de l'essence de cette propriété *x*, en tant que sujet hors de l'essence de cette propriété, parce qu'il tombe sous la définition de cette propriété comme quelque chose d'ajouté, d'après le livre VII de la *Métaphysique*. Et dans ce cas, l'étant pris dans toute sa communauté ne serait (*predicatur*) pas prédiqué *in quid* de toute chose[2].

La convergence de la totale communauté de l'étant et de l'existence d'une propriété de l'étant se heurte à cette exigence que, dans la définition de toute propriété, le sujet d'inhérence soit inclus en tant que quelque chose hors de l'essence de la propriété, par la raison que la propriété elle-même est hors de l'essence de son sujet.

Soutenir les deux idées en même temps conduit à une contradiction insurmontable : à la fin, il faudra rejeter l'une ou l'autre de deux idées. Si *x* est une propriété de l'étant, l'étant dans toute sa communauté doit être hors de l'essence de *x*. De plus, dans le cas de l'étant, cette propriété *x* serait de même hors du régime catégoriel.

Cela conduit à deux conclusions possibles : que l'étant ne puisse pas avoir des propriétés, à cause de sa totale communauté aux catégories ; que l'étant n'ait pas une totale communauté aux catégories. Qu'essaie-t-on d'éviter avec l'une ou l'autre conclusion ? Une forme de redondance au moment de prédiquer la propriété *x* de son sujet (l'étant), car si l'étant était prédicable dans toute sa communauté, sa propriété comprise, il se produirait au moment de prédiquer la propriété de l'étant une redondance logique[3].

L'argument sauve l'idée de *propriété de l'étant* au prix de la réfutation de celle de *l'univocité de l'étant*. C'est la solution du premier inconvénient : « Et dans ce cas, l'étant pris dans toute sa communauté ne serait pas prédiqué *in quid* de toute chose ». La communauté de l'étant suppose donc son domaine de prédication *in quid*, duquel est exclue sa propriété *x*, car sinon *x* ne serait

1. *In Met.*, I, q. 1 n. 86 (OPh, III, 44) : « Item, contra responsionem ad secundum : si ens secundum totam communitatem suam ad decem genera haberet aliquam proprietatem, puta a, sequuntur duo inconvenientia » (trad. fr. p. 131).

2. *Ibid.*, n. 87 (OPh, III, 44) : « Unum quod ens secundum totam communitatem suam sit extra essentiam illius a, sicut subiectum extra essentiam illius passionis, cum cadat in definitione passionis tanquam additum, ex VII huius. Et ita ens secundum totam communitatem suam non praedicatur in quid de quolibet » (trad. fr. p. 131).

3. C'est ce que Scot appelle dans le commentaire aux *Catégories* et dans le commentaire à la *Métaphysique* une *nugatio*. Cf. *In Praed.*, q. 4, n. 20 (OPh, I, 279) et *In Met.*, IV, q. 1 n. 57 (OPh, III, 310). G. Pini, *Scoto et l'analogia*, *op. cit.*, p. 121 et S. Ebbesen, « Concrete Accidental Terms : Late Thirteenth-Century Debates about Problems Relating to such Termes as "*Album*" », art. cit., p. 139-142.

pas hors de l'essence de l'étant, ce qui va à l'encontre de la notion même de propriété. Autrement dit, pour maintenir l'extériorité de la propriété *x* à l'égard de l'étant, en même temps que l'extériorité de l'étant à l'égard de sa propriété *x*, il est absolument nécessaire que dans toute sa communauté l'étant ne se prédique pas *in quid* de sa propriété : cela conduit, implicitement, à réduire ou restreindre l'extension de cette communauté.

Le deuxième inconvénient logique consiste en ce que la propriété *x* serait propriété d'elle-même dans le cas où l'étant se prédique dans toute sa communauté, et notamment dans le cas où l'étant se prédique essentiellement (*in quid*) de *x*, car *x*, il ne faut pas l'oublier, est aussi *un* étant. Ainsi, d'un côté, la propriété *x* est prédicable de l'étant, en tant que *x* est propriété de l'étant ; de l'autre, l'étant est prédiqué essentiellement de *x*, en tant que *x* est *un étant*. Cela conduit à la constitution d'un cercle vicieux où la même propriété, *en même temps*, aurait l'étant comme prédiqué et serait prédiquée de l'étant. C'est en ce sens que la propriété *x* serait propriété d'elle-même, en vertu de l'application du principe de transitivité de la prédication essentielle exposé dans le commentaire au *De Interpretatione*[1].

> La seconde conséquence inadmissible est que, si l'étant était prédiqué en quelque façon *in quid* de *x*, *x* serait une propriété de lui-même ; en effet, tout ce qui est une propriété du supérieur, l'est aussi de l'inférieur, même s'il ne l'est pas immédiatement. Et par conséquent, *x* serait démontrable par la cause (*propter quid*) de lui-même en prenant l'étant comme moyen terme. Car une propriété, si elle est d'emblée propriété du supérieur, est démontrable par la cause (*propter quid*) de chaque inférieur, par l'entremise de ce supérieur pris comme moyen terme. Donc *x* serait plus connu absolument [comme prédiqué] de l'étant que comme [prédiqué] de soi-même, et cette question serait pertinente : « pour quelle cause (*propter quid*) *x* est-il *x* ? » parce qu'on pourrait y mettre fin par une démonstration par la cause (*propter quid*), ce qui est contraire au Philosophe, livre VII, dernier chapitre de la *Métaphysique*. Il semble donc que l'étant, selon toute sa communauté envers les dix catégories, ne serait le sujet d'aucune science[2].

Comme le souligne ce passage, *x* étant propriété d'elle-même, *x* serait aussi connue et démontrable *par la cause*, utilisant l'étant comme terme moyen « si l'étant était prédiqué d'une certaine manière *in quid* de *x* ». L'univocité de

1. Cf. *In Peri herm.*, II, 1, n. 23, (OPh, II, 142-143).

2. *In Met.*, I, q. 1 n. 87 (OPh, III, 45) : « Aliud inconveniens : quod a esset passio sui si ens aliquo modo praedicaretur in quid de a ; quidquid enim est passio superioris, et inferioris, licet non primo. Et per consequens a esset demonstrabile propter quid de se ipso per ens tanquam per medium. Quia passio, quae est primo superioris, est demonstrabilis propter quid de quolibet inferiori per illud superius tanquam per medium. Ergo a esset simpliciter notius de ente quam de se ipso, et esset proprie quaestio : "propter quid a est a ? ", quia esset terminabilis per demonstrationem propter quid, quod est contra Philosophum VII huius, cap. ultimo. Videtur ergo quod ens secundum totam communitatem ad decem genera non sit subiectum alicuius scientiae » (trad. fr. p. 131).

l'étant conduirait à ce que la propriété *x* soit propriété d'elle-même à cause de cette circularité vicieuse par laquelle *x* serait antérieure à l'étant et démontrable par l'étant. Cela légitime la question : « pour quelle cause *x* est-il *x* ? », car cette question peut avoir une réponse possible par la démonstration par la cause[1]. En ce sens, l'inconvénient logique rend possible une question autrement sans issue, car « *pour quelle raison x est-il x ?* » peut se résoudre comme une enquête sur l'indivisibilité ou l'existence de *x*, en tant qu'évidence, mais jamais comme une question portant sur le rapport d'appartenance de *x* à l'étant.

Or ce deuxième inconvénient, tout comme le premier, semble montrer qu'il faut rejeter l'idée de l'univocité de l'étant vis-à-vis des dix catégories, comme prix à payer pour maintenir la propriété *x* de l'étant.

Si jusqu'ici la réfutation a pu montrer qu'il n'est pas possible de soutenir en même temps que l'étant est commun aux dix catégories et que l'étant possède une propriété *x* hors de son essence, il faut maintenant réfuter une reformulation de la position avicennienne selon laquelle,

> l'étant pris en commun, en tant qu'étant, est dit avoir en commun une propriété, parce que tout étant en tant qu'étant a une certaine propriété hors de son essence (car dans chaque étant, une chose est son entité, une autre son unité ou son actualité)[2].

Au fond, la thèse à défendre est toujours que l'étant en tant qu'étant possède bien des propriétés hors de son essence ; néanmoins, ce qui change est la justification de cette thèse : c'est parce qu'à tout étant inhèrent des propriétés hors de son essence qu'il en va de même dans le cas de l'étant en tant qu'étant.

On oppose à cette reformulation deux réponses. La première accepte que tout étant possède des propriétés hors de son essence, mais n'accepte pas que l'étant « selon toute sa communauté » soit de même un sujet d'inhérence des propriétés. Cette réponse note que l'étant dans toute sa communauté n'a pas le

1. C'est sur ce point que Scot renvoie à Aristote, *Metaphysica*, VII (Z), 17, 1041a14-15 (AL, XXV2, 154) : « Queratur autem "quare" semper sic : quare aliud alii alicui inest ? [...] Quare igitur id est id ipsum, non est querere (oportet enim quia et esse existere manifesta entia – dico autem ut quia luna patitur eclipsim – eiusdem vero quia idem, una est ratio et una causa in omnibus, quare homo homo aut musicus homo musicus homo, nisi si quis dicat quia indivisibile ad idem singulum, hoc autem erat unum esse ; sed hoc commune de omnibus et est verum) ». « On cherche le pourquoi toujours de cette manière : pourquoi une chose appartient-elle à une autre ? [...] Chercher pourquoi une chose est elle-même est ne rien chercher, car il faut que le fait, c'est-à-dire l'existence, soit d'abord évident : je veux dire par exemple le fait qu'il y a une éclipse de Lune. Et dire d'une chose qu'elle est elle-même, c'est une seule raison et une seule cause pour tous les cas : pourquoi l'humain est un humain ou pourquoi le musicien est musicien, à moins qu'on ne dise que chaque chose est indivisible par rapport à elle-même, ce qui est, on l'a dit, l'être et l'un ; mais cela est assurément commun à toutes choses et sommaire » (trad. fr. p. 277).

2. *In Met.*, I, q. 1 n. 88 (OPh, III, 45) : « Si dicatur ad hoc quod ens in communi, secundum quod ens, dicitur habere in communi aliquam passionem, quia quodlibet ens in quantum ens habet aliquam passionem extra essentiam suam ; (aliud est enim in quolibet entitas eius, aliud unitas vel actualitas) ».

même statut ontologique de n'importe quel étant, précisément à cause de sa généralité[1].

La deuxième réponse pointe deux inconvénients que nous avons déjà identifiés, dérivés de cette reformulation : (a) on pourrait se trouver avec une propriété qui serait propriété d'elle-même ou (b) on pourrait se trouver avec une réalité qui serait *en même temps*, par un défaut de circularité, propriété et sujet d'inhérence :

> Preuve de l'inférence : puisque tous les étants sont finis (prenons par exemple trois [termes] *x*, *y*, *z*) ; selon la réponse [déjà énoncée], chacun d'eux a une propriété. Donc, soit *y* une propriété de *x*, et soit *z* une propriété de *y*. Si *z* a une propriété, alors soit [c'est] lui-même, et c'est une conséquence inadmissible, soit c'est *x* ou *y*, et alors il y a un cercle ; ainsi, d'une autre manière, c'est une conséquence inadmissible[2].

Dans ce monde des étants finis, où une propriété telle que *x* n'a pas, en tant que dernier de la série, une autre propriété, *z* ne peut avoir de propriété propre à lui qu'en supposant que lui-même en ait de lui-même (où *z* serait propriété de *z*) ou que quelque chose d'autre qui joue déjà le rôle de sujet soit aussi sa propriété (où *x* ou *y* serait propriété de *z*). L'argument se fonde sur l'hypothèse d'une série des étants finis pour montrer l'impossibilité d'attribuer des propriétés à tous les étants dans la série.

La conséquence de fond de cette réfutation consiste à éliminer la possibilité de retenir une notion univoque de l'étant, celle-ci conduisant toujours à des inconvénients sur le plan des rapports des propriétés aux notions les plus communes. Ainsi, la réfutation de la position d'Avicenne se fonde sur des inconvénients logiques et cela restera le trait fondamental de la problématique de l'étant comme sujet de la métaphysique et de l'univocité de l'étant.

L'émergence de la substance comme sujet de la métaphysique

Une fois réfutées les positions d'Averroès et d'Avicenne, la solution penchant vers la substance comme sujet réapparaît. Déjà, vers la fin de la réfutation d'Averroès (§ 64-67), la question pose l'alternative concernant le sujet de la métaphysique entre Dieu et la substance, en tant que l'un et l'autre sont des sujets d'attribution. Après avoir écarté Dieu comme sujet, la substance a été, au moins, présentée comme solution possible. Maintenant, après la réfutation de

1. *In Met.*, I, q. 1 n. 88 (OPh, III, 45) : « Primo, videtur concedere propositum quod ens secundum totam communitatem sui non sit subiectum, quia non habet sic passionem, licet quodlibet particulare ens consideratum secundum quiditatem suam habeat aliquam passionem ».

2. *In Met.*, I, q. 1 n. 88 (OPh, III, 45-46) : « Secundo, quia sequitur idem esse passionem sui, vel circulariter idem esse passionem et subiectum, quorum utrumque est impossibile. Probatio consequentiae : cum omnia entia sint finita (accipiantur, gratia exempli, tria a b c), secundum responsionem quodlibet illorum habet passionem. Sit ergo b passio a, et c passio b. Si c habet aliquam passionem, aut igitur se ipsum, et hoc est unum inconveniens ; aut a vel b, et ita est circulus, et ita est aliud inconveniens » (trad. fr. p. 133).

la position d'Avicenne concernant le rejet de l'idée même de l'univocité de l'étant, la substance se présente encore une fois comme solution alternative (§ 91-96).

Or selon la division de la question proposée par l'édition critique, le paragraphe 91, où la solution sur la substance est réintroduite pour la deuxième fois, marque le début de la deuxième partie de la question (§ 91-109). Nous le savons, quelque part entre les paragraphes 97 et 110 (dans la troisième partie) se trouve le début de la deuxième rédaction de la question. Nous suivons la division de l'édition critique qui situe la fin de la première rédaction dans le paragraphe 96, pour des raisons que nous allons présenter dans ce qui suit : pour cette raison, nous soutenons que *la réémergence de la substance comme solution dans les paragraphes 91-96 constitue le dernier mot de la première rédaction*. Cependant, selon la *divisio textus* de l'édition critique, ces paragraphes constituent le premier moment de la seconde partie de la question, auquel le long *extra* fait suite, et qui à lui seul comporte le cœur de la deuxième rédaction :

II § 91-109 : La substance comme sujet propre en tant que sujet premier d'attribution
II.A § 91-96 : Exposé de la thèse
(*Extra* § 97-163)

Ce qui est frappant, c'est qu'une certaine structure se répète tant à la fin du traitement de la position d'Averroès qu'à la fin de celle d'Avicenne. Dans les deux cas, vers la fin, la solution portant sur la substance revient sur le devant de la scène, contre la thèse de Dieu comme sujet. C'est pour cela que nous croyons que les paragraphes 91-96 (la section II.A de l'édition critique) font partie du traitement de la solution d'Avicenne (en l'intégrant à la section I), de même que les paragraphes 64-67, qui se situent à la fin de la section I.A, font partie du traitement de la solution d'Averroès et pourraient bien constituer une petite subsection indépendante.

Les deux traitements convergent vers la même solution, trouvée par des moyens différents. Ceci confirme, par des raisons internes, l'hypothèse selon laquelle *la première rédaction finit dans le paragraphe 96*; de plus, cela nous permet de supposer que la section II commence plutôt dans le paragraphe 97, précisément avec la réfutation de la thèse de la substance comme sujet, soutenue à deux reprises dans la première rédaction, de sorte que *le début de la deuxième rédaction coïncide avec cette réfutation*. C'est pourquoi nous ne voyons pas de raisons pour qu'il y ait une section III de la question, mais uniquement une deuxième section qui commence au paragraphe 97 et s'étend jusqu'à la fin du texte, de sorte que les paragraphes 91-96 (la section II.A selon l'édition critique) s'intègrent à la section I en tant que I.B. 4. En prenant en compte toutes ces observations, nous proposons le schéma suivant où la nomenclature en italique indique les modifications que nous proposons au schéma établi selon l'édition critique :

I. § 13-90 : Traitement des positions d'Averroès et d'Avicenne
I.A § 13-67 : La position d'Averroès
I.A. 1 § 13-18 : Énoncé de la thèse et arguments d'autorité et de raison *pro*
I.A. 2 § 19-29 : Réponse dans le sens d'Averroès aux trois arguments principaux (§ 1-10)
I.A. 3 § 30-67 : Réfutation de la position d'Averroès
I.A. 3.a § 30-42 (*Extra* § 32-33 ; 41) : Contre la position en soi
I.A. 3.b § 43-61 (*Extra* § 44-57) : Contre la lecture averroïste d'Aristote (§ 14-16)
I.A. 3.c § 62-63 : Contre les arguments de raison *pro* Averroès (§ 17-18)
I.A. 3.d § 64-67 : La substance comme sujet propre de la métaphysique : première énonciation

I.B § 68-90 : La position d'Avicenne
I.B. 1 § 68-73 : Énoncé de la thèse et arguments d'autorité et de raison *pro*
I.B. 2 § 74-84 (*Extra* § 79-83) : Réponse dans le sens d'Avicenne aux trois arguments principaux (§ 1-10)
I.B. 3 § 85-90 : Réfutation des arguments avicenniens contre les arguments principaux (§ 74-77)
I.B. 4 § 91-96 : Exposé de la thèse de la substance comme sujet propre en tant que sujet d'attribution : deuxième énonciation

II Extra § 97-163 : L'hypothèse de Dieu comme sujet de la métaphysique
II.A § 97-103 : Réfutation de la thèse de la substance et réémergence de Dieu comme sujet
II.B § 104-109 : Petite question sur les principes d'objets métaphysiques postérieurs
II.C § 110-129 : Nouvelle réfutation des erreurs d'Avicenne et d'Averroès
II.D § 130-136 : Comment peut Dieu être sujet de la métaphysique
II.E § 137-163 : Doutes concernant cette thèse et leurs réponses

Revenons aux paragraphes 91-96, que nous voulons voir comme dernier moment du traitement de la thèse d'Avicenne. Car c'est bien de la réfutation de cette thèse que découle la conclusion finale de cette première rédaction ; conclusion exposée notamment dans les paragraphes 91-92, défendant la substance comme sujet de la métaphysique, en tant que sujet premier d'attribution. Voici le texte cité *in extenso* en raison de son importance pour la thèse que nous défendons :

> [§ 91] Pour ces raisons [§ 85-90], il faut concéder, semble-t-il, que l'étant dans toute son extension et dans la mesure où il est prédiqué de dix genres, n'est pas le sujet de cette science. D'une part [1], parce qu'il n'a pas d'unité plus grande que n'en ont les dix catégories, puisqu'il n'a pas de concept commun à celles-ci, même si les accidents sont attribués à la substance. D'autre part [2], parce que selon toute sa communauté, il ne peut avoir aucune propriété – ainsi qu'on l'a doublement prouvé [§ 88] – en raison de la différence essentielle qui distingue la propriété du sujet, et parce que le même serait une propriété de lui-même, ou bien qu'il y aurait un cercle entre les propriétés et les sujets. [...]

> [§ 92] Il en découle qu'il faut poser quelque chose d'un, qui puisse avoir des propriétés démontrables par la cause, pour sujet de cette science [la métaphysique], car c'est une science unique et une science par la cause. Il faut aussi que ce quelque chose d'un soit le premier étant auquel tous les autres sont attribués, sans quoi cette science ne considérerait pas tous les étants. Preuve de cette inférence : en effet, toute science qui considère de multiples [étants] par soi – non pas en tant que propriétés ni en tant que causes –, soit porte sur ce qui est commun à ces [étants] comme sur son sujet, soit porte sur un premier auquel les autres sont attribués. Or il est prouvé que la conclusion va contre l'intention du Philosophe plus haut, quand on argumente en faveur de l'opinion d'Avicenne [§ 74-78 ; 84]. Mais *ce qui a tous ces caractères ne peut être que la substance ; il faut donc la poser ici* [*en métaphysique*] *comme sujet propre*[1].

L'analyse de la position d'Avicenne conduit à la formulation de deux conclusions négatives d'une portée capitale. a) En effet, même si l'on met l'accent sur l'extension totale de l'étant portant sur les dix catégories, il n'est pas moins vrai que l'on signale l'absence d'un concept d'étant commun aux dix catégories. La limite de l'unité conceptuelle de l'étant est celle des dix catégories, qui ne peuvent pas être réduites à un concept unique, « même si les accidents sont attribués à la substance », car cette attribution ne réduit pas les accidents au concept de la substance. Il nous semble clair qu'ici la thèse de l'univocité de l'étant est rejetée en faveur de l'analogie d'attribution à la substance dans l'ordre métaphysique, et en faveur de la thèse de l'équivocité conceptuelle dans l'ordre logique ; ceci n'est pas quelque chose de nouveau, car, comme nous l'avons vu dans le commentaire aux *Catégories*[2], il s'agit autant de soutenir l'équivocité logique que l'analogie métaphysique. b) La deuxième conclusion, déjà thématisée dans le cours de l'analyse, soutient que l'étant « selon toute sa communauté » ne peut pas posséder une propriété *x*, car il n'est pas possible de concilier, d'un côté, la diversité essentielle entre un sujet d'inhérence et sa propriété et, de l'autre, que rien, y compris n'importe quelle

1. *In Met.*, I, q. 1 nn. 91-92 (OPh, III, 46-47) : « Propter istas rationes videtur concedendum quod ens, secundum totum ambitum suum prout dicitur de decem generibus, non sit hic subiectum. Tum quia nullam unitatem habet maiorem quam habeant decem praedicamenta, cum non habeat conceptum communem ad illa, licet accidentia attribuantur ad substantiam. Tum quia secundum totam communitatem suam non potest habere aliquam proprietatem – ut probatum est dupliciter – propter diversitatem essentialem passionis a subiecto, et quia idem foret passio sui vel circulus foret in passionibus et subiectis, [...]. [§ 92] Ex his sequitur quod oportet ponere aliquod unum, quod potest habere proprias passiones de ipso demonstrabiles propter quid, esse subiectum huius scientiae, quia haec est scientia una et scientia propter quid. Oportet etiam illud unum esse primum ens ad quod omnia alia attribuuntur, alioquin non considerat ista scientia de omnibus entibus. Probatio consequentiae : omnis enim scientia considerans multa per se non ut passiones vel causas, vel est de communi ad illa ut de subiecto, vel de primo ad quod alia attribuuntur. Consequens autem probatum est esse contra intentionem Philosophi supra, quando arguitur pro opinione Avicennae. *Illud autem quod habet omnes illas condiciones non est nisi substantia ; illud ergo ponendum est hic proprium subiectum* » (trad. fr. p. 135 ; nous soulignons).

2. Cf. *In Praed.*, q. 4 nn. 36-38 (OPh, I, 284-285) et *supra* chap. III, p. 137-149.

propriété, n'échappe au fait d'être un *étant*, au risque de tomber dans les inconvénients analysés en détail pas Scot.

Ces deux conclusions supposent, dans l'articulation de la question vue dans son ensemble, le rejet définitif de la position d'Avicenne concernant l'étant « dans toute son extension » comme sujet de la métaphysique. Dieu ayant été rejeté comme sujet à la fin de la discussion portant sur la position d'Averroès, le paragraphe 92 revient à l'idée, centrale dans les *Seconds Analytiques*, qu'il faut poser une réalité *unique* (*aliquod unum*), comme sujet. Quelque chose dont l'unité soit suffisamment forte, stable, consistante, de sorte qu'elle puisse remplir les conditions des *Seconds Analytiques*, notamment celle de posséder des propriétés démontrables par soi. Mais le passage rajoute un deuxième trait : que la métaphysique doit considérer cette réalité une en tant que celle-ci est conçue comme *un* étant premier de façon à que toutes les autres réalités puissent lui être attribuées. C'est par cette exigence que le sujet de la métaphysique, une fois exclus l'étant (selon toute sa communauté) et Dieu, peut s'étendre à toute réalité de façon à faire de la métaphysique, *science générale du réel à partir d'un premier*.

Il faut donc comprendre la nature de cette primauté. Elle n'est pas strictement une primauté ontologique, comme celle de Dieu, elle relève autant de l'ontologie que de l'ordre du connaissable. Il s'agit de la réalité la plus générale qui soit, permettant de connaître toutes les autres réalités par son entremise. La justification de cette primauté n'est autre que la possibilité de lui attribuer toutes les autres réalités. C'est une condition nécessaire, autrement la métaphysique ne serait pas une science du général, mais une science spéciale. Pour une science comme la métaphysique, portant sur plusieurs réalités (*multa*) par soi, où il faut comprendre des réalités non unifiées par un concept commun, il n'y a que deux possibilités : ou bien son sujet sera ce qui est *commun* à ces réalités ou bien ce qui est *premier* dans un ordre où toutes les autres réalités lui sont attribuées. Autrement dit, l'attribution fondée sur le rapport de dépendance des accidents à la substance, ainsi que la possibilité d'en démontrer les propriétés, autorisent la postulation de la substance comme sujet de la métaphysique, au défaut même d'un candidat plus général (l'étant) ou plus éminent (Dieu) remplissant les demandes de la science aristotélicienne[1].

Les derniers paragraphes de la première rédaction vont donc étayer la thèse de la substance comme sujet de la métaphysique sur trois textes d'Aristote, tirés notamment du début des livres Γ et Z et qui, au moins pour les deux premiers, avaient déjà joués un rôle dans l'argumentation finale, au paragraphe 67, contre la position d'Averroès et en faveur de thèse de la substance

1. Déjà, dans le paragraphe 65, Scot rappelait qu'il y a une considération première des étants en tant qu'attribués à Dieu ; mais qu'elle ne prend pas Dieu en tant que sujet de la métaphysique, mais en tant que cause de toutes les autres réalités. Tout en étant le premier *simpliciter*, Dieu est exclu du rôle de sujet par des raisons épistémiques, car il ne remplit pas les conditions de sujet d'une science *propter quid*.

comme sujet. En effet, Scot revient au début du livre Γ (2, 1003a32-b15), où Aristote identifie la science de l'étant en tant qu'étant avec la science portant sur une réalité unique (*ad unum*) et première en référence à laquelle toutes les autres réalités sont dites[1]. De même, on revient sur un passage du début du livre Z (1, 1028a29-34)[2], non seulement pour réaffirmer la primauté cognitive, logique et temporelle de la substance, mais aussi pour établir le lien entre la science de l'étant en tant qu'étant identifiée à la science de la substance. Ces deux passages marquent une forme de concentration sur la substance, qui est bien accentuée par le texte d'Aristote cité et remanié par Scot.

Néanmoins, ce passage introduit aussi une distinction que nous voudrions mettre en avant, car elle contrebalance le poids de la substance dans l'ensemble de la discussion sur le sujet de la métaphysique. En effet, en désignant la substance comme sujet, Scot veut en même temps attirer l'attention sur le caractère universel de la métaphysique. Comment le fait-il ? Il introduit l'idée de « sujet principal »[3] de la métaphysique pour impliquer que la métaphysique va au-delà de ce sujet (la substance) pour ce qui est du domaine sur lequel elle porte. Ainsi, la substance est sujet principal de la métaphysique, car par son entremise, toutes les autres choses y sont aussi traitées. En ce sens, la métaphysique *déborde* son sujet principal pour s'occuper aussi de ce qui le dépasse en tant que cela lui est attribué. Nous y voyons, même s'il ne s'agit pas d'une affirmation explicite de Scot, une distinction implicite entre ce sujet principal et propre, qui est la substance, et un sujet plus large, commun, qui inclut, par l'attribution à la substance, tous les étants. L'idée de « sujet principal » fait penser à sa contrepartie, l'idée de « sujet commun » :

> En outre, au commencement du livre VII, après avoir prouvé que la substance est le premier des étants par la connaissance, la définition et le temps, il conclut : « C'est pourquoi il nous faut considérer au plus haut point, d'abord et, pour

1. Cf. *In Met.*, I, q. 1 n. 93 (OPh, III, 48) : « Istud confirmatur per Philosophum in IV, ubi postquam distinxit ens, et qualiter ista scientia considerat omnia entia, quia una scientia est omnium dictorum ad unum, subdit : "Ubique uero primi proprie est scientia, ex quo alia pendent et propter quod dicuntur". Et concludit ex hoc : "Ergo si hoc est substantia, substantiarum oportet principia et causas habere philosophum" ». Comme nous l'avons souligné auparavant, dans le paragraphe 67 Scot reprend et *complète* cette même citation d'Aristote qui avait été introduite comme autorité en faveur de la thèse d'Averroès au paragraphe 18. Cette citation, donc, a fait un long parcours, pour retenir finalement deux idées : d'un côté, qu'il y a effectivement une réalité première à laquelle toutes les autres réalités sont attribuées (c'est en ce sens que le passage a été retenu au paragraphe 18 en faveur d'Averroès) ; de l'autre, que cette réalité première est la substance (avec ce deuxième moment, l'argumentation défend l'une de thèse soutenue par Aristote lui-même).

2. Aristote, *Metaphysica*, VII (Z), 1, 1028a29-34 (AL, XXV3, 132-133).

3. Déjà dans le paragraphe 67, Scot avait introduit cette notion de « sujet principal », bien qu'il ne le développe qu'ici à la fin de la première rédaction. Cf. *In Met.*, I, q. 1 n. 67 (OPh, III, 37) : « Sed quid sit illud primum ad quod omnia alia attribuuntur, quod sit hic ponendum *subiectum principale*, dicetur in consequentibus ».

> ainsi dire, seulement, l'étant pris en ce sens »[1], à savoir la substance. Or il fait bien de déclarer « pour ainsi dire, seulement », car cette science ne considère pas *seulement* la substance, même si elle seule est le sujet principal (*principale subjectum*), mais elle considère aussi les autres [étants] en tant qu'ils sont attribués à la substance[2].

Scot se propose donc de mettre dans le juste lieu les éléments de l'articulation entre la substance (comme sujet principal) et les autres réalités qui en dépendent, afin d'éviter une lecture du sujet qui privilégierait une concentration de la spéculation métaphysique sur la substance de la sorte que le domaine entier s'y verrait réduit.

C'est aussi dans le sens de la substance comme « sujet principal » que Scot interprète un autre passage du livre Γ (2, 1004a2-3) où Aristote affirme que la philosophie possède autant de parties qu'il y a de substances[3]. Par là, il entend affirmer que la métaphysique se distingue des autres sciences précisément « conformément aux distinctions de la substance, son sujet principal »[4]. Autrement dit, c'est un distinguant la substance en tant que sujet principal de la métaphysique, que la métaphysique comme science est distinguée des autres sciences.

Le dernier geste de Scot dans le cadre de la première rédaction consiste à réinterpréter les autorités d'Aristote évoquées en faveur d'Avicenne. Scot emploie à nouveau la distinction entre (a) le sujet principal ou propre et (b) les autres réalités qui sont attribuées à ce sujet en tant qu'il est premier. Le but de Scot est de mettre l'accent sur ce point : le sujet de la métaphysique est certes la substance mais la portée de la métaphysique va au-delà pour atteindre ces réalités qui lui sont attribuées, même si elles n'en constituent pas le « sujet principal ou propre ». Or *c'est en ce sens qu'il faut comprendre que la métaphysique porte sur l'étant en tant qu'étant*, car en allant au-delà de la substance jusqu'à comprendre tout ce qui lui est attribué, la métaphysique porte effectivement sur l'étant en tant qu'étant dans sa généralité.

> Or toutes les autorités qui ont été introduites plus haut [§ 68-71], [pour affirmer] que cette science porte sur l'étant en tant qu'étant, doivent être concédées de la manière suivante : la science qui porte sur quelque chose de premier en tant que sujet propre, considère aussi ce qui est attribué au premier,

1. Aristote, *Metaphysica*, VII (Z), 1, 1028b6-7 (AL, XXV3, 133).

2. *In Met.*, I, q. 1 n. 94 (OPh, III, 48) : « Item, in principio VII, postquam probauit substantiam esse primum entium cognitione, definitione et tempore, concludit : "Quapropter nobis maxime et primum et solum, ut est dicere, de sic ente", scilicet de substantia, "speculandum est". Bene autem dicit "solum ut est dicere", quia non solum considerat ista scientia de substantia, quamvis illud solum sit principale subiectum, sed considerat etiam de omnibus aliis in quantum attributa sunt ad substantiam » (trad. fr. p. 137).

3. Aristote, *Metaphysica*, IV (Γ), 2, 1004a2-3 (AL, XXV3, 69).

4. *In Met.*, I, q. 1 n. 95 (OPh, III, 48) : « Item, in IV, cap. 2, dicit Philosophus quod "tot partes sunt philosophiae, quot substantiae", innuens per hoc quod secundum distinctionem substantiae, ut principalis subiecti, distinguitur scientia haec ».

mais non en tant que sujet principal; c'est l'exemple que donne le Philosophe à propos de « sain ». C'est pourquoi au commencement du livre IV, où, selon le Commentateur, il a principalement fixé d'avance le sujet, après avoir dit que cette science porte sur tous les étants, ajoute en s'expliquant lui-même ce qu'est un sujet propre[1] : c'est un premier « dont toutes les autres dépendent », selon la citation déjà donnée [§ 67 et 93]. Or non seulement la substance est un premier, mais encore les propriétés considérées dans cette science lui sont inhérentes immédiatement, et par sa propre nature les autres [étants] postérieurs lui sont attribués. Et les [étants] autres que la substance, non seulement sont considérées ici comme des propriétés démontrables de la substance, mais encore en tant que certains étants ayant en eux-mêmes des propriétés; c'est pourquoi même les propriétés de ces [étants postérieurs] peuvent être démontrées dans cette science. En effet, que la propriété d'un sujet antérieur puisse être le sujet d'une propriété postérieure n'est pas une conséquence inadmissible, c'est ce qui est manifeste pour les accidents ordonnés [les uns aux autres]; en effet, les accidents sont considérés dans cette science sous une double raison. - *C'est pourquoi toutes les raisons introduites en faveur d'une partie comme de l'autre concluent une seule et même vérité. Les premières* [§ 91], *que cette science porte sur tous les étants. Les secondes* [§ 92-95], *qu'elle ne porte pas sur tous ceux-ci comme sur une unité, ni sur quelque chose de commun à tous ceux-ci, mais sur quelque chose de premier auquel les autres sont attribués*[2].

Ce dernier paragraphe de la première rédaction ouvre la problématique sur laquelle se greffera la critique de cette solution au début de la deuxième rédaction au paragraphe 97 : comment faire de la substance le sujet de la métaphysique si l'on conçoit la métaphysique comme une science du général? Par quel moyen peut-on passer de la considération de la substance à celle de ses propriétés, à celle des autres réalités qui lui sont attribuées et à la considération de leurs propriétés? Comment éviter que la métaphysique conçue

1. Nous modifions la traduction d'O. Boulnois, où on lit « ce qu'est un sujet premier ».

2. *In Met.*, I, q. 1 n. 96 (OPh, III, 48-49) : « Omnes autem auctoritates, quae adductae sunt prius, quod haec scientia est de ente in quantum ens, concedendae sunt hoc modo : quia scientia quae est de primo aliquo tanquam de proprio subiecto, considerat etiam de attributis ad primum, non tanquam de principali subiecto, sicut exemplificat Philosophus, IV de sano. Unde in principio IV, ubi principaliter praefigit subiectum secundum Commentatorem, postquam dixit hanc scientiam esse de omnibus entibus, subdit exponendo se quid sit proprium subiectum, quia primum "ex quo alia dependent", ut praeallegatum est. Non solum autem est substantia primum, sed et passiones hic consideratae communes primo ei insunt, et per naturam eius attribuuntur aliis posterioribus. Alia etiam a substantia non solum hic considerantur tanquam passiones demonstrabiles de substantia, sed etiam in quantum quaedam entia in se habentia passiones ; unde et passiones ipsorum de ipsis in hac scientia possunt demonstrari. Non est enim inconveniens passionem alicuius subiecti prioris posse esse subiectum alicuius passionis posterioris, sicut apparet in accidentibus ordinatis ; duplici enim ratione considerantur accidentia in ista scientia. *Unde omnes rationes ad utramque partem adductae concludunt unam veritatem. Primae quod haec est de omnibus entibus. Aliae quod non de omnibus istis tanquam de uno, nec de aliquo communi omnibus istis, sed de aliquo primo ad quod alia attribuuntur* » (trad. fr. p. 137-139 ; nous soulignons).

comme science, dont le sujet est bien la substance, devienne exclusivement science de la substance ?

Si Scot a bien réfuté Avicenne et, après analyse, se penche sur la solution de la substance comme sujet, il doit toujours faire face aux passages d'Aristote où le Philosophe soutient que le sujet de la métaphysique est l'étant en tant qu'étant. Nous retrouvons ce geste qui cherche à situer la position d'Aristote justement dans le cadre d'un commentaire à la *Métaphysique* où Aristote lui-même a semé les arguments pour soutenir l'une et l'autre solution à la question sur le sujet de la métaphysique. Or pour Scot la solution se penchant sur la substance permet de concéder aussi la thèse que la métaphysique porte sur l'étant en tant qu'étant, au sens où la métaphysique s'occupe aussi bien de son sujet propre (la substance) que de ce qui lui est attribué. C'est en effet l'ensemble constitué par la substance comme élément premier d'attribution (« le premier dont tous les autres dépendent »), et tout ce qui lui est attribué qui permet de comprendre et d'accepter la thèse d'Aristote sur le domaine de la métaphysique entendue, dans toute sa généralité, comme celui de l'étant en tant qu'étant. Dans cette articulation de la métaphysique, la substance reste le « sujet principal », tandis que l'étant en tant qu'étant serait *le sujet commun*.

Scot essaie donc de trouver un équilibre entre la substance et la généralité de la métaphysique, car la substance est le seul candidat qui respecte les conditions de constitution d'une science *proter quid*; mais l'étant en tant qu'étant est le seul qui garantit la portée générale de la métaphysique.

C'est pour cela que ce passage montre que les propriétés communes démontrables de la substance en tant que sujet, s'y trouvent premièrement (*primo*), tout en pouvant se trouver dans d'autres étants. Les propriétés communes, qui inhèrent *premièrement* dans la substance, n'en restent pas moins *communes* aux autres étants. C'est encore l'effort de Scot de trouver un équilibre entre le caractère commun des propriétés métaphysiques et son inhérence première dans la substance. De plus, Scot s'efforce de montrer que ce qui n'est pas substance se décline sur deux fronts : a) comme des propriétés de la substance, mais aussi b) comme d'autres étants eux-mêmes ayant des propriétés démontrables et, surtout, démontrables en métaphysique ! C'est ainsi que Scot inclut tous les étants dans une articulation de la métaphysique où le sujet propre est la substance.

Cela permet à Scot de soutenir *en même temps* que *la métaphysique porte tant sur l'étant en tant qu'étant que sur la substance*, après les ajustements nécessaires à la construction de cette articulation harmonieuse. Il est vrai de dire que la métaphysique porte sur tous les étants, mais il n'est pas vrai de dire que la métaphysique porte sur tous les étants considérés à partir d'un seul étant à cause de sa primauté ontologique *simpliciter* (Dieu) ou sur un trait commun à tous les étants (l'étant commun et ses propriétés). Est vrai de dire que la métaphysique porte sur tous les étants dans la mesure où elle porte sur un étant premier (la substance) auquel tous les autres étants sont attribués.

Tel est le mot de la fin de la première rédaction. Dans cette première recherche, Scot est allé jusqu'au but, mais toujours dans le respect des exigences imposées au sujet d'une science selon la conception aristotélicienne de la science *propter quid*. C'est précisément à cause de cette fidélité à la structure de la science *propter quid* que Scot a rejeté Dieu comme sujet de la métaphysique dans la mesure où rien d'antérieur à lui n'aurait pu jouer le rôle de terme moyen (cause) dans le syllogisme démonstratif qui prouverait ses propriétés. L'absolue antériorité divine ne permet de traiter scientifiquement Dieu que par des démonstrations par l'effet (*quia*), dont la nécessité est compromise par le rapport même de dépendance et de contingence des créatures (les effets) vis-à-vis de leur cause (Dieu). Quant au rejet de l'étant, éclate l'idée même de sa totale communauté (son univocité) par rapport au but scientifique de la démonstration de ses propriétés : en effet, l'étant conçu univoquement n'a pas de propriétés extérieures à son essence, ce qui compromet l'entreprise scientifique elle-même. D'ailleurs, cette communauté totale impliquerait pour l'étant une forme d'antériorité aussi absolue que l'antériorité divine, au sens où, dans l'ordre formel de la généralité, il n'y a rien d'antérieur qui puisse servir pour démontrer les propriétés de l'étant, s'il en avait en tant qu'univoque.

C'est ainsi que Scot, comme l'a bien remarqué D. Demange[1], tient pour point de départ de sa conception du sujet de la métaphysique, l'une des solutions proposées par Aristote lui-même, développée dans le livre Z de la *Métaphysique*. Scot considère dans cette solution que la substance donne l'unité nécessaire à la métaphysique comme science sous un modèle d'unité qui tient plutôt à l'analogie métaphysique qu'à l'unité par l'univocité conceptuelle du sujet, par l'attribution des autres réalités à la substance, conçue comme réalité première.

Déjà, le commentaire à l'*Isagoge*, dans sa recherche du sujet de la logique, avait évoqué le type d'unité propre à la métaphysique comme science vis-à-vis de l'unité recherchée en logique et fondée sur un sujet conceptuellement *un*. C'est ainsi qu'en analysant l'*argumentatio* comme candidat au rôle de sujet de la logique, Scot présente l'hypothèse qu'*argumentatio* soit un terme analogue, ce qui ferait de l'unité de la logique quelque chose de semblable à l'unité de la métaphysique :

> soit, *argumentatio* est analogue à ce qui est contenu sous lui, et alors la science ne sera pas une par elle-même, mais par l'unité du premier auquel les autres sont attribués – et celui-ci est le syllogisme –, de même *que l'unité de la métaphysique est due à l'unité de la substance à laquelle tous les autres étants sont attribués*[2].

1. D. Demange, « Pourquoi Duns Scot a critiqué Avicenne », art. cit., p. 199-202.

2. Cf. *In Porph.*, q. 3 n. 19 (OPh, I, 16) : « Tertium etiam probo : quia vel est aequivocum, et tunc manifestum est quod ab eius unitate non est scientia una, cum tunc non sit unum scibile nec unum intelligibile ; vel est analogum ad contenta sub ipso, et tunc scientia non erit una ab ipso sed

Ceci trouve confirmation dans le commentaire aux *Catégories*, dans le cadre du rejet de l'univocité de l'étant aux catégories dans la question 4. Scot avance dans cette question un certain nombre d'arguments afin de soutenir un sujet *analogue* de la métaphysique. Contre l'argument exigeant que le sujet d'une science soit univoque, Scot affirme que le sujet de la métaphysique est bien univoque : il n'est pas l'étant, mais la substance[1]. Ensuite, s'appuyant sur le passage déjà cité de *Métaphysique* VII (Z, 1, 1028a29-34), où Aristote soutient la primauté logique, chronologique et surtout cognitive de la substance, Scot soutient que la substance est bien l'objet propre de l'intellect, étant connue premièrement et parfaitement ; c'est en ce sens qu'Avicenne[2] doit être interprété, lorsqu'on tire de son autorité que l'étant est l'objet premier de l'intellect[3].

Il est bien possible que nous ne puissions pas tirer de ce passage l'idée que l'objet premier de l'intellect soit le sujet de la métaphysique ; en revanche, nous constatons que la première période de la pensée de Scot reste très influencée par les restrictions des *Seconds Analytiques*. Elles l'obligent à chercher un sujet qui pourrait les respecter et ainsi fonder tant la métaphysique que la possibilité de la connaissance humaine. Quoi qu'il en soit, Scot renvoie à la même réalité qui n'est pas l'étant ou Dieu, mais la substance, aussi bien pour le sujet de la métaphysique que pour l'objet premier de l'intellect.

ab unitate primi ad quod alia attribuuntur, - et illud est syllogismus - sicut unitas metaphysicae est ab unitate substantiae ad quam alia entia attribuuntur ».

1. *In Praed.*, q. 4, nn. 48-49 (OPh, I, 288-289) : « Ad aliud argumentum de subiecto *Metaphysicae* dico quod ad subiectum scientiae sufficit unitas analogiae in subiecto, ut determinatur IV *Metaphysicae*, scilicet quod omnia quibus convenit subiectum scientiae habeant per se attributionem ad unum primum in essendo et cognoscendo. [§ 49] Cum ostenditur subiectum necessario esse univocum, dico quod omnes illae auctoritates et probationes procedunt de subiecto demonstrationis. Quando autem subiectum est analogum, de illo secundum se non fiunt demonstrationes, sed de primo ad quod omnia alia attribuuntur. Quia ad determinandum de multis analogatis sufficit determinare de primo ad quod omnia alia attribuuntur, ut dicitur in principio VII Metaphysicae. Nec est inconveniens de subiecto scientiae, secundum se, nullam passionem ostendi quando est analogum, si tamen passiones ostendantur de primo ad quod alia attribuuntur ».

2. Avicenna, *Philosophia prima sive scientia divina*, I, 5 (AvL, I, 31-33) : « Dicemus igitur quod res et ens et necesse talia sunt quod statim imprimuntur in anima prima impressione, quae non acquiritur ex aliis notioribus se, [...] Quae autem promptiora ad imaginandum per seipsa, sunt ea quae communia sunt omnibus rebus, sicut res et ens et unum, et cetera. Et ideo nullo modo potest manifestari aliquod horum probatione quae non sit circulari, vel per aliquid quod sit notius illis ».

3. Cf. *In Praed.*, q. 4 n. 53 (OPh, I, 290) : « Ad aliud concedi potest maior, quia primum obiectum intellectus potest unico actu intelligendi intelligi. Quod non contingit de aequivoco, quia in aequivoco nullus conceptus est idem, sed sola vox. Ad minorem dico quod primum obiectum intellectus est substantia. Quia, ut dicit Aristoteles in principio VII Metaphysicae, "substantia est primum omnium entium cognitione", quod non intelligitur de prioritate temporis sed naturae, scilicet quod cognitio eius est perfectissima. Auctoritas Avicennae potest concedi vera, sic quod accipit "ens" pro uno significato quod est primum, scilicet substantia ».

LA DEUXIÈME RÉDACTION : DIEU COMME SUJET DE LA MÉTAPHYSIQUE

Selon le remaniement que nous proposons de la structure de cette question, il n'y a que deux grandes parties. Elles correspondent, à peu près, à la première et deuxième rédaction de la question (en laissant de côté les *extras* contenus dans la première partie, dont le statut sera discuté par la suite). La première rédaction correspond à l'exposition et réfutation des positions d'Averroès et d'Avicenne afin d'avancer la thèse de la substance comme sujet principal et propre de la métaphysique (§ 1-96, sans les *extras*). La deuxième rédaction correspond à la totalité du long *extra* final (§ 97-163) et comprendrait aussi les *extras* inclus dans la première. Néanmoins, ce dernier point n'est pas l'objet d'un consensus entre Demange et Wood. Nous offrirons notre avis à ce sujet plus loin[1].

Rappelons la structure de cette deuxième partie de la question, selon notre compréhension et notre hypothèse à propos de la *divisio textus* :

II Extra § 97-163 : L'hypothèse de Dieu comme sujet de la métaphysique
II.A § 97-103 : Réfutation de la thèse de la substance et réémergence de Dieu comme sujet
II.B § 104-109 : Petite question sur les principes des objets métaphysiques postérieurs
II.C § 110-129 : Nouvelle réfutation des erreurs d'Avicenne et d'Averroès
II.D § 130-136 : Comment peut Dieu être sujet de la métaphysique
II.E § 137-163 : Objections et réponses à cette thèse

La section II.A (II.B selon l'édition critique) est composée de deux parties : des objections à la thèse de la substance comme sujet (§ 97-102) et une réponse (§ 103) qui ne revient pas sur la défense de la substance, mais qui pose à nouveau, sur d'autres fondements, l'hypothèse de Dieu comme sujet de la métaphysique. Il faut voir que malgré la lecture judicieuse et raisonnable de D. Demange, qui voit dans ce paragraphe le tournant de toute la question vers la solution finale de Duns Scot (Dieu comme sujet)[2], R. Wood[3] reste prudente

1. *Cf.* O. Boulnois, « Introduction générale », dans Jean Duns Scot, *Questions sur la Métaphysique*, t. 1, *op. cit.*, p. 14 : « Il est tentant, car plus simple, de considérer que Duns Scot a consacré une période précise et continue de sa vie à ce travail de révision, ce qui ferait des additions le brouillon d'une seconde rédaction, mais nous n'en savons rien : il peut aussi s'agir de remarques jetées ici et là à différentes époques ». C'est dans ce dernier sens que vont les analyses de Demange, Wood et les nôtres, pour ce qui est des *extras*.

2. D. Demange, « Pourquoi Duns Scot a critiqué Avicenne », art. cit., p. 213-215.

3. R. Wood, « First Entity as the Subject of Metaphysics », art. cit., p. 90 : « *It might be nice to find that Scotus'most influential discussion of the topic was also one he endorsed. But, alas, M3* [La deuxième rédaction : le sujet premier de la métaphysique est l'étant premier] *may state its conclusions only provisionally*, since though M1 [La première rédaction : le sujet premier de la métaphysique est la substance] explicitly addresses the question "What is the proper subject of Metaphysics ?", *M3 asks a more limited question* (M3, § 130, p. 60) : "How could God be the

quant à la portée ou, au moins, la force de l'assertion scotiste. Pour sa part, O. Boulnois considère que cette partie, les paragraphes 97-163, « demande en quel sens le sujet de la métaphysique est *Dieu* – donc, elle l'admet »[1]. Nous y reviendrons avec une lecture moins nette que celle de Demange et Boulnois et plus proche de celle de Wood. Pour l'instant, il faut remarquer que dès l'ouverture de cette partie, le retour de Dieu sur scène, comme *sujet possible* de la métaphysique, est manifeste.

Bien que le premier pas reste la position d'un ensemble de trois objections qui mettent en question la solution de la substance comme sujet de la métaphysique, doublement étalée au cours de la première rédaction (§ 64-67 et § 91-96), nous allons passer directement à l'analyse de la nouvelle thèse autour de laquelle tourne la deuxième rédaction.

Scot ne propose pas une réponse particulière pour ces objections. En revanche, il présente une nouvelle considération de la science, qui permettrait d'accepter les particularités relevant d'un sujet qui ne remplit pas toutes les conditions exigées par les *Seconds Analytiques.* C'est l'un des points forts de l'approche à la problématique du sujet de la métaphysique telle qu'elle est traitée dans la deuxième rédaction. L'un des moyens d'assouplir les conditions de la science *propter quid* consiste tout simplement à la contourner et à proposer une autre figure de la science. Voici la réponse de Scot :

> On peut répondre à cela qu'il y a sans doute [A] beaucoup de choses vraies à propos du sujet de la science proprement dite, qui sont tirées des *Seconds Analytiques.* Car le sujet de la conclusion d'une démonstration est ce par quoi on conclut une de ses propriétés. [B] Mais si l'on prend la science en un autre sens, comme une *agrégation* donnée à partir de la connaissance de nombreux [objets] connaissables, simples et complexes, principes et conclusions – à la manière dont la géométrie est dite une science unique – [B1] dans ce cas on appelle sujet de la science quelque chose d'unique et de commun à tous les sujets de cette science proprement dite, [B2] ou un unique premier auquel sont attribués tous les autres. Pose en effet une science unique qui démontre, à propos de la figure, toutes scs propriétés en commun ; [et] pose une autre science qui démontre, à leur propos, toutes les propriétés des espèces de la figure. Celle-ci semble être subalternée à la première, et dans celle-ci, aucune propriété n'est montrée à propos de la figure en commun ; pourtant le sujet de cette science semble être la figure en commun, parce que lui seul est commun à tout ce qui est démontré dans cette science. *Si cette distinction est pertinente,* on peut poser ici [en métaphysique] Dieu comme sujet, comme en théologie, bien qu'aucune propriété

subject of metaphysics ? " ». Nous soulignons ; et « Duns Scotus on Metaphysics as the Science of First Entity », art. cit., p. 14.

1. O. Boulnois, « Introduction au livre I », in Jean Duns Scot, *Questions sur la Métaphysique,* t. 1, *op. cit.*, p. 32.

> n'en soit démontrable, parce que tout ce qui est considéré ici [en métaphysique] se ramène à lui comme à l'absolument premier[1].

Plusieurs remarques s'imposent. Tout d'abord, Scot propose une première distinction entre la science proprement dite (la science *propter quid* des *Seconds Analytiques*) et une autre conception de la science, apparemment non aristotélicienne, celle d'une science comme *aggregatio*[2]. Cette nouvelle conception de la science suppose une forme de composition de degré supérieur formée à partir d'une diversité des réalités connaissables. Scot évoque comme exemple la géométrie. Mais la suite présente *deux formes de science comme agrégation* : lorsque le sujet de la science comme agrégation est commun (*unum commune*) aux sujets d'un ensemble des sciences *proprement dites*. Cela veut dire que cette forme de science comme agrégation recouvre un ensemble de sciences selon la caractérisation des *Analytiques*. En revanche, à l'autre forme de science comme agrégation correspond un sujet premier (*unum primum*) auquel toutes les autres réalités sont attribuées. Celui-ci ressemble plutôt au rapport que Scot essayait de construire entre la substance ou Dieu comme sujet premier d'attribution et les autres réalités[3].

De ce fait, tout le développement à propos de la science de la « figure en commun » par rapport à la science portant sur les espèces de la figure *correspond au premier type de science comme agrégation*. Ainsi, dans une science comme agrégation du premier type, le sujet est commun : on démontre en effet de lui des propriétés qui sont communes à un ensemble de sujets

1. *In Met.*, I, q. 1 n. 103 (OPh, III, 50-51) : « Ad hoc potest dici quod forte de subiecto scientiae proprie dictae sunt multa vera, quae accipiuntur de libro Posteriorum. Illud enim est subiectum conclusionis demonstrationis qua concluditur passio eius de ipso. Sed accipiendo scientiam aliter, prout est una aggregatio tradita de cognitione multorum cognoscibilium, simplicium et complexorum, principiorum et conclusionum sicut geometria dicitur una scientia, sic subiectum scientiae dicitur unum commune ad omnia illa subiecta scientiae proprie dictae, vel unum primum ad quod omnia alia attribuuntur. Pone enim unam scientiam demonstrantem de figura omnes passiones eius in communi ; aliam quae demonstret omnes passiones specierum figurae de ipsis. Haec videtur subalterna primae, nec in hac aliqua passio ostenditur de figura in communi, et tamen huius subiectum videtur esse figura in communi, quia illud solum est commune ad omnia considerata in illa scientia. *Si haec distinctio est bona*, Deus *potest* poni hic subiectum sicut in theologia, licet nulla passio de se sit demonstrabilis, quia omnia considerata hic reducuntur ad ipsum ut ad simpliciter primum » (trad. fr. p. 141-143) (nous soulignons).

2. Dans *Métaphysiques rebelles*, *op. cit.*, p. 292-295, O. Boulnois montre bien comment cette structure par *agrégation* constitue une nouvelle figure de la science chez Scot.

3. Dans la note 3 de sa traduction de ce passage (Jean Duns Scot, *Questions sur la Métaphysique*, t. 1, *op. cit.*, p. 141), O. Boulnois remarque : « Passage essentiel : dans cette addition Scot renonce à une structuration syllogistique de la science, comme déduction de conclusions incluses dans un sujet ; il préfère une définition de la science comme agrégation de propositions. (Mais il ne tranche pas entre deux sujets possibles, l'étant comme sujet commun, et la substance comme sujet par référence à un terme unique) ».

réunis sous cette science comme agrégation, bien que, dans la science subalternée, on ne démontre aucune propriété du sujet commun[1].

Cela étant, lorsque Scot réintroduit *Dieu* vers la fin du passage, nous croyons qu'il pense cette *hypothèse* de Dieu comme sujet de la métaphysique dans la mesure où Dieu *peut* remplir le rôle de sujet d'une science comme agrégation selon le deuxième type, là où le sujet est un en tant que premier (*unum primum*), par attribution, et non un tant que sujet commun (*unum commune*). Mais cela voudrait dire que l'exemple de la géométrie, en tant que *sujet commun*, n'est pas adapté pour comprendre le rapport de Dieu à tout ce qui lui est attribué en tant que *sujet premier*. Car *l'hypothèse* de Dieu fonctionne, selon les dernières lignes du passage, « bien qu'aucune de ses propriétés n'en soit démontrable, parce que tout ce qui est considéré ici [en métaphysique] se ramène à lui comme à l'absolument premier ». Ceci n'est pas le cas de la géométrie, car de son sujet, la figure, on démontre toutes les propriétés communes. Et dans l'hypothèse de Dieu, la réduction à une réalité absolument première l'emporte sur la démonstration des propriétés du sujet.

Or ceci, qui marque apparemment l'abandon de l'hypothèse de la substance et la réapparition de l'hypothèse de Dieu comme sujet, pose deux problèmes d'interprétation fondamentaux. C'est par le moyen d'une proposition conditionnelle que Dieu est réintroduit dans la question (« *Si cette distinction est pertinente*, on *peut* poser ici [en métaphysique] Dieu comme sujet [*Deus potest poni hic subiectum*), comme en théologie »), et c'est pour cela qu'à juste titre le passage s'occupe *d'une hypothèse*. La force de l'hypothèse dépend de la consistance et de la valeur de la distinction introduisant la science comme agrégation. Ceci a été souligné par R. Wood[2]. Il y a encore un deuxième problème connexe, qui n'a apparemment pas été soulevé par les historiens, mais dont nous trouvons la trace dans la version anglaise du passage. En effet, G. J. Etzkorn et A. B. Wolter, dans leur traduction du commentaire, introduisent un titre explicatif qu'on ne trouve pas dans l'édition critique, au début du paragraphe 103 : « Defense of substance – applicable also to God as subject »[3]. Ce n'est qu'une ligne ; mais elle donne beaucoup à penser, car de ce point de vue, le passage reste dans la continuité de la question, ayant comme effet collatéral la défense parallèle de Dieu comme sujet d'attribution en métaphysique. Autrement dit, le modèle de la science comme agrégation ne tranche pas entre les deux possibilités : si l'on suit la ligne argumentative de la question, le plus logique serait de considérer que la réponse soutient *primo* la candidature de la substance.

1. Ce rapport entre la géométrie et l'autre science qui lui est subalternée reste surprenant, car cette deuxième science configure déjà une forme d'ensemble dans la mesure où il s'agit d'une seule science portant sur les espèces des figures et non d'une pluralité des sciences.

2. R. Wood, « First Entity as the Subject of Metaphysics », art. cit. p. 90, et « Duns Scotus on Metaphysics as the Science of First Entity », art. cit., p. 14.

3. John Duns Scotus, *Questions on The Metaphysics of Aristotle*, vol. I, trad. angl. G. J. Etzkorn et A. B. Wolter, Saint Bonaventure (NY), Franciscan Institute Publications, 1997, p. 42.

Il ne faut pas oublier que ce paragraphe est censé répondre aux objections présentées (§ 97-102) à l'hypothèse de la substance comme sujet. C'est pourquoi D. Demange[1] a pu souligner l'étonnement de voir réapparaître Dieu dans une réponse dont on attendait comme suite logique une défense de la substance. Même si cette ébauche d'interprétation de Etzkorn et Wolter se verra contredite par la réaffirmation de Dieu comme sujet dans la suite de la question (notamment dans la section II.D, ou III.B selon l'édition critique, § 130-136), il n'en reste pas moins vrai que l'on avait rejeté la substance parce que les propriétés métaphysiques qu'on démontre à son propos n'étaient pas des propriétés de la substance, mais des réalités autres qui lui étaient attribuées. En ce sens, il semble que l'introduction de la science comme agrégation (dans son acception d'un sujet premier) pourrait bien servir pour réhabiliter aussi bien Dieu que la substance comme sujet premier d'attribution de la métaphysique.

Que la réintroduction de Dieu comme sujet possible de la métaphysique reste la réintroduction d'une hypothèse à ce stade de la question, nous pouvons aussi le constater en jetant un coup d'œil juste au début de la partie II.B (§ 104-109; II.C dans l'édition critique). Tout en posant la petite question qui dirige cette section, Scot laisse entendre qu'il n'a pas encore tranché à propos du sujet de la métaphysique. Le paragraphe 103 avait pour rôle de réintroduire le débat, mais cette fois-ci en proposant une nouvelle tension entre la substance et Dieu comme candidats principaux, en dépit et aux dépens de l'étant (qui ne reviendra plus sur scène dans cette question) : « *Mais que Dieu ou la substance soit ici* [*en métaphysique*] *posé comme sujet*, y a-t-il des principes absolus des autres [étants] postérieurs qui sont considérées ici ? »[2].

Tout en étant une hypothèse forte et non une réponse tranchée à ce stade de la question, la possibilité de Dieu comme sujet de la métaphysique restera jusqu'à la fin de la question le cœur de cette deuxième rédaction. Or si Dieu revient comme sujet de la métaphysique, selon Duns Scot, ce n'est pas, en tout état de cause, Dieu selon l'approche d'Averroès, qui, en outre, porte plus précisément sur Dieu *et les Intelligences*. Il faut donc l'établir autrement. C'est avec ce projet à l'esprit que la suite de la question s'organise sur deux fronts : par une mise à jour de la réfutation d'Averroès et Avicenne sur cinq thèses principales (section II.C, § 111-129; III.A de l'édition critique) et par l'exposé de la manière (*modus*) dans laquelle « Dieu *peut être posé* comme sujet en

1. D. Demange, « Pourquoi Duns Scot a critiqué Avicenne », art. cit., p. 215 : « Avant d'en venir à l'aspect le plus étonnant, pour ne pas dire perturbant, de ce dont on nous informe ici (à savoir le retour, totalement inexpliqué, de Dieu comme sujet d'attribution dans une discussion sur la substance comme sujet d'attribution)… ».

2. *In Met.*, I, q. 1 n. 104 (OPh, III, 51) : « *Sed sive Deus sive substantia ponatur hic subiectum*, numquid de aliis posterioribus hic consideratis sunt aliqua principia simpliciter ? » (trad. fr. p. 143 ; nous soulignons).

métaphysique »[1] (section II.D, § 130-136, III.B de l'édition critique). Encore une fois, il convient de bien noter la formulation de ce dernier projet. Il ne s'agit pas de *démontrer* ou de *déterminer* que Dieu est le sujet de la métaphysique; mais, sur un registre épistémologiquement plus prudent, de se demander comment il pourrait être posé comme sujet.

La nouvelle réfutation des positions d'Averroès et Avicenne se concentre sur cinq thèses. Elles montrent jusqu'à quel point la position de Scot concernant la nature de la science a changé par rapport au cadre aristotélicien offert par les *Seconds Analytiques* qui a déterminé les solutions de la première rédaction, même si, dans ce contexte, la défense de la position d'Averroès montrait déjà que la seule façon de faire de Dieu le sujet de la métaphysique consistait à postuler une autre structure pour la science. C'est sur cet aspect de la pensée de Duns Scot que nous voyons, même dans l'état d'hypothèse concernant Dieu comme sujet, un changement d'ordre majeur : en se forçant à penser Dieu jouant le rôle de sujet de la métaphysique, Scot a aussi cherché à modifier les conditions de la science. Il s'agit donc d'une revalorisation de la science *quia* par rapport à l'hypothèse de Dieu comme sujet. Il ne faut pas oublier que Dieu avait été réfuté comme sujet de la métaphysique dans la première rédaction, parce qu'il ne remplissait pas les conditions du sujet d'une science *propter quid* (« de Deo nihil per causam demonstretur » I. 1.3.c § 63). En effet, pour la première rédaction, la métaphysique ne peut être qu'une science *proter quid*. Voyons donc les cinq thèses[2] à réfuter (avec, entre parenthèses l'auteur qui la soutient) et leur réfutation :

(a) Aucune science ne prouve que son sujet existe (Avicenne et Averroès).
(b) Seule la philosophie première peut prouver que Dieu existe, non la physique (Avicenne).
(c) Seule la physique peut prouver que Dieu existe, non la philosophie première (Averroès).
(d) Dieu n'est pas le sujet de la métaphysique (Avicenne).
(e) Le genre des étants séparés est le sujet de la métaphysique (Averroès).

Le premier élément à modifier est cette condition selon laquelle aucune science ne démontre l'existence de son sujet. Pour une métaphysique *quia de Deo*, en revanche, il est nécessaire que l'on puisse démontrer l'existence du sujet. Deuxièmement, il faut montrer qu'il est possible aussi bien pour la physique que pour la métaphysique de démontrer l'existence de Dieu par des moyens différents, ce qui permet d'ouvrir un espace propre pour la preuve

1. *In Met.*, I, q. 1 n. 110 (OPh, III, 53) : « Tenendo quod Deus sit hic subiectum, aliter est hoc ponendum quam ponit Averroes. Circa quod duo sunt facienda. Primo ostendetur quomodo peccant Averroes et Avicenna in opinionibus suis, et secundo dicetur *modus quo Deus potest poni* subiectum in metaphysica » (nous soulignons).

2. *Ibid.*, n. 111 (OPh, III, 54).

métaphysique vis-à-vis de la preuve physique. Les deux dernières modifications se complémentent aussi, car on y rétablit Dieu comme sujet de la métaphysique tout en excluant les intelligences.

Contre la thèse (a), Scot souligne directement à propos de la science *quia* (il ne fait aucune référence à la science *propter quid*) qu'il y a effectivement une démonstration de l'existence du sujet et qu'également, ce type de science présuppose son sujet préalablement non en tant qu'existant, mais nominalement comme concept. Cela étant, il n'y aurait aucune contradiction entre la préconnaissance du sujet (selon les *Seconds Analytiques*) et la démonstration de son existence[1]. D'ailleurs, Scot introduit la science *quia* selon sa configuration générale permettant la démonstration de l'existence de son sujet comme modèle plausible et adéquat pour la métaphysique contre la restriction permanente qui faisait de la science *propter quid*, dans la première rédaction, le seul modèle qui pouvait garantir la plus haute scientificité pour la métaphysique.

C'est ce qu'il fait avec les thèses (b) et (c), qui sont réfutées simultanément. Scot revient sur la science *quia* pour affirmer qu'aussi bien la physique que la métaphysique prouvent l'existence de Dieu *par les effets*. Il faut différencier dans leurs démarches respectives la portée des conclusions tirées des propriétés démontrées appartenant aux effets dans l'une et l'autre science. Tant à partir des propriétés physiques qu'à partir des propriétés métaphysiques on peut remonter jusqu'à la démonstration de la cause des effets auxquels appartiennent respectivement ces propriétés. C'est en cela que consiste la démonstration *quia*; les deux sciences peuvent ainsi démontrer l'existence de Dieu, l'une en tant que *primum movens* et l'autre en tant que *primum ens*. Néanmoins, et sur ce point Duns Scot met l'accent sur la portée de chacune des deux sciences relativement à la connaissance de l'étant premier : la métaphysique est « plus immédiate » et offre une « connaissance positive », car elle s'occupe des propriétés plus générales et antérieures de l'étant créé qui conduisent à la démonstration de l'étant premier; la physique quant à elle s'occupe de propriétés spécifiques qui offrent une connaissance moins positive ou tout simplement négative, et qui conduisent à la démonstration du premier moteur. C'est en ce sens que, concernant la connaissance de Dieu, on constate la primauté de la métaphysique[2].

1. *In Met.*, I, q. 1 n. 112 (OPh, III, 54) : « Contra primum istorum arguitur sic : scientia quia demonstrat suum subiectum esse, quia per effectum demonstratur aliquid de causa sic : ex hoc enim quod effectus non potest esse sine tali condicione in causa, effectus non potest esse sine esse causae ; ergo causa est. Patet etiam quod primum conclusum de causa per effectum est esse ; sed *scientia quia praesupponit conceptum aliquem apud intellectum de subiecto*, et de illo conceptu arguit primo quod sit, secundo quod alia sibi insunt » (nous soulignons).

2. *Ibid.*, n. 113 (OPh, III, 54-55) : « Contra secundum et tertium simul : omnis proprietas considerata de effectu, quam impossibile est sibi inesse nisi talis causa sit, concludit causam esse "quia" ; sed tam proprietas considerata in scientia naturali quam in ista de effectu non potest sibi inesse nisi primum movens sit et nisi primum ens sit ; ergo utraque scientia potest probare ipsum esse. Tamen ista immediatius, quia generales proprietates entis creati, secundum quod

Pour Scot, il est aussi clair que bien que cette réfutation soit dirigée contre Avicenne et Averroès, elle l'est davantage contre la thèse (c) d'Averroès, car elle implique précisément la primauté et l'antériorité de la physique par rapport à la métaphysique[1]. D'ailleurs, si l'on objecte à Scot de ne pas parler de la métaphysique et notamment de la démonstration de l'existence de Dieu par une science *proter quid*, il l'assume volontiers pour la métaphysique et aussi pour la physique[2]. Ceci révèle l'effort de penser une science métaphysique dont le sujet soit Dieu et qui puisse se fonder en tant que science, en contournant les exigences des *Secondes Analytiques* ou du moins, en les infléchissant.

Contre la thèse (d) soutenant que Dieu n'est pas le sujet de la métaphysique (Avicenne), Scot va tout d'abord récupérer les arguments d'Aristote, notamment le début du livre E (1, 1026a14-17/20-23) ainsi qu'un argument de raison en faveur d'Averroès, déjà présentés dans la première rédaction (section I.A. 1, § 14-18). Mais c'est dans la suite des arguments que Scot reprend le motif introduit de la science *quia*.

Et ce, d'abord pour établir un ordre de priorité entre les objets de connaissance métaphysique (Dieu et l'étant) : car même si Avicenne concède que la métaphysique porte aussi bien sur Dieu que sur l'étant en tant qu'étant, cela n'implique aucunement que Dieu soit considéré en métaphysique à cause (*propter*) de la considération de l'étant. La raison est la suivante : « Dieu n'est pas, dans la science par les effets (*quia*), un principe de connaissance de l'étant »[3]. Cet ordre de priorité où Dieu n'est pas étudié en fonction de l'étant est bien une conséquence d'une métaphysique fondée comme science *quia*, dont le but est la démonstration de la cause, c'est-à-dire, Dieu et non l'étant.

Croire que la métaphysique porte sur l'étant comme sur son sujet conduit aussi à l'abandon de la fin ultime de la métaphysique, la spéculation sur les causes le plus hautes et premières. Scot reprend deux thèmes importants qui figuraient déjà dans le prologue du commentaire où il distinguait les deux versants de cette science : la métaphysique portant sur les *transcendentia vel communissima* (l'étant en tant qu'étant) et la sagesse portant sur les *certissima*

considerantur hic, magis ducunt in cognitionem positivam perfectionum primi entis per excellentiam quam speciales condiciones consideratae in aliis scientiis. Quia illae magis ducunt in cognitionem privativam vel aliquam positivam minus excellentem ; minus enim excellens videtur primitas movendi tantum quam esse primum ens simpliciter ».

1. *In Met.*, I, q. 1 n. 113 (OPh, III, 55) : « Unde uterque negetur quoad secundum et tertium, sed magis Averroes. Hoc etiam probatur specialiter contra ipsum, quia tunc illa quae est simpliciter conclusio in physica, esset hic simpliciter prima propositio omnino indemonstrabilis, et ita physica esset prior ista ».

2. *Ibid.*, n. 114 (OPh, III, 55) : « Si dicas : hic non demonstratur propter quid, nihil ad b. Nec in physica. Igitur aequaliter negatur hoc posse demonstrari ibi, sicut hic ».

3. *Ibid.*, n. 116 (OPh, III, 56) : « Item, contra ipsum arguitur sic : Avicenna concedit quod metaphysica est de Deo cum consideret de ipso, et quod est de ente in quantum ens. Sed metaphysicus non intendit considerare de Deo propter considerationem entis in quantum ens, quia Deus non est principium cognoscendi ens in scientia quia » (trad. fr. p. 151).

cognoscibilia (les premiers principes et les premières causes)[1] ; celle-ci reçoit ici (§ 116) le nom de *felicitas naturalis* qui « est l'acte principal de sagesse » ; le prologue l'identifiait à la cause finale de cette science[2]. Cet élément de la recherche de la *felicitas*, tiré de l'*Éthique à Nicomaque*[3], revient inlassablement dans la suite de la question comme un autre argument, peut-être l'un de plus importants, pour défendre la métaphysique comme science *quia de Deo*. La recherche de ce but explique clairement qu'en métaphysique c'est l'étant qui est étudié en raison (*propter*) du premier étant et non l'inverse. Et dans une science *quia* c'est précisément cet objet cherché principalement qui joue le rôle de sujet[4]. Encore une fois, la structure de la science *quia*, portant sur la cause à partir des effets, sert à expliquer pourquoi c'est Dieu et non l'étant le sujet de la métaphysique. Dans cet ordre d'idées, Scot défait le rôle assigné à Dieu selon le modèle thomasien, car Dieu n'est pas principe du sujet, en tant qu'il n'est pas « principe de la connaissance » du sujet en métaphysique[5].

Le pas suivant de Scot consiste à fonder ce modèle de la métaphysique, tout en rejetant par le même geste la thèse d'Avicenne. C'est ainsi que la métaphysique est présentée comme « nécessairement » science *quia* de Dieu, à cause de la limite de notre connaissance, car « Dieu n'est pas connaissable autrement par nous »[6]. Cet argument sera aussi développé dans le cadre de la réfutation d'un argument d'Avicenne contra la thèse d'Averroès (§ 68) :

> En effet, même si la métaphysique, considérée du point de vue des connaissables, c'est-à-dire si les connaissables étaient connues par nous autant qu'ils ont pour nature d'être connus, était une science par la cause, la métaphysique, en tant qu'elle est connaissable par nous, est nécessairement une science de Dieu par les effets (*scientia quia de Deo*), comme ce sera manifeste [§ 150-151]. Le Philosophe a dépeint la première ; il donne à peine la seconde[7].

1. *In Met.*, I, Prol. nn. 17-21 (OPh, III, 8-10).

2. *Ibid.*, n. 23 (OPh, III, 12).

3. Aristote, *Eth. Nic.*, X (K), 8/7, 1178b8-10 (AL, XXVI3, 362).

4. *In Met.*, I, q. 1 n. 116 (OPh, III, 56) : « Similiter, tunc ultimus finis huius scientiae non esset speculari causas altissimas et primas, nec in actu sapientiae principali esset felicitas naturalis ; ergo metaphysica principaliter considerat de ente propter primum ens. Sed illud est subiectum in scientia, cuius cognitio principaliter quaeritur quantum ad proprietates et perfectiones eius, et etiam quantum ad esse in scientia quia ; ergo etc. ».

5. *In Met.*, I, q. 1 n. 118 (OPh, III, 56) : « Ex hac ratione patet quod Deus non consideratur hic ut principium subiecti ; sic enim non consideratur aliquid in aliqua scientia nisi sit principium sciendi subiectum in illa, cuiusmodi est nomen respectu propositionis, et natura respectu entis naturalis ».

6. *In Met.*, I, q. 1 n. 119 (OPh, III, 56) : « Rationes etiam pro Avicenna principales, de "quia est" et "quid est", nihil valent, cum metaphysica necessario sit scientia quia de Deo, secundum omnes, quia Deus non est aliter a nobis cognoscibilis ».

7. *In Met.*, I, q. 1 n. 121 (OPh, III, 57) : « Ratio vero pro Avicenna, facta contra Commentatorem superius, non valet. Licet enim metaphysica, considerata a parte scibilium, hoc est, si sic sciretur sicut scibilia nata essent sciri, esset scientia propter quid, tamen metaphysica, ut est a nobis

Ce passage revient sur les raisons d'ordre noétique et épistémique qui empêchent de fonder la métaphysique comme science *propter quid*. Nous trouvons ici un autre tournant de la question, car la fondation de la métaphysique comme science se relie directement à notre capacité de connaître. Le passage distingue nettement un ordre strictement naturel où les réalités connaissables, en tant que telles, seraient connues par une science *propter quid*. Bien que Scot ne le dise pas, il s'agit apparemment de la métaphysique telle qu'elle est thématisée par Avicenne précisément contre la thèse d'Averroès. C'est ainsi que pour Scot, l'autre alternative est celle de la métaphysique *ut est a nobis scibilis*. C'est ici que se trace la limite entre la métaphysique par nature et la métaphysique pour nous. La métaphysique par nature étant préférable, mais inatteignable, il ne nous reste que l'autre accès comme accès adapté à la limite de notre connaissance. En tous cas, la thèse énoncée à deux reprises (§ 119 et § 121), « la métaphysique, en tant qu'elle est connaissable pour nous, est nécessairement une science de Dieu par les effets (*scientia quia de Deo*) », devra attendre encore un moment pour trouver sa justification dans la section finale de la question (§ 150-151). Scot introduit encore une nouvelle interprétation du texte d'Aristote : le Philosophe s'occupe principalement de la description de la science *propter quid*; mais il ne fait presque pas d'allusion à la science *quia*. Cette ligne montre bien la direction que prendra ou qu'a déjà prise la question. Pour Scot l'enjeu est bien celui de développer l'idée de la métaphysique comme science *quia de Deo*, car l'approche d'Aristote n'est pas adaptée à ce qu'est connaissable *pour nous*, mais à ce qu'est connaissable *simpliciter*. On insiste sur ce qui est à la portée de notre connaissance et non sur ce qui est connaissable dans toute sa généralité.

Il y encore un autre argument à réfuter, qui s'appuie sur la thèse d'Avicenne. Scot évoque un argument d'Henri de Gand tiré de sa *Summa* (a. 19, q. 1), où Henri se demande « sur quoi porte cette science [la théologie] comme sur son sujet : sur Dieu ou sur quelque chose d'autre ? »[1]. Tout particulièrement, l'argument 3 soutient, tout en évoquant la *Métaphysique* d'Avicenne comme autorité, que même si la philosophie première porte sur Dieu en tant que cause première (de sorte que la science première s'appelle aussi science divine), Dieu ne pourrait pas être sujet de la métaphysique. Les raisons sont celles qu'en donne Avicenne : elles s'appliqueraient de même à la théologie, si bien que Dieu ne serait sujet ni de la philosophie première ni, par extension, de la théologie[2]. Ainsi, tout en faisant l'économie de l'argument, Henri l'évoque

scibilis, est necessario scientia quia de Deo, ut patebit. Primam depingit Philosophus ; vix secundam tradit » (trad. fr. p. 151).

1. Henri de Gand, *Summa*, a. 19 q. 1 (I, 114vA) : « Prima de quo est ista sciencia vt de subiecto : vtrum de deo an de aliquo alio ».

2. *Ibid.*, q. 1, arg. 3 (I, 114vA) : « Sic in prima philosophia inquiritur scientia dei modo naturali, scientia intellectus rationaliter inuestigata, quia vt dicit Auicena, primo *Metaphysica* sue, prima philosophia est scientia de prima causa et ideo definitur esse scientia diuina. Sed vt probatur

comme fondement de cet argument *contra* qui tient à poser Dieu à l'extérieur du sujet de ces deux sciences. Dans sa réponse, et c'est ici que porte l'intérêt de Scot, Henri réfute l'exclusion de Dieu comme sujet de la théologie (qu'il veut soutenir), et accepte que la philosophie première n'ait pas Dieu par sujet. Pourquoi ? Contrairement à la théologie, affirme Henri, la philosophie première part de la considération des créatures et seulement à la fin de Dieu : c'est la raison pour laquelle la dernière des sciences philosophiques est la métaphysique. Encore une fois, même si la fin de la métaphysique et de « la philosophie tout entière » (*in tota philosophia*) est la connaissance de Dieu, Dieu n'est pas le sujet de la métaphysique, car « le sujet doit être le premier connu (*primum scitum*) dans la science et dans sa considération et après lui et sous sa raison [sont connues] toutes les autres [réalités] ». Ainsi, si Dieu, selon « l'ordre et la propriété », est le premier connu en théologie, selon le même critère il est le dernier connu (*ultimum scitum*) dans les autres sciences. C'est pourquoi Dieu peut être le sujet de la théologie, mais non le sujet de la métaphysique[1].

Scot tire de ce contexte la citation d'Henri : « le sujet dans la science doit être le premier connu (*primum scitum*) ». Le sujet est le premier connu et sous sa raison les autres réalités sont connues. D'une certaine manière cette primauté rejoint l'idée de la primauté d'attribution, non au sens où les autres réalités sont attribuées à l'élément premier, mais en celui où tout est connu sous le concept du premier. Quoi qu'il en soit, Dieu étant connu par ses effets, c'est-à-dire étant *ultimum scitum*, les autres réalités ne peuvent pas être connues sous son concept : par conséquent Dieu ne peut pas être le sujet de la métaphysique.

Scot répond à cet argument par une distinction entre trois ordres de primauté sur lesquelles se distribue la notion de *primum scitum* :

in eodem, *Deus non potest esse subiectum in illa scientia* [*in metaphysica*], *quare videtur quod consimili ratione nec in ista* [*theologia*] » (nous soulignons).

1. Henri de Gand, *Summa*, a. 19 q. 1 ad 3 (I, 115vK) : « Diuersus est ordo considerandi de deo in hac scientia et in scientiis philosophicis, quam ista scientia primo et principaliter considerat de deo tanquam de eo de quo sunt eius prima principia scilicet primi articuli fidei. [...] Secundario autem et posterius considerat de creaturis [...]. Scientiae autem philosophice econtrario primo considerant de creaturis, vltimo autem de deo [...]. Et ideo vltimo considerant de deo et de rebus spiritualibus diuinis [...]. Propter quod inter scientias philosophicas vltima est Metaphysica, quia finis speculationis in tota philosophia est cognitio dei [...]. Quia igitur vt dictum est *subiectum debet esse primum scitum in scientia* et in eius consideratione et post ipsum, et sub ratione ipsius omnia alia, sicut color est primum cognitum a visu et sub ratione illius omnia alia ; *ex ordine igitur et proprietate huius scientiae* [*theologiae*] *deus est primum scitum in ea ; et ex ordine et proprietate in aliis scientiis deus est ultimum scitum in eis.* Idcirco igitur *deus potest hic* [*in theologia*] *esse subiectum ; non tamen in aliqua scientia philosophica.* Et ideo bene dicit Auicena quod deus non est subiectum illius scientie ; immo ex iis et de numero eorum quae quaeruntur in ea » (nous soulignons).

> Je réponds : c'est vrai du premier connu, dont la primauté est principale (*primitate principalitatis*) et d'intention, mais non d'exécution (*exsecutionis*). C'est évident dans le cas du nom et du verbe dans le *Traité de l'interprétation*[1].

Scot accepte la vérité de la prémisse « subiectum in scientia debet esse primum scitum » avec une restriction qui fait la différence. En effet, elle est vraie si l'on comprend le *primum scitum* comme renvoyant à celui qui possède la primauté de ce qui est principal en métaphysique, ainsi comme cette primauté de ce sur quoi porte, dans son intention, la métaphysique. Or, le principal et ce sur quoi porte la métaphysique comme sur son intention est bien la spéculation divine. En ce sens Dieu doit être le sujet en métaphysique. Cependant, la prémisse n'est pas vraie, si l'on comprend le *primum scitum* selon la primauté d'exécution, c'est-à-dire, selon l'ordre du processus de la connaissance qui part premièrement des effets.

Or Scot propose une réponse beaucoup plus élaborée et complexe à l'argument d'Henri, tout en revenant au rôle central de la *felicitas* (c'est-à-dire de la spéculation du divin selon l'*Éthique à Nicomaque*) comme but ultime de la métaphysique. Scot énonce le fondement de l'une des conditions à remplir pour le sujet d'une science. Rappelons que dans le commentaire à l'*Isagoge*, Scot présentait trois conditions à remplir par le sujet d'une science. Il formulait la troisième ainsi : « que toutes les autres [réalités] déterminées dans la science soient rapportées au sujet et soient considérées à cause (*propter*) du sujet. Autrement, il n'y aurait pas d'unité de la science à partir de l'unité du sujet »[2]. La « réduction au sujet » de tout ce dont s'occupe une science est une exigence qui s'explique par le rôle d'unification associé au sujet; autrement dit, si les réalités traitées dans une science n'étaient pas réductibles à son sujet, c'est au fond l'unité de cette science qui serait mise en danger. C'est sur cet arrière-plan que nous lisons les observations de Scot contre l'argument d'Henri. La connaissance du sujet premier, nous dit Scot, inclut virtuellement la connaissance scientifique et l'*habitus* scientifique de ce sujet, « car toutes les choses postérieures, dans la mesure où elles sont connues, se ramènent

1. *In Met.*, I, q. 1 n. 122 (OPh, III, 57) : « Ad illud etiam quod arguit Henricus in *Summa*, XIX, 1, quod "subiectum in scientia debet esse primum scitum", sub cuius ratione omnia alia sciuntur, sicut obiectum respectu potentiae ; Deus autem non cognoscitur hic nisi ex effectibus, quia non ex eius cognitione cognoscuntur alia, - respondeo quod est verum de primo scito, primitate principalitatis et intentionis, non exsecutionis. Patet de nomine et verbo in *Perihermenias* » (trad. fr. p. 153).

2. *In Porph.*, q. 3 n. 13 (OPh, I, 14) : « notandum quod tres condiciones sunt requisitae subiecti in scientia, videlicet [a] quod sit notum "quid est" et "quia est", nam haec duo oportet praesupponere demonstrationi, ut dicitur I *Posteriorum*. [b] Secunda est quod per eius "quid est" demonstrentur in scientia passiones illius subiecti de eo. [c] Tertia est quod *ad ipsum omnia alia determinata in scientia reducantur et propter ipsum considerentur. Aliter enim ab eius unitate non esset unitas scientiae* » (nous soulignons).

(*reducuntur*) à sa connaissance »[1]. Ici, il reprend le motif de la « réduction » comme principe pour expliquer le rapport du sujet de la métaphysique à *omnibus aliis* : le sujet contient *virtualiter* la connaissance de tous les « objets » dont s'occupe la science dont il est le sujet[2]. Avec ce principe à l'esprit, Scot montre que poser l'étant comme sujet supposerait que la connaissance de sagesse (*notitia sapientialis*), que l'on saisit en métaphysique, devrait être incluse virtuellement dans la connaissance de l'étant (*notitia entis*), en tant que sujet. Il ne faut pas oublier que l'évocation de la *sagesse* dans le contexte du commentaire renvoie au volet de la métaphysique qui consiste à la recherche de la *felicitas* par la contemplation de Dieu et dont l'autorité est toujours le livre X de l'*Éthique à Nicomaque*.

C'est cette dimension de la métaphysique comme *sapientia* qui rend impossible la thèse de l'étant comme sujet de la métaphysique, parce que cela voudrait dire que la connaissance de Dieu (*notitia sapientialis*) serait contenue dans la connaissance de l'étant : la connaissance du parfait serait donc contenue dans la connaissance de l'imparfait, tout en impliquant par la structure de l'inclusion virtuelle que la connaissance de l'étant soit plus parfaite que la connaissance de Dieu et des intelligences. C'est sur ce point que Scot revient sur le motif de la *felicitas naturalis*, pour montrer que poser l'étant en tant qu'étant comme sujet, suppose aussi de le poser comme contenant virtuellement la connaissance de Dieu et pour cela, comme but de la métaphysique en tant que sagesse. Ce qui est faux, car la connaissance de l'étant en tant qu'étant est imparfaite au plus haut point[3].

L'idée que la métaphysique soit ordonnée à la connaissance de Dieu, car c'est en cela que consiste la *felicitas naturalis*, dessine les articulations principales de cette figure de la métaphysique *quia de Deo*. Comme Scot lui-même l'avoue, malgré l'effort qu'il a déployé en réfutant la thèse d'Avicenne, il y a encore des doutes qui persistent et qui seront traités dans la dernière section de

1. *In Met.*, I, q. 1 n. 123 (OPh, III, 57) : « Notitia scientiae et habitus scibilis virtualiter includitur in notitia subiecti primi et formalis illius habitus, *quia in eius notitiam omnia posteriora reducuntur secundum eorum cognitionem* » (trad. fr. p. 153).

2. *Cf.* sur la problématique de l'*inclusion virtuelle*, D. Demange, « "Objet premier d'inclusion virtuelle" : Introduction à la théorie de la science de Jean Duns Scot », dans O. Boulnois, E. Karger, J.-L. Solère et G. Sondag (éd.), *Duns Scot à Paris, 1302-2002*, Turnhout, Brepols, 2004, p. 89-116.

3. *In Met.*, I, q. 1 n. 123 (OPh, III, 57-58) : « Item, potest sic argui : notitia scientiae et habitus scibilis virtualiter includitur in notitia subiecti primi et formalis illius habitus, quia in eius notitiam omnia posteriora reducuntur secundum eorum cognitionem. *Si ergo ens, et non Deus, ponitur subiectum in metaphysica, sequitur quod notitia sapientialis, quae habetur in metaphysica, virtualiter includitur in notitia entis. Sed impossibile est cognitionem perfectiorem includi virtualiter in cognitione imperfectiori.* Ergo cognitio entis perfectior est quam cognitio circa Deum et substantias separatas. Cum igitur in cognitione Dei et substantiarum separatarum ponatur felicitas naturalis, ut patet X *Ethicorum*, sequitur quod felicitas consistit in cognitione entis in quantum ens, quod falsum est, cum illa sit imperfectissima. Sic igitur patet improbatio quarti, et quomodo positio contraria sustineretur, de quo magis patebit inferius, et quomodo ad illa pro quarto respondetur » (nous soulignons).

la question après la réfutation de la cinquième thèse et la présentation globale de la manière selon laquelle Dieu peut être sujet de la métaphysique.

Ainsi, si par ce mouvement Scot a recadré l'une des limites du sujet de la métaphysique en éliminant la candidature de l'étant par ce principe du *primum scitum virtualiter continentem omnia alia*, il reste encore la tâche de faire un autre recadrage en réfutant finalement la thèse (e) d'Averroès qui, à côté de Dieu comme sujet, place les Intelligences ou entités séparées pour constituer « le genre des étants séparés » (§ 111).

Dans l'analyse de la position d'Averroès lors de la première rédaction, Scot avait critiqué cette thèse (§ 34 et 43) par le recours à l'idée qu'il n'y a rien de commun, entre Dieu et les intelligences, qui puisse fonder l'unité d'un genre. Le centre de la critique au paragraphe 34 était le rejet d'une conséquence qui s'ensuivrait d'accepter cette communauté générique, car Dieu et les Intelligences seraient distingués par des différences spécifiques et, encore plus grave, seraient définissables. La force de la critique porte sur l'artifice de cette unité, car Scot ne voit rien de spécifique par quoi l'unité de Dieu et les Intelligences soit plus forte ou plus fondée que l'unité entre Dieu et les étants corporels. S'il y avait une forme de communauté, celle-ci ne serait pas plus valable pour Dieu et les Intelligences que pour Dieu et les étants corporels : « une science commune ne porte pas davantage sur une espèce que sur l'autre »[1].

Or on pourrait défendre encore un autre cas de figure pour Dieu et les Intelligences, où la métaphysique serait une science *une* portant sur les étant séparés grâce à une unité d'attribution par laquelle les Intelligences seraient attribuées à Dieu comme sujet. Pour Scot cet argument ne tient pas non plus, car la même articulation pourrait se mettre en place pour attribuer les étants corporels au premier. À moins considérer que les Intelligences sont plus nobles et plus immédiates dans leur attribution au premier ou que ce qu'on peut en connaître n'est pas traité dans une science spéciale, de sorte qu'il reviendrait à la métaphysique, en tant que science du premier, de s'en occuper. Mais cela se révélerait de même comme une forme d'artifice pour inscrire quelque part la connaissance scientifique des entités séparées, car « pour ce qui concerne la nature du connaissable, il y a [pour ces objets éminents] une science différente de la métaphysique, de même qu'il y a une science de la substance corporelle »[2].

1. *In Met.*, I, q. 1 nn. 125-126 (OPh, III, 58-59) : « Contra quintum superius argutum est de univocatione, quoniam Deo et Intelligentiis non videtur esse aliquid commune univocum secundum communem opinionem ; ergo non potest esse aliqua una scientia de aliquo communi Deo et Intelligentiis. [§ 126] Confirmatur : quia in nullo speciali magis uniuntur Deus et substantiae separatae quam Deus et substantiae corporeae. Ergo si propter aliquam unionem sit totum illud genus entium ponendum unum subiectum, pari ratione et genus substantiarum corporearum. Et confirmatur : *quia scientia communis non magis est de una specie quam de alia* » (nous soulignons).

2. *Ibid.*, n. 127 (OPh, III, 59) : « Si vero dicatur quod sit una scientia de illis separatis propter unitatem attributionis, igitur primum erit per se subiectum, vel igitur non magis in speciali de

Ces remarques permettent à Scot de redéfinir la portée de la division aristotélicienne des sciences dans le livre E de la *Métaphysique* : elle porte sur ce qui est connaissable pour nous rationnellement, mais non sur le domaine entier de tout ce qui est connaissable *ex parte naturae scibilium*. C'est ce qui constitue la difficulté de la connaissance scientifique et, surtout, de l'emplacement dans l'ordre des sciences de la connaissance des Intelligences. Où les placer dans cet ordre ? Scot hésite quant à leur place : étant plus nobles et plus immédiates à Dieu que les étants corporels, n'ayant pas de traitement scientifique spécifique propre, c'est-à-dire de science théorique à part entière, le peu que nous pouvons en savoir semble devoir se rattacher à notre connaissance de l'étant premier. Mais, il n'en reste pas moins vrai que « les intelligences ne sont dans cette science ni le sujet, ni une partie, mais elles doivent ici être considérées en raison de leur proximité au premier, puisque nous pouvons seulement en avoir une connaissance naturelle restreinte »[1]. La solution de Scot consiste à intégrer la connaissance des Intelligences à celle de Dieu, en raison de leur proximité avec lui, tout en les excluant du sujet qui reste Dieu seul.

Une fois Avicenne et Averroès réfutés, Scot amorce le travail annoncé au paragraphe 110 : répondre à la question *comment Dieu peut-il être le sujet de la métaphysique* ? Cet exposé correspond à la section II.D (§ 130-136 ; III.B de l'édition critique). Il reprend et approfondit la notion de la science comme *aggregatio*, introduite dans le paragraphe 103, en tant qu'elle est distinguée de la science comme *habitus conclusionis*. Nous allons voir s'expliciter sur cette distinction les modèles possibles d'une science de Dieu en tant que sujet, tant pour une science *quia* que pour une science *propter quid*.

Dans le paragraphe 103, Scot identifiait le premier type de science, appelée ici *habitus conclusionis*, à la science exposée dans les *Seconds Analytiques* ; le deuxième type de science était défini comme agrégation d'un ensemble d'*habitus* ou des sciences du premier mode dont un exemple était la géométrie. Ici, au paragraphe 131, dans les premières lignes, Scot définit à nouveau ce deuxième type de science comme « agrégation de multiples habitus, tant des principes que des conclusions, ayant pourtant une certaine correspondance »[2]. Cette dernière idée, d'un point sinon commun, au moins de contact entre les *habitus* rassemblés comme *aggregatio*, pose la question du type d'unité de ce

Intelligentiis quam de corporalibus nisi forte quia sunt nobiliora entia, et immediatius attribuuntur ad primum ; aut nisi dicatur quod de cognoscibilibus de ipsis in speciali non est a nobis specialis scientia tradenda, et ideo magis congrueret illud modicum, quod de eis est loquendum, dicere in scientia de primo. Tamen quantum est ex natura scibilis, ita esset diversa scientia a metaphysica sicut de substantia corporea ».

1. *In Met.*, I, q. 1 n. 128 (OPh, III, 59) : « Et secundum hoc, divisio Philosophi de scientiis speculatiuis, VI huius, tenet de traditis et a nobis rationabiliter tradendis, non de omnibus *ex parte naturae scibilium*. Igitur Intelligentiae non sunt hic subiectum nec pars, sed hic sunt considerandae propter propinquitatem ad primum, cum hoc quod de eis modicam possumus habere notitiam naturalem » (trad. fr. p. 155).

2. Trad. fr. p. 157.

modèle de science[1]. Dans le paragraphe 103, Scot distingue deux types d'unité pour la science comme agrégation, une unité par la communauté du sujet (le cas de la géométrie) et une unité par l'attribution à un élément premier comme sujet, c'est apparemment le cas de Dieu ou de la substance (si nous suivons la suggestion d'Etzkorn et Wolter). Celle-ci est l'une des questions qui guidera notre analyse de cette section.

De même, il y a un élément nouveau dans la réintroduction de cette distinction au paragraphe 131. Pour une compréhension plus approfondie de la distinction entre l'*habitus conclusionis* et la science comme *aggregatio*, Scot renvoie à la question 1 du livre VI de son commentaire, où il affirme que le lecteur peut trouver la justification de cette distinction. N'oublions pas que dans le paragraphe 103, cette distinction était introduite sous la forme d'une proposition hypothétique (« si cette distinction est pertinente… »).

Mais comment Scot fonde-t-il la distinction entre la science comme *habitus conclusionis* et la science comme *aggregatio* dans le livre VI question 1 ? Tout d'abord, il faut savoir que cette question porte sur la validité de la division des sciences théoriques en physique, mathématique et divine[2]. Dans ce cadre, Scot introduit une première opinion sur la définition de la science, où celle-ci est présentée comme « habitus cognitif de la conclusion de la démonstration »[3]. Cette définition se fonde sur la définition du savoir (*scire*) présentée dans les *Seconds Analytiques*[4]. Le passage souligne « qu'il y a autant de sciences qu'il y a de conclusions démontrables ». La preuve se construit par l'explicitation des rapports entre les *habitus* et les objets qui les distinguent et de celle des sciences qui se distinguent par les réalités connaissables (*scibilia*). Celles-ci constituent les conclusions démontrables dans chaque science[5].

Selon une autre approche, les *habitus* sont connus par les actes et les conclusions des sciences se distinguent selon les actes, de sorte qu'il y a autant de conclusions que d'*actes de savoir spécifiques* (*diversi actus sciendi specie*). À chaque *habitus* correspond une unité qui dépend finalement de l'unité de leurs objets respectifs en tant que saisis par une conclusion démonstrative.

1. *Cf.* R. Wood, « Duns Scotus on Metaphysics as the Science of First Entity », art. cit., p. 25 *sq.*

2. Pour une présentation d'ensemble du livre VI, *cf.* D. Demange, « Introduction au livre VI », dans Jean Duns Scot, *Questions sur la Métaphysique*, t. II : *Livres IV à VI*, dir. O. Boulnois, trad. fr., introd. et notes O. Boulnois, D. Demange, I. Lévi, K. Trego et M. Roques, avec une introduction au texte latin par D. Poirel, « Épiméthée », Paris, P.U.F., 2020, p. 757-771.

3. Je cite la traduction française récente de cette question de D. Demange, *ibid.*, p. 772-869.

4. Aristote, *Analytica Posteriora*, I (A), 2, 71b9-12 (AL, IV1, 7) : « *Scire* autem opinamur unumquodque simpliciter… cum causamque arbitramur cognoscere propter quam res est, quoniam illius causa est, et non est contingere hoc aliter se habere » ; *Auctoritates Aristotelis* (éd. J. Hamesse, 311, n. 8) : « Scire est causam rei cognoscere et quoniam illius est causa, et non contingit aliter se habere ».

5. *In Met.*, VI, q. 1 n. 8 (OPh, IV, 5) : « Prima talis : scientia est habitus cognoscitivus conclusionis demonstrationis, sicut patet ex definitione "scire", I *Posteriorum*. Ergo quot sunt conclusiones demonstrabiles, tot sunt scientiae. Consequentia probatur : nam habitus distinguuntur per obiecta et ita scientiae per scibilia ; illa sunt conclusiones demonstrabiles » (trad. fr. p. 779).

La preuve met l'accent sur le trait de la distinction spécifique et non numérique des actes de savoir. En définissant la science comme *habitus*, on identifie les réalités connaissables (*scibilia*) dans chaque science aux objets respectifs de chaque *habitus* : comme effet de fond, se fonde l'unité de la science sur l'unité de son objet. C'est le point sur lequel Scot veut attirer l'attention dans ce premier type de science. La science obtient son unité de l'unité de son objet, et l'unité de l'objet détermine l'unité de l'acte de connaître (acte de conclure) et de son *habitus* qui est la science. C'est ainsi que les conclusions démontrables se fondent aussi sur l'unité spécifique des objets. L'*habitus* porte sur ses objets selon leur différence spécifique[1].

Par cette sorte de circuit fermé, on définit la science et ses limites précises par référence à l'objet sur lequel porte l'*habitus*, la conclusion étant une connaissance scientifique (*scire*) de la cause de l'objet. À cause de cette articulation de l'unité de la science, une forme de science qui rassemblerait une multitude d'objets de sciences diverses n'est pas concevable.

Sur ce dernier point une objection intervient contre cette idée de la science. On introduit la notion d'une unité de la science due, non plus à l'objet de l'*habitus*, mais à une *aggregatio*. Selon l'objection, aussi bien la géométrie que « la géométrie, *ou une quelconque autre science*, ne possède qu'une unité d'agrégation de nombreux *habitus* ». Nous voyons réapparaître l'exemple de la géométrie, mais accompagné d'une clause qui étend le modèle à toute autre science. De surcroît, une deuxième objection pointe la possibilité que la métaphysique et la physique constituent une science *une* par agrégation[2].

Le problème de fond est bien celui du degré d'unité des sciences. Mais l'objection ne développe pas la notion de science comme agrégation, en tout cas pas autant que notre question sur le sujet de la métaphysique. En ce sens, le renvoi de Scot au livre VI n'apporte aucun soutien ou fondement vraiment solide à la distinction entre la science comme *habitus conclusionis* et la science

1. *In Met.*, VI, q. 1 n. 9 (OPh, IV, 5-6) : « Item, habitus innotescunt per actus ; respectu diversarum conclusionum sunt diversi actus sciendi specie ; ergo et habitus diversi. Minor probatur. Tum quia illi actus sciendi sunt diversi, non tantum numero, quia sic distinguuntur actus sciendi circa eandem conclusionem frequenter eliciti differentia autem maior differentia numerali videtur esse differentia specifica. Tum quia aliquid per causam cognoscere est aliquid scire, ex definitione "scire", I *Posteriorum*. Igitur cum alia demonstratio sit per quam haec conclusio cognoscitur, et alia per quam illa, videtur quod aliud sit hoc "scire" ab illo, etiam specie. Magis enim differunt istae demonstrationes quam numero tantum, quia sunt ex diversis principiis omnino ».

2. *Ibid.*, nn. 11-12 (OPh, IV, 6) : « Contra istam opinionem arguitur : quia secundum ipsam, *geometria vel quaecumque alia scientia non est una nisi unitate aggregationis ex multis habitibus*, quod videtur contra intentionem Aristotelis in multis locis in I et II *Posteriorum*. [§ 12] Item, sic posset metaphysica et naturalis dici scientia una, quia aggregatione. Inconveniens est autem quod tantam unitatem habeant inter se scientiae, quae ponuntur simpliciter diversae, quantam habet una istarum in se » (trad. fr. p. 781 ; nous soulignons).

comme *aggregatio*. En tout cas, il n'offre rien de plus que ce qui se trouve dans la question que nous étudions[1].

En ce sens, les efforts de D. Demange[2] pour établir un lien entre les thématisations de l'unité de la science présentées dans le livre VI et notre question ne portent pas vraiment leurs fruits, pour la simple raison qu'on ne parle pas des mêmes types d'unité de la science dans ces deux endroits. C'est pourquoi, selon l'avis de Wood[3], que nous suivons sur ce point, la solution de Demange, par le renvoi à un texte éliminé du livre VI, et mis en annexe dans l'édition critique[4], ne permet pas de trancher non plus, car ici, il s'agit aussi de l'analyse des types d'unité fondés sur des *habitus*, (par l'espèce spécialissime, par le genre proche ou par le genre éloigné) plutôt que d'une unité par *aggregatio*.

Une fois présentée cette distinction entre la science comme *habitus* et la science comme *aggregatio* dans le paragraphe 131, Scot introduit trois modèles sous lesquels Dieu *peut être* sujet de la métaphysique : dans une science comme *habitus conclusionis* par la cause (*proter quid*) (§ 131) ; dans une science comme *habitus conclusionis* par l'effet (*quia*) (§ 132) et dans une science comme *aggregatio* qui peut harmoniser la démarche par la cause et par l'effet (§ 133-136).

1. Pour le premier modèle, Scot reprend deux arguments déjà présentés en faveur d'Averroès. Le premier (§ 6-8) soutenait que Dieu ne pouvait pas être sujet de la métaphysique, car Dieu n'avait rien d'extérieur à son essence, tandis que le sujet d'une science devait posséder des propriétés démontrables ; l'autorité d'Avicenne soutenait qu'il n'y avait pas de distinction catégorielle, ou, autrement dit, que son unité ne donnait pas lieu à l'existence de propriétés. La réponse dans le sens d'Averroès, que Scot reprend ici, consistait à établir une distinction entre Dieu et ses propriétés, tout en gardant l'idée de la simplicité divine (§ 26).

Mais, il y a plus remarquable : Scot reprend et renvoie à un argument qui se trouve dans le premier *extra* (§ 32-33) inclus dans le texte de la première rédaction. Cet *extra* y a été inséré afin de répondre à l'un des arguments qui était censé réfuter Averroès. L'argument contre Averroès soutient qu'une science *propter quid de Deo* n'est pas possible, car rien n'est antérieur à Dieu.

1. De fait, R. Wood, qui a fait partie de l'équipe d'éditeurs du texte critique, conteste le renvoie que fait l'édition critique aux paragraphes 8-12 du livre VI question 1 : « Duns Scotus on Metaphysics as the Science of First Entity », art. cit., p. 26 : « We, the editors, cite VI. 1.8-12 [812 dans le texte de Wood], *but this cannot be right.* In this passage (8-12) [812 dans le texte de Wood] Scotus rejects an opinion on the grounds that it would make geometry a mere aggregate of habits rather than a unified scientific habit. But M2 [la deuxième redaction] is concerned to defend metaphysics as a science that aggregates habits and appeals to an analogy with geometry. So this cannot be the intended referent » (nous soulignons).

2. D. Demange, « Pourquoi Duns Scot a critiqué Avicenne », art. cit., p. 217-220.

3. R. Wood, « Duns Scotus on Metaphysics as the Science of First Entity », art. cit., p. 26.

4. *In Met.*, VI, q. 1, p. 1, Appendix nn. 5-14 (OPh, IV, 704-707).

Et même s'il en avait une cause, les propriétés de Dieu qui pourraient en être démontrées seraient en même temps essentiellement identiques à Dieu, de sorte qu'il n'y aurait rien non plus qui soit naturellement antérieur à lui, comme c'est le cas pour une cause à partir de laquelle on démontre les propriétés d'un sujet donné (§ 31). Il y a deux thèses contre Averroès : il n'y a pas de science par la cause *de Deo* et, s'il y en avait de cause, il n'y aurait en tout cas rien d'antérieur à Dieu, si bien que la seule démonstration possible d'une propriété divine est la démonstration par les effets.

C'est pour réfuter cette thèse que Scot insère le premier *extra* (§ 32-33). La complexité est accrue dans la mesure où le paragraphe 32 fera l'objet d'une critique et d'une modification d'ordre philologique de la part de R. Wood, lorsque ce passage réapparaîtra dans la citation qu'en fait Duns Scot au paragraphe 131. Pour l'instant, voyons le passage selon le texte établi par l'édition critique au paragraphe 32 :

> Mais cette raison n'est pas efficace. En effet, si ce qui est antérieur par nature et autre peut être un moyen terme pour connaître ce qui est postérieur par nature et autre, ce n'est pas en tant qu'il est quelque chose *d'autre*, car c'est pour lui un accident, mais en tant que *ce quelque chose* ; de même qu'il est autre, de même il est antérieur par nature et connu d'abord par soi, tandis que celui-là est postérieur. Mais c'est ainsi qu'il faut découvrir les propriétés et les attributs divins, donc, etc. [1]

L'argument ne porte pas directement sur la démonstration des propriétés divines : au contraire, il considère une hypothèse. Deux réalités étant données, l'une naturellement antérieure et autre, et l'autre naturellement postérieure et autre, si la première sert comme terme moyen pour démontrer une propriété de la seconde, ce n'est pas en tant que la première réalité est autre, mais en tant que la première réalité est c'est qu'elle est. C'est « ce qu'elle est » qui fait d'elle une réalité autre par rapport à la réalité postérieure. La force de l'argument ne porte pas sur la différence entre l'une et l'autre réalité, mais sur leurs raisons respectives qui expliquent leur différence, car en étant ce qu'elle est, elle est autre et ainsi, « antérieur par nature et connu d'abord par soi », tandis que l'autre réalité est postérieure. C'est comme cela que sont démontrées les propriétés divines, car la distinction entre Dieu et ses propriétés se fonde sur leurs raisons, qui pointent vers une forme de priorité naturelle, et non sur une distinction réelle, comme Scot l'affirmait déjà dans le paragraphe 26.

Scot fonde sur ces deux arguments la thèse que Dieu peut être sujet de la métaphysique en tant qu'*habitus conclusionis propter quid*, en soutenant d'un côté la distinction conceptuelle entre Dieu et ses propriétés et, de l'autre,

1. *In Met.*, I, q. 1 n. 32 (OPh, III, 28) : « Sed ista ratio non movet. Si enim prius naturaliter et aliud potest esse medium sciendi posterius naturaliter et aliud, hoc non est in quantum "hoc aliud", quia hoc accidit, sed in quantum "hoc", sicut est aliud, ita prius naturaliter et prius notum secundum se, et illud posterius. Sed ita est invenire in proprietatibus vel attributis divinis, igitur etc. » (trad. fr. p. 103).

l'antériorité, du moins l'antériorité naturelle, de quelques aspects de la nature divine, afin de garantir la possibilité d'une science *propter quid*. Un autre problème, que nous aborderons un peu plus tard, consiste à savoir si une telle science est possible *pour l'homme in statu isto*.

2. La deuxième possibilité est celle de Dieu comme sujet de la métaphysique en tant que science comme *habitus conclusionis* par l'effet (*quia*). Ce modèle, qui permet de conclure à partir des effets tant l'existence que les traits essentiels et les propriétés de Dieu, suppose néanmoins une certaine connaissance de ce sur quoi porte le nom « Dieu » (*supposito enim quid dicitur per nomen*). Scot rajoute comme condition de la démonstration *quia*, qu'« on ne peut rien conclure de lui [Dieu] à partir d'un effet s'il n'est pas la condition *sine qua non* de l'existence (*esse*) d'un tel effet »[1]. Ce dernier élément vise à recadrer le lien causal entre la cause (Dieu) et les effets (les créatures). C'est la raison pour laquelle Scot parle de Dieu comme condition *sine qua non* et non comme cause nécessaire de l'effet.

3. Pour le modèle de la métaphysique comme *aggregatio* (§ 133-134), Dieu peut être sujet de la métaphysique encore de deux façons, différenciées en fonction des types d'unité scientifique envisagée : soit comme une unité fondée sur l'unité du sujet; soit comme une unité fondée sur l'attribution à Dieu comme étant premier. Ainsi, pour le premier cas, 3a) « soit [d'une science] qui agrège des conclusions sur Dieu, démontrées par la cause ou par l'effet. Et une telle science, si elle existait, serait une par l'unité du sujet – au plus haut point dans ce genre »[2]. Apparemment, la nouveauté de ce modèle consiste dans la convergence des deux types de démonstration (*quia* et *propter quid*) vers une seule science qui s'unifie par l'unité de son sujet, en excluant tout ce qui n'est pas *de Deo*.

3b. Le deuxième modèle possède une portée plus large, car la métaphysique ainsi conçue est « [une science] qui agrège de multiples conclusions et principes sur Dieu et les choses qui lui sont attribuées comme à un [terme] premier, en tant qu'elles lui sont attribués »[3]. Cette unité par attribution embrasse toute la réalité en tant qu'elle en constitue la considération première :

> Et une telle science serait une par l'unité du sujet, non comme la précédente, mais parce que les autres choses sont attribuées à la raison du sujet, parce que la

1. *In Met.*, I, q. 1 n. 132 (OPh, III, 60-61) : « Similiter potest esse subiectum primo modo in scientia quia. Supposito enim quid dicitur per nomen, si tale est causa talis effectus, ex effectu potest concludi tale, et esse, et hoc esse, et hoc tam quantum ad essentialia quam quantum ad proprietates, et hoc demonstratione quia. Sed nihil potest sic concludi de ipso ex effectu nisi illud sit sine quo non potest esse talis effectus » (trad. fr. p. 159).

2. *Ibid.*, n. 133 (OPh, III, 61) : « Vel quae tantum aggregat conclusiones de Deo propter quid vel quia ostensas. Et talis scientia, si qua esset, esset una – maxime in illo genere – unitate subiecti » (trad. fr. p. 159).

3. *Ibid.*, n. 134 (OPh, III, 61) : « Vel quae aggregat multas conclusiones et principia de Deo et aliis attributis ad ipsum ut ad primum, in quantum ad ipsum attribuuntur » (trad. fr. p. 159).

considération d'une chose est absolument première lorsqu'elle la considère sous la première raison sous laquelle elle est considérable. Or l'étant créé, même s'il est univoque sous la raison de premier étant, peut être considéré en tant qu'il lui est attribué. Et ainsi, la première considération de tous les étants sera une telle [science] en tant qu'elle est attribuée au premier étant, et non à la substance. Si donc la métaphysique est la science première, elle portera sur toutes choses selon cette raison [d'attribution]. Ou bien donc elles y sont considérées en tant qu'attributs, car elles y sont connues à partir de la connaissance de Dieu ; ou bien parce que Dieu est connu à partir de leur connaissance. De la première manière, elle porterait sur Dieu, et serait une science par la cause. Par la seconde manière, une science par les effets[1].

Ce deuxième modèle de la métaphysique comme *aggregatio de Deo* ne se limite pas à ce qui relève de Dieu et de ses attributs. La notion d'attribution intègre toute réalité dans la mesure où toute réalité est attribuable à Dieu comme à la raison première sous laquelle elle peut être considérée. Le passage établit cette condition permettant de déplacer le rôle d'étant premier de la substance à Dieu, car ce n'est pas à la substance *comme raison première* que les autres réalités lui sont attribuées, c'est à Dieu. Elles lui sont attribuées précisément en tant que « ens creatum ».

C'est sur ce point que Scot introduit sous la forme d'une proposition concessive que l'étant créé est univoque sous la raison du premier étant : « Et l'étant créé, *même s'il est univoque sous la raison du premier étant*, peut être considéré en tant qu'il lui est attribué ». Nous n'y voyons qu'une hypothèse visant le cas où il serait possible de constituer une science à part entière de l'étant créé, grâce à son univocité en tant que créé ; cependant il pourrait aussi bien être traité dans une métaphysique *de Deo* par une unité d'attribution : c'est en effet la raison première sous laquelle toute réalité est considérée qui a la priorité. En cela nous rejoignons, jusqu'à un certain point, l'analyse de R. Wood[2], pour qui « Scotus states his univocity thesis only hypothetically », contre l'avis de D. Demange[3], pour qui, dans ce passage, « Duns Scot reconnaît formellement l'univocité de l'étant ». L'univocité de l'étant envers toutes choses sera explicitement reconnue par Scot au paragraphe 153 : c'est avec appui sur ce passage, ce qu'affirme Demange dont nous partageons l'avis.

1. *In Met.*, I, q. 1 n. 134 (OPh, III, 61-62) : « Et talis esset una ex unitate subiecti, non sicut prior, sed quia ad rationem subiecti alia attribuuntur, cum consideratio illa de aliquo sit simpliciter prima quae considerat ipsum sub prima ratione sub qua est considerabile. Et ens creatum, licet sit univocum sub ratione primi entis, considerari potest in quantum ad ipsum attribuitur. Et ita prima consideratio de omnibus entibus erit talis in quantum attribuitur ad primum ens, non ad substantiam. Igitur si metaphysica est prima scientia, erit de omnibus secundum hanc rationem. Aut igitur considerantur ibi in quantum attributa, quia ex notitia Dei ibi cognoscuntur ; aut quia ex eorum notitia Deus cognoscitur. Primo modo esset illa de Deo, et esset scientia propter quid. Secundo modo, quia » (trad. fr. p. 159).

2. R. Wood, « Duns Scotus on Metaphysics as the Science of First Entity », art. cit., p. 15 et n. 21, p. 250.

3. D. Demange, « Pourquoi Duns Scot a critiqué Avicenne », art. cit., p. 221-222.

Sur ce point, O. Boulnois[1] considère que dans le contexte du commentaire à la *Métaphysique*, l'univocité dont s'occupe Scot est seulement celle concernant la substance et l'accident, autrement dit, une univocité portant sur l'étant créé. L'univocité de l'étant envers toutes choses est une thèse présente seulement dans l'œuvre théologique. Boulnois s'appuie sur le paragraphe que nous commentons ici et sur le paragraphe 153[2] pour fonder sa thèse. Cependant, il faut bien voir que ce dernier paragraphe se demande pourquoi *si l'étant est univoque à Dieu et aux autres réalités* on ne peut pas poser l'étant comme sujet de la métaphysique[3]. En outre, la *metaphysica quia aggregata de Deo*, celle possible pour l'homme *in statu isto* et sur laquelle Scot est en train de construire l'articulation dans la deuxième rédaction, comporte une partie (§ 141), la métaphysique de l'étant en tant qu'étant, sur laquelle se fonde la possibilité de la connaissance de Dieu en tant que sujet par « priorité d'intention ». Cette métaphysique de l'étant en tant qu'étant suppose l'univocité envers toutes choses ; en même temps notre interprétation pose que tout cela reste une réflexion hypothétique où Scot se demande comment il serait possible que Dieu soit sujet de la métaphysique. En tout cas, il est clair que l'univocité dont il s'agit dans le cadre de la deuxième rédaction est bien l'univocité de l'étant envers Dieu et les autres réalités et non seulement envers la substance et l'accident. Si le paragraphe 134 laisse subsister un doute, où l'on voit l'univocité limitée à l'étant créé, nous verrons bien au moment de commenter la cinquième *dubitatio* que Scot pense à l'univocité de l'étant envers toutes choses.

Revenons sur la fin du paragraphe 134, c'est en effet sur la subdivision finale du passage (où l'on distingue encore deux sciences par agrégation selon l'unité d'attribution), que se concentrera la réponse de Scot. La description de la métaphysique comme *première science* est mise en relief par ce modèle. Première science, car toute réalité étant reconduite au premier étant, une première approche partirait de la connaissance de Dieu (*notitia Dei*) pour connaître tout se qui lui est attribué : il s'agirait d'une métaphysique *de Deo propter quid* ; dans le deuxième cas, à partir de la connaissance de choses on atteindrait la connaissance de Dieu, et il s'agirait une métaphysique *de Deo quia*.

Cette subdivision implique aussi une certaine capacité cognitive que Scot met en avant afin de pointer non seulement ce qui est et ce qui n'est pas possible pour l'homme dans sa recherche métaphysique, mais surtout ce qu'est la connaissance métaphysique possible pour Dieu, les bienheureux et l'homme.

1. O. Boulnois, *Métaphysiques rebelles*, *op. cit.*, n. 1, p. 264, p. 293, p. 295 et p. 308.

2. Ce paragraphe constitue la réponse à la cinquième *dubitatio* posée par Scot dans la dernière section (II.E § 137-163) de la deuxième rédaction.

3. Cf. *In Met.*, I, q. 1 n. 152 (OPh, III, 68) : « Item, dubitatio quinta est : *si ens est unius rationis Deo et aliis*, quare non potest ens poni primum subiectum *sub quo continentur omnia cognita, tam primum quam alia ?* ».

Sur ce point, il ne s'agit pas juste de ce qui est, des rapports entretenus par Dieu et les créatures, ou de la nature de l'étant. Scot nous fait comprendre qu'il n'y a pas une seule connaissance du réel, comme si l'on pouvait saisir le réel sans tenir compte de la puissance cognitive de celui qui connaît.

La première longue remarque sur la métaphysique *de Deo propter quid* établira qu'elle n'est possédée que par l'intellect divin lui-même, au moins dans la mesure où il s'agit d'une connaissance non discursive du réel :

> De la première manière [à partir de la connaissance de Dieu (*notitia Dei*) sont connues les choses qui lui sont attribuées], ces choses auraient pour nature d'être connues, et cette science des choses serait première, parce qu'elle porterait sur elles en tant qu'elles sont attribuées à ce qui est absolument premier. Non point de façon que toutes les choses n'y soient pas connues selon leur essence propre (sans quoi elles ne seraient pas connues), mais de façon qu'on obtienne la connaissance de leur essence en tant qu'elles sont attribuées à Dieu lui-même. Cette métaphysique, c'est Dieu qui la possède, mais pour lui ce n'est pas une science, car elle n'est pas une connaissance discursive acquise des autres choses à partir de sa connaissance de soi ; en effet, bien qu'il sache que les autres existent par lui, il ne les connaît pas parce qu'il se connaît lui-même - ce qui est exigé pour [l'acte de] connaître. Cette métaphysique, sans doute les anges auraient-ils pu la posséder de manière imparfaite, s'ils avaient longtemps été des vagabonds sur terre, et s'ils avaient pu, à partir d'une connaissance naturelle de Dieu, et par le discours, acquérir la connaissance d'autres choses [1].

L'émergence de Dieu comme celui qui possède en tant qu'intellect ce type de connaissance métaphysique surprend d'emblée le lecteur. Cela surprend, car jusqu'à présent Scot n'avait pas établi un lien entre les divers types de métaphysique et les intellects qui seraient aptes à les saisir. En revanche, il s'agit d'une métaphysique qui tient pour point de départ la *notitia Dei* pour se lancer à la connaissance de tout ce qui lui est attribué, sans aucun recours à une forme de pensée discursive : c'est cela même qui limite l'accès à cette science à tout intellect autre que l'intellect divin. À vrai dire, cette saisie divine de la *notitia divina* et des réalités qui lui sont attribuées en tant que Dieu est l'étant premier ne relève plus de l'ordre de la science. Ce *savoir* divin n'est pas une science, car il n'est pas discursif et à la limite il n'est pas, par la même raison, *propter quid*.

1. *In Met.*, I, q. 1 n. 135 (OPh, III, 62) : « Primo modo natae essent istae res cognosci, et haec scientia esset prima de eis, quia est de eis in quantum attribuuntur ad simpliciter primum. Non sic quod ibi non cognoscerentur res omnes secundum propriam essentiam (aliter enim non cognoscerentur), sed cognitio essentiae ipsarum haberetur in quantum attribuuntur ad ipsum Deum. Talem metaphysicam habet Deus, sed non est sibi scientia, quia non est ex notitia sui discursive de aliis acquisita ; quamvis enim sciat alia esse per ipsum, non tamen scit ea quia scit se – quod requiritur ad scire. Talem metaphysicam imperfectam potuerunt forte angeli habuisse si fuissent multo tempore viatores, et ex notitia naturali Dei potentes discurrendo aliorum notitiam acquirere » (trad. fr. p. 159-161).

C'est grâce à la variable de la pensée discursive qu'il y a science. Et Scot considère possible que cette science *propter quid* (présentée comme une forme imparfaite de la métaphysique vis-à-vis de la métaphysique possédée par Dieu lui-même) soit possédée par l'intellect angélique, qui par une longue expérience du monde sensible et par la connaissance naturelle de Dieu pourrait *passer* à la connaissance des autres réalités.

C'est la science *de Deo quia*, celle qui se trouve à la portée de l'intellect humain *in statu isto* et que le passage relève au moyen de l'adverbe *nunc* :

> De la seconde manière, seul l'homme peut dans l'état présent (*nunc*) avoir une métaphysique (quoi qu'il en soit de la connaissance naturelle de Dieu qu'ont les bienheureux ou [l'homme] en état d'innocence) ; car dans l'état présent, toute notre connaissance provient seulement des sens. Donc c'est en ce sens qu'elle a pu [nous] être fournie par le Philosophe. La première science possible à l'homme peut donc être acquise par la raison naturelle, et tenue pour une science par les effets (*quia*) – à la fois sur Dieu comme sujet premier, et sur tout étant comme sur la matière [de cette science] en tant qu'elle est attribuée au premier étant – ; et elle ne supposera pas que Dieu existe, ni ne commencera par la connaissance de Dieu pour connaître le reste, bien que l'un et l'autre fussent nécessaires si elle était une science par la cause (*propter quid*). Car, de même que dans une science par les effets (*quia*) proprement dite, on ne présuppose du sujet que la quiddité signifiée par le nom, et l'on déduit autant l'existence que la quiddité, comme on l'a dit plus haut [§ 112 et 132], il peut en aller ainsi (*similiter*) dans une science par les effets obtenue par agrégation (*in scientia quia aggregata*)[1].

C'est quasiment la fin de la réponse de Scot à la question de savoir *comment Dieu peut être le sujet de la métaphysique*. Scot présente la seule métaphysique accessible à l'homme *in statu isto* par contraste avec celle accessible aux bienheureux ou à l'homme avant la chute. C'est une métaphysique limitée au point de départ fixé par les sens où « tout étant » ou l'étant créé se rapporte à Dieu comme à l'étant premier ou à sa cause première. Cette science est donc une science forcément *quia de Deo*, car la science par la cause est réservée aux anges. Cette métaphysique articule Dieu, *ens primum* (comme sujet principal de la métaphysique) et l'étant en tant qu'il est attribué à Dieu (comme matière de la métaphysique).

1. *In Met.*, I, q. 1 n. 136 (OPh, III, 62-63) : « Secundo modo tantum *potest homo nunc* metaphysicam habere (quidquid sit de notitia naturali Dei beati vel in statu innocentiae), quia nunc "omnis nostra cognitio oritur a sensu" tantum. Igitur sic potuit tradi a Philosopho. Potest igitur *prima scientia possibilis homini* per rationem naturalem acquiri, et poni scientia quia et de Deo ut de subiecto primo, et de omni ente ut de materia in quantum attribuitur ad primum ens, quae nec supponet Deum esse, nec ab eius notitia incipiet ad cognoscendum alia, licet utrumque oporteret si esset scientia propter quid. Sicut enim in scientia quia, proprie dicta, non praesupponitur de subiecto nisi tantum quid dicitur per nomen, et concluditur tam esse quam quid est, ut praedictum est, similiter potest esse in scientia quia aggregata » (trad. fr. p. 161).

Cette science *quia aggregata de Deo* se comporte comme une science (*habitus conclusionis*) pour ce qui est de la présupposition de l'existence de son sujet : elle ne présuppose que ce qui est signifié par son nom (sa quiddité), de sorte que la démonstration de l'existence du sujet peut bien faire partie de la démarche de la science elle-même. Scot a déjà introduit cette distinction au paragraphe 112 (qu'il reprend au paragraphe 131), selon laquelle une science *quia* démontre aussi bien l'existence de son sujet qu'elle la présuppose en tant que la quiddité du sujet est signifiée par son nom.

La dernière section de la question (II.E § 137-163 ; III.C dans l'édition critique), avance six *dubitationes*, cherchant à élucider des points encore obscurs sur cette théorie de la métaphysique *possible pour l'homme dans l'état présent* comme science *aggregata quia de Deo*. C'est comme si la question tout entière, malgré sa composition en deux temps, avait été structurée pour finir totalement concentrée sur l'éclaircissement des problèmes posés par cette théorie de la métaphysique contenue dans le paragraphe 136.

1. Le premier doute concerne le rapport entre Dieu comme sujet de la métaphysique et l'étant en tant qu'étant comme attribué à Dieu. Cette articulation de la métaphysique pose trois problèmes.

D'abord, il semble que la considération de l'étant en tant qu'étant soit antérieure à son rapport d'attribution à Dieu de sorte qu'il y aurait *une autre métaphysique* antérieure (*alia metaphysica prior*) à celle *de Deo* où le sujet serait exclusivement l'étant en tant qu'étant. Il y a trois raisons à l'appui de cette autre articulation de Dieu et de l'étant en deux métaphysiques : a) que l'absolu est antérieur au relatif ; b) que l'étant est connu par antériorité à Dieu (comme la prémisse l'est à la conclusion) et c) que l'étant en tant qu'étant semble connaissable sans son attribution à Dieu, précisément en tant qu'il est absolu. C'est pour cela qu'à la science portant sur l'étant en tant qu'étant, il faudrait l'identifier à une autre science métaphysique antérieure à la métaphysique sur Dieu[1].

Deuxièmement, cette métaphysique antérieure à la métaphysique *de Deo* pourrait aussi se fonder sur le fait que « de même que tous les étants sont attribués dans leur raison spécifique (*in speciali*) à un premier, de même ils y sont attribués dans l'universel, sous la raison d'étant ; donc cette science unique

1. *In Met.*, I, q. 1 n. 137 (OPh, III, 63-64) : « Prima dubitatio est circa hoc quod ponitur Deum esse subiectum in metaphysica, et quod consideret entia ut attribuuntur ad Deum, quoniam consideratio entium in quantum entia videtur esse prior quam in quantum attribuuntur ad primum ens ; igitur erit alia metaphysica prior, quae consideret entia in quantum entia, quam illa quae ponitur de Deo ut de subiecto. Antecedens probatur : Tum quia absolutum est ante respectivum. Tum quia praemissa est cognoscibilis ante conclusionem et ante rationem conclusionis ; et ex esse entium in quantum entia, tanquam ex primo effectu, concluditur esse de Deo. Tum quia ex quo entia, in quantum entia, videntur cognoscibilia absque illa attributione cum sint absoluta, et respectus non est de essentia absoluti, quae esset illa scientia quae consideraret entia in quantum entia sine tali attributione ? Videtur enim quod sit ponenda alia metaphysica ».

porte sur toutes choses; à la fois dans l'universel et en particulier »[1]. Cela voudrait dire que déjà dans la métaphysique de l'étant en tant qu'étant se trouve la double considération de toutes choses en particulier et en général par leur attribution à Dieu. L'argument offre une preuve supplémentaire : dans la métaphysique *proter quid* possédée par Dieu, celui-ci connaît toutes choses aussi bien en général qu'en particulier[2].

Enfin, un dernier problème pointe le fait que le rapport causal entre Dieu et les étants n'est pas un rapport nécessaire : en conséquence, ni la métaphysique *proter quid* ni la métaphysique *quia de entibus* ne seraient possibles[3].

Face à ces questions, Scot ne rejette pas l'antériorité de la considération métaphysique de l'étant en tant qu'étant, mais il la distingue d'une autre priorité, celle de la considération métaphysique *de Deo*. L'étant est antérieur par une « priorité d'origine » tandis que Dieu est antérieur par une « priorité d'intention ». C'est l'occasion pour Scot d'introduire une *redéfinition de ce qui est le sujet premier d'une science* :

> Et on pose pour sujet premier ce dont la connaissance est principalement visée (*cognitio principaliter intenditur*) ; ou ce à quoi est principalement ordonné, en tant que principe, toute l'agrégation des connaissances multiples[4].

Avec ce passage, le rôle du sujet *premier* est redéfini par Scot, car le sujet n'est plus celui qui délimite le domaine d'une recherche scientifique, mais précisément l'élément premièrement et principalement recherché, auquel tout ce qui est connu dans cette science est ordonné. Cette redéfinition du sujet élimine le rôle de sujet pour l'étant en tant qu'étant, même si l'étant peut se constituer comme sujet de la science, dans le sens traditionnel (aristotélicien) du terme.

Néanmoins, la science de l'étant en tant qu'étant ne peut pas être considérée comme antérieure ou indépendante de celle *de Deo*. Pour Scot, la considération métaphysique de l'étant serait plutôt *pars metaphysicae* que *prior metaphysicae*, au sens fort, parce que la science du premier (Dieu) doit forcément traiter l'étant en tant qu'étant. Cela explique pourquoi si l'étant est

1. Trad. fr. p. 163.

2. *In Met.*, I, q. 1 n. 138 (OPh, III, 64) : « Item, ita attribuuntur omnia entia in speciali ad primum, sicut in universali, sub ratione entis ; ergo illa scientia una est de omnibus, et in universali et in particulari. Confirmatur : quia Deus qui habet metaphysicam propter quid, ita per essentiam suam cognoscit omnia in particulari sicut in universali ».

3. *Ibid.* : « Item, tertio sic : non attribuuntur ad primum ens nisi in triplici genere causae, et hoc non necesse secundum veritatem. Sicut igitur non posset esse metaphysica de eis in quantum attribuuntur primo modo [proter quid], ita nec secundo [quia] ».

4. *Ibid.*, n. 140 (OPh, III, 64) : « Ad primam rationem istius dubitationis dicendum est quod illa consideratio, qua considerantur entia in se, prior est prioritate originis sicut probant duae probationes, sed non prioritate intentionis. *Et primum subiectum ponitur cuius cognitio principaliter intenditur ; vel ad quod, ut ad principium, tota aggregatio multarum cognitionum principaliter ordinatur* » (trad. fr. p. 165 ; nous soulignons).

considéré par attribution à Dieu, il est aussi considéré par soi, parce qu'il n'est considéré par soi qu'à cause (*propter*) du premier[1]. C'est à partir de cette réponse, avec laquelle nous sommes d'accord, que R. Wood[2] considère que dans cette structure de la métaphysique *quia de Deo*, la science *propter quid de ente* est effectivement incluse comme pièce centrale ; néanmoins, en tant que partie de la métaphysique elle est subordonnée à la connaissance du premier étant. Cela signifie que cette *pars metaphysicae* constituée par la science de l'étant en tant qu'étant est bel et bien le fondement de la connaissance de Dieu en tant que premier étant dans cette métaphysique *de Deo*.

Contre le deuxième problème, qui voit en la métaphysique de l'étant en tant qu'étant une considération aussi bien générale que spéciale de toutes choses en tant qu'attribuées au premier étant, Scot note que la portée de cette métaphysique se limite à l'étant *en commun* et non *spécifiquement*, car à partir de « conditions spécifiques de l'étant » on ne conclut rien de Dieu[3].

Encore une fois, c'est par la « priorité d'intention » (la connaissance de l'étant premier) que s'explique la porte de la science de l'étant en tant qu'étant. L'étant en particulier ne permet pas de connaître l'étant premier, donc, c'est l'étant en commun le seul sujet de la métaphysique de l'étant en tant qu'étant.

2. Quant au deuxième doute, Scot se demande quel type de raison se trouve dans l'étant premier de sorte qu'il soit considéré comme sujet par soi dans la métaphysique[4], autrement dit, on se demande pourquoi l'étant premier peut être posé comme sujet. Comme le montre justement R. Wood[5], la réponse à cette question, selon le texte de l'édition critique, se constitue plutôt comme une objection à la possibilité d'établir l'étant premier comme sujet : « Il faut

1. *In Met.*, I, q. 1 n. 141 (OPh, III, 64-65) : « Ad tertiam probationem, dicendum quod illa scientia esset pars metaphysicae. Sicut si traderetur cognitio de materia et forma, et relinqueretur completa traditio de ente naturali, esset physica imperfecta ; vel de nomine et de verbo et nihil de enuntiatione, relinqueretur enim consideratio principalis considerabilis. *Non enim esset simpliciter alia scientia, quia illa quae est de primo habet de illis tractare in quantum entia. Unde ubi considerantur in attributione, ibi in se ; sed in se considerantur propter primum* » (nous soulignons).

2. R. Wood, « First Entity as the Subject of Metaphysics », art. cit., p. 87-88 et « Duns Scotus on Metaphysics as the Science of First Entity », art. cit., p. 12 : « The second redaction [...] also holds that *part of the metaphysics* of first entity is a *propter quid* science whose subject is entity *qua* entity » (nous soulignons).

3. *In Met.*, I, q. 1 n. 142 (OPh, III, 65) : « Ad secundam rationem, dicendum quod condiciones principales concludendae de primo ente sequuntur ex proprietatibus entis in quantum ens. Speciales enim condiciones entis non concludunt primo aliquid de ipso, ideo tantum considerat de ente in communi. Contra : quaecumque insunt enti in quantum ens, insunt Deo ; igitur per illa non concluditur aliquid de Deo ».

4. *Ibid.*, n. 144 (OPh, III, 65) : « Item, secunda dubitatio : quae est illa ratio in primo ente secundum quam consideratur ut per se subiectum in metaphysica ? ».

5. R. Wood, « First Entity as the Subject of Metaphysics », art. cit., p. 95, et « Duns Scotus on Metaphysics as the Science of First Entity », art. cit., p. 19.

répondre à cela que ce n'est pas une raison *naturellement* connaissable »[1]. Cela voudrait dire qu'il ne serait pas possible de constituer Dieu comme sujet d'étude scientifique, car il serait au-delà de la portée de la connaissance naturelle. En outre, cette réponse est étayée d'un nombre de prémisses qui ne lui apportent pas vraiment de soutien; bien au contraire, elles s'efforcent plutôt de tracer la limite entre l'approche proprement métaphysique et l'approche physique pour la fondation de cette raison de Dieu comme sujet de la métaphysique.

Wood conclut qu'il y a manifestement un problème textuel et propose une solution philologique qui ne se trouve pas dans l'apparat critique. Ainsi, au lieu de *non est ratio naturaliter cognoscibilis*, Wood propose comme alternative *non est ratio* a naturali *cognoscibilis* : « ce n'est pas une raison connaissable *par le physicien* ». Notons que cette solution, qui n'est pas totalement concluante, a aussi été adoptée par les traducteurs de la version anglaise[2].

Pour parvenir à cette option, Wood a cherché la conclusion soutenue par les arguments du passage. Et Wood est la première à reconnaître qu'il faut tenir compte à partir des prémisses, d'une certaine diversité de possibilités.

Rappelons la question : quelle raison trouvons-nous dans le premier étant afin qu'il puisse être considéré comme sujet par soi de la métaphysique? La solution proposée par Wood s'attache à distinguer cette raison comme strictement métaphysique et à la mettre hors la portée du physicien. Quelles prémisses Scot présente-t-il pour soutenir cette thèse? Il en présente cinq dont seulement, à nos yeux, soutiennent clairement la solution philologique de Wood: la première, la quatrième et la cinquième. En revanche, les deux restantes semblent pour le moins déroutantes, et notamment, aux yeux de Wood elle-même, la deuxième. Voyons-les de plus près tout en supposant que la conclusion cherchée est bien celle proposée par Wood: *que la raison par laquelle Dieu peut être considéré comme sujet de la métaphysique n'est pas connaissable par le physicien*. Nous citons la traduction d'O. Boulnois en introduisant et en soulignant cette modification :

> Il faut répondre à cela que ce n'est pas une raison connaissable <u>*par le physicien*</u>. D'une part [1] parce que cette raison est accidentelle, de sorte que sa nature n'y sera pas considérée en elle-même, pas plus que le corps sous [la raison du] mouvement. [2] Ensuite parce qu'elle relève du mode de la science, et que la raison du sujet est antérieure au mode de la science. [3] Ensuite parce que cette raison est commune à tous les sujets des sciences. [4] Enfin parce que cette raison [d'étant premier] ne pose rien dans la nature, mais sans doute seulement du point de vue du connaissant, ou de sa relation à lui. [5] Et cette raison n'est pas non plus celle de premier moteur; ni aucune raison à laquelle parvient le

1. *In Met.*, I, q. 1 n. 145 (OPh, III, 65) : « Ad hoc dicendum quod non est ratio *naturaliter* cognoscibilis » (trad. fr. p. 167 ; nous soulignons).

2. John Duns Scotus, *Questions on The Metaphysics of Aristotle*, vol. I, *op. cit.*, p. 54 : « It is not an aspect that is knowable *by the physicist* » (nous soulignons).

> physicien. Car même si, dans un même [terme], se rencontrent la primauté de motion et d'être, il n'y a pas de contradiction ce que leurs raisons ne se trouvent pas nécessairement dans le même [terme]. Et ainsi, le physicien ne démontre jamais l'existence du premier étant que par accident, si bien qu'il ne montre pas qu'un étant est premier, mais qu'un moteur est premier ; et pas davantage qu'un étant est dernier, mais qu'un étant est le dernier mu [1].

Si l'on peut affirmer que la tendance du passage s'adresse à établir la distinction entre métaphysique et physique en ce qu'elles peuvent ou ne peuvent pas démontrer à propos de Dieu, au moins la deuxième prémisse, comme le concède R. Wood, reste pour le moins inexplicable. En effet, nous ne voyons pas de rapport, ne serait-ce qu'indirect à la physique. En revanche, le lien à la logique est tout à fait direct, mais obscur. Comment la raison par laquelle Dieu est sujet de la métaphysique appartient-elle au mode de la science ? Nous ne sommes pas non plus à l'aise avec la prémisse selon laquelle cette raison est commune à tous les sujets des sciences : encore une fois, s'il s'agit bien de la raison de « premier étant », nous ne voyons vraiment pas comment cela pourrait être le cas.

Au sujet de cette tendance, Scot avait déjà souligné la portée limitée de la physique relativement à la nature divine qui n'y est considérée que comme premier moteur : c'est précisément pour cela que la démonstration physique de l'existence de Dieu n'est qu'accidentelle [2]. Est peut-être nouveau dans l'argument l'idée que le concept de premier moteur et celui d'étant premier n'impliquent pas une contradiction en ce que les deux n'inhèrent pas nécessairement en un seul terme, ici en Dieu.

Dans l'économie du passage, la distinction est absolument centrale, car Scot renforcera par la suite l'approche strictement métaphysique qui explique pourquoi Dieu est bien le sujet de la métaphysique, *même dans le cas où il ne causerait que par le mouvement* :

> Si donc le premier étant ne causait que par un changement – ce qui sans doute n'est pas vrai, selon le Philosophe –, l'efficient, en tant qu'efficient, signifierait encore une raison universelle par rapport à celle de moteur : ce par quoi

1. *In Met.*, I, q. 1 n. 145 (OPh, III, 65-66) : « Ad hoc dicendum quod non est ratio *a naturali* cognoscibilis. [1] Tum quia haec ratio est accidentalis, ita quod natura eius in se non considerabitur, sicut nec corpus sub motu. [2] Tum quia illa pertinet ad modum scientiae, et ratio subiecti praesupponitur modo scientiae. [3] Tum quia illa ratio communis est omnibus subiectis scientiarum. [4] Tum quia ista ratio nihil ponit in natura eius, sed tantum forte circa cognoscentem vel respectum ad ipsum. [5] Nec etiam est ratio ista primi moventis ; nec de aliqua ratione ad quam pervenit naturalis. Quia quamvis in eodem concurrant primitas movendi et essendi, tamen ex ratione ipsorum non includitur contradictio quod non necessario eidem inessent. Et ita naturalis numquam ostendit primum ens esse nisi per accidens, ita quod non ostendit aliquod ens esse primum, sed aliquod movens esse primum ; sic nec aliquod ens esse ultimum, sed aliquod ultimum motivum ». Nous modifions la dernière ligne de la traduction d'O. Boulnois, où l'on lit : « mais qu'un moteur est dernier » (trad. fr. mod., p. 167).

2. Cf. *In Met.*, I, q. 1 n. 113 (OPh, III, 54-55).

quelque chose existe. Il est aussi la fin, non seulement du mouvement, mais de l'étantité. C'est pourquoi sans doute on ne le pose pas pour sujet selon cette double primauté, mais selon la raison d'une primauté unitive, qui contient [tout ce qui est] excellent, et c'est une primauté formelle. Et c'est selon cette raison que les autres [propriétés] lui sont attribuées avec le plus de vérité[1].

Nous voyons de quelle façon Scot va jusqu'au bout de sa démonstration. D'abord, par son insistance sur la finalité. Entre la primauté du premier moteur et la primauté du premier étant, Scot souligne comme fin l'entité. Ensuite, pour le sujet de la métaphysique, il pousse l'argument au-delà de ces deux primautés pour énoncer une primauté d'excellence qui condense la primauté élevée au plus haut point de perfection.

3. Le troisième doute pose à nouveau la question des rapports entre Dieu et l'étant. Ne serait-il pas possible que la métaphysique soit ordonnée principalement à la connaissance du premier étant comme une fin (c'est ce que Scot a montré avec la question précédente) et sur l'étant en tant qu'étant comme une matière ? La question s'appuie sur la distinction aristotélicienne qui veut que l'efficient et la matière ne coïncident jamais[2].

La réponse de Scot reprend une distinction des acceptions du terme de matière déjà traité dans le prologue[3]. Ainsi, la matière sur laquelle porte la science (*circa quam*) est identifiée à la *fin* de la science en tant que connaissance parfaite ou comme la saisie d'un concept parfait. Encore une fois, Scot place la connaissance de l'étant en fonction de la connaissance de Dieu, celle-ci étant connaissance parfaite et surtout finalité de la connaissance métaphysique. Ce motif de la fin sous-tend toute la recherche entamée dans la question, car c'est par l'accent sur la fin de la métaphysique, associée à la *felicitas*, que Dieu l'emportera sur l'étant comme candidat au rôle du sujet.

4. Le quatrième doute se demande pourquoi, si la science de l'étant est une science par la cause, la science de Dieu n'est qu'une science par l'effet. La science *proter quid de Deo* n'est-elle pas possible[4] ? C'est un autre

1. *In Met.*, I, q. 1 n. 145 (OPh, III, 66) : « Si vero nihil causaret primum ens nisi per mutationem – quod forte non est verum, secundum Philosophum –, adhuc efficiens in quantum efficiens dicit rationem universalem respectu moventis, ut quo scilicet aliquid est. Finis etiam est, non tantum motus, sed entitatis. Unde forte non ponetur subiectum secundum rationem huius duplicis primitatis, sed secundum rationem primitatis unitiuae continentiae excellentis, quae est primitas aliqua formalis. Et secundum istam rationem alia attribuuntur verissime ad ipsum » (trad. fr. p. 167).

2. *Ibid.*, n. 147 (OPh, III, 67) : « Item, tertia dubitatio est : quare non potest metaphysica ordinari principaliter ad cognitionem primi entis ut ad finem, et tamen esse circa ens in quantum ens, ut circa materiam, "cum materia et finis non coincidant" ? ».

3. Cf. *ibid.*, Prol. n. 32 (OPh, III, 14).

4. *Ibid.*, q. 1 n. 149 (OPh, III, 67) : « Item, quarta dubitatio est : cum scientia de ente in quantum ens sit propter quid, quare scientia de Deo est tantum quia ? Metaphysica est propter quid, quare etiam de Deo non est scientia propter quid ? Nam habita prima proprietate eius de ipso, possunt aliae, ut videtur, propter quid de ipso ostendi ».

déplacement dont Scot s'est déjà occupé auparavant : fonder une science *quia de Deo*, malgré les défauts de la démonstration par l'effet. Mais pourquoi s'engager avec la science *quia* au lieu de s'en tenir à la science *propter quid*?

La réponse de Scot comporte deux moments. Le premier consiste à poser comme fin de la science *propter quid de ente*, la science *quia de Deo*. Scot non seulement ordonne la science de l'étant à la science de Dieu, mais il réaffirme en même temps que la science de Dieu est bien une science par l'effet. Ce n'est pas que la science de Dieu par la cause ne soit pas possible ; le problème est tout autre, « la métaphysique, en tant qu'*elle nous est possible maintenant*, n'est pas principalement une science par la cause de Dieu » [1]. Il s'agit de ce dont nous sommes capables, de ce qui est possible *pour nous, maintenant, en l'état présent*. La faiblesse de l'intellect humain implique une certaine démarche démonstrative de la pensée : ainsi, étant donné que dans la démarche scientifique la première propriété divine démontrée l'est par l'effet, même si toutes les autres propriétés par la suite sont démontrées par la cause, la science de Dieu reste une science par l'effet[2]. De plus, celle qui est prouvée en premier, est l'une des propriétés les plus éloignées de l'essence divine, car elle est proche de l'effet à partir duquel elle a été démontrée. Scot en tire la conclusion que dans la démonstration des propriétés divines on procède toujours par l'effet. Le signe en est aussi que la Trinité qui appartient à l'essence divine n'est pas démontrable à partir d'un effet[3].

Ce dernier point permet de constater que la démonstration par l'effet comporte une double limite : celle strictement formelle de prendre pour point de départ un effet, plutôt qu'une cause, et celle, spécifique de la recherche sur Dieu, qui tient à l'impossibilité de remonter des effets divins à la connaissance parfaite de l'essence divine. Nous ne pouvons pas démontrer la Trinité par les moyens que nous offre la science *quia de Deo*, la seule qui est possible *pour nous, maintenant.*

5. Le cinquième doute pose la question de l'univocité de l'étant et de la portée de cette univocité, car si *l'étant est univoque à Dieu et aux créatures*, pourquoi l'étant n'est-il pas le sujet premier qui contient tout ce qui est connaissable ? Question fondamentale dans ce contexte où l'étant, considéré comme sujet de la métaphysique, n'émerge qu'accessoirement et toujours pour

1. Trad. fr. p. 169.

2. *In Met.*, I, q. 1 n. 150 (OPh, III, 67) : « Respondeo quod tota illa scientia propter quid, quae est de ente in quantum ens, ordinatur ad quia de Deo. Metaphysica vero, ut est nobis possibilis nunc, non est principaliter scientia propter quid de Deo. Semper enim prima proprietas habetur quia. Et licet ex illa demonstretur secunda propter quid, tamen secunda non cognoscitur simpliciter propter quid, quia eius cognitio dependet ex cognitione quia primae passionis ».

3. *In Met.*, I, q. 1 n. 151 (OPh, III, 67-68) : « Aliter potest dici quod passio prius conclusa quia de Deo semper est posterior et remotior ab eius essentia, quia propinquior effectui ex quo concluditur, ita quod semper in passionibus proceditur quia. Cuius signum est quia Trinitas, quae illi essentiae singularissimae inest, ex nullo effectu concluditur ».

être réfuté[1]. Remarquons la portée de la question sur l'univocité. Il est clair qu'aussi bien dans la *dubitatio* que dans la réponse, Scot pense et thématise l'univocité de l'étant vis-à-vis de Dieu et des créatures, même si le paragraphe 134 laissait penser à une univocité restreinte à l'étant créé.

La solution suit la position que nous avons vue se construire petit à petit au fil de la question, car la priorité de la connaissance de Dieu comme but de la métaphysique se maintient, *malgré l'univocité de l'étant*, précisément parce que la science de l'étant est cherchée en raison (*propter*) de la science du premier étant. La science de l'étant n'est pas la fin cherchée en métaphysique. Or cette articulation n'est pas exclusive de la métaphysique. Scot propose une analogie avec d'autres sciences où le *sujet principal* n'est pas le genre sur lequel porte une science lorsque le genre et les autres espèces sont étudiés principalement en vue de la connaissance scientifique d'une seule espèce. Ainsi, il y a des sciences où l'on étudie principalement le genre de sorte que celui-ci en est le sujet ; tandis qu'il y en a d'autres où l'on étudie principalement une espèce de ce genre de sorte qu'elle est bien le sujet principal auquel la connaissance du genre[2] est réconduite.

6. Le sixième doute, le plus long et complexe de tous, dont nous ne saurons proposer ici une analyse en détail, oppose deux problèmes à la solution de la science *quia de Deo*. Le premier problème est que cette métaphysique *quia*, qui est effectivement sur Dieu, ne l'est pas sur Dieu en tant que Dieu, mais en tant qu'*étant premier*. Celle-ci est une métaphysique comme science *aggregata quia de primo ente*. C'est ce que montre Wood dans ses deux articles où il est bien question du sujet de la métaphysique comme *first entity*.

Le premier problème croise deux couples : d'un côté, l'universel et le particulier, et de l'autre, Dieu et l'étant. Il semblerait que l'idée de « primum ens », tout comme celle d'« animal capable de rire » (*animal risibile*), constituent une description portant sur un étant particulier et, par conséquent, sur un être par accident plutôt que sur un être par soi. Ainsi si la métaphysique porte sur Dieu comme sur le premier étant, elle porterait sur un être par accident. L'objection insiste sur notre façon de concevoir Dieu comme « premier étant » de sorte que

1. *In Met.*, I, q. 1 n. 152 (OPh, III, 68) : « Item, dubitatio quinta est : si *ens est unius rationis Deo et aliis*, quare non potest ens poni primum subiectum *sub quo continentur omnia cognita, tam primum quam alia ?* » (nous soulignons).

2. *Ibid.*, n. 153 (OPh, III, 68) : « Responsio : dato quod ens sit univocum, adhuc principale subiectum erit hic Deus, quia non traditur scientia propter cognitionem de ente in se habendam ; tunc enim aequaliter intenderet cognitionem omnium sub ipso, quia propter cognitionem totam eius primo. Sicut in aliis scientiis, numquam principale subiectum ponetur genus, quando de ipso et aliis speciebus traditur scientia principaliter propter cognitionem unius speciei, sed tantum tunc quando aeque primo de omnibus propter cognitionem de genere habendam, quantum ipsum est cognoscibile ».

le concept sur lequel porterait la métaphysique serait celui d'un être par accident[1].

La deuxième objection associée à ce sixième doute pointe la nature de la démonstration par laquelle on démontre que le trait d'être « premier » est une « propriété » de l'étant, sur la base de l'idée que l'« étant premier » est un être particulier et donc par accident. Ainsi l'objection indique une deuxième contradiction : en démontrant *primum* de *ens*, cette science présuppose le concept d'étant premier en tant que sujet. C'est une condition que nous avons déjà rencontrée dans la constitution de la science *quia de primo ente*. Pour que la démonstration soit valable, il faut que cette présupposition porte sur son *esse quiditativum* plutôt que sur son *esse existentiae*. Pourquoi ? Parce qu'une démonstration fondée sur l'*esse existentiae* du premier étant n'aura pas la force d'une prémisse nécessaire et qu'il n'en découlerait pas la vérité que l'on trouve lorsque la démonstration se fonde sur l'*esse quiditativum*[2]. Cependant, l'objection rappelle que sous la description de Dieu comme « premier étant » se cache un être particulier de sorte que la démonstration ne porte pas vraiment sur l'étant, ce qui détruit la nécessité de la démonstration. L'objection tient à soutenir que la démonstration des propriétés de l'étant serait antérieure à la démonstration des propriétés de l'étant premier sur la base d'une prémisse selon laquelle l'universel est antérieur au particulier. Ceci donne lieu à une dernière thèse : la métaphysique transcendantale (*metaphysica transcendens*)[3] serait antérieure à la science divine (*scientia divina*) et par conséquent, il y aurait une quatrième science spéculative : à côté de trois sciences spéculatives *spécifiques* (la science divine, la mathématique et la physique) il y aurait une science transcendantale, la métaphysique[4].

1. *In Met.*, I, q. 1 n. 154 (OPh, III, 68-69) : « Item, sexta dubitatio est : quoniam nihil de quiditate Dei particularius ipso ente a nobis hic concipitur. Immo quaecumque particulatio est per modum descriptionis, ut "animal risibile", sicut cum dicimus "ens primum". Igitur si metaphysica sit de conceptu quem de Deo apprehendimus ut de primo ente cuiusmodi conceptus est ut "animal risibile", sequitur quod sit de ente per accidens ».

2. Sur ce point dans le cadre de la démonstration de l'existence du premier étant, *cf.* l'introduction de F.-X. Putallaz au *Tractatus de primo principio*, texte par W. Kluxen, trad. fr. J.-D. Cavigioli, J.-M. Meilland et F.-X. Putallaz, dir. R. Imbach, Paris, Vrin, 2001, p. 41-46.

3. O. Boulnois, *Métaphysiques rebelles*, *op. cit.*, p. 300 : « Cette difficulté formule, *pour la première fois dans l'histoire*, l'hypothèse de ce qu'on appellera l'ontologie : une *quatrième science* précédant les trois sciences traditionnelles (physique, mathématique et théologique) pour les fonder ».

4. *In Met.*, I, q. 1 n. 155 (OPh, III, 68-69) : « Item, demonstratio qua demonstratur "primum" de ente, naturaliter praesupponit conceptum primi entis, ita quod non sit ratio in se falsa ; sed hoc necesse est praesupponere de subiecto, quia alias "animal inanimatum" posset poni subiectum. Hoc enim non tantum praesupponitur esse exsistentiae, sed ipsi esse quiditativo. Unde quod dicitur "per metaphysicam ostenditur Deum esse", si intelligatur de actuali exsistentia, non est demonstratio, nec praemissa necessaria. Si autem intelligatur de esse quiditativo, verum est. Et sic praemissa non erit sumpta de exsistentia creaturae, sed de aliqua proprietate quiditative inhaerente, ex qua sequitur "primum" inesse enti, vel "summum", vel "perfectissimum" vel "optimum". Et ex hoc sequitur rationem illam, cui imponitur hoc nomen "Deus", non esse rationem in se

De la réponse de Scot nous allons retenir deux éléments. D'abord, que la métaphysique démontre tant les conclusions universelles que les conclusions particulières concernant un même sujet : ce qui change est la recherche du terme moyen dans chaque cas[1]. Mais cette première remarque amène Scot jusqu'au fond du problème qui concerne les propriétés démontrables en métaphysique : en effet, il faut aussi bien garantir la démonstration des propriétés de l'étant que la démonstration des propriétés de Dieu en tant qu'étant premier. C'est ici, vers la fin de la question, que la tension entre ces deux pôles de la métaphysique revient au-devant de la scène : la lutte entre le commun et le premier pour décrocher le rôle de sujet de la métaphysique.

Lorsqu'on envisage le *primum ens* comme description d'un être par accident, un problème se fait jour : la propriété de la primauté peut être posée à l'extérieur de la métaphysique « si on ne la tient pas comme transcendantale »[2] : en effet, sa démonstration présupposerait une quiddité spécifique à laquelle la propriété adhérerait. C'est pour cela que Scot dresse le tableau de ce qui est démontrable en métaphysique, en insistant sur une certaine dimension de la métaphysique où c'est apparemment l'étant qui joue le rôle de sujet :

> C'est pourquoi il revient à la même science de démontrer [1] une propriété commune et simple convertible avec son sujet, [2] de démontrer une propriété disjonctive convertible avec le sujet, [3] et de démontrer par une démonstration particulière l'autre partie de cette propriété disjonctive du sujet. Et c'est pourquoi il revient à la métaphysique elle-même de démontrer des propriétés de l'étant, comme un, vrai, etc., [dites] de l'étant, si on peut les en démontrer, de démontrer un premier ou un second [dit] de l'étant, et de démontrer qu'il y a un premier étant. Mais démontrer quelque chose [dit] de Dieu en tant que Dieu, et des autres substances séparées en elles-mêmes, cela reviendrait à une autre science particulière, pour ce qui est des [réalités] connaissables[3].

falsam, et ita alicuius quiditatis circumlocutiuam, et ita Deum habere entitatem quiditative. Sed demonstratio concludens "primum" de ente, cum sit particularis, non potest esse per naturam entis. Igitur demonstratio passionis transcendentis de ente prior est ista, sicut universalis particulari, sicut medium medio, sicut omnis demonstratio de numero in communi est ante illam qua probatur aliquis numerus esse primus. Igitur metaphysica transcendens erit tota prior scientia divina, et ita erunt quattuor scientiae speculativae : una transcendens, et tres speciales ».

1. *In Met.*, I, q. 1 n. 156 (OPh, III, 69-70).

2. *Ibid.*, n. 158 (OPh, III, 70) : « Quomodocumque sit de hoc, si de ente primo ostendatur aliqua passio specialis, puta "unum" vel "sapiens", si non ponatur transcendens, videbitur exire metaphysicam, quia praesupponit cognitionem quiditatum specialium quarum haec sunt ».

3. *Ibid.*, n. 159 (OPh, III, 70-71) : « Unde eiusdem scientiae est demonstrare passionem communem et simplicem convertibilem cum subiecto, et passionem disiunctam convertibilem cum subiecto, et alteram partem illius passionis disiunctae de subiecto, demonstratione particulari. Et ideo ipsius metaphysicae est demonstrare passiones entis, ut unum, verum etc. De ente, si possunt demonstrari de eo, et primum vel secundum de ente, et esse primum de ente. Demonstrare vero aliquid de Deo, ut Deus, et de aliis substantiis separatis considerare secundum se, ad aliam scientiam particularem pertineret quantum est ex parte scibilium » (trad. fr. p. 175).

Le passage trace une limite entre ce qui est démontrable en métaphysique et ce qui est démontrable dans une science spéciale à propos de Dieu et des substances séparées. D'abord, Scot dresse la liste des deux types de propriétés métaphysiques : a) les propriétés communes et simples convertibles avec le sujet et b) les propriétés disjonctives convertibles avec le sujet, dont l'un des éléments du couple des propriétés disjonctives, appartient exclusivement à un étant : Dieu[1].

À cela, qui n'est que la position sur les transcendantaux que lui-même expose et développe dans l'*Ordinatio*, Scot oppose ici l'autre versant de la recherche métaphysique : une insistance trop forte sur cette dimension risquerait en effet de faire oublier la fin de la métaphysique en tant que recherche de la connaissance de l'étant premier. C'est ici que pour la dernière fois, dans le cadre de cette question, Scot évoque ce but, en s'appuyant sur l'autorité d'Aristote dans l'*Éthique* : la félicité en acte de connaître métaphysiquement et sapientiellement en tant que connaissance du premier étant[2]. C'est pourquoi Scot soutient à nouveau cette forme d'équilibre entre les deux approches tout en réservant la primauté à la connaissance de Dieu comme premier étant :

> C'est pourquoi, pour éviter qu'il n'y ait quatre sciences spéculatives, et pour poser que celle-ci porte sur Dieu, tout ce qui est naturellement connaissable de Dieu est transcendantal. La fin de cette [science] est la connaissance parfaite de l'étant, qui est la connaissance du premier. Mais ce qui advient d'abord et qui est le plus connu de notre intellect est l'étant en commun ; à partir de lui, on prouve la primauté et les autres [propriétés] où réside la perfection aboutie[3].

Aux éléments constitutifs de l'articulation entre la connaissance de l'étant et la connaissance de l'étant premier, Scot ajoute une récupération définitive du motif averroïste de la *felicitas* comme fin de la métaphysique et du motif avicennien de la primauté de l'étant comme premier connu et comme le concept le plus commun. La formule la plus étonnante du passage fait converger, dans la recherche de la fin de la métaphysique, la connaissance pleine de l'étant avec la connaissance du premier étant : « La fin de cette [science] est la connaissance parfaite de l'étant, qui est la connaissance du

1. Dans l'*Ordinatio*, Scot développe cette division des propriétés métaphysiques, *Ord.*, I, d. 8 p. 1 q. 3 n. 115 (Vat. IV, 206-207).

2. *In Met.*, I, q. 1 n. 160 (OPh, III, 71) : « Contra : finis cognitionis metaphysicae est cognitio entis in summo, et hoc est in primo ente ; ergo ad metaphysicum pertinet de primo ente considerare. Item, felicitas est in actu cognoscendi metaphysicali et sapientiali, ex X *Ethicorum*, et est in cognitione primi entis, ergo etc. ».

3. *Ibid.*, n. 161 (OPh, III, 71) : « Ideo vitando quattuor esse scientias speculativas, et hanc ponendo de Deo, omnia naturaliter cognoscibilia de ipso sunt transcendentia. Finis huius est perfecta cognitio entis, quae est cognitio primi. Sed primo occurrens et notissimum intellectui est ens in communi, et ex ipso probatur primitas et alia, in quibus est consummatio » (trad. fr. p. 175-177).

premier »[1]. Il ne peut y avoir une connaissance de l'étant, comme fin de la métaphysique, que si cette connaissance débouche sur une connaissance du premier étant. Sur ce point, les deux volets de la métaphysique s'unifient sans contradiction, car l'étant, premier connu, conduit dans l'achèvement de sa connaissance, à la connaissance de Dieu, premier étant[2].

Ainsi, ce paragraphe 161 semble faire la synthèse des paragraphes 159 et 160 de sorte qu'il soutient aussi bien les résultats des analyses entamées dans l'*Ordinatio* I d. 8 p. 1 q. 3 et la thèse de l'étant premier comme sujet de la métaphysique en tant que science *aggregata quia*. À cet égard, Scot ne semble pas abandonner les résultats obtenus lors qu'il soutient la thèse de l'univocité de l'étant dans l'*Ordinatio*; néanmoins, maintenant, l'univocité est subordonnée *en métaphysique* à la connaissance divine comme connaissance de l'étant premier.

En ce sens, *nous soutenons volontiers l'idée d'une structure de la métaphysique où la possibilité de la coexistence de deux sujets de la métaphysique n'est pas contradictoire*. Scot a déjà employé l'expression de « sujet principal »[3] pour se référer au premier étant, ce qui nous permet de nous référer à l'étant en tant qu'étant comme « sujet commun ». C'est en ce sens que nous comprenons la solution de D. Demange à propos de la portée et de la signification de cette question dans sa double rédaction et dans son rapport à l'œuvre théologique : la thèse de Dieu comme sujet de la métaphysique de la deuxième rédaction « correspond à une version plus développée et sophistiquée de la question, mais elle est au fond compatible » avec la thèse sur l'univocité de l'étant, thèse « qu'elle intègre en fait »[4]. R. Wood va dans le même sens dans sa lecture de la question[5].

1. Cette formule nous rappelle le fameux passage du livre VI de la *Métaphysique* (E), 1, 1026a19-33 où Aristote pose la question sur le sujet de la métaphysique *entre* le plus général et le plus éminent.

2. O. Boulnois, *Métaphysiques rebelles*, *op. cit.*, p. 153-154, le dit d'une façon admirable : « Pour éviter qu'il n'y ait quatre sciences théoriques, il faut bien admettre que c'est la même science qui *se spécialise transcendantalement*. Bref, la structure de la métaphysique explique qu'elle soit une seule science comportant deux aspects : ce qu'on appellera plus tard l'ontologie, science transcendantale de l'étant, et la théologie, science spéciale de Dieu ».

3. Cf. *In Met.*, I, q. 1 n. 67 (OPh, III, 37), n. 94 (OPh, III, 48) et n. 96 (OPh, III, 48-49), où la notion de « sujet principal » s'applique à la substance en tant que c'est à elle que toutes les autres réalités sont attribuées selon la réponse avancée dans la première rédaction ; ce trait étant par la suite celui qui fait de Dieu en tant qu'étant premier le sujet de la métaphysique dans la deuxième rédaction qui, dans le paragraphe 153 (OPh, III, 68), identifie le premier étant comme le sujet principal de la métaphysique même si elle porte un intérêt sur l'étant en tant qu'étant. Dans le paragraphe 136 (OPh, III, 62-63), Scot parle plutôt du sujet premier par référence à Dieu.

4. D. Demange, « Pourquoi Duns Scot a critiqué Avicenne », art. cit., p. 231.

5. R. Wood, « First Entity as the Subject of Metaphysics », art. cit. p. 88 : « Thus we [Wood et Demange] believe Scotus'version of Theory 3 (M3) [le sujet premier de la métaphysique est l'étant premier] is more fully developed than, and basically compatible with, Theory 2 [le sujet premier de la métaphysique est l'étant en tant qu'étant] » ; *id.*, « Duns Scotus on Metaphysics as the Science of First Entity », art. cit., p. 13.

C'est d'une véritable coexistence de deux sujets dont il est question en métaphysique. Un sujet commun (l'étant) qui n'est que le point de départ, par priorité d'exécution, de la connaissance du sujet principal (Dieu comme premier étant), qui est la fin véritable de la recherche métaphysique par priorité d'intention voire d'« unicité contenant l'excellent ».

LE LIEU DES *EXTRAS*

Comme l'ont remarqué Demange et Wood, on ne peut pas, sans examen minutieux, considérer comme contemporains de la deuxième rédaction les *extras* inclus dans le corps de la première rédaction. Ainsi, avant de traiter la problématique de l'univocité de l'étant dans le commentaire à la *Métaphysique*, voyons brièvement ce qui se passe avec les *extras* introduits dans cette question sur le sujet de la métaphysique.

Dans leur ordre d'insertion, le premier *extra*, constitué des paragraphes 32-33, est introduit comme une modification de la réponse initiale contre la position d'Averroès en soi (I.A. 3a § 30-42); de plus, ainsi l'avons déjà dit, le paragraphe 131, fondamental dans la définition de la science par agrégation de la deuxième rédaction, y fait directement référence. Il n'y a pas vraiment de doute concernant l'appartenance de cet *extra* à la deuxième rédaction. Dans la même section, a été rajouté le petit paragraphe 41, qui dans l'architecture générale de la question n'est pas déterminant. Ici, il est question de nuancer la réponse à l'objection selon laquelle Dieu ne peut pas être sujet d'une science, parce que son action causale est volontaire et non nécessaire (§ 39). La réponse consiste à signaler que, pour Aristote, l'action divine est bien nécessaire par une nécessité de nature. C'est dans ce cadre qu'intervient le paragraphe 41, qui essaie précisément de montrer qu'Aristote n'a pas soutenu de façon rigoureuse cette thèse, en citant librement l'adage des poètes, évoqué au livre I de la *Métaphysique* (983a1-3) : « Si Dieu est envieux, tous les autres seront malheureux »[1]. Nous ne pouvons pas dire avec certitude que cet *extra* appartient à la première ou la deuxième rédaction[2] : aucune différence sur les positions de fond adoptées par Scot n'est en effet visible.

Les paragraphes 44-57 correspondent à un long *extra* inclus dans le traitement de la position d'Averroès (§ 13-67); mais cette fois-ci, il fait partie de la section consacrée à la réfutation de la lecture averroïste d'Aristote (I.A. 3b § 43-61). L'*extra* est introduit juste après l'exposé scotiste de la

1. Aristote, *Metaphysica*, I (A), 2, 983a1-3 (AL, XXV2, 11) : « Et si dicunt quid poete quia divinum invidet, et hoc contingere maxime iustum est et infortunatos omnes imperfectos esse ».

2. Dans R. Wood, « First Entity as the Subject of Metaphysics », art. cit., p. 90, article de 2010, l'auteur considère possible d'inclure le paragraphe 41 dans la deuxième rédaction ; en revanche, dans « Duns Scotus on Metaphysics as the Science of First Entity », art. cit., p. 14, article de 2013, elle-même considère que le paragraphe 41 ne semble pas appartenir à la deuxième rédaction.

position de Saint Thomas selon lequel, Dieu n'est pas le sujet de la métaphysique, mais la cause du sujet; les Intelligences quant à elles ne sont pas les causes du sujet, mais elles en sont des parties principales[1]. Les paragraphes 44-57 posent le problème du rapport des Intelligences au sujet de la métaphysique, en distinguant le type de causalité propre à Dieu et aux Intelligences, *pour mieux montrer en quel sens la métaphysique a pour sujet la substance et non Dieu ou les Intelligences*, de sorte que cet *extra* peut bien faire partie de la première rédaction. Sur ce point, nous nous éloignons de l'opinion de R. Wood[2] et nous rapprochons de celle de D. Demange[3].

En effet, la causalité divine ne cause pas les étants (y compris les Intelligences) par le mouvement, mais en tant qu'ils sont des étants, « même si, selon Aristote, il n'est pas [cause] sans mouvement », tandis que les Intelligences causent précisément par le mouvement[4]. De même, Dieu cause l'entité des réalités, tandis que tout autre agent cause l'entité des réalités dans leur détermination (*agens talitatem entitatis*)[5]. Ces remarques visent, contre l'opinion de Wood, à montrer que Dieu est bien la cause du sujet de la métaphysique et que les Intelligences ne sont qu'une partie du sujet : la substance dans son indétermination entre la substance matérielle et la substance immatérielle.

Un premier élément pour soutenir cette lecture est le paragraphe 50, où en identifiant le sujet de la métaphysique à l'étant en tant qu'étant, Scot affirme que l'*ens secundum se* est abstrait aussi bien des réalités immatérielles que des réalités matérielles, de telle sorte que la métaphysique est indifférente aux unes

1. *In Met.*, I, q. 1 n. 43 (OPh, III, 32). *Cf.* Thomas d'Aquin, *In XII Met.*, Prooemium (éd. Cathala, p. 2).

2. Dans R. Wood, « First Entity as the Subject of Metaphysics », art. cit., p. 90 et « Duns Scotus on Metaphysics as the Science of First Entity », art. cit., p. 16 : « The third addition (para. 44-57, p. 32-35) also belongs to M2 [la deuxième redaction], since it revises the reply to Averroes'claims about separated substances in accordance with M2 and may be referenced in M2 (M2 129, p. 59). But though Demange and I agree on this point, the reader should note that it includes a passage in which Scotus seems to identify himself with the possition stated at M1 [la première redaction] ».

3. D. Demange, « Pourquoi Duns Scot a critiqué Avicenne », art. cit., p. 206-207 : « Selon l'auteur du texte rapporté (*extra*), l'auteur du n. 42 (c'est-à-dire du texte principal) réfute donc Averroès *dans le but* d'établir que la substance est le sujet de la métaphysique, alors même qu'il n'a rien dit de tel et que l'hypothèse de la substance comme sujet n'a encore été ni discutée ni même formulée, puisqu'elle ne le sera qu'en II.A. En revenant sur sa première rédaction pour y faire un ajout, *Duns Scot revient donc, de son propre aveu, sur un texte qui entend établir que la substance est le sujet de la métaphysique* » (nous soulignons).

4. *In Met.*, I, q. 1 n. 45 (OPh, III, 32) : « Responsio : Deus est causa substantiarum separatarum non per motum ; et omnium aliorum, non tantum in quantum mobilia vel quanta, sed in quantum entia, *licet non sine motu*, secundum Aristotelem. Intelligentia nullius est causa nisi in quantum mobile » (trad. fr. p. 109 ; nous soulignons).

5. *Ibid.*, n. 47 (OPh, III, 33) : « Responsio : Deus in quolibet causat entitatem ; quodlibet aliud agens talitatem entitatis. De hoc alibi ».

et aux autres en tant qu'elle ne s'en occupe pas sous des raisons propres[1]. Cela sera expliqué dans le paragraphe 51, car la métaphysique, dans son indifférence vis-à-vis des réalités matérielles et immatérielles, « se subalterne également l'une et l'autre science [...] parce que cette science, de même qu'elle considère certains choses en tant qu'abstraites de la matière, en considère aussi d'autres en tant qu'abstraites de l'immatérialité »[2].

Pourquoi cependant faire le lien entre ces passages, où il est question de l'étant en tant qu'étant, et de la substance comme sujet de la métaphysique ? En effet, le paragraphe 52, où l'auteur de l'*extra* dialogue avec l'auteur de la première rédaction, identifie cette indifférence de l'étant en tant qu'étant vis-à-vis des réalités immatérielles et des réalités matérielles à la division de la substance en matérielle et immatérielle :

> On confirme ce point : la substance, que tu poses pour sujet, est divisée en substance matérielle et immatérielle, qui forment deux espèces opposées ; or la science du genre semble porter à égalité sur les deux espèces prochaines[3].

En ce sens, cet *extra* reprend la position de Saint Thomas selon laquelle Dieu est la cause du sujet, les Intelligences une partie du sujet, et l'étant commun le sujet de la métaphysique. Comment Scot modifie-t-il ce schéma ? Dieu reste la seule cause du sujet[4] et les Intelligences une partie du sujet (comme n'importe quelle autre) ; néanmoins, Scot identifie le sujet de la métaphysique à la substance, *qui comprend désormais la substance immatérielle (les Intelligences) et la substance matérielle.* C'est ainsi que nous comprenons cet *extra*, qui participe manifestement de la logique propre de la première rédaction visant à établir la substance comme sujet de la métaphysique[5]. De plus, nous trouvons ici la raison qui explique comment faire de la substance le sujet de la métaphysique tout en sauvegardant la place de Dieu dans un

1. *In Met.*, I, q. 1 n. 50 (OPh, III, 33) : « Sed contra : ens secundum se ita abstrahit ab immaterialibus sicut a materialibus ; ergo ista scientia, quae per se est de ente in quantum ens, non magis est de istis secundum propriam rationem quam de illis ».

2. *Ibid.*, n. 51 (OPh, III, 34) : « *Confirmatur : quia omnis conclusio propria huius scientiae est praemissa ita ad concludendum de immaterialibus sicut de materialibus ; ergo ista subalternat sibi aequaliter utramque scientiam.* Nec valet illa ratio quae ponitur prius ibi "Aliud est notandum", *quia ista scientia, sicut considerat aliqua in quantum abstracta a materia, ita etiam in quantum abstracta ab immaterialitate ;* ergo "considerabit illa quae in exsistendo habent hanc abstractionem ab immaterialitate" non sequitur » (trad. fr. p. 113 ; nous soulignons).

3. *Ibid.*, n. 52 (OPh, III, 34) : « Confirmatur hoc : quia substantia, quam tu ponis subiectum, dividitur in materialem et immaterialem, sicut in species oppositas ; scientia autem de genere aequaliter videtur esse de duabus speciebus proximis » (trad. fr. p. 113).

4. *Ibid.*, n. 55 (OPh, III, 34) : « Item, quomodo est circa altissimas causas, si tantum est circa Deum ut circa causam ? Responsio : Deus dicitur "causae" propter multiplicem rationem causalitatis in ipso ».

5. N'oublions pas que Scot introduit cette solution à deux reprises dans la première rédaction, et qu'il est toujours question d'identifier l'étant en tant qu'étant à la substance. Cf. *ibid.*, nn. 64-67 (OPh, III, 37-38) et nn. 91-96 (OPh, III, 46-49) ; notamment nn. 67 et 93.

dispositif métaphysique où il doit toujours tenir un rôle principal. Ici, ce rôle n'est autre que celui de cause du sujet de la métaphysique.

Cette question comporte un dernier *extra*, les paragraphes 79-83, inclus dans la section I.B. 2 (§ 74-84), où Scot répond, dans le sens d'Avicenne, aux arguments principaux. Dans un premier temps, R. Wood considère que cet *extra* ne peut pas appartenir à la première rédaction « since it assumes that metaphysics is a science that considers God and the first causes of Entity [l'étant en tant qu'étant] »[1]. Quant à nous, précisément parce que le passage considère que Dieu est bien la cause de l'étant en commun[2], *et non le sujet de la métaphysique*, nous croyons que le paragraphe appartient à la première rédaction.

Après cette brève analyse, nous considérons qu'appartiennent à la première rédaction les *extra* deux et trois (§ 44-57 et 79-83) ; à la deuxième rédaction, le premier *extra* (§ 32-33)[3].

LE RAPPORT DU COMMENTAIRE À LA *MÉTAPHYSIQUE* I, QUESTION 1 AU PROLOGUE DE LA *REPORTATIO* I-A

Il convient d'analyser un dernier élément de la deuxième rédaction la première question du commentaire à la *Métaphysique*, qui concerne son rapport direct ou indirect au traitement de la question sur la possibilité de *poser Dieu comme sujet de la métaphysique selon Aristote* dans le *Prologue* de la *Reportatio* I-A[4]. Aussi bien Dominique Demange que Rega Wood voient dans la deuxième rédaction (selon divers degrés de force), lue par contraste avec le *Prologue* de la *Reportatio* I-A, *l'exposé de la dernière position scotiste concernant le problème du sujet de la métaphysique.*

Selon l'argument de Wood, la deuxième rédaction peut être lue comme une réponse en règle aux objections posées dans le *Prologue* de la *Reportatio* I-A à la thèse de Dieu comme sujet de la métaphysique.

1. R. Wood, « First Entity as the Subject of Metaphysics », art. cit., p. 90-91 ; dans « Duns Scotus on Metaphysics as the Science of First Entity », art. cit., p. 14, Wood considère qu'il n'est pas possible de trancher quant à l'appartenance de l'*extra* à la première ou à la deuxième rédaction. Dans p. 250, n. 14, elle rajoute : « The fourth addition in paragraphs 79-83 (p. 41-43) cannot pertain to M1, but also need not pertain to M2 ; it assumes that entity is the subject of a *propter quid* science of metaphysics and deals with the question whether *ens qua ens* should be understood specificatively or reduplicatively ».

2. *In Met.*, I, q. 1 nn. 80 (OPh, III, 42) : « Vel aliter tenet, quia hic consideratur causa entis in communi, scilicet Deus, cuius primus effectus est esse. Et nota quod primae causae sciendi sunt primae propositiones immediatae. Alio modo primae causae, non tantum sciendi sed essendi, dicuntur media in demonstratione, quae causant passionem in esse et in cognosci de subiecto ».

3. Tout en ne statuant pas sur le petit paragraphe 41.

4. *Reportatio* I A, prol., q. 3 n. 186 (éd. Rodler, 59) : « an Aristoteles intellexit metaphysicam esse de Deo sicut de eius primo subiecto ».

En effet, Wood recense au moins trois points de contact entre les deux textes : qu'une science *propter quid de Deo* n'est pas accessible à l'homme *in statu isto*[1] ; que la métaphysique porte sur l'étant[2] (même si dans la *Reportatio* il s'agit de soutenir la position d'Avicenne) et qu'une science *quia de Deo* est possible à l'homme *in statu isto*, dans le cadre de la métaphysique, même s'il s'agit d'une science *secundum quid*[3].

Néanmoins, Wood recense aussi les points de divergence entre les deux textes. Il y en a deux sur lesquels nous voudrions porter notre attention. Pour le *Prologue* de la *Reportatio* a) il n'y a *qu'une seule science* qui porte sur Dieu comme sur son sujet, la science de Dieu sous le concept de déité (qui n'est pas à notre portée en tant que *viatores*), qui correspond à la connaissance que Dieu a de lui-même[4]. Par conséquent, b) Dieu n'est pas le sujet de la métaphysique[5].

De fait, il n'y a pas de preuve interne, un renvoi explicite d'un texte à l'autre par exemple, de ce rapport possible entre la deuxième rédaction de la première question du commentaire à la *Métaphysique* et le *Prologue* de la *Reportatio* I-A. En revanche, et c'est un argument en faveur de la position de Demange et de Wood, l'absence de preuve interne n'est pas une preuve conclusive de l'absence

1. *Reportatio* I A, prol., q. 3 a. 3 n. 200 (éd. Rodler, 64) : « Multae etiam sunt veritates scibiles de Deo quas non possumus cognoscere de Deo ratione naturali. Quia quaecumque in causa non possunt sciri ex his quae sunt nota in effectu, non possunt a nobis sciri ratione naturali ».

2. *Ibid.*, nn. 187-188 (éd. Rodler, 59) : « Ponit enim Avicenna quod Deus non est subiectum in metaphysica, sed aliquid aliud ut ens, [...]. Sed Avicenna bene dicit et Averroes valde male ».

3. *Reportatio* I A, prol., q. 3 a. 3 n. 200 (éd. Rodler, 63-64) : « Aliquae veritates possunt de Deo a nobis sciri naturaliter et aliquae non. Nam quaecumque ex his quae in effectibus sunt nota de Deo, possunt sciri a nobis per demonstrationem "quia" et a posteriori, scilicet per effectum. Sed multa sunt talia quae possunt esse nota de Deo ex effectibus, ut patet ex scientiis philosophorum » ; *ibid.*, n. 208 (éd. Rodler, 66) : « Si obiciatur quod aliquae veritates scibiles pertinent ad metaphysicam, respondeo : Omnis veritas pertinent simpliciter ad illam scientiam in qua scitur "propter quid", ad illam autem in qua tantum scitur "quia" pertinet tantum secundum quid. [...] Omnes veritates per se scibiles de Deo "propter quid" sciuntur in ista scienta quae est de Deo secundum se et secundum propriam rationem deitatis quae est ratio et medium ad concludendum quamlibet veritatem conclusam de Deo ; in metaphysica "quia", nam ex effectibus communibus probat eas de Deo et a posteriori, et non per rationem subiecti, quia subiectum secundum propriam rationem eius est sibi ignotum, et ideo est theologia tantum secundum quid, quia veritates de Deo probat tantum secundum quid, "quia" scilicet et a posteriori ».

4. *Ibid.*, q. 1 a. 4 n. 103 (éd. Rodler, 32) : « Sub eadem ratione Deus est primum obiectum intellectus sui et *primae scientiae possibilis haberi de ipso* [de Deo]. Est autem primum obiectum intellectus sui sub ratione essentiae, ergo etc. » ; *ibid.*, n. 106 (éd. Rodler, 33) : « Nihil potest esse primum subiectum primae scientiae de ipso [de Deo] sub aliqua ratione quae non facit aliquid unum per se cum ipso. Sed huiusmodi sunt omnes rationes quae assignantur aliae a ratione deitatis, ergo etc. » ; *ibid.*, prol., q. 2 n. 132 (éd. Rodler, 42) : « de Deo non potest esse nisi unica scientia sub ratione deitatis, quae extendit se ad omnia per se scibilia de Deo. [...] Sed omnia per se cognoscibilia de Deo continentur in ipso virtualiter sub ratione deitatis. Ergo de Deo sub illa ratione non est nisi ista unica. Constat quod theologia quam nos habemus non est de Deo sub ratione deitatis in se ».

5. *Ibid.*, prol., q. 3 a. 1 n. 191 (éd. Rodler, 60) : « Deus non est subiectum in metaphysica, quia, ut supra probatum est in prima quaestione, de Deo tamquam de primo subiecto tantum potest esse una scientia ; quae non est metaphysica ».

de lien entre les deux textes. Cela reste cependant un élément qui rend très difficile la proposition d'hypothèses fortes concernant le rapport chronologique entre les textes, même si nous-mêmes tendons à accepter l'hypothèse de la position mûre ou dernière de Scot en ce qui concerne la deuxième rédaction.

En tout cas, il est possible d'établir quelques éléments fiables sur la datation de la deuxième rédaction. Comme nous avons essayé de le montrer, à la suite de Demange, Wood et Boulnois[1], la deuxième rédaction développe et intègre la thèse sur l'univocité de l'étant comme science *propter quid* (thématisée dans l'*Ordinatio*) dans une articulation où Dieu est le sujet « par priorité d'intention » de la métaphysique comprise comme *scientia quia aggregata de Deo*. Pour Boulnois, le fait que le paragraphe 103 lance la thèse de Dieu comme sujet de la métaphysique, tout « comme en théologie »[2], « laisse entendre que Scot avait déjà élaboré sa réponse à la question de la structure de la théologie (Prologues de la *Lectura* et l'*Ordinatio*) »[3]. En ce sens la deuxième rédaction suppose aussi la thèse de Dieu comme sujet de la théologie : les œuvres théologiques se situeraient, donc, avant la deuxième rédaction. Ainsi, puisque la première rédaction rejette l'univocité de l'étant, elle serait antérieure aux œuvres théologiques. De tout cela, Boulnois conclura que la première rédaction est antérieure à la *Lectura* qui a été enseignée à Oxford vers 1297-1298[4]. Tout ceci est également applicable à la première rédaction de la question 1 du livre IV, où Scot rejette l'univocité de l'étant en faveur de l'équivocité logique et de l'analogie réelle. Nous en ferons une analyse en détail dans le chapitre suivant. Néanmoins, s'il est possible d'établir avec une certaine fiabilité, pour le livre I, question 1, le rapport d'antériorité entre la première rédaction et les œuvres théologiques ainsi que la postériorité de la deuxième rédaction vis-à-vis des œuvres théologique, nous croyons, comme nous l'exposerons dans le chapitre suivant, que la deuxième rédaction du livre IV, question 1 est, tout comme la première, antérieure aux œuvres théologiques même si elle annonce la thèse de l'univocité de l'étant qui y est développée et dont elle est une version préliminaire et moins sophistiquée.

1. *Cf.* O. Boulnois, « Introduction au livre I », dans Jean Duns Scot, *Questions sur la Métaphysique*, t. I, *op. cit.*, n. 2, p. 30-31 : « En un sens, la grande addition [§ 97-103] de I, 1, ne fait que développer ces paragraphes de l'*Ordinatio* [*Ord.*, I, d. 3 p. 1, q. 1-2 nn. 17-18 (Vat. III, 9-18)] ».

2. *In Met.*, I, q. 1 n. 103 (OPh, III, 51) : « Si haec distinctio est bona, Deus potest poni hic subiectum *sicut in theologia*, licet nulla passio de se sit demonstrabilis, quia omnia considerata hic reducuntur ad ipsum ut ad simpliciter primum » (nous soulignons).

3. O. Boulnois, « Introduction au livre I », dans Jean Duns Scot, *Questions sur la Métaphysique*, t. I, *op. cit.*, p. 30. Cf. *Lectura*, prol. p. 2 q. 1-3 nn. 77-88 (Vat. XVI, 29-32) ; Ord., prol., p. 3, q. 1-3 nn. 151-171 (Vat. I, 102-114). *Cf.* pour le prologue de l'*Ordinatio* et l'idée de théologie chez Duns Scot, *id.*, *Duns Scot : La rigueur de la charité*, « Initiations au Moyen Âge », Paris, Cerf, 1998.

4. *Id.*, « Introduction générale », dans Jean Duns Scot, *Questions sur la Métaphysique*, t. 1, *op. cit.*, p. 15.

En revanche, nous ne pouvons en faire de même pour le rapport entre la deuxième rédaction de la question 1, livre I et le *Prologue* de la *Reportatio* I-A, sauf si nous acceptons que la deuxième rédaction réponde effectivement aux objections posées par ce *Prologue*. En ce sens, même si nous n'avons pas de certitude au niveau de la datation, il faut tenir compte du *Prologue* à un niveau purement théorique, parce que les thèses qui y sont exposées vont à l'encontre des thèses présentées dans la deuxième rédaction de notre question. Sinon, il faudrait expliquer pourquoi dans la deuxième rédaction du commentaire à la *Métaphysique* I, question 1, Scot soutient la thèse de Dieu comme sujet de la métaphysique en tant que *scientia quia aggregata*, tandis que dans le *Prologue* à la *Reportatio*, Scot rejette la possibilité de Dieu comme sujet de la métaphysique tout en postulant une unique science portant sur Dieu comme sur son sujet. Mais il est évident que, dans le *Prologue*, Scot a affaire à Dieu comme sujet de la théologie en soi, de la science que Dieu a de lui-même, tandis que dans la deuxième rédaction de notre question tout se joue dans l'ordre de *ce qui est connaissable pour nous*. Cependant, ce qui change du *Prologue* à la deuxième rédaction est la possibilité d'une science *quia* et notamment d'une science *quia aggregata de Deo* à part entière, comme nouvelle articulation de la métaphysique. Cela a été possible par l'infléchissement des conditions et de la définition de la science qui n'est plus réduite à celle conçue par les *Seconds Analytiques* et qui commande à elle seule la réflexion du *Prologue*. C'est pourquoi il semble plus logique[1] que l'infléchissement de l'idée de science chez Scot soit un produit tardif de sa pensée, ayant lieu dans le cadre d'une *hypothèse* à propos de Dieu comme sujet de la métaphysique et sur la fondation acquise de l'univocité de l'étant. Nous ne pouvons pas oublier que, dans la première rédaction, lorsque Scot présente la position d'Averroès qui sera réfutée par la suite, cet infléchissement de la science aristotélicienne a eu déjà lieu, mais qu'il a été réfuté avec l'argument que la science la plus certaine est celle qui démontre par la cause, c'est-à-dire, la science *propter quid*; et qu'à l'époque, Scot rejetait l'univocité de l'étant en faveur de son équivocité logique et son analogie réelle. Cela veut dire que Scot, après beaucoup d'effort, rouvre le dossier sur Dieu comme sujet de la métaphysique, mais sur Dieu seul, sans les Intelligences, qui joue le rôle de sujet de la métaphysique par « priorité d'intention », un rôle qui n'a rien à voir avec celui qu'il joue dans la métaphysique d'Averroès ou dans la théologie dont il est le sujet dans le *Prologue* de la *Reportatio*. La « priorité d'intention » fait de Dieu un sujet de science en un

1. Nous tenons compte des remarques précieuses d'O. Boulnois, dans *Métaphysiques rebelles*, *op. cit.*, n. 1, p. 270, à propos de l'impossibilité de tout dater et, en même temps, de la possibilité de voir les rapports qu'il appelle « généalogiques » entre certains textes de Scot : « Certains travaux récents (notamment de D. Demange, S. Dumont, T. Noone, G. Pini, R. Wood) suggèrent que plusieurs passages des *Questions sur la Métaphysiques* seraient plus tardifs que les œuvres théologiques. Mais 1. je décris ici une généalogie conceptuelle, et non une évolution chronologique ; 2. les éléments de datation sont trop rares pour offrir une garantie absolue ; 3. il est possible que Scot ait hésité, au moins pendant un certain temps, entre plusieurs positions simultanées ».

sens qui ne peut être qu'élaboré à sa mesure, comme la finalité de la métaphysique comprise comme *felicitas*. En même temps, Scot retient aussi le rôle de l'étant univoque comme sujet d'une *pars metaphysicae* (par « priorité d'origine ») qui conduit effectivement à la connaissance de Dieu selon les moyens de la raison naturelle.

Nous n'allons pas suivre la discussion entre les deux textes, ce qu'a fait brillamment R. Wood dans ses deux articles[1], pour une raison que nous avons déjà exposée dans notre analyse de la question : celle-ci laisse intacte, en tant qu'*hypothèse*, l'interprétation selon laquelle la deuxième rédaction pourrait constituer la position mûre de Scot à propos du problème du sujet de la métaphysique tout en étant une réponse à la position exposée dans la *Proloque* de la *Reportatio* I-A. Dans l'analyse de la question nous avons essayée de montrer, tout comme Demange et Wood, que la deuxième rédaction ne met pas en question la possibilité d'une science *propter quid* de l'étant en tant qu'étant (univoque) ; bien au contraire, elle est intégrée à la science *quia aggregata de Deo* comme *pars metaphysicae*.

En même temps, dans la structure de la métaphysique proposée par Scot, nous voyons l'émergence de deux pôles, *de deux sujets*, de la recherche métaphysique. D'un côté, l'étant en tant qu'étant comme sujet commun de la métaphysique et comme sujet par « priorité d'origine », même si Scot en parle comme d'une partie de la métaphysique, dans la mesure où elle s'en occupe par une science *propter quid* ; et de l'autre, Dieu comme sujet principal ou propre et comme sujet par une « priorité d'intention »[2]. Duns Scot modifie le concept de sujet principal dans la deuxième rédaction, pour en faire précisément le sujet par priorité d'intention, c'est-à-dire, ce sur quoi porte, comme sur son but, la recherche métaphysique. C'est pourquoi l'étant ne peut pas être le sujet principal, même s'il garde le rôle de point de départ et de sujet commun. Dans le *Prologue* de la *Reportatio* I-A nous trouvons une trace de cette dimension, lorsque Scot affirme que « la métaphysique porte sur les causes les plus hautes quant à sa finalité (*finaliter*) et sa spéculation s'achève en elles »[3].

C'est de cette façon que nous lisons le rapport que Scot établit entre les deux pôles de la recherche métaphysique dans la deuxième rédaction, par un mouvement d'intégration qui n'était pas possible à l'époque de la première rédaction, tout simplement parce que Scot n'avait pas encore trouvé la voie de l'univocité de l'étant. D'ailleurs, c'est pour cela que nous ne trouvons pas non plus de contradiction entre cette structure complexe et hautement sophistiquée

1. R. Wood, « First Entity as the Subject of Metaphysics », art. cit., p. 97-101 et « Duns Scotus on Metaphysics as the Science of First Entity », art. cit., p. 21-23.

2. *In Met.*, I, q. 1 n. 140 (OPh, III, 64) : « Ad primam rationem istius dubitationis dicendum est quod illa consideratio, qua considerantur entia in se, prior est prioritate originis sicut probant duae probationes, sed non prioritate intentionis. *Et primum subiectum ponitur cuius cognitio principaliter intenditur* ».

3. *Reportatio* I A, prol., q. 3 a. 1 n. 192 (éd. Rodler, 61) : « Unde metaphysica est circa causas altissimas finaliter, ad quas terminatur ipsius speculatio ».

de la métaphysique, et l'articulation que Scot proposera dans l'*Ordinatio*. Au contraire, nous acceptons l'idée de D. Demange selon laquelle il s'agit en effet d'une complexification ou sophistication de la position de l'*Ordinatio*.

En ce sens, nous voyons dans la deuxième rédaction un moment où Scot modifie le poids de l'étant dans la structure de la métaphysique qui est la sienne en raison de son approche de la science métaphysique par la priorité d'intention visant la *felicitas* (qui concerne Dieu) plutôt que par sa priorité d'origine (qui concerne l'étant). Pour la même raison, on peut justement voir dans la deuxième rédaction une réponse au *Prologue* de la *Reportatio*, par une modification de l'approche et de la visée de la recherche métaphysique.

CHAPITRE V

L'UNIVOCITÉ DE L'ÉTANT DANS LE COMMENTAIRE À LA *MÉTAPHYSIQUE*

Tout comme la question sur le sujet de la métaphysique, la première question du livre IV (*Utrum ens dicatur univoce de omnibus*) [1], comporte au moins deux moments d'écriture mis en évidence et analysés par G. Pini [2]. La problématique des rapports de cette question avec le traitement du problème de l'univocité et de l'analogie de l'étant dans les commentaires logiques est importante, notamment dans sa relation avec la question 4 du commentaire aux *Catégories* où l'on trouve un étroit parallèle. Elle l'est tout autant que celle qui concerne ses étapes de rédaction et de constitution.

Pour ce qui est du second point, G. Pini [3] propose une distinction entre un texte de base et un ensemble de textes rajoutés postérieurement, les *extras* et *additiones* qui donnent ce caractère si particulier au commentaire à la *Métaphysique*. Pour établir ce deuxième ensemble, Pini s'est appuyé non seulement sur les indications présentes dans l'édition critique, mais aussi sur un travail de collation directe de certains manuscrits. De fait, l'édition critique n'identifie que deux passages comme des *extra* (§ 27-30 et 40-45) et quelques autres comme des *additiones* (§ 51-53, 58-61, 69) suivant l'avis de Maurice O'Fihely (Mauritius de Portu Hibernico) ; à ces passages, Pini a rajouté un autre

1. *In Met.*, IV, q. 1 nn. 1-91 (OPh, III, 295-320). Par la suite, je cite la traduction française récente de cette question d'O. Boulnois, dans Jean Duns Scot, *Questions sur la Métaphysique*, t. II, *op. cit.*, p. 30-81. Pour une vision d'ensemble de la question 4, *cf.* O. Boulnois, « Introduction au livre IV », *ibid.*, p. 19-29.

2. Un tout premier élément concernant la possibilité de lire deux versions de la solution de la question (*In Met.*, IV, q. 1 n. 70 (OPh, III, 315-316) se trouve dans son compte-rendu de l'édition critique G. Pini, « Duns Scotus's Metaphysics: The Critical Edition of his « *Quaestiones super libros Metaphysicorum Aristotelis* » », *Recherches de Théologie et Philosophie médiévales*, LXV/2, 1998, p. 353-368, notamment, p. 364 ; cet auteur a présenté d'une façon remarquable et détaillée la structure de la double rédaction de la question dans son *Scoto e l'analogia*, *op. cit.*, p. 93-141; et plus récemment, une solution à l'*imbroglio* textuel de cette question dans « Univocity in Scotus' *Quaestiones super Metaphysicam* », art. cit., p. 69-110.

3. G. Pini, *Scoto et l'analogia*, *op. cit.*, p. 88-92.

ensemble de paragraphes (§ 18-19, 23-26, 36, 55-56 et 91) [1]. Schématisant les trouvailles de Pini, nous avons une première esquisse de distinction entre le texte de base et les textes intégrés postérieurement sur la seule base des paragraphes appartenant à l'un ou à l'autre :

Texte de base	**Textes rajoutés**
§ 1-17 (17 paragraphes – 4 pages)	
	§ 18-19 (2 paragraphes – 5 lignes)
§ 20-22 (3 paragraphes – 8 lignes)	
	§ 23-26 (4 paragraphes – 1 page)
	§ 27-30 *Extra* (4 paragraphes – 1 page)
§ 31-35 (5 paragraphes – 1 page)	
	§ 36 (1 paragraphe – 2 lignes)
§ 37-39 (3 paragraphes – 10 lignes)	
	§ 40-45 *Extra* (6 paragraphes – 3 pages)
§ 46-50 (5 paragraphes – 2 pages)	
	§ 51-53 (3 paragraphes – 14 lignes)
§ 54 (1 paragraphe – 7 lignes)	
	§ 55-56 (2 paragraphes – 11 lignes)
§ 57 (1 paragraphe – 8 lignes)	
	§ 58-61 (4 paragraphes – 3 pages)
§ 62-68 (7 paragraphes – 2 pages)	
	§ 69 (1 paragraphes – 8 lignes)
§ 70-90 (11 paragraphes – 6 pages)	
	§ 91 (1 paragraphes – 8 lignes)

Deux remarques préliminaires s'imposent à partir de l'observation de ce simple schéma. D'abord, l'intervention sur le texte de base a eu lieu un peu partout dans la question, par contraste avec la question 1 du livre I sur le sujet de la métaphysique que nous avons étudiée dans le chapitre précédent. Dans cette question-ci l'intervention la plus volumineuse s'était faite presque entièrement *après* la fin de la rédaction de base. Deuxième remarque, les ajouts d'ordre divers correspondent à peu près à un tiers de l'ensemble ou bien à une augmentation de cinquante pour cent par rapport au texte de base. Du total de 91 paragraphes d'une longueur inégale, 28 ont été rajoutés lors d'une intervention postérieure. Une fois encore, au moins d'un point de vue purement

1. G. Pini, *Scoto et l'analogia*, *op. cit.*, p. 91-92. Il faut dire que dans *id.*, *The Solution of a Riddle*, *op. cit.*, p. 94, l'auteur dresse une liste légèrement différente des paragraphes appartenant à une rédaction postérieure. Il exclut notamment de la première rédaction les paragraphes 21-22 et 38-39. Pour le premier couple, il y est aussi inclus dans la première rédaction, ce qui laisse penser à une simple faute de frappe. Le deuxième couple est bel et bien exclu de la deuxième rédaction, car il change de place dans les manuscrits G et K. C'est une nouveauté par rapport à *Scoto et l'analogia*. Nous ne pouvons que souligner cette différence et, tout en étant incapables d'offrir un avis de fond, nous gardons la liste selon le premier ouvrage.

quantitatif, il faut constater l'intérêt de Scot à reconsidérer l'ensemble des résultats obtenus dans le texte de base.

Voyons maintenant la structure de la question telle qu'elle peut être dégagée à partir de l'édition critique et des observations de Pini. Nous indiquons en *italiques* tout ce qui correspond selon Pini aux textes rajoutés sur le texte de base.

In Met. IV q. 1 : *Utrum ens dicatur univoce omnibus*

0. § 1-26 : arguments principaux *pro* et *contra* l'univocité

0.A § 1-16 : arguments principaux en faveur de l'univocité

0.B § 17-26 : arguments principaux contre l'univocité et *réponses à ces arguments*

§ 17 : l'argument Porphyrien

§ 18-19 : réponse à l'argument (§ 17), contra-argument et réponse

§ 20-22 : trois arguments tirés d'Aristote (*§ 21-22 exclus* dans *The Solution of a Riddle*, p. 94)

§ 23-26 : réponses aux arguments (§ 20-22)

I. § 27-49 : Deux opinions sur la question

I.A Extra § 27-30 : Opinion anonyme

I.B § 31-49 : Opinion d'Avicenne en faveur de l'univocité

I.B. 1 § 31 : Énoncé de la thèse

I.B. 2 § 32-34 : Premier argument en faveur d'Avicenne

I.B. 3 § 35-39 : Deuxième argument en faveur d'Avicenne (*§ 36 exclus* de la première rédaction dans *Scoto et l'analogia* p. 91 et aussi *§ 38-39* dans *The Solution of a Riddle*, p. 94).

I.B. 4 Extra § 40-45 : Sur l'argument de l'étant comme objet premier de l'intellect arg. 2 (§ 35-39)

I.B. 5 § 46 : Troisième argument en faveur d'Avicenne

I.B. 6 § 47 : Quatrième argument en faveur d'Avicenne

I.B. 7 § 48 : Cinquième argument en faveur d'Avicenne

I.B. 8 § 49 : Sixième argument en faveur d'Avicenne

I.C § 50-69 : Objections à la position d'Avicenne et *réponses aux objections*

§ 50 : Première objection

§ 51-53 : Réponse à l'objection (§ 50)

§ 54 : Deuxième objection

§ 55-56 : Réponse à l'objection (§ 54)

§ 57 : Troisième objection

§ 58-61 : Réponse à l'objection (§ 57)

§ 62-63 : Quatrième objection et sa réponse

§ 64-65 : Cinquième objection et sa réponse

§ 66-67 : Sixième objection et sa réponse

§ 68 : Septième objection

§ 69 : Réponse à l'objection (§ 68)

II § 70 : Solutio questionis
III. § 71-85 : Réponses aux arguments principaux (§ 1-16)
IV. § 86-91 : Réponses aux arguments d'Avicenne (§ 32-49)
(Le paragraphe *§ 91 étant exclu* par Pini de la première rédaction)

En regardant la question comme un ensemble, avant la distinction entre le texte de base et les textes rajoutés postérieurement, nous voyons bien que tous les arguments contre l'univocité sont suivis d'une réponse *en faveur de l'univocité*, même dans les cas des arguments *contra* principaux (section 0.B). À cette première « anomalie », relative à la structure de la question (qui insiste manifestement sur la solution en faveur de l'univocité ou, en tout cas, qui essaie de répondre à tout argument contre l'univocité), s'ajoute la solution elle-même (§ 70), telle qu'elle nous a été apportée par l'édition critique[1] et telle qu'elle se trouve, d'ailleurs, avec d'importantes modifications, dans l 'édition Wadding [2]. Dans l'un et l'autre cas, c'est effectivement une solution qui se penche sur l'analogie réelle et l'équivocité logique de l'étant [3], c'est-à-dire sur la première solution de Scot, solution déjà présente dans le commentaire aux *Catégories* [4]. À cette deuxième anomalie, Pini [5] a essayé aussi d'apporter une certaine clarté, en proposant une modification au texte de la solution selon l'édition critique sur la base d'une divergence des *lectiones* partagées entre deux groupes des manuscrits. Sur tout cela nous reviendrons dans la suite.

Si nous essayons de déceler une tendance ou une cohérence dans l'ensemble de passages rajoutés au texte de base, presque tous (sauf les deux *extras* § 27-30 et 40-45) constituent *des réponses aux arguments contre la thèse de l'univocité* apportées soit aux arguments principaux (§ 18-19 et 23-26), soit à des objections contre la position d'Avicenne. Pini considère que les réponses aux objections 1, 2, 3 et 7 ont été bien rajoutées au texte de base. (§ 51-53, 55-56, 58-61 et 69), aussi bien que le tout dernier paragraphe § 91 qui se penche en faveur de l'univocité.

C'est le pari heureux de Pini : en considérant exclusivement les paragraphes qui relèvent du texte de base, la question, dans son articulation et sa portée, devient nettement plus claire. Elle comporte (0) une section d'arguments pour (§ 1-16) et contre (§ 17 et 20-22) l'univocité ; (I.A) l'énoncé de la position

1. *In Met.*, IV, q. 1 n. 70 (OPh, III, 315-316).

2. *Ibid.*, n. 12 (Wadding, IV, 578).

3. Aussi bien la solution du paragraphe § 70 que la structure de la question dans son ensemble ont été l'objet de l'étonnement et du désespoir des commentateurs, comme nous le verrons par la suite.

4. *Cf. supra* chap. III, p. 137-149.

5. Une première fois, lors de son compte-rendu de l'édition critique, G. Pini, « Duns Scotus's Metaphysics: The Critical Edition of his "*Quaestiones super libros Metaphysicorum Aristotelis*" », art. cit., p. 364 ; et puis, dans *The Solution to a Riddle*, *op. cit.*, p. 95-96. Dans *Scoto et l'analogia*, *op. cit.*, p. 94, lorsqu'il commente la solution de la question, il ne s'occupe pas de ce problème textuel.

d'Avicenne et six arguments en sa faveur (§ 31-35, 37-39, 46-49); (I.B) sept objections contre la position d'Avicenne dont la 4, 5, 6 assorties d'une toute petite réponse (§ 50, 54, 57, 62-68); (II) la solution de la question (§ 70); (III) la réponse aux arguments principaux (§ 71-85) et (IV) la réponse aux arguments en faveur d'Avicenne (§ 86-90).

In Met. IV q. 1 : *Utrum ens dicatur univoce omnibus*
Le texte de base

0. § 1-26 : arguments principaux *pro* et *contra* l'univocité
0.A § 1-16 : arguments principaux en faveur de l'univocité
0.B § 17-26 : arguments principaux contre l'univocité
§ 17 : l'argument Porphyrien
§ 20-22 : trois arguments tirés d'Aristote (§ 21-22 exclus dans *The Solution of a Riddle*, p. 94)
I. § 31-49 : Opinion d'Avicenne en faveur de l'univocité et objections
I.A § 31-49 : Opinion d'Avicenne en faveur de l'univocité
I.A. 1 § 31 : Énoncé de la thèse
I.A. 2 § 32-34 : Premier argument en faveur d'Avicenne
I.A. 3 § 35-39 : Deuxième argument en faveur d'Avicenne (§ 36 exclus de la première rédaction dans *Scoto et l'analogia* p. 91 et aussi § 38-39 dans *The Solutionof a Riddle*, p. 94).
I.A. 4 § 46 : Troisième argument en faveur d'Avicenne
I.A. 5 § 47 : Quatrième argument en faveur d'Avicenne
I.A. 6 § 48 : Cinquième argument en faveur d'Avicenne
I.A. 7 § 49 : Sixième argument en faveur d'Avicenne
I.B § 50-69 : Objections à la position d'Avicenne et quelques réponses
§ 50 : Première objection
§ 54 : Deuxième objection
§ 57 : Troisième objection
§ 62-63 : Quatrième objection et sa réponse
§ 64-65 : Cinquième objection et sa réponse
§ 66-67 : Sixième objection et sa réponse
§ 68 : Septième objection

II § 70 : Solutio questionis
III. § 71-85 : Réponses aux arguments principaux (§ 1-16)
IV. § 86-90 : Réponses aux arguments d'Avicenne (§ 32-49)

L'effet immédiat de ce dépouillement des éléments « extérieurs » au texte de base est qu'il ressemble beaucoup au traitement sur l'univocité dans la question 4 du commentaire aux *Catégories*, notamment dans les arguments en faveur et contre l'univocité, et dans la réponse en faveur de l'équivocité logique de l'étant. En cela, le texte de base partage la position du premier Scot rejetant aussi bien l'univocité que l'analogie logiques de l'étant. Pour que la correspondance soit encore plus nette, Pini propose ici la modification du texte de la solution au paragraphe § 70. Nous allons nous y arrêter un moment.

Tout d'abord, voici à gauche le texte de la solution à la question dans le paragraphe § 70 avec la modification suggérée par G. Pini et à droite avec le texte de l'édition critique [1]. Nous mettons en *italiques* la modification de Pini et le texte modifié de l'édition critique :

Sur cette question, je concède que l'étant n'est pas dit *univoquement de tous les étants, et pourtant qu'il n'est pas dit équivoquement*, car quelque chose est dit équivoquement d'une multiplicité quand ceux dont il est dit n'ont pas d'attribution les uns envers les autres ; mais quand ils sont attribués, ils le sont analogiquement. Donc, parce qu'il n'a pas un concept unique, il signifie toutes choses essentiellement selon sa raison propre, et de manière absolument équivoque selon le logicien. Mais parce que ces choses qui sont signifiées sont attribuées essentiellement les unes aux autres, elles [sont dites] analogiquement selon le métaphysicien réel [2].

Sur cette question, je concède que l'étant n'est pas dit *équivoquement*, car quelque chose est dit équivoquement d'une multiplicité quand ceux dont il est dit n'ont pas d'attribution les uns envers les autres ; mais quand ils sont attribués, ils le sont analogiquement. Donc, parce qu'il n'a pas un concept unique, il signifie toutes choses essentiellement selon sa raison propre, et de manière absolument équivoque selon le logicien. Mais parce que ces choses qui sont signifiées sont attribuées essentiellement les unes aux autres, elles [sont dites] analogiquement selon le métaphysicien réel [3].

Nous ne pouvons que constater que Pini pointe cette double possibilité parmi les manuscrits collationnés par l'édition critique et qu'il suppose que les éditeurs ont choisi cette *lectio*, « that is supported by the minority of the

1. Il faut attirer l'attention sur le fait que la traduction d'O. Boulnois (p. 68, n. 2) adopte la modification suggérée par G. Pini contre l'édition critique. Nous reprenons sa traduction, tout en rétablissant le texte de l'édition critique pour comprendre la portée du changement textuel proposé par Pini.

2. G. Pini, *The Solution of a Riddle*, *op. cit.*, n. 42, p. 96 : « QMet. IV.I, § 70, 315-316: "Ad quaestionem, concedo quod ens non dicatur *univoce de omnibus entibus, non tamen* (*univoce... tamen*] *mss. BCD2EHKL; om. critical edition, which follows AGM*) aequivoce, quia aequivoce dicitur aliquid de multis quando illa de quibus dicitur, non habent attributionem ad invicem ; sed quando attribuuntur, tunc analogice. Quia ergo non habet conceptum unum, ideo significat omnia essentialiter secundum propriam rationem, et simpliciter aequivoce secundum logicum. Quia autem illa quae significantur, inter se essentialiter attribuuntur, ideo analogice secundum metaphysicum realem » (nous soulignons). Pini renvoie à l'appartat de l'édition critique.

3. *In Met.*, IV, q. 1 n. 70 (OPh, III, 315-316) : « Ad quaestionem, concedo quod *ens non dicatur aequivoce*, quia aequivoce dicitur aliquid de multis quando illa de quibus dicitur non habent attributionem ad invicem ; sed quando attribuuntur, tunc analogice. Quia ergo non habet conceptum unum, ideo significat omnia essentialiter secundum propriam rationem, et simpliciter aequivoce secundum logicum. Quia autem illa quae significantur, inter se essentialiter attribuuntur, ideo analogice secundum metaphysicum realem » (trad. fr. p. 68-71 mod. selon le texte de l'éd. critique ; nous soulignons).

manuscripts », probablement avec l'intention d'affaiblir la position scotiste de la première époque en faveur de l'équivocité, « because of the embarrassment that a flat denial of univocity provoked in scholars used to Scotus's classic doctrine » [1]. Autrement dit, et c'est cela que nous retenons de cette remarque de Pini, il faut assumer Duns Scot tel qu'il est *avant l'univocité* en tant qu'il soutient dans ce texte l'équivocité logique et l'analogie réelle, comme dans le commentaire aux *Catégories*. Nous ne saurions être plus d'accord avec Pini sur ce dernier point, Scot a été ce qu'il était à chaque moment de sa pensée. Néanmoins, nous ne voyons pas comment le choix des éditeurs permettrait de masquer la thèse en faveur de l´équivocité afin de pencher ce texte en direction de la thèse en faveur de l'univocité soutenue dans les traités théologiques.

La première fois que Pini a proposé ce changement, c'était dans son compte-rendu de 1998, lors de la publication de l'édition critique. Dans ce texte, Pini distingue la portée de deux options en jeu. D'un côté, la lecture restituée par Pini affirme que l'étant n'est dit ni de façon univoque ni de façon équivoque, mais de façon analogue selon le point de vue métaphysique. De l'autre, la lecture proposée par l'édition critique affirme que l'étant n'est pas dit de façon équivoque, mais qu'il est dit de façon analogue selon le point de vue métaphysique. Encore selon Pini, en choisissant la seconde option, qu'il qualifiait à l'époque comme « choix légitime » sans justification philologique toutefois, les éditeurs évitent la contradiction explicite de cette solution avec la solution scotiste de la *Lectura* et de l'*Ordinatio*, précisément parce qu'ils omettent l'idée que l'étant n'est pas dit de façon univoque de tous les étants [2].

Apparemment, les éditeurs auraient voulu nuancer la contradiction entre ce passage, qui expose pleinement la contradiction dans la version restituée par Pini, et la solution scotiste en faveur de l'univocité dans les textes théologiques. Cependant, dans le choix des éditeurs et en regardant l'ensemble du passage, la contradiction entre cette solution et la solution canonique de Scot reste intacte bien que moins explicite. En effet, pour exclure l'équivocité de l'étant, le passage définit l'équivocité d'une façon *métaphysique*, d'un point de vue *métaphysique*, car un terme est équivoque lorsque les réalités auxquels il renvoie n'ont pas de rapport d'attribution entre elles. C'est le critère des rapports réels qui exclut l'équivocité de l'étant et qui permet de soutenir l'analogie réelle, car s'il y a un rapport d'attribution, il y a analogie. Dans la solution du commentaire aux *Catégories* question 4, au lieu d'« attributio ad invicem », Duns Scot parle d'« ordo inter se » comme fondement de l'analogie réelle [3].

1. G. Pini, *The Solution of a Riddle*, *op. cit.*, p. 95-96.

2. *Id.*, « Duns Scotus's Metaphysics : The Critical Edition of his "*Quaestiones super libros Metaphysicorum Aristotelis*" », art. cit., p. 364. Dans ce compte-rendu, la double lecture et l'embarras du choix étaient dictés par la critique de Pini à « la méthode rationnelle » choisie par les éditeurs pour la constitution du texte.

3. *In Praed.*, q. 4 n. 38 (OPh, I, 285).

Mais dans la suite immédiate, le passage du commentaire à la *Métaphysique* prend un ton et une approche *logique* et c'est bien ici que la contradiction avec la solution des textes théologiques émerge avec toute sa force. Car, l'étant n'ayant pas un concept *un*, ne pouvant pas s'intelliger dans un concept unique, « signifie toutes choses (*omnia*) essentiellement selon une raison propre ». Autrement dit, l'étant renvoie directement et immédiatement aux raisons propres de chaque étant ; c'est à cause de cela qu'il les signifie « d'une façon absolument équivoque selon le logicien ». En revanche, et c'est ici que l'approche métaphysique revient, puisque les choses signifiées se rapportent les unes aux autres selon une attribution essentielle, elles sont dites pour le métaphysicien d'une façon analogue. Le passage dans les deux versions est très clair : a) pour ce qui est de la signification (l'affaire du logicien), l'étant renvoie aux concepts propres à chaque étant : l'étant est donc équivoque et b) pour ce qui est des choses signifiées (l'affaire du métaphysicien), l'étant renvoie aux rapports d'attribution entre les choses : l'étant est donc analogue.

En ce sens, le rapprochement avec la solution du commentaire aux *Catégories* ne saurait être plus net, bien qu'il faille concéder à Pini qu'avec le passage qu'il a modifié, le rapprochement est plus explicite. Voici le texte du commentaire aux *Catégories* :

> Il faut savoir pour autant que la voix, qui pour le logicien est équivoque absolument, car implique d'emblée également plusieurs choses, pour le métaphysicien et le physicien qui ne considèrent pas la voix dans la signification, mais les choses qui sont signifiées selon ce qu'elles sont, cette voix est analogue, à cause des choses signifiées, bien qu'elles ne le soient pas en tant que signifiées ; or en tant qu'elles existent, elles ont un ordre entre elles (*ordinem inter se*). C'est pourquoi « étant » est posé par le métaphysicien comme analogue à la substance et l'accident dans les livres IV et VII de la *Métaphysique*, car ces choses qui sont signifiées dans l'existence ont un ordre ; mais pour le logicien [étant] est équivoque absolument, car en tant qu'elles sont signifiées par la voix, sont signifiées d'emblée également[1].

Ici, on retrouve les mêmes éléments que dans la solution du commentaire à la *Métaphysique* : c'est la distinction entre l'approche logique par la signification et l'approche métaphysique par les choses signifiées en ce qu'elles sont. Elle constitue la distinction entre l'étant équivoque quant à sa signification et l'étant analogue quant aux rapports entre les choses.

1. *In Praed.*, q. 4 n. 38 (OPh, I, 285) : « Intelligendum tamen quod vox, quae apud logicum simpliciter aequivoca est, quia scilicet aeque primo importat multa, apud metaphysicum vel naturalem, qui non considerant vocem in significando sed ea quae significantur secundum illud quod sunt, est analoga, propter illud quod ea quae significantur, licet non in quantum significantur ; tamen in quantum exsistunt habent ordinem inter se. Ideo "ens" a metaphysico in IV et VII *Metaphysicae* ponitur analogum ad substantiam et accidens, quia scilicet haec quae significantur, in essendo habent ordinem ; sed apud logicum est simpliciter aequivocum, quia in quantum significantur per vocem, aeque primo significantur ».

Dernier point : le texte restitué par Pini n'est autre, avec une autre ponctuation, que celui de l'édition Wadding[1]. Sur ce dernier passage, S. Marrone, dans un texte de 1983, avait déjà rappelé le souci d'authenticité exprimé par Wolter, qui tout en attendant l'édition critique pour trancher, considérait que « the reading one adopts makes little difference »[2]. Marrone soutenait à la suite de Wolter que « no matter what version is taken as authentic, however, it is plain that Duns's intention was that "being", although not univocal, should in some circumstances be seen as an analogical term »[3]. Marrone fait aussi le lien entre l'approche logique et l'approche métaphysique exprimées dans ce passage et la solution présentée dans le commentaire aux *Catégories*[4].

Nous pouvons supposer que c'est bien par cette raison que presque vingt ans plus tard, Marrone, en lisant la suggestion de Pini dans son compte-rendu de l'édition critique, l'édition critique elle-même, et en accordant que le choix des éditeurs n'a pas de justification solide, revient sur la portée de deux textes : « But the matter is, in the end, less significant than even Pini believes, for what remains in the newly edited text can still not be seen as avoiding explicit contradiction with Duns's later views on "being" »[5]. En ce sens, là où nous voyons une contradiction nette, mais moins explicite que dans le passage proposé par Pini, Marrone ne trouve vraiment pas de variation sensible entre les deux versions[6].

1. *In Met.*, IV, q. 1 n. 12 (Wadding, IV, 578) : « Ad quaestionem, concedo quod ens non dicatur *uniuoce de omnibus entibus : non tamen aequiuoce* : quia aequiuoce dicitur aliquid de multis, quando illa, de quibus dicitur non habent attributionem adinuicem, sed quando attribuuntur, tunc analogice. Quia ergo non habet conceptum vnum, ideo significat omnia essentialiter secundum propriam rationem, & simpliciter aequiuoce secundum Logicum : quia autem illa quae significantur inter se essentialiter attribuuntur, ideo analogice secundum Metaphysicum realem » (nous soulignons).

2. A. B. Wolter, *The Transcendentals and their Function in the Metaphysics of Duns Scotus*, Saint Bonaventure (NY), The Franciscan Institute, 1946, n. 35, p. 46. En fait, dans la trad. angl., Etzkorn et Walter suivent le texte de l'édition critique contre le texte Wadding. *Cf.* John Duns Scotus, *Questions on The Metaphysics of Aristotle*, vol. I, *op. cit.*, p. 271 : « To the question, I concede that being is not asserted equivocally ».

3. S. P. Marrone, « The Notion of Univocity in Duns Scotus's Early Works », *Franciscan Studies*, XLIII, 1983, p. 352.

4. *Ibid.*, p. 353-354.

5. S. P. Marrone, *The Light of thy Countenance : Science and Knowledge of God in the Thirteenth Century*, vol. II : *God at the Core of Cognition.*, Leyde-Boston-Köln, Brill, 2001, p. 503-504, n. 39.

6. Il faudrait dire qu'en 2002, dans *Scoto et l'analogia*, *op. cit.*, p. 94, ouvrage presque équidistant de son compte-rendu de l'édition critique (1998) et de *The Solution of a Riddle* (2005), Pini ne s'occupe pas de ce problème textuel et semble, au contraire, adhérer à la thèse de l'identité entre la solution soutenue dans le commentaire aux *Catégories* q. 4 et celle soutenue dans le commentaire à la *Métaphysique* IV, q. 1. Pour ce qui est de *In Met.*, IV, q. 1 n. 70 (OPh, III, 315-316), il y affirme : « Scoto dà la soluzione della questione, sostenendo l'équivocità del termine "ente" da un punto di vista logico e l'analogia degli enti dal punto di vista metafisico. La soluzione, anche se più breve, è identica a quella della questione sulle *Categorie*, in cui si trova, in aggiunta, l'analisi

Quoi qu'il en soit, il n'en reste pas moins vrai que le procédé de Pini, consistant à distinguer les strates de rédaction de la question et, cela faisant, à rapprocher et expliquer le texte de base du commentaire à la *Métaphysique* IV, question 1 par rapport au commentaire aux *Catégories* question 4, est un procédé d'une importance capitale pour comprendre la logique interne de la question dans sa double composition, ainsi que les enjeux et les thèses soutenues pendant ce moment scotiste *avant l'univocité de l'étant*. D'un côté, Scot reste attaché à l'idée de l'équivocité logique et de l'analogie réelle de l'étant ; de l'autre, au niveau métaphysique, il soutient la substance comme sujet de la métaphysique. Dans ce qui suit, nous allons nous concentrer sur le texte de base de cette question avant de commenter le sens et la portée des ajouts qui constituent l'intervention postérieure.

LES ARGUMENTS EN FAVEUR DE L'UNIVOCITÉ

Ce parallélisme entre *In Metaphysicam* IV, *quaestio* 1 et *In Praedicamenta quaestio* 4 est manifeste lorsqu'il s'agit des arguments construits tant pour soutenir l'univocité que pour la rejeter, même si le degré de généralité envisagé n'est pas le même dans l'une et l'autre question. Tout d'abord, l'ordre d'exposition des arguments est approximativement le même, sauf pour certaines omissions de part et d'autre et pour la place indépendante que prennent les arguments en faveur d'Avicenne dans le commentaire à la *Métaphysique*. Les arguments en faveur de l'univocité n'ont pas été traités lors de l'analyse du commentaire aux *Catégories* question 4 : il convient de s'y arrêter avant de revenir sur les arguments *contra*. Tout d'abord, voici un rappel du schéma de la question 4 du commentaire aux *Catégories* :

In Praed. q. 4 : *Utrum ens sit decem praedicamentis univocum*
0. § 1-25 : Arguments principaux
0.A § 1-15 : Quinze arguments *pro « per media logicalia »*
0.B § 16-25 : Dix arguments *contra*
I. § 26-38 : Sur la question
I.A § 26 : Première conclusion : l'étant n'est pas univoque aux catégories
I.A. 1 § 27-29 : Opinions sur l'analogie
I.A. 2 § 30-36 : Arguments contre les opinions en faveur de l'analogie (§ 27-29)
I.B § 37-38 : Deuxième conclusion : l'étant est équivoque d'un point de vue logique et analogue d'un point de vue métaphysique et naturel
II § 39-60 : Réponses aux arguments principaux (§ 1-15)

dell'analogia e la dimostrazione dell'impossibilità dell'analogia da un punto di vista logico ». De ce fait, Pini acceptait aussi implicitement la contradiction de ces deux solutions vis-à-vis de la solution exposée dans les textes théologiques.

Dans cette question, les arguments en faveur de l'univocité (0.A § 1-15) relèvent d'une approche logique (*quod sic, videtur per media logicalia*)[1]. Puisqu'il s'agit de saisir la réalité signifiée *dans la signification du nom* et non dans la réalité elle-même, nous ne sortons vraiment jamais de l'ordre de la logique comme *moyen* de constituer les limites et la portée des concepts métaphysiques. De même, cela peut bien expliquer pourquoi tant en logique qu'en métaphysique, voire en théologie, Duns Scot peut revenir sur des arguments construits *per media logicalia*. C'est qu'effectivement, la visée des arguments est toujours ce qui est signifié dans le concept et non la chose signifiée. On peut donc parler d'une analyse toujours intentionnelle de la signification comme moyen de détermination de l'univocité ou la non-univocité de l'étant.

Dès à présent il faut constater que les arguments en faveur de l'univocité dans le commentaire aux *Catégories* sont tous disposés au début de la question (0.A § 1-15), tandis qu'ils sont divisés dans le commentaire à la *Métaphysique* en deux blocs : le premier est constitué par les arguments principaux (0.A § 1-16), le deuxième par les arguments en faveur de la position d'Avicenne (I.B § 31-49). Comme nous le verrons par la suite, quelques-uns des arguments avicenniens se trouvent déjà dans le commentaire aux *Catégories*, mais ils ne forment pas un groupe à part comme dans le commentaire à la *Métaphysique*. Cela indique l'importance de plus en plus grande que Duns Scot accord à Avicenne dès cette époque. N'oublions pas le rôle qu'Avicenne a aussi joué dans la question 1 du livre I à propos du problème du sujet de la métaphysique, même si dans ce cas, comme dans le cas du problème de l'univocité, la position d'Avicenne est rejetée par les arguments de Scot (pour ce dernier problème en tout cas et avant l'intervention sur le commentaire où Scot cherche en revanche à harmoniser sa réponse avec les arguments en faveur d'Avicenne). D'une certaine façon, Avicenne dans ces deux questions tient le rôle qu'Henri de Gand jouera dans l'*Ordinatio*, celui d'interlocuteur et contradicteur principal de Scot[2].

Voici le procédé que nous allons suivre : sans s'engager dans un commentaire détaillé de chaque argument, présenter d'abord leurs versions dans le commentaire aux *Catégories*, puis le lien ou la modification qu'ils ont pu subir dans le texte de base de la première question du livre IV du commentaire à la *Métaphysique*. Ensuite, présenter les nouveaux arguments apportés par le

1. *In Praed.*, q. 4 n. 1 (OPh, I, 273).

2. Même si nous n'acceptons pas quelques éléments de son interprétation, pour le rapport entre Avicenne et Duns Scot, on peut voir G. Sondag, « La réception de la *Métaphysique* d'Avicenne par Duns Scot », *in* A. Speer et L. Wegener (eds), *Wissen über Grenzen : Arabisches Wissen und lateinisches Mittelalter*, Berlin-New York, Walter de Gruyter, 2006, p. 591-611. Dans le commentaire à l'*Isagoge*, c'est Albert qui tient ce rôle d'interlocuteur et contradicteur principal au moment où Scot soutient l'univocité de l'universel vis-à-vis de la position du Colonais en faveur de l'analogie. *In Porph.*, q. 7-8 nn. 10-14 (OPh, I, 35-37) et Albert le Grand, *Super Porph.*, tr. 1, c. 9, (éd. Santos-Noya, I-Ia, 39a-b). Voir *supra* notre premier chapitre, p. 43-56.

commentaire à la *Métaphysique*, notamment le sous-ensemble d'arguments consacrés à la position d'Avicenne en faveur de l'univocité.

La suite de l'exposé, toujours suivant le fil de la question, se consacrera à présenter les sept objections à la position d'Avicenne incluses dans le commentaire à la *Métaphysique*, ainsi que les réponses aux arguments dans les deux versions, toujours mettant en suspens ce qui relève de l'intervention postérieure sur le texte de base. Sur ce dernier point, nous pouvons déjà avancer que pour nous (nous nous éloignons en cela de Pini), toutes les réponses aux objections de la section I.C (§ 50-69) contre Avicenne appartiennent au texte de l'intervention (où l'enjeu consiste précisément à soutenir l'univocité, tandis que les objections réfutent la position d'Avicenne). Pini quant à lui renvoie les réponses aux objections 4, 5 et 6 (§ 63, 65 et 67) comme appartenant au texte de base. Nous le verrons plus tard, ces réponses restent obscures si elles sont lues indépendamment des premières réponses qui selon Pini ont été rajoutées dans l'intervention postérieure.

Reprenons le dossier à partir du commentaire aux *Catégories*. Il faut souligner d'emblée que dans la question 4, il y a un premier sous-ensemble de quatre arguments construits autour des anomalies logiques dérivées de la nature des termes équivoques. C'est par contraste avec la nature des équivoques que ces arguments soutiennent l'univocité de l'étant[1]. Or, dans la série de quinze arguments en faveur de l'univocité constituant les arguments principaux de la question, d'autres mettent l'attention sur d'autres anomalies logiques des équivoques.

1. Le premier argument tire sa majeure des *Réfutations sophistiques*[2], « dans les équivoques il n'y a pas de contradiction », et soutient, par contraste, que l'étant est bien capable de contradiction. C'est la première anomalie logique touchant les termes équivoques. Chargés de multiples significations, les termes équivoques ne respectent pas le principe de contradiction. Pour la défense de l'étant, l'argument présente juste un exemple de contradiction : « Socrate est un

1. Ceci nous semble d'une importance majeure. La notion d'*equivocatio* est au cœur de la définition minimale de l'univocité dans l'*Ordinatio* I, d. 3, p. 1, q. 1-2, n. 26 (Vat. III, 18), qui est elle-même le point de départ des preuves de l'univocité de l'étant entre Dieu et les créatures dans cette œuvre : « Et pour qu'il n'y ait pas de conflit touchant le nom d'univocité, j'appelle concept univoque celui qui est un de telle façon que son unité suffise à la contradiction, quand on l'affirme et le nie du même ; aussi, il suffit à tenir lieu de moyen terme dans un syllogisme, comme on conclut que des extrêmes unis dans un moyen terme doué d'une telle unité sont unis entre eux sans tromperie d'équivocité » (trad. fr. p. 94-95). Cette définition est aussi incluse dans le texte de la *Lectura* I, d. 3 p. 1 q. 1-2 n. 22 (Vat. XVI, 232) comme *adnotatio interpolata* et probablement introduite d'après le texte de l'*Ordinatio*.

2. Aristote, *De Sophisticis Elenchis*, 30, 181b1-3 (AL, VI1, 52) : « Sicut autem in eaquivocis quandoque quidem ambobus quandoque autem neutro inest, quare cum non simplex est interrogatio simpliciter respondentibus nihil accidit pati, similiter et in his ».

étant et Socrate n'est pas un étant »[1]. Cet argument est beaucoup plus développé dans le commentaire à la *Métaphysique*, où l'exemple qui tenait le lieu de mineure est remplacé par une prémisse à démontrer « l'étant et le non-étant se contredisent ». La preuve de cette prémisse constitue un important développement de l'argument d'origine : en faisant intervenir le passage de la *Physique* où Aristote réfute Parmenide en montrant que la position de celui-ci se réduit à la contradiction que « le non-étant est un étant »[2], Scot réaffirme non seulement la possibilité de la contradiction par l'étant, mais aussi par ce concept qui lui est coextensif : *aliquid*.

2. La deuxième anomalie des termes équivoques consiste en ce qu'un équivoque n'est pas déterminable par un terme adjoint afin de signifier un signifié contracté à partir du terme équivoque et du terme qui lui est adjoint, car l'équivoque implique en acte et simultanément tous ses signifiés. Cette anomalie touche le mécanisme de la signification dans le cas de l'équivoque. L'étant, en revanche, est bien déterminable par un terme adjoint : « lorsque l'on dit "étant absolu" ou "étant par soi", il est contracté à la substance, par conséquent [l'étant] n'est pas équivoque »[3]. Dans la version de cet argument dans le commentaire à la *Métaphysique*, Scot insiste sur la distinction entre le terme équivoque (non déterminable) et le terme univoque (déterminable), précisément parce que l'équivoque *signifie tous ses signifiés en acte*, tandis que l'univoque *est indifférent à l'un ou l'autre*. Dans un sens, l'équivoque n'est pas déterminable parce qu'il est toujours déterminé par tous ses signifiés, tandis que l'univoque est déterminable, parce qu'il est indifférent et toujours en puissance de signifier les signifiés dérivés de sa contraction par un terme adjoint[4].

3. La troisième anomalie des équivoques consiste en ce qu'ils ne peuvent pas faire partie d'une forme argumentative comme la conséquence (*consequentia*), où dans un cas comme « l'homme est substance, ergo l'homme est un étant » ou « ceci est une substance, ergo ceci est un étant », la règle exige que

1. *In Praed.*, q. 4, n. 1 (OPh, I, 273) : « In aequivocis non est contradictio, per Aristotelem in *Elenchis* ; sed hic est contradictio "Socrates est ens, et Socrates non est ens" ; ergo ens est univocum ».

2. *In Met.*, IV, q. 1 n. 1 (OPh, III, 295) : « In aequivocis non est contradictio, in *Elenchis* ; ens et non-ens contradicunt. Minor probatur : Philosophus I *Physicorum*, contra Parmenidem, reducit eum ad hoc inconveniens : quod non-ens sit ens ». Cf. *ibid.* n. 1-4 (OPh, III, 295-296) pour la discussion complète.

3. *In Praed.*, q. 4, n. 2 (OPh, I, 273) : « Item, nullum aequivocum est determinabile per aliquid additum ad aliquod aequivocatorum, quia quodlibet illorum actu importat ; sed ens per aliquod additum est determinabile ad unum praedicamentum, ut cum dicitur "ens absolutum" et "ens per se", contrahitur ad substantiam ; ergo non est aequivocum ».

4. *In Met.*, IV, q. 1 n. 5 (OPh, III, 296) : « Item, nullum aequivocum potest determinari per aliquid additum ad determinandum significatum ; "ens" potest. Probatio maioris : omne aequivocum importat actu quodlibet significatum ; omne determinabile est indifferens ad hoc et illud. Probatio minoris : aliter sic dicere "ens album" non esset maior contractio quam dicere "ens" absolute sine aliquo addito ».

l'antécédent ne puisse pas être vrai sans que le conséquent le soit aussi. Le commentaire à la *Métaphysique* explique pourquoi : parce que les équivoques n'ont pas de termes opposés[1]. Encore une fois, la raison de fond est bien que les équivoques comportent en acte tous ses signifiés.

4. Le quatrième argument opère par l'absurde. Si l'on suppose que l'étant est équivoque aux dix catégories, « d'une certaine manière cette proposition sera vraie "la substance est un non-étant" ». De cette première hypothèse s'ensuit une première inférence, a) que « la substance n'est pas quelque chose (*aliquid*) », précisément par l'extension commune de l'étant et de quelque chose (*aliquid*) et, à son tour, b) que « la substance est rien » (*substantia nihil est*). C'est toujours sur cette conviction que l'équivocité de l'étant permet *d'une certaine manière* que ce qui est, par exemple la substance, ne soit pas. L'arrière-fond de cet argument est bien la discussion d'Aristote dans la *Physique* avec la thèse parménidienne de l'unité absolue de l'étant, déjà évoquée comme développement du premier argument dans le commentaire à la *Métaphysique*[2]. Ce quatrième argument ne se retrouve pas dans le commentaire à la *Métaphysique*, bien qu'une autre forme de renvoi au passage de la *Physique*, comme nous venons de le montrer, soit incorporée à la version plus poussée du premier argument dans ce dernier commentaire.

5. Après les anomalies dérivées de la nature des termes équivoques, le cinquième argument se concentre sur la portée de la prédication de l'étant aux catégories, en tant que prédication essentielle (*praedicari in quid*). En effet, l'argument considère que malgré la diversité catégorielle, la raison « d'être prédiqué essentiellement » (*praedicari in quid*) est une raison unique (*ratio una*) qui convient à l'étant précisément en tant qu'il est dit (*dicitur*) de catégories. L'accent de l'argument est mis sur l'équivalence sur leur niveau d'unité entre ce qui est dit et la raison sous laquelle cela est dit. Si la raison sous laquelle quelque chose est dit possède une certaine unité, ce qui est dit ne peut pas être d'une unité mineure[3]. Sous l'analyse de la prédication essentielle, en effet, l'argument pointe l'univocité de l'étant en tant précisément que l'étant se

1. *In Praed.*, q. 4, n. 3 (OPh, I, 273) : « Item, sequitur "homo est substantia, ergo homo est ens", quia antecedens non potest esse verum sine consequente ; sed in aequivocis non est consequentia ; ergo etc. » ; *In Met.*, IV, q. 1 n. 6 (OPh, III, 296) : « Item, sequitur "haec est substantia, ergo ens". Antecedens non potest esse verum sine consequente ; in aequivocis non est consequentia, *quia non habent opposita* » (nous soulignons).

2. *In Praed.*, q. 4, n. 4 (OPh, I, 273-274) : « Item, si ens est aequivocum, haec aliquo modo est vera "substantia est non-ens". Et sequitur "ergo substantia non est aliquid", quia "aliquid" non est communius ente, et ulterius sequitur "ergo substantia est nihil". Ergo hoc consequens aliquo modo est verum, quod videtur inconveniens, quia tunc non peccaret ratio Parmenidis in I *Physicorum* in hoc quod accipit illam "non-ens est nihil", quod tamen videtur esse contra Aristotelem ».

3. *Ibid.*, n. 5 (OPh, I, 274) : « Item, "praedicari in quid" est ratio una conveniens enti ut dicitur de omnibus istis ; ergo illud quod dicitur de istis est unum, quia ratio sub qua aliquid dicitur, non est magis una eo quod dicitur ».

prédique *in quid* des catégories. Autrement dit, il ne peut pas y avoir de prédication essentielle sans univocité de ce qui est prédiqué.

Dans le commentaire à la *Métaphysique*, cet argument, dont la conclusion est bien que l'étant se prédique selon une raison unique car il se prédique *in quid* de toutes choses[1], est accompagné d'une confirmation. Il s'agit d'une analogie vis-à-vis du rapport entretenu par une propriété réelle et son sujet réel. Ainsi, selon la confirmation, si une propriété réelle adhère dans un sujet réel, il devrait en être pareil pour une propriété de raison (*passio rationis*) et son sujet de raison. Ce parallélisme se traduit dans le cas de la prédication *in quid* dans le rapport entre un intelligible, qui ne serait autre que l'étant, auquel correspond un concept unique, celui qui serait effectivement prédiqué de toutes choses. Ce modèle est censé répondre au problème de la prédicabilité de l'étant (en tant que raison commune), aux dix catégories (en tant que multiplicité réelle). Il doit y avoir quelque réalité commune aux dix catégories à laquelle cette propriété ou raison commune est prédiquée avant qu'elle ne le soit aux catégories[2]. Cet argument nous rappelle le postulat de l'unité intentionnelle des catégories, dans le commentaire aux *Catégories*, en tant que sujet du traité du point de vue logique[3].

6. Le sixième argument prouve l'univocité de l'étant par le recours à la preuve de l'univocité de l'une de ses différences : le possible. Le possible est univoque parce qu'il a un contradictoire (l'impossible) et parce qu'il est une conséquence du nécessaire. Seul un terme univoque est susceptible de contradiction (argument 1) et de conséquence (argument 3). Cela étant vrai, le possible n'est pas plus commun que l'étant, mais moins commun, dans la mesure où l'étant se divise par l'acte et la puissance. Cela dit, l'étant serait plus univoque que le possible[4].

1. *In Met.*, IV, q. 1 n. 7 (OPh, III, 296) : « Item, ens praedicatur de omnibus de quibus praedicatur secundum unam rationem praedicandi, quia "in quid" ; ergo praedicatur secundum unum intellectum abstractum ».

2. *Ibid.*, n. 8 (OPh, III, 296) : « Confirmatur, quia sicut passio realis requirit unum subiectum reale, ita videtur quod passio una rationis requirat unum subiectum secundum rationem, hoc est, quid sit unum intelligibile uno concepto. Quomodo enim passio una rationis inerit aliquibus multis per se nisi insit alicui primo quod sit commune omnibus illis, sicut arguitur de passione reali ? ».

3. Cf. *In Praed.*, q. 2 nn. 8-9 (OPh, I, 259-260). À ce sujet, voir O. Boulnois, « Les catégories selon Duns Scot », art. cit., p. 357-377, et *supra* chap. III, p. 106-114.

4. *In Praed.*, q. 4, n. 6 (OPh, I, 274) : « Item, "possibile" est univocum : tum quia habet contradictionem ; tum quia est consequens ad "necesse" ; quorum utrumque patet II *Perihermenias*. Sed "possibile" non videtur communius ente sed minus commune, cum ens dividatur per actum et potentiam. Ergo multo magis ens est univocum ». Cf. *In Met.*, IV, q. 1 n. 9 (OPh, III, 296-297) : « Item, actus et potentia sunt differentia entis ; ergo potentia non est magis univoca quam ens. Sed potentia dicitur univoce, quia possibile et impossibile contradicunt ; et possibile sequitur ad necesse esse. Sed nec consequentia nec contradictio est in aequivocis ». Cet argument s'appuie aussi, on le voit bien, sur les anomalies des équivoques établies dans les premiers arguments, car, comme il le dit à la fin, dans les équivoques il n'y a ni contradiction ni conséquence.

7-8. Les septième et huitième arguments sont des arguments *en miroir*. La majeure du septième argument tient à signaler l'origine de toute division dans un élément *un* (*omnis divisio incipit ab uno*), tandis que le huitième tient à signaler la réductibilité de toute multiplicité à une unité (*omnis multitudo est reducibilis ad unitatem*). Si pour le septième argument l'étant est cet élément premier divisé dans les catégories[1], pour le huitième les catégories constituent une multiplicité (*substantia et accidens sunt multa quia diversa*) réductible à l'unité de l'étant[2]. Cet argument-ci comporte un double appel aux autorités : d'un côté, pour ce qui est de sa majeure, au *Liber de Causis*[3] et, d'un autre côté, afin de montrer que les catégories constituent une multiplicité au livre X de la *Métaphysique* (1054b 25-26 ; AL, XXV ^{2}, 191).

Or, dans le commentaire à la *Métaphysique*, le septième argument sera retenu sous une forme bien diverse, car on y insiste sur l'unité de raison de ce qui est divisé et qui donne lieu à la multiplicité. Ainsi, en divisant l'étant dans une multiplicité, sa raison reste une : par conséquent, l'étant est univoque[4]. Pour ce qui est du huitième argument, il sera placé dans l'ensemble consacré à soutenir la position d'Avicenne, dans la section I.B (§ 31-49). Il s'agit du cinquième argument (§ 48). Plutôt que parler de « multiplicité » (*multitudo*), cet argument soutient que « tous les dénombrés concordent dans quelque chose de commun » (*omnia numerata conveniunt in aliquo communi*). Mais la mineure rejoint l'argument du commentaire aux *Catégories*, car la substance et la quantité constituent un ensemble d'éléments divers tout en étant deux étants. C'est pourquoi ils possèdent un concept commun[5].

9. Le neuvième argument se fonde sur la nature de la *comparaison* et revient sur une autre anomalie des équivoques. Pour qu'il y ait une comparaison, il doit y avoir un terme de comparaison univoque, selon une autorité tirée de la *Physique*[6]. Or ce terme n'est autre que l'étant. Il s'ensuit trois

1. *In Praed.*, q. 4, n. 7 (OPh, I, 274) : « Item, omnis divisio incipit ab uno ; sed ens dividitur in haec decem ; ergo est aliquid unum in istis ».

2. *Ibid.*, n. 8 (OPh, I, 274) : « Item, omnis multitudo est reducibilis ad unitatem, per Auctorem *De causis*. Sed substantia et accidens sunt multa quia diversa, ut patet per Aristotelem X *Metaphysicae* dicentem quod "omne ens est omni enti idem vel diversum". Ergo illa multa reducuntur ad aliquod unum. Nihil videtur illud nisi ens ; ergo etc. ».

3. *Liber de Causis*, prop. 31 (éd. Pattin, 202) : « *Provenit ergo inde ut uni puro vero et reliquis unis sit unitas iterum et non sit unitas nisi propter unum verum quod est causa unitatis* / De là vient qu'il y a unité pour l'Un pur et vrai et aussi pour les autres uns, et qu'il n'y a d'unité que par l'Un vrai, qui est cause de l'unité » (trad. fr. cit., p. 85)

4. *In Met.*, IV, q. 1 n. 12 (OPh, III, 297) : « Item, divisum est unius rationis in dividentibus ; ens dividitur in alia ; ergo etc. ».

5. *Ibid.*, n. 48 (OPh, III, 307) : « Item, omnia numerata conveniunt in aliquo communi ; substantia et quantitas sunt diversa entia, quia "idem et diversum dividunt totum ens", ergo sunt duo entia ; igitur ens est unus conceptus communis eis » (trad. fr. p. 55).

6. Aristote, *Physica* VII (H), 4, 248b9 (AL, VII1 269) : « Quia namque aequivoca sunt, nec comparantur ». *Auctoritates Aristotelis* (éd. J. Hamesse, 155, n. 42) : « Sola univoca et non aequivoca sunt comparabilia ».

preuves tirées des autorités d'Aristote pour la mineure (l'étant est le terme de la comparaison). D'abord, parce que nous disons « que l'accident est un étant moindre que la substance »[1] ; deuxièmement, parce qu'en *Métaphysique* II, Aristote affirme que « chaque chose a autant de vérité que d'être »[2] ; ce rapport entre l'être et la vérité permet de tirer un troisième argument de la *Métaphysique* II où l'on prouve que « les principes éternels sont vrais au plus haut point »[3], d'où s'ensuit qu'ils sont aussi des étants au plus haut point[4]. Cet argument sera aussi repris dans le commentaire à la *Métaphysique*, mais sous une autre formulation, pour dessiner encore une fois le contraste entre l'anomalie des équivoques en tant qu'incapables de forger une comparaison et l'unité de la raison d'étant[5]. Cela se voit par le choix des citations de la *Métaphysique* II : un passage exemplaire est celui sur la dépendance causale d'une multiplicité à l'égard d'un élément qui possède au plus haut point la raison de cette multiplicité et qui, pour cela, est sa cause[6].

10. Le dixième argument introduit la problématique de l'unité de la science due à l'unité de son sujet, qui, pour le cas de la métaphysique, est bien l'étant en tant qu'étant selon *Métaphysique* IV 1, 1003a21 (AL, XXV^{2}, 60). L'argument donne deux preuves de la majeure (« une science possède un sujet univoque »), tirées des *Seconds Analytiques*, et qui reviennent sur la constante des anomalies des équivoques : a) quand on construit des démonstrations sur le sujet d'une

1. *Id.*, *Metaphysica*, VII (Z), 1, 1028a30-31 (AL, XXV2, 123) : « primum ens et non aliquid ens sed ens simpliciter substantia est » ; *Auctoritates Aristotelis* (éd. J. Hamesse, 128, n. 159) : « Substantia prior est accidente, natura, tempore et definitione ».

2. Aristote, *Metaphysica*, II (α), 1, 993b30-31 (AL, XXV2, 37) : « Unumquodque sicut habet esse, ita et veritatem » (trad. fr. p. 114) ; *Auctoritates Aristotelis* (éd. J. Hamesse, 118, n. 42) : « Unumquodque sicut se habet ad entitatem, sic se habet ad veritatem ».

3. Aristote, *Metaphysica*, II (α), 1, 993b27-28 (AL, XXV2, 37) : « *Semper existentium principia semper esse verissima est necesse* / Les principes des êtres éternels sont toujours nécessairement les plus vrais » (trad. fr. p. 114).

4. *In Praed.*, q. 4, n. 9 (OPh, I, 275) : « Item, secundum Aristotelem VII *Physicorum* : "omnis comparatio est secundum aliquod univocum" ; sed comparatio est secundum ens ; ergo etc. Probatio minoris : tum quia dicimus "accidens minus ens et posterius quam substantia" ; tum quia dicitur II *Metaphysicae* : "unumquodque sicut se habet ad esse, sic se habet ad veritatem". Et ibidem probantur principia sempiternorum esse maxime vera, ex quo sequitur quod sunt maxime entia. Ergo secundum ens est comparatio ».

5. *In Met.*, IV, q. 1 n. 10-11 (OPh, III, 297) : « Item, VII *Physicorum* : comparatio non est in aequivocis ; sed secundum secundum ens est comparatio. Probatio minoris dupliciter : tum quia substantia est magis ens accidente, et unum accidens alio ; tum quia II huius : "Unumquodque est magis tale, quod est ratio aliis ut talia dicantur". [n. 11] Ideo "principia sempiternorum maxime sunt vera", quia aliis sunt causa veritatis. Sed sicut ad esse, sic ad verum ; Ergo si comparantur in veritate, comparabilia sunt in entitate ».

6. Aristote, *Metaphysica*, II (α), 1, 993b24-25 (AL, XXV2, 37) : « Unumquodque vero et id aliorum maxime secundum quod in aliis inest univocatio »; *Auctoritates Aristotelis* (éd. J. Hamesse, 118, n. 41) : « *Quicquid est causa aliorum ut tale, illud est maxime tale…* / Chaque chose par laquelle la propriété de même définition appartient aussi aux autres choses est cause au plus haut point entre toutes les autres » (trad. fr. p. 114).

science, il faut que le sujet soit univoque, car il n'y a pas de démonstration d'un équivoque[1] ; b) l'une des conditions du sujet d'une science stipule qu'il faut avoir une préconnaissance de ce qu'il est (*quid est*)[2] : cela n'est pas possible pour un équivoque, car un équivoque n'a pas de définition[3]. Cet argument sera repris dans le commentaire à la *Métaphysique* presque sans modification[4].

11. Dans le onzième argument, Scot reprend une autorité tirée de la *Métaphysique* II, qui avait été déjà évoquée dans le neuvième argument : les principes des réalités éternelles sont vrais au plus haut point. Cependant, on attire maintenant l'attention sur l'effet univoque de ces principes aussi bien que sur la vérité qu'ils transmettent aux autres réalités. Le lien avec la vérité est censé relier cet effet univoque à un autre principe tiré du même passage : « chaque chose a autant de vérité que d'être ». Ainsi, puisque la vérité univoque adhère à toutes les causes et à tous les causés, elle adhère aussi à tous les étants. C'est en ce sens que l'étant est univoque[5].

C'est argument rompt nettement avec le procédé *logique* qui s'était maintenu presque constant dans la série d'arguments en faveur de l'univocité. Ici, il s'agit bien de fonder l'univocité de l'étant sur une causalité univoque elle-même dérivée des principes des réalités éternelles. Il ne peut y avoir rien d'argument plus ontologique en faveur de l'univocité. Il n'a pas été repris dans le commentaire à la *Métaphysique*, même s'il a un lien avec *In Met.*, IV, question 1 n. 11, qui fait partie de la reprise du neuvième argument.

12. Le douzième argument se fonde sur l'anomalie maximale des équivoques qui ne répondent pas au principe de non-contradiction (« non contingit idem simul esse et non esse »)[6]. C'est le plus certain de tous les

1. Aristote, *Analytica Posteriora*, I (A), 11, 77ab9-10 (AL, IV4, 26) : « Oportet itaque aliquod unum et idem de pluribus esse non equivocum, in demonstratione ».

2. *Cf.* ibid., I (A), 1, 71a11-12 (AL, IV4, 285).

3. *In Praed.*, q. 4, n. 10 (OPh, I, 275-276) : « Item, unius scientiae est unum subiectum univocum ; sed ens in quantum ens est subiectum metaphysicae, ut determinat Aristoteles IV illius ; ergo est univocum. Probatio maioris. Tum quia de subiecto fiunt demonstrationes ; in demonstrationibus autem oportet esse aliquid univocum, per Aristotelem I *Posteriorum* ; et parum infra : in demonstrationibus non accidit aequivocatio. Tum quia de subiecto oportet praecognoscere ante demonstrationem "quid est" ; aequivocum vero non habet quid est, quia nec definitionem ».

4. *In Met.*, IV, q. 1 n. 14-15 (OPh, III, 297-298) : « Item, IV huius : "est scientia quae speculatur ens" ; scientia una est circa subiectum univocum. Cuius probatio est, I *Posteriorum* : in eaquivocis non cadit demonstratio ; de subiecto sunt demonstraiones, I *Posteriorum*. [n. 15] Item, de subiecto oportet praecognoscere "quid est" ; aequivocum non habet quid ».

5. *In Praed.*, q. 4, n. 11 (OPh, I, 276) : « Item, in II *Metaphysicae* arguitur principia sempiternorum esse verissima, quia sunt causa effectus univoci ut veritatis in aliis. Tunc veritas univoce inest causis omnibus et causatis, ergo et entitas. Quia Aristoteles dicit ibidem : "unumquodque sicut se habet ad esse, sic se habet ad veritatem" ; sed omnia vel sunt causae vel causata ; ergo omnibus est ens univocum ».

6. Aristote, *Metaphysica*, IV (Γ), 3, 1005b22-24 (AL, XXV2, 66) : « ...idem autem omnium firmissimum est principiorum ; habet enim dictam determinationem. Impossibile namque suscipere quemlibet idem esse et non esse ».

principes. Si l'étant était équivoque, le principe de non-contradiction serait douteux à cause de la multiplicité des termes. Cette multiplicité détruit la certitude du principe et demande la postulation d'un autre principe où l'on ne trouve pas une telle multiplicité. À cause de cela, l'étant ne peut pas être équivoque[1].

La version de cet argument dans le commentaire à la *Métaphysique* considère plutôt la nature des termes qui composent un principe connu au plus haut point comme le principe de non-contradiction. « Le principe le plus connu a les termes les plus connus ». C'est la version maximale du lemme aristotélicien selon lequel « nous connaissons les principes en tant que nous avons connus leurs termes »[2]. Tel n'est pas le cas des termes équivoques dont la signification multiple empêche une connaissance immédiate. Si l'étant était équivoque, il ne serait pas connu au plus haut point[3].

Un argument du commentaire à la *Métaphysique* donne une autre confirmation de cette conclusion en renvoyant au statut transcendantal des termes qui composent tout principe, car « tous les principes, qui sont des conceptions communes, portent sur des termes transcendantaux ; ils seraient tous équivoques si l'étant était équivoque, et dans ce cas toutes les conceptions communes seraient douteuses »[4]. Ce n'est donc pas étonnant que le commentaire à la *Métaphysique* donne une confirmation fondée sur la fonction transcendantale de l'étant, fonction qui ne pouvait pas être évoquée dans le commentaire aux *Catégories* et qui, cependant, donne toute sa portée à la défense de l'univocité envers toutes choses en métaphysique.

15) Il faut d'abord commenter le quinzième et dernier argument en faveur de l'univocité, inclus dans le commentaire aux *Catégories*, avant de passer aux arguments 13 et 14 : ces derniers sont tirés d'Avicenne, et le 13 sera l'un des arguments traités et développés séparément dans le commentaire à la *Métaphysique*.

1. *In Praed.*, q. 4, n. 12 (OPh, I, 276) : « Item, IV *Metaphysicae* ponitur istud esse primum principium "non contingit idem simul esse et non esse", et certissimum omnium principiorum. Sed si ens esset aequivocum, esset hoc principium dubium, propter multiplicitatem terminorum ; ergo aliquid aliud certius, cuius termini non essent multiplices ; hoc est inconveniens. Ergo ens non est aequivocum ».

2. Aristote, *Analytica Posteriora*, I (A), 3, 72b23-25 (AL, IV4, 10) : « Et hec igitur sic dicimus, et non solum scientiam, sed et principium scientie esse quoddam dicimus, in quantum terminos cognoscimus » ; *Auctoritates Aristotelis* (éd. J. Hamesse, 313, n. 32) : « Principia cognoscimus in quantum terminos cognovimus ».

3. *In Met.*, IV, q. 1 n. 16 (OPh, III, 298) : « Item, IV huius : "Firmissimum omnium est quod impossibile est idem simul esse et non esse". Principium notissimum habet terminos notissimos, "quia principia cognoscimus in quantum terminos cognoscimus". Sed termini aequivoci non sunt notissimi » (trad. fr. p. 37).

4. *Ibid.* : « Confirmatur : omnia principia, quae sunt communes conceptiones, sunt de terminis transcendentibus ; omnes illi essent aequivoci si ens esset aequivocum, et ita omnes communes conceptiones erunt dubiae » (trad. fr. p. 37).

Le quinzième argument est fort surprenant par sa portée et sa brièveté : « De même, l'étant est imposé (*imponitur*) à partir d'une raison une, en tant qu'à partir d'un acte d'être (*ab actu essendi*) ; par conséquent l'étant signifie une [réalité] une (*significat unum*) »[1].

Tout d'abord, l'argument fait appel à la théorie de l'imposition des noms. Cette imposition est faite à partir d'une raison unique, c'est-à-dire à partir d'un seul signifié. Cependant, pour seule justification, l'argument fait référence à une unité fondée sur un acte d'être duquel proviendrait la raison d'imposition du nom d'étant. L'argument semble rejoindre jusqu'à un certain point le onzième argument sur l'effet univoque des principes éternels, dans la mesure où ici et là l'unité de la raison d'étant semble dépendre d'un acte causal qu'ici est décrit comme acte d'être. Cet argument ne sera pas repris dans le commentaire à la *Métaphysique*.

Jusqu'ici, à chaque argument principal du commentaire aux *Catégories* en faveur de l'univocité correspondait un argument principal dans le commentaire à la *Métaphysique*, sauf pour le huitième argument (celui de la multiplicité réductible à l'unité). Dans le commentaire à la *Métaphysique*, il trouvera sa place dans la section consacrée à soutenir la position d'Avicenne, en tant que cinquième argument.

Les arguments 13 et 14 du commentaire aux *Catégories* méritent un traitement à part. S'ils font partie de l'ensemble des arguments principaux, dans le commentaire à la *Métaphysique* l'argument 13 se trouve réélaboré comme le deuxième argument d'une série de six, réunis dans une longue section (I.B § 31-49 excluant les passages de la deuxième rédaction) où la position d'Avicenne en faveur de l'univocité est traitée indépendamment des autres arguments. L'argument 14, de son côté, ne trouve pas de version dans le commentaire à la *Métaphysique*, au moins dans sa première rédaction. D'où sont-ils tirés ? Voyons d'abord le second de ces deux arguments.

14. La majeure du quatorzième argument est une affirmation qui se réclame d'Avicenne : « celui qui dit étant, ne dit ni la substance ni l'accident ». Elle porte sur l'immédiateté de la signification du terme « étant » qui renvoie à l'étant comme concept commun et non à une multiplicité de signifiés, en l'occurrence les concepts des catégories, comme le ferait un terme équivoque. Ainsi, la mineure : « celui qui dit un équivoque, dit l'un et l'autre de ses signifiés, parce qu'un équivoque ne constitue une intellection qu'en constituant celle de l'autre signifié »[2]. Cet argument porte donc sur le contraste entre la signification d'un terme univoque vis-à-vis de celle d'un terme équi-

1. *In Praed.*, q. 4, n. 15 (OPh, I, 277) : « Item, ens imponitur ab una ratione, ut ab actu essendi ; ergo significat unum ».

2. *In Praed.*, q. 4, n. 14 (OPh, I, 277) : « Item, Avicenna dicit : qui dicit ens, non dicit substantiam nec accidens. Sed qui dicit aequivocum, dicit alterum significatorum, quia aequivocum nullum intellectum constituit nisi alterius significati. Igitur non est aequivocum ».

voque. L'équivoque signifie tous ses signifiés d'emblée et par conséquent constitue dans l'intellect tous les concepts qu'il signifie. Mais selon le *dictum* d'Avicenne, quand on dit étant, on ne signifie pas ce qui est au-dessous de l'étant, c'est-à-dire la substance et l'accident, mais on ne signifie que l'étant. Ceci prouve que l'étant n'est pas équivoque.

Apparemment, le passage d'Avicenne qui fonderait cette citation se trouve dans sa *Métaphysique* I, 2, où il est question de la détermination du sujet de la métaphysique après l'énonciation des sujets de la physique, les mathématiques et la logique. Dans le passage où Avicenne détermine l'étant en tant qu'étant comme sujet de la métaphysique, il prend soin de présenter ce sur quoi porte la recherche métaphysique (*ea quae inquirit*), comme des réalités qui découlent de l'étant (*sunt ens consequentia*) en tant qu'étant. Une précision est importante : *sine condicione*, en prenant l'étant en tant qu'étant sans aucune spécification[1]. Les *consequentia entis* se déclinent sur un double versant : d'un côté, des réalités qui fonctionnent comme si elles étaient des espèces de l'étant (*quasi species*) : il s'agit de la substance et des accidents. De l'autre, des réalités qui fonctionnent comme si elles étaient des accidents propres de l'étant (*quasi accidentia propria*)[2]. Ce *quasi* est la marque de l'embarras métaphysique vis-à-vis de la détermination du rapport de l'étant aussi bien aux catégories qu'aux transcendantaux, car n'étant pas un genre, ni les catégories ne peuvent en être les espèces, ni les transcendantaux en être les accidents propres. Mais, le *quasi* permet aussi de souligner l'antériorité de l'étant, son indétermination par rapport aux catégories et aux transcendantaux, le « sine condicione » de sa non-spécification[3]. C'est peut-être dans ce sens que l'on peut dire, en invoquant Avicenne, que quand on dit l'étant, on ne dit ni la substance ni l'accident, parce que l'on s'exprime avec une raison commune.

Chez Scot la situation de cet argument est un peu compliquée. En effet, il ne sera pas repris dans le commentaire à la *Métaphysique*, du moins, comme nous l'avons souligné, dans le texte de base. En revanche, une version (dont le passage (§ 25) est mis par Pini dans l'ensemble de textes appartenant à un ajout

1. C'est comme cela que l'explique O. Lizzini en note à sa traduction, Avicenna, *Metafisica : La scienza delle Cose Divine*, texte arabe, texte latin, trad. it. de l'arabe, introd., notes et apparat O. Lizzini, préface et édition P. Porro, nouvelle édition, « Il pensiero occidentale », Milano, Bompiani, 2006, n. 58, p. 1059.

2. Avicenna, *Philosophia prima sive scientia divina*, I, 2 (AvL, I, 13, 36-44) : « Ideo primum subiectum huius scientiae est ens, inquantum est ens ; et ea quae inquirit sunt consequentia ens, inquantum est ens, *sine condicione*. Quorum quaedam sunt ei quasi species, ut substantia, quantitas et qualitas, quoniam esse non eget dividi in alia priusquam in ista, sicut substantia eget dividi in alia antequam perveniat ad dividendum in hominem et non hominem. Et ex his quaedam sunt ei quasi accidentia propria, sicut unum et multum, potentia et effectus, universale et particulare, possibile et necesse ». Nous soulignons

3. *Cf.* les commentaires de G. C. Anawati dans sa traduction de Avicenne, *La métaphysique du Shifā', Livres I à V*, trad. fr. du texte arabe de l'édition du Caire, introd., notes et commentaires G. C. Anawati, Paris, Vrin, 1978, p. 289-290.

postérieur de Scot)[1] est présentée comme réponse à une autorité d'Aristote contre l'univocité de l'étant. Dans le livre IV de la *Métaphysique*, on peut lire : « en effet, l'être et l'un se trouvent immédiatement (*statim*) avoir des genres »[2]. Cela impliquerait, mais rien ne le dit dans le texte du commentaire, que cette immédiateté conduit à l'équivocité de l'étant et l'un. Pourquoi ? À cause de l'absence de différences diviseuses, selon le vocabulaire de Porphyre.

Suit dans la réponse la tentative de lire l'autorité autrement en montrant que cette *immédiateté* n'est pas la preuve de l'équivocité, mais bien au contraire, de l'univocité de l'étant :

> Au dernier argument [§ 22], je réponds que le Philosophe affirme que l'étant est « d'emblée » (*statim*) quiddité, qualité, etc., car ce sont immédiatement des parties de l'étant, si bien que l'étant ne descend pas dans d'autres parties avant d'être descendu dans celles-là ; c'est ainsi que la substance descend d'abord dans d'autres parties que dans le rationnel et l'irrationnel ; par conséquent, ce « d'emblée » (*statim*) *n'implique pas d'équivocité*. C'est ce que dit Avicenne, dans sa *Métaphysique*, livre I, chapitre 2 d[3].

Le lien entre la manière correcte de lire le passage d'Aristote et le passage d'Avicenne est fait ! La descente de l'étant dans les catégories se produit sans médiation et cela permettrait de sauvegarder et l'univocité de l'étant et la pluralité catégorielle. Une remarque supplémentaire laisse voir que cette immédiateté implique l'absence des différences de l'étant, car l'étant descendrait *per nullum additum*[4].

13) Le treizième argument se fonde sur la définition de l'objet premier de l'intellect et sur une certaine lecture d'un autre passage d'Avicenne :

> De même, une puissance cognitive unique possède un objet premier unique dans un genre ; mais l'étant en tant qu'étant est l'objet premier de l'intellect pour Avicenne ; par conséquent [l'étant] est univoque. La majeure est manifeste inductivement et par la raison : puisqu'une puissance cognitive par nature se perfectionne par soi, par la forme de son objet par soi ; mais une puissance cognitive unique ne possède pas diverses formes perfectives par soi dans un

1. G. Pini, *Scoto et l'analogia*, *op. cit.*, p. 91 et « The Solution to a Riddle », art. cit., p. 94.

2. *In Met.*, IV, q. 1 n. 22 (OPh, III, 299) : « Item, IV huius : "Exsistunt genere habentia *statim* ens et unum" »; Aristote, *Metaphysica*, IV (Γ), 2, 1004a5-6 (AL, XXV3, 69) : « Existunt enim *statim* genera habentia ens et unum » (trad. fr. p. 148).

3. *In Met.*, IV, q. 1 n. 25 (OPh, III, 300) : « Ad ultimum respondeo quod ideo Philosophus dicit quod ens "statim" est quid, quale etc., quia ista sunt immediate partes entis, ita quod non descendit ens in alias partes prius quam in istas, sicut substantia prius descendit in alia quam in rationale et irrationale ; unde illud "statim" non ponit aequivocationem. Hoc dicit Avicenna I *Metaphysicae* cap. 2 d » (trad. fr. p. 41).

4. *Ibid.*, n. 26 (OPh, III, 300) : « Aliter potest dici quod ens ideo "statim" est substantia, qualitas etc., quia per nullum additum descendit in haec ». Cf. *ibid.*, n. 59 (OPh, III, 311).

genre ; par conséquent, à la même puissance cognitive ne correspondent pas divers genres comme objet[1].

Cet argument ne peut pas être réduit à la dimension des arguments *per media logicalia*, selon la formule du début de la question. C'est un argument d'ordre noétique et épistémique qui introduit la problématique, si chère à Scot et si polémique chez les historiens contemporains, des rapports entre théorie de l'objet et univocité de l'étant[2].

La majeure établit déjà cette correspondance entre une puissance cognitive *une* à laquelle correspond un objet premier *un*, correspondance qui empêche une puissance d'avoir plus d'un seul et unique objet premier. Pour le cas précis de l'étant en tant qu'étant considéré dans son rapport à une puissance cognitive, l'argument affirme que pour Avicenne, l'étant est bien l'objet premier de l'intellect. L'affirmation d'Avicenne ne fera pas l'objet d'une preuve supplémentaire. En revanche, l'argument s'efforce de prouver la majeure. D'abord un soulignant le rapport de *perfectionnement* de la puissance vis-à-vis de son objet *par soi*, la possibilité d'une puissance possédant plusieurs objets perfectionnants est éliminée. Ensuite, il insiste sur ce rapport exclusif de l'objet à la puissance qui en fait non seulement l'objet premier, mais aussi l'objet propre en tant que *perfectionnant par soi de sa puissance*. Comme source possible de la majeure, l'édition critique renvoie à deux passages d'Aristote dans le *De Anima*, où l'on peut voir émerger l'idée d'objet propre et d'objet commun comme point de départ de la connaissance aussi bien de l'acte (par l'objet) que de la puissance sensitive (par l'acte)[3].

1. *In Praed.*, q. 4, n. 13 (OPh, I, 276-277) : « Item, unius potentiae cognitivae est unum obiectum primum in genere ; sed ens in quantum ens est obiectum primum intellectus, per Avicennam ; igitur est univocum. Maior patet inductive et ratione : quia potentia cognitiva nata est perfici per se per formam sui per se obiecti ; sed unius potentiae non sunt diversae formae in genere per se perfectivae ; ergo eidem potentiae cognitivae non correspondent diversa genera pro obiecto ».

2. Il revient aux travaux de D. Demange, notamment dans *Théorie du savoir*, *op. cit.*, p. 14-21 et p. 413-452 et dans « Métaphysique et théorie de la représentation : la question des origines du transcendantalisme revisitée », *Revue Philosophique de Louvain*, 107/1, 2009, p. 1-39, le mérite de mettre en question le rapport direct que l'historiographie récente avait établi entre sujet de la métaphysique, théorie de l'objet et théorie de la connaissance, à partir de la lecture du texte fondateur de l'univocité de l'étant chez Duns Scot, la distinction 3 du premier livre de l'*Ordinatio*. C'est l'approche d'O. Boulnois dans son livre fondamental *Être et représentation*, *op. cit.* Dans la même ligne de Demange, Odile Gilon thématise la théorie avicennienne de l'indifférence de l'essence chez Scot dans son ouvrage *Indifférence de l'essence et métaphysique chez Jean Duns Scot*, *op. cit.*, p. 11-28, notamment n. 23, p. 23.

3. Aristote, *De Anima*, II (B), 4, 415a17-22 (éd. R.-A. Gauthier, p. 91) : « Si autem oportet dicere quid unumquodque ipsorum, ut quid intellectiuum aut sensitiuum aut uegetatiuum, prius adhuc dicendum quid sit intelligere et quid sentire : priores enim potenciis actus et operationes secundum rationem sunt. Si autem sic, hiis adhuc priora opposita [oportet considerare]. De illis primum utique oportebit determinare propter eandem causam, ut de alimento et sensibili et intelligibili » ; *Auctoritates Aristotelis* (éd. J. Hamesse, 179, n. 56) : « Potentia cognoscuntur per actus, actus vero per objecta ». Et Aristote, *De Anima*, II (B) 6, 418a8-17 (éd. R.-A. Gauthier,

On trouve chez Avicenne l'idée de l'étant comme objet premier de l'intellect dans un très célèbre passage de sa *Métaphysique* I, 5, que Scot a d'ailleurs aussi cité dans son *Prologue*[1] au commentaire à la *Métaphysique*, afin d'expliquer comment l'étant en tant qu'étant et ce qui en découle constituent l'un des deux volets des *maxima scibilia*, celui des *communissima* ou *transcendentia*. Ici, dans le cadre de la question sur l'univocité des catégories, le même passage joue le rôle de preuve de l'idée de l'étant en tant qu'étant comme objet premier de l'intellect. Si tel est le cas, l'équation entre l'un des volets de la recherche métaphysique et l'objet premier de l'intellect est correcte, du moins pour ces deux textes (la question 4 du commentaire aux *Catégories* et le prologue du commentaire à la *Métaphysique*). Néanmoins, l'équation plus problématique entre le sujet de la métaphysique et l'objet premier de l'intellect est laissée en suspens : en effet, comme nous le savons déjà, même si l'on pouvait identifier l'objet premier de l'intellect à l'étant dans les commentaires à Aristote, l'identification de l'étant au sujet de la métaphysique est la moins probable.

Voici, encore une fois, le texte d'Avicenne :

> [A] Par conséquent, la chose (*res*) et l'étant (*ens*) et le nécessaire (*necesse*) sont tels qu'ils sont immédiatement imprimés dans l'âme par une impression première, laquelle n'est pas acquise par d'autres [impressions] plus connues qu'elles. [...] [B] Celles qui sont plus aptes à être conçues (*ad imaginandum*) par elles-mêmes, ce sont des [réalités] communes à toutes choses, comme la chose et l'étant et l'un, etc. Et c'est pourquoi aucun d'eux, d'aucune façon, ne peut être manifesté par une preuve qui ne soit pas circulaire, ou par quelque réalité qui soit plus connue qu'eux[2].

Retenons deux éléments de la citation. D'abord, ces réalités les plus communes sont les plus aptes à être conçues. C'est le rapport d'immédiateté entre la communauté et la connaissance de la chose. La communauté au plus

p. 118) : « Dicitur autem sensibile tripliciter, quorum duo quidem dicimus, per se sentiri, unum autem secundum accidens ; duorum autem aliud quidem proprium est uniuscuiusque sensus, aliud uere commune omnium. *Dico autem proprium quidem quod non contingit altero sensu sentiri*, et circa quod non contingit errare, ut uisus coloris et auditus soni et gustus humoris, tactus autem habet plures differencias. Set unusquisque iudicat de hiis et non decipitur quoniam color neque quoniam sonus, set quid coloratum qut ubi aut quid sonans. Huius modi quidem igitur dicuntur propria uniuscuiusque » ; *Auctoritates Aristotelis* (éd. J. Hamesse, 179, n. 64) : « Communia sensibilia sunt quinque, scilicet magnitudo, motus, quies, numerus et figura. *Sed proprium est quod per se sentitur ab uno sensu*, ut color a visu, et sic de singulis » (nous soulignons).

1. Cf. *In Met.*, I, Prol. n. 17 (OPh, III, 8) : « Probatio minoris quantum ad utramque partem. Quoad primam sic : maxime scibilia primo modo sunt communissima, ut ens in quantum ens, et quaecumque consequuntur ens in quantum ens. Dicit enim Avicenna I *Metaphysicae* cap. 5 ».

2. Avicenna, *Philosophia prima sive scientia divina*, I, 5 (AvL, I, 31-33) : « Dicemus igitur quod res et ens et necesse talia sunt quod statim imprimuntur in anima prima impressione, quae non acquiritur ex aliis notioribus se, [...] Quae autem promptiora ad imaginandum per seipsa, sunt ea quae communia sunt omnibus rebus, sicut res et ens et unum, et cetera. Et ideo nullo modo potest manifestari aliquod horum probatione quae non sit circulari, vel per aliquid quod sit notius illis ».

haut point implique une immédiateté de l'impression dans l'âme. Par conséquent, deuxièmement, il n'y a rien de plus connu ou de plus premièrement connu que la chose, l'étant, le nécessaire, voire l'un, car ils sont les plus communs à toutes choses.

Cet argument, fondé sur la définition de l'objet premier de l'intellect et sur son caractère *communissimum*, a été repris dans le commentaire à la *Métaphysique*, où les arguments en faveur d'Avicenne tiennent une place à part (la section I.B § 31-49 en excluant les paragraphes appartenant à la deuxième rédaction). Ces arguments s'organisent à partir d'un rappel de la position d'Avicenne dans sa *Métaphysique* I, chapitres 2 et 5, selon l'idée que *l'étant possède une raison une qui se prédique de toutes choses* (idée probablement tirée du passage du chapitre 5, AvL, I, 31-33, que nous venons juste de commenter) ; « même si ce n'est pas également et d'emblée (*aeque primo*), car certains [termes] sont comme des genres ou des espèces de l'étant » tandis que d'autres en sont des passions[1]. Ici, nous reconnaissons quelques remarques du passage du chapitre 2 (AvL, I, 13, 36-44). Néanmoins, la nouveauté de la formulation, qui ne se trouve pas ainsi exprimée chez Avicenne[2], est son approche prédicative, car l'exposé scotiste de l'opinion affirme bien que « l'étant est dit selon une raison unique de tout ce dont il est dit ». D'une approche avicennienne qui obéit plutôt à des critères métaphysiques (l'étant comme sujet de la métaphysique) ou noétiques (l'étant comme notion imprimée en premier dans l'âme), Scot passe à l'unité conceptuelle de l'étant prédiquée de toutes choses *dont il est dit*. C'est cette formulation de la position d'Avicenne qui sera fondée sur six arguments dont nous avons déjà croisé le cinquième *de la réduction de la multiplicité à l'unité* (§ 48) comme version d'un argument principal du commentaire aux *Catégories* (§ 8).

Revenons à l'argument sur l'objet premier de l'intellect. Dans le commentaire à la *Métaphysique*, Scot présente un premier argument portant sur le trait *communissimum* de l'étant et un deuxième argument sur l'étant comme objet premier de l'intellect (ceci est la reprise de l'argument du commentaire aux *Catégories*). Ainsi, le premier argument en faveur d'Avicenne se fonde sur l'idée que ce qui est intelligé en premier est ce qui est plus commun, car le plus commun est intelligé en premier. Il y a donc un rapport direct entre le degré de généralité et le degré d'intelligibilité de telle sorte que ce qui est absolument

1. *In Met.*, IV, q. 1 n. 31 (OPh, III, 301-302) : « In ista quaestione, opinio Avicennae dicitur esse, I *Metaphysicae* cap. 2 et 5, quod ens dicitur secundum unam rationem de omnibus de quibus dicitur, licet non aeque primo, quia quaedam sunt quasi genera sive species entis, quaedam vero passionis, etc. » (trad. fr. p. 45).

2. G. Pini, *Scoto et l'analogia*, *op. cit.*, p. 103 : « Questa posizione non si trova in realtà esposta esattamente in questi termini in Avicenna. Si tratta di un'interpretazione, che rispecchia di fatto fedelmente l'opinione esposta da Rodolfo il Bretone e dagli *Incerti Auctores* nel loro commento sugli *Elenchi Sofistici*. [...] "ente" è un termine che significa propriamente un'unica *ratio* o concetto, che rappresenta tuttavia un aspetto diverso delle diverse realtà da esso rappresentate ».

intelligible en premier (*primum intelligibile simpliciter*) est cela même qui est le plus commun absolument (*communissimum simpliciter*). C'est l'étant, car il est prédicable de toutes les catégories. C'est pourquoi l'étant possède un concept commun un[1].

Le deuxième argument reprend donc l'argument sur l'objet premier de l'intellect du commentaire aux *Catégories*. En plus de l'idée d'une association exclusive d'un objet premier à sa puissance cognitive de sorte que c'est par cet objet que la puissance atteint sa perfection, l'argument offre des prémisses à la thèse de l'étant comme objet premier de l'intellect, ce que Scot n'a pas fait dans le commentaire aux *Catégories* où cette thèse était soutenue par la seule autorité d'Avicenne. En revanche, dans le commentaire à la *Métaphysique*, Scot considère que l'étant, en tant qu'objet premier de l'intellect, fournit seulement à sa puissance cognitive la raison sous laquelle « tous les autres objets sont connus par elle ». Ni la substance, ni l'accident ne possèdent une raison qui s'y trouverait dans tous les intelligibles[2].

Le troisième argument, d'un avenir heureux dans la philosophie de Scot et qui est absent dans le commentaire aux *Catégories*, tient pour point de départ l'expérience que chacun de nous peut avoir de la saisie intellectuelle de l'étant (*experimur in nobis ipsis*). Scot fait appel à cette expérience dans la forme du *nous*, car c'est bien nous qui expérimentons (*experimur*) cette possibilité de concevoir l'étant, tout en ignorant s'il s'agit d'un étant par soi ou d'un étant par accident. Cette conception conduit à l'étant en tant qu'il est antérieur et surtout indifférent (*indifferens*) à l'une et l'autre possibilité, configurées par l'étant par soi ou l'étant par accident. Pini l'appelle, « l'argomento *de concepto dubio et certo* »[3], car il y a la certitude dérivée de la conception de l'étant dans son indifférence et dans son antériorité précisément face au doute concernant la détermination de la nature de l'étant par soi ou par accident ; doute qui ne se résout que dans l'après-coup de cette première conception et qui ne la modifie pas. En effet, l'antériorité et l'indifférence de l'étant ne sont pas compromises par le doute dans les formes qu'il peut prendre par sa détermination en tant que par

1. *In Met.*, IV, q. 1 n. 32 (OPh, III, 302) : « Ad hoc est ratio : illa, quae prima sunt ad intelligendum, sunt communissima, quia semper communius prius intelligimus, et non est processus in infinitum in intelligentibus hoc ante illud. Ergo illud, quod est primum intelligible simpliciter, est communissimum simpliciter. Sed nullum est tale nisi ens, quia nullum decem generum est communissimum simpliciter, quia nullum praedicatur de alio genere. Ens ergo potest habere unum conceptum communem ».

2. *Ibid.*, n. 35 (OPh, III, 302-303) : « Item, unius potentiae est unum primum obiectum, quia potentia movetur ab obiecto secundum forma obiecti, et nisi habeat unam formam non movebit, et "si intellectus non intelligit unum, nihil intelligit", IV huius ; sed primum obiectum intellectus est ens ut commune omnibus. - Probatio : illud est primum obiectum potentiae cognitivae sub cuius ratione cognoscuntur omnia alia ab illa, sicut patet de obiecto visus ; sed nec ratio substantiae nec accidentis reperitur in omnibus intelligibilibus » (trad. fr. p. 47).

3. G. Pini, *Scoto et l'analogia*, *op. cit.*, p. 105.

soi ou en autre. L'étant dans son indifférence est bien ce qui, malgré le doute sur la suite de ses déterminations, reste certain et indubitable[1].

Cet argument fondamental a été repris à Avicenne lui-même et modifié par Scot, tant dans le commentaire à la *Métaphysique* que dans son œuvre théologique[2]. Dans le commentaire à la *Métaphysique*, Scot a choisi de changer la perspective sur le doute engendré par l'indifférence de l'étant, dont l'intellect ne pouvait pas déterminer s'il était agent ou patient, pour une perspective où le doute a une portée plus large, car l'intellect ignore, dans la version de Scot, si l'étant est par soi ou par accident. En effet, Avicenne démontre l'antériorité de l'étant par l'impossibilité même de la démontrer sans risque de circularité. Pour cela, il a recours à un exemple : celui qui affirme que l'étant est bien ou agent ou patient se trompe en essayant de définir l'antérieur par le postérieur. Si la division de l'étant en agent et patient est bonne, « l'étant est plus connu que l'agent et le patient ».

C'est sur ce point qu'intervient la modification de Scot, car la division de l'étant qu'il introduit est bien celle de l'étant par soi et l'étant par accident. Néanmoins, la suite de l'argument avicennien reste construite sur la distinction entre ce qu'on peut saisir et ce sur quoi on a un doute à propos de l'étant. Si Scot préfère l'acte d'expérimenter l'étant dans sa généralité dans la forme du « nous » (*experimur*), la traduction latine d'Avicenne penche pour l'acte d'imaginer, ce dont tous les hommes sont capables :

1. *In Met.*, IV, q. 1 n. 46 (OPh, III, 306-307) : « Item, patet aliter : *experimur in nobis ipsis quod possumus concipere ens*, non concipiendo hoc ens esse in se aut in alio, quia dubitatio est quando concipimus ens, utrum sit ens in se vel in alio ; sicut patet de lumine, utrum sit forma substantialis per se subsistens vel accidentalis existens in alio sicut forma. Ergo aliquid indifferens concipimus primo ad utrumque illorum, quia utrumque illorum postea invenimus quod in isto salvatur primus conceptus : quod sit ens » (nous soulignons).

2. Dans l'*Ordinatio* I, d. 3, p. 1, q. 1-2, nn. 27-29, (Vat. III, 18-19 ; trad. fr. p. 95), une autre version de cet argument ouvre la liste des cinq arguments principaux en faveur de l'univocité. La certitude de la saisie intellectuelle de l'étant se manifeste sur le fond du doute concernant la détermination de l'étant divin dont nous ignorons s'il est un étant fini ou infini, tout en sachant qu'il est un étant de façon telle que nous pouvons bien différencier la certitude sur le concept d'étant, indifférent à sa détermination comme étant fini ou infini, tout en doutant de la détermination concernant le type d'étant qui est Dieu. À propos de cette première preuve dans son ensemble (I, d. 3, p. 1, q. 1-2, nn. 27-34, Vat. III, 18-21 ; trad. fr. p. 95-97), O. Boulnois (« La destruction de l'analogie et l'instauration de la métaphysique », art. cit., p. 17) souligne dans son commentaire qu'elle est bien la principale : « Sa place dans l'ordre d'exposition, le volume important qu'elle occupe, sa présence en tête de toutes les énumérations des preuves scotistes, les nombreuses reprises et discussions dont elle est l'objet en sont autant de signes ». *Cf.* aussi *Lectura* I, d. 3 p. 1 q. 1-2 n. 22-24 (Vat. XVI, 232-233) où Scot présente comme deux arguments différents, d'un côté, dans le paragraphe 22-23, la version fondée sur la distinction entre un concept certain vis-à-vis de deux concepts douteux (où le concept certain correspond au concept d'étant et de bon ; et les concepts douteux aux couples correspondant à la bonté divine et la bonté de la créature ; et à l'étant divin et l'étant de la créature). Mais Scot présente aussi, dans le paragraphe 24, la version de l'argument selon l'expérience de la saisie du concept d'étant, selon la formule *quilibet experitur*.

En effet, les [réalités] les plus aptes (*proptiora*) à être imaginées par elles-mêmes sont celles qui sont communes à toutes choses, comme la chose et l'étant et l'un, etc. Et par conséquent, d'aucune manière, l'un d'eux ne peut être manifesté par une preuve qui ne soit pas circulaire ou par quelque chose qui soit plus connue qu'eux. D'où que lorsque quelqu'un voudrait en traiter, il tombera dans l'embarras, comme celui qui a dit que la nature de l'étant (*certitudo entis*) est ou d'être agent ou patient : bien que cette division soit de l'étant, néanmoins, l'étant est plus connu que l'agent ou le patient. En effet, tous les hommes imaginent la nature de l'étant (*certitudo entis*) et ils ignorent s'il doit être agent ou patient ; et pour moi jusqu'à présent, cela n'est pas manifeste, ou seulement par argumentation [1].

Pour saisir la *certitudo entis* les hommes n'ont besoin que de l'imagination, tandis que pour la détermination de ce qu'ils ignorent (s'il s'agit d'un agent ou un patient), ils ont besoin de l'argumentation. Sur ce dernier point, Scot parle en termes d'*inventio*, car la détermination de l'étant comme par soi ou par accident relève d'une découverte qui vient après la saisie de l'étant (*utrumque illorum postea invenimus*). Il y a deux moments, le premier où l'antériorité et l'immédiateté de l'étant exclut toute démonstration, puis la découverte de l'étant déterminé comme étant par soi ou étant par accident, à la suite du doute qui accompagne sa saisie.

Le quatrième argument en faveur d'Avicenne se fonde sur le célèbre passage de la *Métaphysique* où Aristote affirme que l'étant n'est pas en genre [2]. La pointe de l'argument est que l'étant « appartient à l'intellection par soi de toutes choses ». Ce trait exclut l'équivocité de l'étant, car elle impliquerait que l'étant « puisse selon un signifié être extérieur au concept d'autre [réalité] ». Ainsi, si l'étant est pris en tant que substance, le concept d'étant est extérieur au concept de différence de la substance [3]. L'argument s'efforce de protéger par le rejet de l'équivocité et de la détermination de l'étant comme genre la généralité

1. Avicenna, *Philosophia prima sive scientia divina,* I, 5 (AvL, I, 33) : « Quae autem promptiora ad imaginandum per seipsa, sunt ea quae communia sunt omnibus rebus, sicut res et ens et unum, et cetera. Et ideo nullo modo potest manifestari aliquod horum probatione quae non sit circulari, vel per aliquid quod sit notius illis. Unde quisquis voluerit discurrere de illis incidet in involucrum, sicut ille qui dixit quod certitudo entis est quod vel est agens vel patiens : quamvis haec divisio sit entis, sed tamen ens notius est quam agens vel patiens. Omnes enim homines imaginant certitudinem entis, vel ignorant si debeat esse agens vel patiens ; et mihi quousque nunc non patuit hoc nisi argumentatione tantum ».

2. Aristote, *Metaphysica*, III (B), 3, 998b22 (AL, XXV2, 49).

3. *In Met.*, IV, q. 1 n. 47 (OPh, III, 307) : « Item, III huius : ens non potest esse genus, qui est de per se intellectu cuiuslibet ; sed si aliquo modo aequivoce diceretur, posset secundum unum significatum esse extra intellectum alicuius. Accipiendo enim ens ut significat substantiam, ita est extra intellectum differentiae substantiae sicut substantia, et sic de quolibet alio significato » (trad. fr. p. 53). Dans l'*Ordinatio* I, d. 3, p. 1, q. 1-2, nn. 152 et 158-161, (Vat. III, 94-100 ; trad. fr. p. 147-152), Scot présente d'abord l'autorité d'Aristote (l'étant n'est pas un genre) comme preuve de l'équivocité de l'étant. Néanmoins, dans sa réponse, Scot montre, « même en tenant l'argument pour valide », que l'étant n'est pas un genre « à cause d'une trop grande communauté, puisqu'il est prédiqué par soi de la première manière de la différence » et non à cause de son équivocité.

de l'étant qui, autrement, volerait en éclats, car ses signifiés seraient mutuellement exclusifs.

À déjà été commenté le cinquième argument (sur la convergence d'une série d'éléments vers quelque chose de commun) comme reformulation du huitième argument en faveur de l'univocité du commentaire aux *Catégories* (*In Praed.*, q. 4, n. 8, OPh, I, 274).

Le sixième argument opère par l'absurde. Si l'étant était équivoque, la conséquence immédiate serait que toute division de l'étant serait capricieuse : les divisions traditionnelles de l'étant en a) substance et accidents, et b) les dix catégories), n'auraient aucune portée. L'accident ne serait pas commun aux neuf accidents, l'étant ne serait pas commun aux dix catégories.

Jusqu'ici nous trouvons les arguments dressés en faveur de la thèse d'Avicenne constituant la section I.B (§ 31-49).

LES OBJECTIONS À L'UNIVOCITÉ SELON LA POSITION D'AVICENNE

Le commentaire à la *Métaphysique* comporte, à côté d'un ensemble d'arguments soutenant l'univocité de l'étant selon la position d'Avicenne, une autre section composée de sept objections à cette position assorties des réponses à quelques-unes des objections. Comme nous l'avons déjà annoncé, nous croyons que cet ensemble constituant la section I.C (§ 50-69) peut être divisé en deux strates textuelles : la première est constituée par les objections à la position d'Avicenne suivant la logique du texte de base soutenant l'équivocité de l'étant ; la deuxième est constituée par toutes les réponses aux objections. G. Pini distingue un petit ensemble de réponses qui, pour lui, font partie de la première rédaction : les *réponses* aux objections 4, 5 et 6 (§ 63, § 65 et § 67). Rappelons ici que le critère de Pini pour classifier les paragraphes de cette question dans une deuxième rédaction se fonde sur des indices codicologiques[1]. Ainsi, pour les réponses aux *objections* 4 (§ 62), 5 (§ 64) et 6 (§ 66), Pini n'a pas trouvé de preuves textuelles invitant à les placer dans une intervention postérieure. C'est pourquoi il a opté pour les inclure dans la première rédaction. Néanmoins, une lecture de cet ensemble montre que les réponses aux dernières objections, dans leur laconisme, dépendent pour leur compréhension des premières réponses, de sorte que séparées de celles-ci, elles sont beaucoup plus difficiles à comprendre, voire hermétiques. D'ailleurs, dans son commentaire, Pini utilise les réponses qu'il considère tardives pour interpréter celles qu'il considère comme primitives. À cela il faut rajouter le fait que les réponses aux objections tendent à soutenir la position favorable à l'univocité de l'étant, thèse qui n'est pas soutenue dans le texte de base. En suivant Pini, nous voyons que l'intervention de Scot sur le texte de base renverse la position

1. G. Pini, « The Solution to a Riddle », art. cit., p. 94, et *Scoto et l'analogia*, *op. cit.*, p. 92.

initiale en faveur de l'équivocité pour renforcer la thèse avicennienne. C'est en ce sens que nous croyons que toutes les réponses aux objections appartiennent à cette intervention. Suivant cette logique, nous allons commenter les objections, sans tenir compte, pour l'instant, des réponses.

Pour commencer, il convient de bien noter que les objections 1, 2, 3 et 4 sont des reprises des arguments qui se trouvent aussi dans le commentaire aux *Catégories* question 4. Ce qui constitue un autre élément à considérer pour ce qui est du parallélisme entre les deux questions.

Puisque nous avons déjà commenté ces arguments dans la section consacrée au rejet de l'univocité de l'étant dans le commentaire aux *Catégories*, où ils sont beaucoup plus développés qu'ici. Nous ne ferons qu'un bref rappel avant de commenter les nouvelles objections à l'univocité.

1. Si l'étant est univoque, l'étant est un genre, parce que tout ce qui se prédique de plusieurs réalités se prédique selon un universel et parmi les cinq universaux, le genre est le seul qui se prédique essentiellement de tout ce dont il se prédique[1].

2. Les objections 2 et 5 constituent un seul argument dans le commentaire aux *Catégories*[2]. Tout d'abord, une deuxième conséquence de l'univocité de l'étant est que les catégories en deviennent les espèces. Le concept de chaque catégorie, en tant qu'espèce, serait composé d'un élément matériel (ce qui est commun aux toutes les catégories : l'étant) et d'un élément formel déterminant qui s'y rajoute[3].

5. Ensuite, fondé sur la définition aristotélicienne des réalités différentes (*differentia*) tirée du livre V de la *Métaphysique*[4], où les réalités différentes partagent un élément commun et se différencient en cela des réalités diverses qui ne partagent aucun élément commun, l'argument vise le rapport que soutiendraient les catégories entre elles, si elles partageaient quelque chose de commun, autrement dit, si l'étant était univoque. En effet, de la communauté

1. *In Met.*, IV, q. 1 n. 50 (OPh, III, 308) : « Contra : tunc ens esset genus. Probatio consequentiae : quod proprie praedicatur de multis, praedicatur de eis secundum rationem alicuius universalis de numero quinque universalium. Si ergo ens est huiusmodi, ergo praedicatur secundum rationem universalis. Non differentiae, quia non praedicatur in quale ; nec proprii, nec accidentis, quia sunt extra essentiam illius de quo praedicantur. Ergo ut genus ». Cf. *In Praed.*, q. 4 n. 18 (OPh, I, 277-278).

2. Cf. *In Praed.*, q. 4 n. 19 (OPh, I, 278-279).

3. *In Met.*, IV, q. 1 n. 54 (OPh, III, 309) : « Item, arguitur sic : genera prima sunt species. Nam omne quod habet in suo per se intellectu aliquid materiale et aliquid formale, potest proprie definiri per aliqua duo exprimentia illos conceptus ; sed omne primum genus est huiusmodi, quia habet in se conceptum entis et aliquid formale determinans illud commune ad hoc genus ; ergo est definibile per commune et illud formale additum ».

4. Aristote, *Metaphysica*, V (Δ), 9, 1018a12-13 (AL, XXV2, 96) : « *Differentia vero dicuntur quaecumque diversa sunt, idem aliquid entia, et non solum numero sed specie aut genere aut proportione* / Sont dites différentes toutes les choses qui sont autres tout en ayant quelque identité, non seulement par le nombre, mais aussi par l'espèce, ou par le genre, ou par analogie ».

de l'étant aux catégories découle que celles-ci ne sont pas diverses, mais différentes. À la limite, que les catégories soient différentes, et non diverses, implique que rien ne soit divers sauf en tant que différent. L'argument tend donc finalement à l'élimination de la diversité au profit de la seule différence régie par l'univocité de l'étant : ni ce qui est au-dessus, ni ce qui est au-dessous de catégories ne serait divers[1].

3. La troisième objection reprend l'inconvénient logique de la *nugatio*. Cette objection a été traitée par Scot à plusieurs reprises : dans le commentaire à la *Métaphysique* I, question 1, au moment de rejeter l'étant comme sujet de la *Métaphysique*[2] et dans le commentaire aux *Catégories*[3]. Comme le rappelle Pini dans son analyse[4], il existe aussi une version dans l'*Ordinatio*[5]. Dans cette question, l'objection fait le parallèle à la version incluse dans le commentaire aux *Catégories* ; c'est ici, dans le commentaire à la *Métaphysique*, le seul endroit où Scot entame une réponse à cette objection.

En effet, si l'étant est un genre, tout ce qui est rajouté à l'étant permet sa différenciation dans les catégories. Néanmoins, le statut de ce qui est rajouté à l'étant devient problématique, car s'il s'agit d'un étant, la composition de deux concepts définissant une catégorie constitue en même temps une redondance logique (*nugatio*) ; et s'il s'agit d'un non-étant, l'élément formel des catégories, leurs différences, fait des catégories des non-étants[6].

4. La quatrième objection étend ce problème de la *nugatio* à l'ensemble de toutes définitions possibles et de la prédication accidentelle. D'un côté, là où il y a composition de deux concepts pour former une définition, l'« omniprésence » de l'étant (inclus dans le concept de toute réalité) implique une forme de redondance permanente, ce qui, d'un autre côté, est toujours le cas dans n'importe quelle prédication accidentelle, *e.g.*, dans le syntagme « homme blanc »[7].

1. *In Met.*, IV, q. 1 n. 64 (OPh, III, 313-314) : « Item, arguitur V huius : "Differentia sunt quae sunt diversa aliquid-idem entia". Si ergo prima genera haberent aliquid dictum de eis univoce, essent differentia et non diversa, et tunc nulla essent diversa nisi quae differentia, quia superiora decem generibus non sunt diversa nec contenta sub eis ». *Cf.* l'analyse de G. Pini, *Scoto et l'analogia, op. cit.*, p. 132-134.

2. Cf. *In Met.*, I, q. 1 nn. 86-87 (OPh, III, 44-45).

3. Cf. *In Praed.*, q. 4 n. 20-22 (OPh, I, 279).

4. G. Pini, *Scoto et l'analogia, op. cit.*, p. 122.

5. *Ord.*, I, d. 3 p. 1 q. 3 n. 157 (Vat. III, 95).

6. *In Met.*, IV, q. 1 n. 57 (OPh, III, 310) : « Item, arguitur sic : omne unum in se, si distinguitur in diversis, distinguitur per aliqua addita sibi. Conceptus entis est unus de se in omnibus generibus. Quaero igitur de addito *a* : aut est ens, et sic ens erit de intellectu eius, scilicet *a*, quia ens praedicat substantiam cuiuslibet entis, IV huius ; ergo substantia est ens, et sic nugatio. Si sit non-ens, tunc omne genus generalissimum est formaliter non-ens, quia illud formale est non-ens, et omnis species formaliter non-ens ».

7. *In Met.*, IV, q. 1 n. 62 (OPh, III, 313) : « Item, arguitur quod numquam esset definitio sine nugatione ; hoc est inconveniens ex VII huius. Similiter hic esset nugatio "homo albus", quia ens

Jusqu'ici, Scot a repris de façon moins développée des arguments contre l'univocité qu'il a déjà considérés dans le commentaire aux *Catégories*. Avec ce premier ensemble, l'univocité de l'étant met en question la cohérence logique tant de la prédication essentielle que de la prédication accidentelle ; autrement dit, l'univocité de l'étant semble rendre impossible toute forme de prédication, car elle devient soit redondante par la *nugatio* (l'étant est étant) soit contradictoire par la prédication du non-étant de l'étant (l'étant est non-étant).

Le commentaire à la *Métaphysique* contribue à ce premier groupe d'arguments avec deux arguments nouveaux contre l'univocité (6 et 7).

6. La sixième objection considère que l'univocité de l'étant impliquerait l'impossibilité de composer une négation immédiate par laquelle on soutient qu'une catégorie n'est pas une autre catégorie. Les *Seconds Analytiques* affirment, dans le cadre de la définition des principes de la démonstration, qu'est immédiate une proposition « à laquelle aucune autre n'est antérieure »[1]. L'argument contre l'univocité souligne que le rapport entre les catégories serait médiat, et notamment, contre le passage des *Seconds Analytiques*, la négation d'une catégorie par une autre catégorie, précisément à cause de cet élément formel commun qui est l'étant. Selon l'argument, cette proposition négative n'est pas immédiate parce que les extrêmes de la proposition, à savoir deux catégories, se trouvent dans un « certain tout », l'étant, que l'on ne rencontre pas lorsqu'on construit une proposition négative immédiate[2].

7. La dernière objection se fonde sur l'attribution de toute réalité à la substance « en tant qu'étant ». Selon l'objection ce qui est attribué et ce à quoi est attribué n'ont pas de trait commun dans leur rapport, car un tel trait est prédiqué essentiellement (*in quid*) ; mais cela n'est pas le cas dans ce rapport d'attribution de toute réalité à la substance[3]. Ce dernier argument ne porte pas sur un inconvénient dérivé de la thèse de l'univocité de l'étant, mais du rapport ontologique entre les catégories manifestant l'absence d'un élément commun précisément par leur attribution à la substance. Avec cet argument, nous pouvons encore une fois faire le lien avec la première rédaction du commentaire à la *Métaphysique* I question 1, car le recours à la substance comme

secundum eandem rationem est de per se intellectu utriusque ». Cf. *In Praed.*, q. 4 nn. 24-25 (OPh, I, 280).

1. Aristote, *Analytica Posteriora*, I (A), 2, 72a7-8 (AL, IV4, 8) : « Est autem principium demonstrationis propositio immediata, immediata autem es qua non est altera prior » (trad. fr. Pellegrin, p. 69).

2. *In Met.*, IV, q. 1 n. 66 (OPh, III, 314) : « Item, arguitur : si sic, tunc non esset negativa immediata quando negatur unum generalissimum ab alio ; consequens falsum, I *Posteriorum*. Probatio consequentiae : quia extrema essent in aliquo toto, quod non debet esse quando negativa est immediata ».

3. *Ibid.*, n. 68 (OPh, III, 314) : « Item, arguitur sic : omnia entia attribuuntur ad substantiam in quantum entia ; sed attributo secundum quod attribuitur, et ei cui attribuitur, non est aliquid commune univocum, quia praedicatum univocum praedicatur "in quid" ; praedicatur ergo de eo secundum se, non secundum quod attribuitur alteri ».

élément auquel toutes les autres réalités sont attribuées est l'objection métaphysique principale contre l'univocité de l'étant. Elle renvoie à la position initiale de Scot soutenant la substance comme sujet de la métaphysique.

LES RÉPONSES AUX ARGUMENTS PRINCIPAUX EN FAVEUR DE L'UNIVOCITÉ

Dans la même logique de rétablissement du contenu du texte de base, quelques-unes des réponses aux arguments principaux vont être commentées. Sur ce point, nous retrouvons encore une fois le parallélisme entre le commentaire aux *Catégories* question 4 et le commentaire à la *Métaphysique* IV question 1.

Dans cette dernière, pour l'ensemble des trois premiers arguments principaux (selon la numérotation que nous avons établie préalablement), l'univocité de l'étant repose sur la possibilité de la distinguer nettement de la logique de la signification correspondant aux termes équivoques. L'évaluation de la nature sémantique de l'étant permet aux arguments de soutenir que l'étant, contrairement à un terme équivoque, est susceptible de contradiction (arg. 1, § 1-4), qu'il est déterminable pour un terme adjoint (arg. 2, § 5) et qu'il permet la conséquence logique (arg. 3, § 6).

Les réponses à ces arguments tendent à établir que tout terme équivoque, *y compris l'étant*, répond à ces trois anomalies vis-à-vis des termes univoques *dans la mesure où* ils sont pris dans toute leur portée sémantique, autrement dit, en tant qu'ils signifient immédiatement tous ses signifiés. Néanmoins, les traits d'un terme univoque comme la possibilité de la contradiction, une certaine forme de détermination du signifié et la conséquence logique sont possibles pour tout terme équivoque, y compris l'étant, *dans la mesure où*, par un procédé de détermination du signifié du terme équivoque, se produit le passage entre la signification immédiate de tous ses signifiés et l'intellection de l'équivoque sous un unique signifié.

Ainsi, la réponse au premier argument (l'étant est apte à la contradiction, donc est univoque) en nuance la portée. Car l'étant, comme tout autre terme équivoque, n'est apte à la contradiction « qu'en faisant une distinction » (*nisi facta distinctione*) ou « une définition » selon d'autres manuscrits. Le commentaire à la *Métaphysique* explique que cela se produit « *en utilisant* [le terme] chose (*re*) en lieu et place de la substance, ou d'un [autre] genre déterminé »[1] tandis que le commentaire aux *Catégories* explique que cela se produit « en supposant que [le terme] "étant" soit pris par la même [réalité] dans la

1. *In Met.*, IV, q. 1 n. 75 (OPh, III, 316) : « Ad aliud, quod non nisi facta distictione, utendo re pro substantia vel aliquo genere determinato » (trad. fr. p. 73).

[proposition] affirmative et dans la [proposition] négative »[1]. En ce sens, cet *emploi* de l'équivoque ou cette supposition sur le sens à retenir parmi la multiplicité des signifiés du terme constitue la détermination de l'équivoque sur un seul signifié et cela permet, le cas échéant, la contradiction. Mais une question reste : comment se produit cette détermination du terme équivoque ?

Le deuxième argument en faveur de l'univocité soulignait qu'aucun terme équivoque ne peut être déterminé par un terme adjoint afin de signifier un seul signifié, tandis que l'étant le peut. La pointe de l'argument distinguait d'un côté, pour l'équivoque, la signification immédiate de tous ses signifiés et, de l'autre, pour un terme déterminable (un terme univoque) l'indifférence vis-à-vis des signifiés qui en découlent lorsqu'on lui associe un terme adjoint. C'est dans la réponse à cet argument que Scot explique comment cette forme de détermination est possible lorsque lui-même soutient que, du point de vue de sa signification, un terme équivoque signifie toujours tous ses signifiés. Scot distingue deux dimensions dans la constitution du signifié d'un terme équivoque. a) L'une que nous pouvons considérer fixe et qui relève de la logique de la signification, dans laquelle un terme équivoque signifie toujours tous ses signifiés et « ne peut pas être déterminé ». Cette dimension logique est invariable. Scot donne son accord à cette *loi* de la signification multiple des équivoques. b) Cependant, à cela il faut associer une deuxième dimension, constituée par une autre forme de détermination, non logique, mais, dirions-nous, pragmatique, car ce sont les hommes, en tant qu'ils utilisent le langage (*utentes*), qui déterminent un signifié unique d'un terme équivoque lorsqu'il est accompagné par un terme adjoint.

> Mais du point de vue des utilisateurs (*utentes*), un [terme] équivoque peut être déterminé, car ils usent (*utuntur*) du [terme] équivoque au lieu de tel [ou tel] signifié, et là une détermination peut se trouver[2].

Le commentaire aux *Catégories* explique aussi que « par le moyen de quelque chose d'ajouté, il peut y avoir contraction *pour ce qui est des utilisateurs*, de la sorte qu'ils renvoient l'intellect vers la même [réalité] »[3].

1. *In Praed.*, q. 4, n. 39 > 1 (OPh, I, 285-286) : « Ad primum argumentum dico quod circa ens non est contradictio nisi praefacta distinctione, vel supponendo "ens" accipi in affirmativa et negativa pro eodem ».

2. *In Met.*, IV, q. 1 n. 76 (OPh, III, 317) : « Ad aliud dicendum quod aequivocum non potest determinari. [...] *Sed quoad utentes potest determinatio fieri de aequivoco, quia utuntur aequivoco pro isto significato, ubi determinatio potest inveniri* » (trad. fr. p. 73 ; nous soulignons).

3. *In Praed.*, q. 4, n. 40 (OPh, I, 286) : « Ad secundum dico quod quantum est de vi sermonis, non contrahitur ens per aliquod additum nisi aequivocum possit contrahi, tamen per aliquid additum potest esse contractio *quoad utentes, ut referant intellectus ad idem* ; sicut nomina propria contrahuntur per cognomina superaddita *quoad usum loquentium, non quoad significationem vocis in se* » (nous soulignons).

Ainsi, est en même temps maintenue et contournée la loi de la signification multiple des termes équivoques. Maintenue par la logique de la signification, contournée par *l'usage* qu'en font les *utilisateurs* du langage. C'est donc la dimension pragmatique qui permet d'expliquer la coexistence de la multiplicité des signifiés d'un terme équivoque et la détermination d'un seul signifié par un acte de sélection accompli par l'utilisateur du langage. L'un ne s'oppose pas à l'autre. Il s'agit de deux niveaux différents. Autrement, les termes équivoques seraient justement, à cause de leur signification multiple, *inutilisables*.

Dans la même logique des arguments précédents, la réponse au troisième argument en faveur de l'univocité de l'étant insiste sur le fait que l'étant, en tant que terme équivoque, peut bien faire partie d'une conséquence, « une fois faite une distinction » (*praefacta distinctione*). Ainsi la possibilité de faire partie d'une conséquence logique se joue pour le terme équivoque dans le même procédé de détermination de l'un de ses signifiés, « une fois pris l'étant pour ce signifié-là » [1].

Ainsi, les trois premières réponses pointent vers la même direction : bien qu'un terme soit équivoque, comme l'est l'étant, cela n'implique pas qu'il ne puisse pas être déterminé pour qu'il signifie un seul de ses signifiés. Néanmoins, cette détermination n'obéit pas au fait qu'un terme déterminant lui soit associé, mais à *l'acte de détermination de l'intellect de l'utilisateur du terme*. Ce n'est pas un affaiblissement de l'équivocité du terme, mais l'indice du pouvoir de l'intellect. Face aux arguments en faveur de l'univocité, la réponse sera toujours de l'ordre du choix de l'intellect de celui qui parle ou écoute, c'est-à-dire, d'ordre pragmatique.

En réponse au cinquième argument en faveur de l'univocité, Scot introduit une autre distinction. Cet argument (§ 7-8) se fonde sur la thèse que l'étant se prédique *in quid* de toutes choses de sorte qu'il se prédique selon « une raison de prédiquer unique ». De là, l'étant se prédique selon un seul concept. L'argument établit donc une équivalence entre cette raison unique de prédiquer et ce concept unique de l'étant. C'est ici que Scot introduit une distinction entre ces deux dimensions de la prédication. C'est un élément fondamental pour comprendre la position initiale de Scot à propos de l'équivocité logique de l'étant :

1. *In Praed.*, q. 4, n. 41 (OPh, I, 286) : « Ad tertium : nego omnem consequentiam ab ente ad aliquid et e converso, nisi praefacta distinctione et sumpto ente pro illo significato. Et tunc non proprie consequentia est "substantia, igitur ens", sed illatio eiusdem ex se. Ad probationem consequentiae dico quod antecedens, quia est simplex, potest esse verum sine consequente multiplici, nisi consequens sumatur in uno sensu. Quia ipsum, ut multiplex, nec est verum nec falsum, sed distinguendum ».

> À l'argument suivant [§ 7-8] : [je réponds] que c'est faux ; mais *la même raison intentionnelle de prédication* peut valoir pour tous les genres, même si *le concept* [*impliqué*] *sous* [*cette prédication*] n'est pas univoque[1].

Scot propose donc une distinction où, d'un côté, on trouve une raison *logique* unique et, de l'autre, ce qu'il appelle ici *un concept* non univoque. Scot semble affirmer que ce qui est *unique* ou univoque est la raison de la prédication *in quid*, bien que l'étant soit *simultanément équivoque*. Dans le commentaire aux *Catégories*, Scot est beaucoup plus clair dans l'assignation des rôles dérivés de cette distinction. Ainsi, la raison « être prédiqué essentiellement » (*praedicari in quid*), qui est unique, se trouve dans l'étant en tant que terme équivoque lorsque l'étant se prédique de la substance et de l'accident. Ce qui en effet est unique, univoque, est le *modus praedicandi*. Ce qui est différent est le prédiqué (*praedicatum*). Le *modus praedicandi* correspond à la raison « être prédiqué essentiellement » ; mais elle se décline selon le prédiqué correspondant à chaque catégorie. Il y a un dernier élément qui permet de voir comme toile de fond, la dissociation entre l'unité logique du *modus praedicandi* et la diversité à laquelle suffit, selon la réponse, une unité de proportion :

> il ne s'ensuit pas : « le prédiqué ainsi est le même, comme le mode de prédiquer », comme on le dit souvent, car *à l'unité de l'espèce du mode de prédiquer suffit une unité de proportion dans les [réalités] dans lesquelles se trouve ce mode*[2].

Il est clair que Scot, dans la première rédaction du commentaire à la *Métaphysique*, suit les solutions exposées dans le commentaire aux *Catégories*. Sur ce point précis, ce dernier commentaire distingue entre l'unité intentionnelle (unité logique) qui rend possible un mode de prédiquer univoque vis-à-vis des catégories[3] et la signification multiple de l'étant qui rend impossible son univocité. Ce dernier n'est pas considéré comme un concept logique, mais comme un concept de première intention dont la multiplicité des signifiés, son équivocité, se traduit au niveau du réel comme une unité de proportion. Dans cette unité, la substance est le premier élément d'une structure métaphysique où l'analogie réelle ne joue aucun rôle du côté des raisons logiques ou des raisons intentionnelles, selon l'expression de Scot. À cette époque, Scot n'entend pas

1. *In Met.*, IV, q. 1 n. 78 (OPh, III, 317) : « Ad aliud : quod falsum est ; sed eadem ratio intentionalis praedicandi potest esse omnium generum, licet conceptus sub non sit univocus » (trad. fr. p. 75).

2. *In Praed.*, q. 4, n. 43 (OPh, I, 287) : « Ad quintum patet quod "praedicari in quid" de substantia et quantitate inest enti sumpto aequivoce. Nec sequitur "praedicatum ita esse idem, sicut modus praedicandi", ut saepe dictum est, *quia ad unitatem speciei modi praedicandi sufficit unitas proportionis in his quibus inest talis modus* » (nous soulignons).

3. *Ibid.*, q. 3, n. 8 (OPh, I, 269) : « Ad quaestionem dicendum quod aliquod intentionale univocum potest applicari rebus omnium generum, quia omnis diversitas in rebus primae intentionis inter se non impedit ipsas posse concipi ab intellectu per eundem modum concipiendi. Intentiones autem eis attribuuntur in quantum ab intellectu concipiuntur, et ideo intentiones eaedem specie possunt diversis rebus attribui ».

d'identifier cette dimension intentionnelle unique avec un concept univoque de l'étant. Au contraire, l'unité intentionnelle logique ne se confond (a) ni avec l'équivocité du terme étant (b) ni avec l'unité de proportion dérivée de la dépendance des autres catégories vis-à-vis de la substance. Scot différencie donc trois niveaux dans la considération du problème de l'équivocité de l'étant : le niveau logique (concernant l'unité des concepts logiques), le niveau sémantique (concernant l'équivocité de l'étant) et le niveau ontologique (concernant l'analogie réelle).

Les arguments sept et huit du commentaire aux *Catégories* se fondaient sur deux prémisses complémentaires : toute division est division d'une unité (arg. 7) et toute multiplicité peut être reconduite à l'unité dont elle provient (arg. 8). Dans la réponse, Scot, s'il accorde la division de l'étant dans les catégories, il soutient que cette division ne correspond pas à la division d'un genre, mais à *la division d'un terme dans ses signifiés*. Ainsi, la multiplicité catégorielle part d'une unité, mais cette unité n'est que l'unité d'un terme, d'une voix[1]. Cela veut dire que cette division opère dans l'ordre sémantique et touche le terme « étant », mais elle exclut en même temps l'ordre logique et l'ordre ontologique. Quant à l'argument huit, l'approche de la réponse est strictement ontologique. À nouveau, Scot accorde la réduction de toute multiplicité à l'unité. Cependant, il distingue le cas où une multiplicité se réduit à un élément premier qui n'est pas extérieur à cette multiplicité (par exemple la multiplicité des causés par rapport aux premières causes), mais qui en fait partie ; et le cas où l'élément auquel est réduite une multiplicité lui est extérieur. La multiplicité catégorielle appartient au premier cas de telle sorte qu'il n'y a pas un onzième élément auquel les catégories seraient réduites. Cela exclut d'emblée l'étant de l'ordre catégoriel et installe la substance comme élément premier auquel les autres catégories sont reconduites : « Ainsi, pour ce qui est de notre question, la multiplicité de la substance et de l'accident se réduit à l'unité de la substance, et non pas à quelque chose qui soit extérieur à cette multiplicité »[2]. Toute l'analyse vise donc à faire de l'étant *un terme* et seulement un terme dont le trait principal au niveau sémantique est l'équivocité ; autrement dit, Scot réduit l'étant à l'ordre de la signification en tant que terme équivoque. Il n'y a pas encore d'étant dans l'ordre logique et il n'y a que la diversité catégorielle dans l'ordre ontologique.

1. *In Praed.*, q. 4, n. 45 (OPh, I, 287) : « Ad septimum dico quod divisio incipit a sic uno, quali modo unius est divisio. Divisio autem entis in decem genera est divisio unius, non generis sed vocis in significationes, et ideo incipit a sic uno, scilicet una voce ».

2. *Ibid.*, n. 46 (OPh, I, 287-288) : « Ad octavum dico quod non omnis multitudo reducitur ad unum quod nihil sit illius multitudinis, sicut multitudo primae causae et causatorum non reducitur ad aliquod unum extra illam multitudinem, quia sic sequeretur aliquid esse prius primo. Sed tota illa multitudo reducitur ad unum quod est aliquid illius multitudinis, cui alia attribuuntur ut ad primam causam. Ita in proposito, *multitudo substantiae et accidentis reducitur ad unitatem substantiae, non alicuius quod sit extra illam multitudinem* ».

Le neuvième argument soutenait l'univocité de l'étant concernant la possibilité de l'utiliser comme moyen de comparaison entre deux termes, par exemple, la substance et l'accident. La réponse de Scot vise l'interprétation du passage de la *Physique* sur lequel se fonde l'argument. Pour Scot, la comparaison dont parle Aristote est bien celle formée entre deux termes par rapport à une réalité (*aliquod*) à laquelle ils participent selon le plus et le moins. Cependant, cette comparaison n'a pas pour élément participé l'étant. La comparaison se construit sur le rapport ou sur l'ordre qu'entretiennent les termes de la comparaison entre eux (*secundum ordinem aliquorum ad invicem*) : ainsi, on peut comprendre que « l'accident est un étant moindre que la substance, c'est-à-dire, qu'*en étant* (*in essendo*) se rapporte selon un ordre à la substance »[1].

Nous le voyons bien, Scot continue à dire que le seul niveau d'intervention de l'étant est le niveau sémantique *en tant que terme*. Dans le cas de la comparaison, on revient à l'ordre ontologique (*in essendo*) et ici, ce n'est plus l'étant le terme de comparaison, mais les rapports entretenus par les catégories *entre elles*. La réponse correspondante dans le commentaire à la *Métaphysique* pointe à nouveau la dimension ontologique de dépendance qui détermine la comparaison, en reconduisant l'étant à son signifié premier : la substance.

> La comparaison proprement dite se fait selon le plus et le moins dans une même forme. Mais ce n'est pas une comparaison selon l'étant. Il n'y a de comparaison selon l'étant que selon un ordre, l'ordre selon lequel une chose dépend d'une autre dans l'entité (*in entitate*) : c'est ainsi que les accidents [dépendent] de la substance. *C'est pourquoi la substance est dite le premier étant à causer les accidents*[2].

Le commentaire à la *Métaphysique* nous apprend d'abord que la comparaison selon l'étant n'est pas la comparaison proprement dite. En outre, si l'on s'occupe de l'étant dans l'ordre ontologique, il faut toujours le reconduire à l'un de ses signifiés ; si l'on s'occupe de l'étant en tant que premier étant, il faut le reconduire à son signifié premier : la substance.

1. *In Praed.*, q. 4, n. 47 (OPh, I, 288) : « Ad illud de VII *Physicorum* dico quod Aristoteles intelligit ibi de comparatione quae est secundum aliquid participatum ab utroque extremo secundum magis et minus, quia magis et minus non faciunt aequivocationem. Sed talis comparatio non est secundum ens, sed comparatio quae est secundum ordinem aliquorum ad invicem. Est enim intellectus : accidens est minus ens substantia, id est in essendo habet ordinem ad substantiam ; et haec comparatio non requirit univocationem ».

2. *In Met.*, IV, q. 1 n. 80 (OPh, III, 317-318) : « Ad aliud : quod comparatio proprie dicta est secundum magis et minus in eadem forma. Hoc non est secundum ens. Comparatio secundum ens non est nisi secundum ordinem, secundum quod aliquid unum dependet ab alio in entitate, sicut accidentia ad substantiam. *Ideo substantia dicitur primum ens in causando accidentia* » (trad. fr. p. 75) Je souligne la dernière ligne non traduite par O. Boulnois.

Nous pourrions multiplier les réponses où Scot dissout les arguments en faveur de l'univocité par la distinction de trois niveaux dont nous nous sommes occupés. Ici nous voudrions juste reprendre les réponses à trois arguments : a) au dixième argument où l'étant est univoque, car sujet d'une science : la métaphysique, b) au treizième argument où, sur l'autorité d'Avicenne, l'étant est univoque, car il est le premier objet de l'intellect et finalement c) au célèbre argument, introduit dans le commentaire à la *Métaphysique* sur la distinction entre le concept certain et le concept douteux (§ 46).

a) Dans le commentaire aux *Catégories*, Scot, toujours dans une perspective ontologique, se penche sur une réponse soutenant l'unité analogique du sujet de la métaphysique tout en introduisant un autre type de sujet, le sujet de la démonstration :

> Comme réponse à cet argument [§ 10], à propos du sujet de la *Métaphysique* je dis qu'il suffit pour le sujet d'une science une unité d'analogie dans le sujet comme il est déterminé dans le livre IV de la *Métaphysique*, à savoir que toutes [les réalités], auxquelles convient le sujet d'une science, possèdent par soi une attribution à un [élément] premier en étant et en connaissant. [§ 49] Puisqu'il est démontré (*ostenditur*) que le sujet est nécessairement univoque, je dis que toutes ces autorités et preuves procèdent à propos du *sujet de la démonstration*. Ainsi, lorsqu'un sujet est analogue, on ne produit pas de démonstrations par soi à son propos, mais à propos du premier auquel toutes les autres [réalités] sont attribuées. Car afin de déterminer à propos de plusieurs analogués, il suffit de déterminer à propos du premier auquel toutes les autres [réalités] sont attribuées, comme il est dit au début du livre VII de la *Métaphysique*. Il n'est pas non plus un inconvénient, à propos du sujet d'une science, selon soi, lorsqu'il est analogue qu'aucune propriété (*passionem*) ne soit en démontrée, si, néanmoins, des propriétés sont démontrées à propos du premier auquel toutes les autres [réalités] sont attribuées[1].

La réponse dans le commentaire aux *Catégories* postule donc *deux sujets*. a) Un sujet correspondant au sujet réel d'une science qui constitue son unité par une unité d'analogie où tous ceux qui *conviennent* au sujet lui sont attribués comme à un élément premier. Notons que le premier auquel tous les autres sont attribués correspond donc à un premier dans l'*entité* et dans la *connaissance*. Selon nous, il n'est pas seulement le premier étant, mais aussi le

1. *In Praed.*, q. 4, n. 48-49 (OPh, I, 288-289) : « Ad aliud argumentum de subiecto *Metaphysicae* dico quod ad subiectum scientiae sufficit unitas analogiae in subiecto, ut determinatur IV *Metaphysicae*, scilicet quod omnia quibus convenit subiectum scientiae habeant per se attributionem ad unum primum in essendo et cognoscendo. [49] Cum ostenditur subiectum necessario esse univocum, dico quod omnes illae auctoritates et probationes procedunt de subiecto demonstrationis. Quando autem subiectum est analogum, de illo secundum se non fiunt demonstrationes, sed de primo ad quod omnia alia attribuuntur. Quia ad determinandum de multis analogatis sufficit determinare de primo ad quod omnia alia attribuuntur, ut dicitur in principio VII *Metaphysicae*. Nec est inconveniens de subiecto scientiae, secundum se, nullam passionem ostendi quando est analogum, si tamen passiones ostendantur de primo ad quod alia attribuuntur ».

premier connu, précisément en tant que premier par nature. Mais Scot postule un autre sujet, le sujet de la démonstration scientifique qui permet la construction du savoir dans cette science. Celui-ci s'identifie au premier élément du sujet par analogie. Finalement, la démonstration des propriétés du premier étant suffit à la constitution de cette science, même si elle ne produit pas de démonstrations à propos des autres réalités attribuées au premier. En ce sens, le sujet dans le cas de l'unité d'analogie est constitué aussi bien pour l'élément premier que pour ceux qui lui sont attribués ; tandis que dans le cas de l'unité du sujet de la démonstration, il n'est constitué que par l'élément premier. Nous retrouvons ici l'écho de notre distinction entre le sujet propre (la substance) et le sujet commun (la substance et tout ce qui lui est attribué) de la métaphysique.

Dans le commentaire à la *Métaphysique*, Scot présente une autre réponse. Celle-ci ne propose qu'un sujet pour la métaphysique, un sujet univoque : la substance. Cependant, la portée de la métaphysique *déborde* la seule considération de son sujet pour y inclure tout ce qui lui est attribué[1]. S'il y a un point de convergence dans les deux réponses, il se trouve entre ce sujet univoque (la substance) et le sujet de la démonstration selon le commentaire aux *Catégories*. Dans les deux cas, la science métaphysique est science de son sujet et par extension de tout ce qui lui est attribué.

Un autre lieu de convergence se trouve entre ces réponses et la réponse dans la première version du commentaire à la *Métaphysique* I question1 concernant directement le problème du sujet de la métaphysique[2]. En effet, sans risque d'exagération ou fausseté, nous pouvons soutenir qu'*avant l'univocité de l'étant*, Scot défend la thèse de la substance comme sujet propre de la métaphysique (selon l'expression de la première question du livre I) dans lequel sont incluses toutes les autres réalités qui lui sont attribuées. À cette époque, l'univocité de l'étant, si elle existe, ne peut se comprendre que comme *univocité de la substance*. L'unité d'analogie constituant un sujet d'unité analogique n'est autre que l'ensemble constitué par la substance et tout ce qui lui est attribué.

b) Comme réponse en miroir, Scot traite du treizième argument en faveur de l'univocité de l'étant : celle-ci est associée au statut de l'étant comme objet premier de l'intellect selon une certaine interprétation d'Avicenne. La réponse du commentaire aux *Catégories* donne son accord à la thèse que l'intellect n'a qu'un seul objet premier, « car le premier objet de l'intellect peut être intelligé par un acte unique d'intellection ». Mais c'est précisément l'équivocité de l'étant, qui renvoie à des signifiés multiples, qui empêche l'étant d'être saisi par un acte unique d'intellection. Manquant d'un concept unique, l'étant n'a

1. *In Met.*, IV, q. 1 n. 84 (OPh, III, 318) : « Ad aliud de subiecto univoco dicendum quod subiectum est tale. Sed ens non est hoc subiectum, sed substantia, et illud est univocum. Et non solum de illo considerantur, sed de omnibus attributis sibi non sicut de subiecto ».

2. Cf. *ibid.*, I, q. 1 n. 96 (OPh, III, 48-49).

d'unique que le terme d'étant (*sola vox*). Ce qui est premier objet de l'intellect est la substance *par une priorité de nature* et non par une priorité temporelle (cela comme contrepoint à une interprétation possible du début du livre VII de la *Métaphysique*). C'est en ce sens, affirme Scot, qu'il faut lire la thèse d'Avicenne, c'est-à-dire en prenant « étant » par un seul de ses signifiés, le signifié premier, la substance[1].

Dans le commentaire à la *Métaphysique*, cet argument fait partie de la section consacrée exclusivement à la position d'Avicenne (§ 35). La réponse à cet argument insiste sur le fait que les dix catégories sont *primo intellecta* en tant que concepts les plus communs (*communissimma*). Mais tout de suite, Scot reconduit cette primauté à l'intellection de la substance « à laquelle toutes choses se ramènent ». Cette primauté, tout comme dans la réponse dans le commentaire aux *Catégories*, est de l'ordre de la perfection et de la cause, non de l'ordre de la prédication. Ce dernier point est central car l'argument en faveur de l'univocité se fonde sur une unité de la prédication de l'étant vis-à-vis des catégories. Néanmoins, le premier objet de l'intellect, affirme Scot, n'est pas quelque chose de commun aux dix catégories[2]. En ce sens, l'objet premier de l'intellect dépend directement de l'ordre du réel (de l'ordre de la perfection et de la cause) et non du niveau sémantique (dont fait partie la prédication). L'objet premier de l'intellect reflète le rapport de dépendance des autres catégories vis-à-vis de la substance, car c'est précisément la substance, en tant qu'élément premier auquel les autres catégories sont attribuées, qui joue le rôle d'objet premier *par perfection et par la cause*. D'un autre côté, le niveau de la prédication illustre plutôt la multiplicité des signifiés de l'étant, de sorte qu'il n'y a rien de commun, dans la prédication, aux dix catégories. Ici, à cette première époque de la pensée de Scot, nous pourrions voir émerger l'équation entre sujet de la métaphysique et objet de l'intellect. En tout cas, l'équivocité de l'étant ne permet pas de penser à un premier objet de l'intellect commun aux catégories, ce qui, d'ailleurs, n'empêche pas la constitution de la métaphysique comme science concentrée sur son sujet propre : la substance. Ainsi, à cette époque, le sujet de la métaphysique et le premier objet de l'intellect s'identifient en renvoyant tous les deux à la substance.

1. *In Praed.*, q. 4, n. 53 (OPh, I, 290) : « Ad aliud concedi potest maior, quia primum obiectum intellectus potest unico actu intelligendi intelligi. Quod non contingit de aequivoco, quia in aequivoco nullus conceptus est idem, sed sola vox. Ad minorem dico quod primum obiectum intellectus est substantia. Quia, ut dicit Aristoteles in principio VII *Metaphysicae*, "substantia est primum omnium entium cognitione", quod non intelligitur de prioritate temporis sed naturae, scilicet quod cognitio eius est perfectissima. Auctoritas Avicennae potest concedi vera, sic quod accipit "ens" pro uno significato quod est primum, scilicet substantia ».

2. *In Met.*, IV, q. 1 n. 86 (OPh, III, 319) : « Ad primum pro opinione Avicennae dico quod communissima sunt primo intellecta, et decem sunt communissima. Non tamen ista omnia sunt primo intellecta, sed substantia, ad quam omnia reducuntur. Et substantia est prius non praedicatione ad novem genera, sed prius perfectione et causa ; nec est dare aliquod commune decem quod primo intelligatur ».

c) La réponse de Scot au célèbre argument tiré d'Avicenne distinguant un concept certain (l'étant dans son indétermination) et un concept douteux (si l'étant est en soi ou par accident), se fonde sur une reformulation de l'argument qui met l'accent non pas sur le concept d'étant dans son indétermination, mais sur l'acte d'exister (*esse exsistere*). L'argument étant reconstruit sur le versant de l'existence, la conclusion ne désigne plus un *concept* indéterminé et préalable, un *quid* selon l'expression de la réponse, mais un *mode* prédiqué dénominativement, « comme un accident », qui tombe sous la catégorie de l'action et correspond à une *raison* identique pour toutes choses. Pour ce qui est de l'étant en tant que prédiqué de toutes choses essentiellement, il n'est saisi sous un concept qu'en tant que limité à l'une des catégories.

> Au troisième argument [§ 46], je réponds qu'il arrive que l'on sache que quelque chose existe sans savoir s'il existe en lui-même ou en autre chose. Pourtant cet « être d'exister » (*esse exsistere*) n'est pas une quiddité, mais il est prédiqué dénominativement de cette chose comme un accident, on le pose au sein du genre [*i. e.* catégorie] de l'action, et il a la même raison dans toutes les choses, en tant qu'il les dénomme. Or, s'agissant de l'étant qui est prédiqué quidditativement (*in quid*) de toutes choses, on ne peut pas le concevoir en un concept unique, si ce n'est dans un genre déterminé [*i. e.* une catégorie] [1].

C'est la première fois dans le commentaire que Scot fait appel, sinon à la distinction entre essence et existence [2], du moins à la distinction entre l'étant et l'existence. Analyse sémantique, la prédication de l'existence relève de la prédication dénominative et bien qu'elle comporte une raison commune à toutes choses, cette communauté ne correspond pas à un trait essentiel : elle ressemble à un accident dans la catégorie de l'action (l'action d'exister).

La certitude dérivée de cette reformulation de l'argument correspond à la détermination d'un *modus praedicandi*. En revanche, la prédication de l'étant, prédiqué essentiellement de toutes choses, reste toujours la prédication d'un terme équivoque dont le concept ne peut être conçu que par sa réduction à une catégorie déterminée.

Scot dresse une objection à cette réponse. Si l'on conçoit cet *esse*, on ne peut que le concevoir comme un étant, plus précisément comme un *quid*, car on ne peut pas connaître quelque chose en tant qu'existante sans en même temps la connaître en tant que possédant une essence. Selon cette objection, la reformulation de l'argument initial, où il s'agissait de la certitude d'un concept indéterminé d'étant par la certitude sur l'existence comme un prédicat dénominatif,

1. *In Met.*, IV, q. 1 n. 88 (OPh, III, 319-320) : « Ad tertium : dico quod contingit cognoscere de aliquo quod ipsum exsistit, non cognoscendo si in se exsistit vel in alio. Sed illud "esse exsistere" non est quid, sed praedicatur denominative de eo sicut accidens, et illud ponitur de genere actionis, et est eiusdem rationis in omnibus rebus, ut denominans illa. De ente autem quod praedicatur in quid de omnibus non potest unus conceptus concipi nisi in aliquo genre determinato » (trad. fr. p. 79).

2. *Cf.* G. Pini, *Scoto et l'analogia*, *op. cit.*, p. 107.

n'affaiblit pas la force de la preuve, car la connaissance de l'existence suppose une essence ou un *quid* conçu de même d'une façon indéterminée[1].

La dernière réponse de Scot, dernière dans le texte de base de la question, comporte l'idée centrale que « la même essence peut être conçue sous différentes raisons de concevoir ». Cet énoncé se fonde sur la distinction entre « la raison à partir de laquelle un nom est imposé » et « ce à quoi le nom est imposé pour le signifier »[2]. Selon Scot, aussi bien « ens » que « substantia » signifient la substance. Cependant, le nom *ens* est imposé à la substance à partir de la *ratio essendi*, tandis que le nom *substance* est imposé à la substance à partir de la *ratio substantialitatis*. Il faut mettre l'accent sur le fait que, selon l'une ou l'autre raison d'imposition, le concept peut être certain ou douteux. Ainsi, selon la *ratio essendi*, à partir de laquelle s'impose le nom *étant* à la substance, le concept reste douteux précisément à cause de l'équivocité du terme qui, lui, renvoie aussi aux autres catégories[3].

C'est avec cette réponse que Scot clôt la question dans sa première rédaction avec un rejet ferme de l'univocité de l'étant et l'instauration de la substance comme objet premier de l'intellect et comme sujet de la métaphysique. La seule façon dont on pourrait accepter la notion d'univocité de l'étant, serait celle où l'on identifie l'étant à la substance. Nous avons déjà rencontré cette identification dans la question sur le sujet de la métaphysique, lorsque Scot fait de la substance le sujet de la métaphysique et interprète les textes d'Aristote dans ce sens[4].

L'INTERVENTION SUR LE TEXTE DE BASE

La fonction primordiale de cette intervention consiste à réorienter complètement le sens de la réponse de la question vers l'affirmation de

1. *In Met.*, IV, q. 1 n. 89 (OPh, III, 320) : « Contra : si contingit concipere hoc "esse", concipio hoc esse "quid", quia non cognoscitur esse nisi quia cognoscitur habere aliquam essentiam, et ita aliquod "quid" ».

2. *Cf.* G. Pini, *Scoto et l'analogia*, *op. cit.*, p. 107-109 ; E. J. Ashworth, « Signification and Modes of Signifying in Thirteenth-Century Logic : A Preface to Aquinas on Analogy », art. cit., p. 47 ; et Thomas d'Aquin, *STh*, I, 13, 8 (éd. Leonina IV, 157) : « Non est semper idem id a quo imponitur nomen ad significandum, et id ad quod significandum nomen imponitur. Sicut enim substantiam rei ex proprietatibus vel operationibus eius cognoscimus, ita substantiam rei denominamus quandoque ab aliqua eius operatione vel proprietate : sicut substantiam lapidis denominamus ab aliqua actione eius, quia laedit pedem ; non tamen hoc nomen impositum est ad significandum hanc actionem, sed substantiam lapidis ».

3. *In Met.*, IV, q. 1 n. 90 (OPh, III, 320) : « Aliter dicitur quod eadem essentia potest concipi sub diversis rationibus concipiendi, et uno modo potest conceptus esse certus, alio modo non. Ens enim significat idem quod substantia, tamen contingit concipere eandem essentiam sub ratione essendi a quo imponitur hoc nomen "ens", non concipiendo illam sub ratione substantialitatis, a qua imponitur hoc nomen "substantia" ».

4. Cf. *ibid.*, I, q. 1 nn. 64-67 (OPh, III, 37-38) et nn. 91-96 (OPh, III, 46-49).

l'univocité de l'étant. C'est ici où l'on voit bien le revirement qui conduit *du* rejet de l'univocité, de l'affirmation de l'équivocité logique et du maintien de l'analogie réelle *à la* défense de l'univocité logique de l'étant. Nous n'avons pas de texte de transition, une question où Scot explique le passage de l'une à l'autre position[1].

Voici le schéma de la question où nous mettons en *italiques* les paragraphes ajoutés, selon l'avis de Pini, et nous soulignons et mettons en *italiques* les trois paragraphes, qui, à notre avis, appartiennent aussi au texte de l'intervention sur le texte de base.

In Met. IV q. 1 : *Utrum ens dicatur univoce omnibus*

0. § 1-26 : arguments principaux *pro* et *contra* l'univocité
0.A § 1-16 : arguments principaux en faveur de l'univocité
0.B § 17-26 : arguments principaux contre l'univocité et *réponses à ces arguments*
§ 17 : l'argument Porphyrien
§ 18-19 : réponse à l'argument (§ 17), contre-argument et réponse
§ 20-22 : trois arguments tirés d'Aristote (*§ 21-22 exclus* dans *The Solution of a Riddle*, p. 94)
§ 23-26 : réponses aux arguments (§ 20-22)

I. § 27-49 : Deux opinions sur la question
I.A *Extra § 27-30 : Opinion anonyme*
I.B § 31-49 : Opinion d'Avicenne à faveur de l'univocité
I.B. 1 § 31 : Énoncé de la thèse
I.B. 2 § 32-34 : Premier argument en faveur d'Avicenne
I.B. 3 § 35-39 : Deuxième argument en faveur d'Avicenne (*§ 36 exclus* de la première rédaction dans *Scoto et l'analogia* p. 91 et aussi *§ 38-39* dans *The Solution of a Riddle*, p. 94).
I.B. 4 *Extra § 40-45 : Sur l'argument de l'étant comme objet premier de l'intellect arg. 2 (§ 35-39)*
I.B. 5 § 46 : Troisième argument en faveur d'Avicenne
I.B. 6 § 47 : Quatrième argument en faveur d'Avicenne
I.B. 7 § 48 : Cinquième argument en faveur d'Avicenne
I.B. 8 § 49 : Sixième argument en faveur d'Avicenne
I.C § 50-69 : Objections à la position d'Avicenne et *réponses aux objections*
§ 50 : Première objection
§ 51-53 : Réponse à l'objection (§ 50)
§ 54 : Deuxième objection
§ 55-56 : Réponse à l'objection (§ 54)
§ 57 : Troisième objection
§ 58-61 : Réponse à l'objection (§ 57)

1. C'est ce qu'a montré O. Boulnois dans « Duns Scot, théoricien de l'analogie de l'être », *in* L. Honnefelder *et al.* (eds), *John Duns Scot, op. cit.*, p. 293-315.

§ 62 : Quatrième objection
§ 63 : *Réponse à l'objection (§ 62)*
§ 64 : Cinquième objection
§ 65 : *Réponse à l'objection (§ 64)*
§ 66-67 : Sixième objection
§ 67 : *Réponse à l'objection (§ 66)*
§ 68 : Septième objection
§ *69 : Réponse à l'objection* (§ *68*)

II § 70 : Solutio questionis
III. § 71-85 : Réponses aux arguments principaux (§ 1-16)
IV. § 86-91 : Réponses aux arguments d'Avicenne (§ 32-49)
(le paragraphe § *91 étant exclu* par Pini)

Scot a fait deux types d'ajouts sur le texte de base. (a) D'abord, il a répondu à *toutes les objections contre l'univocité de l'étant*, aussi bien celles dérivées d'une certaine lecture de Porphyre et d'Aristote (§ 18-19 et 23-26), que celles présentées directement contre la position d'Avicenne (§ 51-53, 55-56, 58-61, 63, 65, 67, 69 et 91). Tous ces paragraphes visent le même but : soutenir l'univocité. Puis (b) Scot a encore intégré trois passages de plus : une solution à la question d'un auteur anonyme (§ 27-30), une courte analyse de la thèse de Dieu comme objet premier de son propre intellect (§ 36-39) et un long passage sur l'étant comme objet premier de l'intellect (§ 40-45)[1]. Après analyse, ces deux derniers passages s'intègrent aussi dans la stratégie de défense de l'univocité et de la position d'Avicenne.

C'est surtout dans la réponse à la troisième objection contre l'univocité (§ 57-61) et dans le passage sur l'objet premier de l'intellect (§ 40-45) que Scot expose ce que nous voyons comme une forme préalable, pas encore bien développée, de sa thèse de la double primauté de l'étant, telle qu'il l'expose dans l'*Ordinatio*[2]. En ce sens, cette intervention constituerait la trace d'une période intermédiaire entre la première époque de Scot, à laquelle appartient le texte de base, et l'élaboration plus complexe que nous trouvons dans ses textes théologiques.

D'ailleurs, il ne faut pas oublier que le texte de base de la question s'accorde a) avec le commentaire aux *Catégories*, question 4, dont elle est un parallèle sur des points majeurs que nous venons d'analyser et b) avec la première rédaction du commentaire à la *Métaphysique* I question 1 : le sujet de la métaphysique est

1. *Cf.* sur la problématique de l'objet premier de l'intellect chez Scot et son rapport à Avicenne, C. Bérubé, « Jean Duns Scot : Critique de l'"Avicennisme Augustinisant" », in *De doctrina Ioannis Duns Scoti : acta congressus Scotistici Internationalis Oxonii et Edimburgi 11-17 sept. 1966 celebrati*, vol. I, Romae, Cura commissionis Scotisticae, 1968, p. 207-243, repr. dans C. Bérubé, *De l'homme à Dieu : selon Duns Scot, Henri de Gand et Olivi*, Roma, Instituto Storico dei Cappuccini-Edizioni Collegio S. Lorenzo, 1983, p. 113-146.

2. Cf. *Ord.*, I, d. 3 p. 1 q. 1-2 n. 35 et q. 3 n. 137, (Vat. III, 21-24 et 85-86), trad. fr. p. 97-98 et p. 141-142.

la substance en tant qu'élément premier auquel toutes les autres réalités sont attribuées. La substance comme sujet rend possible une science *propter quid* selon les exigences des *Seconds Analytiques*. De plus, la substance est aussi l'objet premier de l'intellect. C'est dans ces textes que nous trouvons clairement l'équation entre le sujet de la métaphysique et l'objet premier de l'intellect, par l'interprétation de l'étant en tant qu'étant comme substance.

L'intervention de Scot se produit dans ce paysage. Il s'agit maintenant fondamentalement de résoudre toutes les objections contre l'univocité. On ne le remarquera jamais assez : l'intervention doit, d'un côté, réinterpréter les autorités de Porphyre et d'Aristote et, de l'autre, défendre la position d'Avicenne en faveur de l'univocité (qui inclut la défense de l'étant comme objet premier de l'intellect). C'est à la fois un problème d'harmonisation des interprétations (c'est moins un problème de réfuter que de lire correctement Porphyre et Aristote) et d'intégration de la thèse avicennienne à la problématique de l'univocité ou, plutôt, d'intégration de la thèse scotiste de l'univocité à la position avicennienne sur l'univocité. Comme nous le verrons, l'intervention cherche explicitement à greffer la réponse scotiste sur la position d'Avicenne.

En effet, entre le commentaire aux *Catégories* et cette question (en tenant aussi compte du commentaire à la *Métaphysique* I q. 1), on constate que la présence et le rôle principal d'Avicenne s'amplifient progressivement jusqu'à occuper la presque totalité de la scène où se déroule la discussion de Scot. Au moins le texte de l'intervention correspond-il à un moment avicennien de la pensée de Scot.

La suite traitera deux moments de cette intervention : tout d'abord, les réponses aux autorités de Porphyre et Aristote, puis, les réponses aux arguments contre la position d'Avicenne. À ces réponses, notamment à la réponse à la troisième objection (§ 58-61), s'intègre naturellement la réflexion de Scot sur l'objet premier de l'intellect (§ 40-45) : dans ces deux passages, Scot élabore une version préliminaire de sa thèse de la double primauté de l'étant comme double communauté : formelle et par identité.

La stratégie pour répondre aux autorités consiste d'abord à bien situer, dans leur juste dimension, les énoncés problématiques. Ainsi, pour le célèbre passage où Porphyre affirme l'équivocité de l'étant[1], la réponse de Scot consiste à souligner qu'il appartient au registre métaphysique, même s'il est proféré dans une œuvre logique comme l'*Isagoge*[2]. Pour quelques passages d'Aristote, où le philosophe pointe a) la diversité catégorielle des concepts incomplexes

1. Porphyre, *Liber praedicabilium* (*Isagoge*), c. *De specie*, II, 10 (AL, I6, 12) : « Vel, si omnia quis entia vocet, aequivoce, inquit, nuncupabit, non univoce ». Cf. *In Met.*, IV, q. 1 n. 17 (OPh, III, 298).

2. *In Met.*, IV, q. 1 nn. 18-19 (OPh, III, 299) : « Responsio : sicut "aequivocatio" dicitur apud realem philosophum, magis adhuc quam in genere de cuius aequivocatione dicitur VII *Physicorum*. Contra : logicus fuit. Responsio : *multa dicuntur in logica non logice*, sicut in II huius : "in omni re mota est materia". Hoc pertinet ad physicam, non ad metaphysicam » (nous soulignons).

selon la liste dressée dans les *Catégories*[1], b) la *multiplicité* de la signification de l'étant selon la *Physique* et la *Métaphysique*[2] ou c) *l'immédiateté* de la division catégorielle selon la *Métaphysique*[3], les réponses de Scot portent sur des distinctions permettant d'accepter les propos d'Aristote tout en neutralisant leur dangerosité vis-à-vis de l'univocité.

Voyons les réponses aux deux premières problématiques. À titre de dimension supérieure à celle de la liste des catégories énumérées dans les *Catégories*, Scot ajoute « [chacun des termes] non-complexes qui signifient un transcendantal (*aliquod transcendens*) »[4]. Autrement dit, Scot recadre la portée de la liste aristotélicienne des catégories sur une autre liste des termes transcendantaux, parmi lesquels, l'étant. Ceci est d'une importance capitale. Scot fait le lien entre l'univocité de l'étant et la dimension transcendantale de l'étant que le *Prologue* du commentaire avait fortement soulignée comme l'un des deux volets de la science métaphysique[5]. Nous le verrons, cet accent sur la dimension transcendantale de l'étant est l'un des points forts de l'intervention de Scot sur le texte de base ; au moins à trois reprises, il y fera référence comme un élément permettant fonder l'univocité. En ce sens, la métaphysique comme *scientia transcendens* ne semble plus *un volet* de la métaphysique, comme dans le *Prologue*, mais la forme de la métaphysique elle-même à l'époque de l'intervention sur le texte de base.

Dans le même sens, pour répondre à la « multiplicité » de l'étant affirmée par la *Physique* et la *Métaphysique*, Scot note qu'elle est due au fait que l'étant n'est pas dit *aeque primo*[6] de toutes choses, c'est-à-dire, que l'étant ne signifie

1. Cf. *In Met.*, IV, q. 1 nn. 20 (OPh, III, 299) ; Aristote, *Praedicamenta*, 4, 1b25-26 (AL, I2 48).

2. Cf. *In Met.*, IV, q. 1 nn. 21 (OPh, III, 299) ; Aristote, *Physica* I (A), 2, 185a 22-23 (AL, VII1 10) : « Principium autem magis proprium est omnibus, quoniam multipliciter dicitur quod est » et *Metaphysica*, IV (Γ), 2, 1003b5 (AL, XXV2, 60) ; V (Δ), 9, 1018a35-36 (AL, XXV2, 97) et VII (Z), 1, 10278a10 (AL, XXV2, 123).

3. Nous avons traité, dans l'exposé de la première rédaction, la réponse à cette objection, *cf.* Aristote, *Metaphysica*, IV (Γ), 2, 1004a5-6 (AL, XXV3, 69), lors de notre analyse de l'argument 14 en faveur de l'univocité dans le commentaire aux *Catégories* (*In Praed.*, q. 4, n. 14, OPh, I, 277), dont la réponse en question ici (*In Met.*, IV, q. 1 n. 25 ; OPh, III, 300) est la reprise.

4. *In Met.*, IV, q. 1 n. 23 (OPh, III, 299-300) : « Ad primum istorum : singulum incomplexorum significantium rem alicuius praedicamenti – quia ibi intendit dividere incomplexum in praedicamenta –, *sed non incomplexorum significantium aliquod transcendens* » (trad. fr. p. 41).

5. Cf. *ibid.*, I, Prol. n. 18 (OPh, III, 8-9) : « Cuius necessitas ostendi potest sic : ex quo communissima primo intelliguntur ut probatum est per Avicennam, sequitur quod alia specialiora non possunt cognosci nisi illa communia prius cognoscantur. Et non potest istorum communium cognitio tradi in aliqua scientia particulari, quia qua ratione in una, eadem ratione in alia, (cum ens et unum dicantur aequaliter de omnibus, X huius), et ita idem multotiens inutiliter repeteretur, igitur necesse est esse aliquam scientiam universalem, quae per se consideret illa transcendentia. Et hanc scientiam vocamus metaphysicam, quae dicitur a "meta", quod est "trans", et "ycos" "scientia", quasi transcendens scientia, quia est de transcendentibus ».

6. Scot reprend l'expression qu'il a employée pour exposer la position d'Avicenne lors qu'il a rédigé le texte de base, ce qui nous laisse penser que cette réponse s'approche ou se greffe sur la position d'Avicenne. Cf. *In Met.*, IV, q. 1 n. 31 (OPh, III, 301-302) : « In ista quaestione, opinio

pas tous ses signifiés « également et d'emblée », tout en n'étant pas équivoque (*tamen non aequivoce*) « au sens du logicien, comme si ce n'était pas un concept unique ». L'équivocité correspondrait au résultat de l'approche du logicien où tous les signifiés d'un terme se présentent *aeque primo*[1]. Or, l'unité conceptuelle de l'étant n'est pas incompatible avec une prédication graduelle en fonction du type d'étant dont il est prédiqué. Ici, Scot a rapproché deux des niveaux qu'il différenciait lorsqu'il avait composé la première rédaction. Scot distinguait alors entre un niveau logique (portant sur l'unité des concepts, un niveau sémantique (portant sur l'équivocité de l'étant) et un niveau ontologique (portant sur l'analogie réelle)[2]. Que regroupe-t-il ? Le niveau logique et le niveau sémantique sous la considération purement logique de l'étant, tout en sauvegardant la diversité analogique des choses. Ainsi, le geste vers l'univocité de l'étant ne se fait qu'au prix d'une réduction de cette univocité à la dimension logique. D'ailleurs, si nous relions les deux réponses, encore une fois la dimension transcendantale de l'étant s'accorde avec la considération logique de l'étant en tant qu'univoque. La *scientia transcendens* nous conduit vers la considération intentionnelle de l'étant !

Or ce rapprochement entre considération intentionnelle de l'étant et univocité, ainsi que l'insistance sur la dimension transcendantale de l'étant seront encore plus clairs dans l'intervention scotiste sur les objections à la position d'Avicenne.

1. La première objection à Avicenne soutenait que l'univocité conduisait à considérer l'étant comme un genre (§ 50). À cela, Scot répond qu'à côté des universaux dont s'occupe Porphyre, qui s'ordonnent aux catégories, il y a une autre dimension, celle d'un « universel transcendantal » qui se décline en deux : l'universel transcendantal qui se prédique essentiellement (*in quid*), l'étant et l'universel transcendantal qui se prédique accidentellement (*in quale*), l'un[3]. Cette réponse précise celle que Scot avait présentée contre la réduction de l'étant à la dimension catégorielle (§ 23). Une autre approche pour répondre consiste à accepter que l'étant s'accorde à la définition porphyrienne du genre à condition de ne pas y voir « une partie de l'espèce, comme s'il était déterminé

Avicennae dicitur esse, I *Metaphysicae* cap. 2 et 5, quod ens dicitur secundum unam rationem de omnibus de quibus dicitur, licet *non aeque primo*, quia quaedam sunt quasi genera sive species entis, quaedam vero passionis, etc. ».

1. *In Met.*, IV, q. 1 n. 24 (OPh, III, 300) : « Ad illas omnes auctoritates de "multipliciter", dicendum quod ideo est quia non eaque primo de omnibus dicitur, sed tamen non aequivoce, secundum logicum, ita quod non sit unus conceptus » (trad. fr. p. 41).

2. Cf. *In Praed.*, q. 4, n. 43 (OPh, I, 287) et nos analyses préalables.

3. *In Met.*, IV, q. 1 n. 51 (OPh, III, 308) : « Ad hoc respondeo : Porphyrius ordinat librum suum ad *Praedicamenta* Aristotelis, sicut dicit in prooemio ; loquitur ergo de illis universalibus quae aliquo modo inveniuntur in ordine praedicamentali. *Praeter autem illud potest poni universale transcendens quod ad nullum praedicamentum pertinent, et duo universalia transcendentia : unum quod dicitur "in quid", ens scilicet ; aliud "in quale", ut unum, etc.* » (nous soulignons).

par une différence »[1]. Scot cherche encore à trouver l'articulation adéquate permettant la communauté de l'étant sans le réduire aux conditions d'un genre. C'est ainsi qu'une dernière possibilité consiste à considérer l'étant, *par rapport à ses inférieurs* ; il pourrait alors être plutôt considéré, non plus comme genre, mais comme une espèce spécialissime[2]. Cette dernière option est l'un des autres axes de l'intervention scotiste sur le texte de base ; elle cherche à éviter le problème du statut de la différence en tant que constitutive des catégories et extérieure à l'étant, car, dans cette double dimension, il faut trouver un moyen d'inclure la différence dans la communauté de l'étant tout en en respectant l'extériorité.

2. En effet, les réponses à la deuxième objection à Avicenne (selon laquelle avec l'univocité de l'étant, les catégories deviennent ses espèces § 54), comportent encore deux niveaux. D'abord, cette objection tend à limiter l'univocité aux catégories, car c'est le rapport entre la différence et le genre qui fait que la différence est extérieure à l'étant. En ce sens, tout en acceptant l'univocité de l'étant aux catégories, l'objection rejette l'univocité au genre et à la différence. Cela est un point fondamental. Ainsi, Scot ne concède qu'une partie de l'objection : que l'étant n'est pas univoque au genre et à la différence ; néanmoins, l'objection implique justement que l'étant est univoque aux catégories[3]. C'est la communauté de l'étant qui est en question, car désormais elle est réduite à la communauté aux catégories. Ainsi, comme nous venons de le mentionner, la distinction entre le genre et la différence exigera de la part de Scot, un effort théorique afin d'inclure la différence dans la communauté de l'étant tout en acceptant qu'elle y reste extérieure : c'est l'articulation sur la double primauté de l'étant qui n'est pas encore vraiment conçue par Scot. Le deuxième niveau revient par une autre voie sur la considération de l'étant comme espèce spécialissime. En effet, Scot compare le rapport entre les genres qui sont sous l'étant à celui des individus appartenant à une même espèce. Deux individus sont, en même temps, différents en nombre et un en espèce, de sorte que la seule dimension partagée par les deux est bien la nature de l'espèce. Mais cette nature les informe totalement. De même, Scot invite à considérer les catégories comme totalement différentes en nombre, mais partageant la nature de l'étant. Ceci permet de ne pas voir les catégories comme des étants constitués par un élément matériel (un genre) et un élément formel (une différence), pour en faire une espèce. Scot nie que les catégories soient des espèces

1. *In Met.*, IV, q. 1 n. 52 (OPh, III, 309) : « Aliter potest dici quod, quantum ad definitionem Porphyrii, "ens" forte est genus, et "unum" proprium, licet non quantum ad hoc qud est dicere partem speciei ita quod determinetur per differentiam » (trad. fr. p. 57).

2. *Ibid.*, n. 53 (OPh, III, 309) : « Aliter : quod comparando ad inferius, potest ens habere rationem speciei specialissimae, sicut dicit secunda responsio post illud "Ista ratio" etc. ».

3. *Ibid.*, n. 55 (*ibid.*) : « Ista ratio non probat quin ens sit commune univocum decem generibus, sed tantum quod non sit univocum generi et differentiae ; et hoc potest concedi, licet non primum ».

de l'étant. « Or l'étant exprime la totalité qu'est la substance et [celle] qu'est l'homme, car tout ce qui s'y trouve est un étant par soi du premier mode »[1]. Autrement dit, l'étant est toujours inclus dans la définition des catégories et de ses espèces comme un constituant total de la chose *en tant qu'étant.*

3. Sans aucun doute, le moment le plus important de l'intervention sur la première rédaction est constitué par la réponse de Scot à la troisième objection à la position d'Avicenne[2]. Le problème des propriétés de l'étant ou de l'élément diviseur de l'étant constituant les catégories, la différence, a été traité par Scot a plusieurs reprises et reste l'une des objections les plus fortes contre l'univocité de l'étant. Il a été présenté dans les réponses précédentes. En effet, une propriété de l'étant ou une différence de l'étant doit être extérieure à l'essence de l'étant et, en même temps, doit être un étant, si l'on veut vraiment soutenir l'univocité de l'étant. L'inconvénient logique principal dérivé de cette situation est une alternative fâcheuse : ou bien la *redondance logique* (*nugatio*) ou bien la contradiction logique. Nous nous sommes largement attardés sur cette problématique. Néanmoins, l'objection revient précisément sur la réponse à l'objection antérieure dans laquelle Scot avait accordé l'équivocité entre le genre et la différence, autrement dit, entre l'étant et la différence constitutive des catégories. Comment comprendre leur rapport et comment soutenir l'univocité alors même que Scot accepte la diversité entre eux ?

La réponse comporte l'évaluation de quatre réponses possibles, que nous voyons plutôt comme des réponses partielles qui s'échelonnent jusqu'à la solution de Scot : celle-ci consiste précisément en une solution mixte qui comporte des éléments de deux dernières réponses.

a) Selon la première réponse, on concède l'argument selon lequel l'étant n'est pas commun au genre et à la différence[3]. En faisant cela, cette réponse ne conserve que l'univocité de l'étant envers les catégories, tout en admettant l'équivocité de l'étant entre les catégories et leurs différences. À la fin, elle ne répond vraiment pas à la question de fond sur le rapport de la différence à l'étant.

1. *In Met.*, IV, q. 1 n. 56 (OPh, III, 310) : « Aliter potest dici quod sicut duo individua se totis differunt numero et se totis sunt unum in specie, (nec est aliquid reale in altero nisi natura speciei), sic hic de generibus sub ente. Unde prima propositio *potest negari de omni uno communi quod dicit totum illud quod inferius.* Vera est autem tantum de alio communi quod dicit partem inferioris ; tunc enim determinatur per aliud quod dicit aliam partem. *Ens autem dicit totum quod substantia et quod homo, quia quidquid est ibi, est ens per se primo modo* » (trad. fr. p. 59 ; nous soulignons).

2. *Cf.* G. Pini, *Scoto et l'analogia, op. cit.*, p. 122 : « L'obiezione qui presentata solleva direttamente quello che è forse il maggior punto debole della dottrina dell'univocità dell'ente, toccato in un modo o nell'altro da tutte le altre obiezioni. Se l'ente è un concetto univoco, le differenze sono enti o no ? Qualsiasi risposta si scelga, si cade in difficoltà ».

3. *In Met.*, IV, q. 1 n. 58 (OPh, III, 310) : « Ad istud argumentum sunt quattuor responsiones. Prima concedit argumentum quod ens non est commune generi et differentiae ».

b) Selon la deuxième réponse, on affirme que l'étant « est commun par identité, mais non qu'il est formellement inclus dans le concept de l'un et de l'autre – et c'est ainsi qu'il est commun à l'un et au bien »[1]. Cette réponse associe la communauté par identité au rapport de l'étant aux autres transcendantaux. En effet, l'étant n'y est pas inclus formellement, à titre d'élément définitionnel de l'un ou du bien ; il ne fait pas partie de leur définition. La réponse veut en revanche étendre le rapport de convertibilité des transcendantaux, compris comme rapport d'identité, au rapport de l'étant à la différence, dans laquelle, effectivement, l'étant n'est pas inclus.

c) Selon la troisième réponse, on affirme que l'étant est commun aussi bien formellement qu'essentiellement à toute nature *conçue* en tant qu'elle est par soi ; mais que l'étant n'est pas commun formellement à une nature *conçue* en tant qu'elle dénomme (*denominat*) quelque chose d'autre : il est seulement commun par identité[2].

Ici la distinction passe par la double *conception* d'une nature en soi et dénominativement. Selon cette réponse, c'est le phénomène de la paronymie, le fait de concevoir et de prédiquer un concept concret d'une autre chose (*e. g.* « un homme est blanc »), qui fait que la chose conçue dénominativement, dans l'exemple le blanc, n'inclut pas le concept d'étant, mais qu'il y a une communauté de l'ordre de l'identité.

d) Finalement, selon la quatrième réponse, on affirme que l'étant est commun à tout ce qui est conçu aussi bien formellement que par identité. Avec ce degré de communauté, l'étant est dit en totalité de tous ses inférieurs et il y descend sans aucun élément ajouté (*nihil additum*)[3]. Ce dernier point revient sur la réponse à l'objection antérieure et à nouveau élimine le problème du statut de la différence en la supprimant. En effet, si l'étant descend sur ses inférieurs sans aucun élément ajouté, mais immédiatement, comme Scot l'exprime dans d'autres passages[4], c'est la différence elle-même qui est supprimée.

L'analyse scotiste de la première réponse montre qu'elle est totalement insatisfaisante : en effet, selon une première possibilité, l'étant est équivoque aux catégories et à la différence, tout en étant inclus formellement en elles. C'est ainsi que les arguments en faveur de l'univocité s'opposeraient à cette

1. *In Met.*, IV, q. 1 n. 58 (OPh, III, 310) : « Secunda : quod est commune per identitatem, sed non quod formaliter claudatur in conceptu utriusque, sicut est commune uni et bono » (trad. fr. p. 61).

2. *Ibid.* : « Tertia : quod commune est essentialiter et formaliter cuicumque naturae conceptae ut est aliquid in se ; non tamen conceptae ut denominat aliud, est formaliter commune, sed tantum per identitatem ».

3. *Ibid.* (OPh, III, 310-311) : « Quarta : quod est commune cuicumque quomodocumque concepto, et hoc tam formaliter quam per identitatem, sed est tale commune quod descendit in inferius per nihil additum, sed dicit totum illud quod dicit inferius ».

4. Cf. *ibid.*, n. 26 (OPh, III, 300) : « Aliter potest dici quod ens ideo "statim" est substantia, qualitas etc., quia per nullum additum descendit in haec ».

possibilité. Selon l'autre possibilité, il n'y aurait rien de commun ni essentiellement ni par identité entre l'étant et la différence, de sorte que l'étant serait équivoque[1]. Scot cherche une solution qui, tout en accordant que la différence est extérieure à l'étant, puisse néanmoins soutenir une forme d'univocité qui inclut la différence, sinon formellement, car elle n'est pas contenue dans le concept de l'étant, du moins autrement. Mais comment ?

La deuxième réponse évite les inconvénients de la première, en distinguant les deux formes de communauté (par identité pour ce qui est de la différence et les transcendantaux et formelle pour ce qui est des catégories), mais elle ne réussit pas à expliquer comment un étant (*e. g.* une catégorie) est formellement inclus dans l'étant et qu'un autre (la différence) ne le soit pas[2].

La troisième réponse peut contourner ce dernier inconvénient, en introduisant la distinction entre une nature *conçue* en soi et dénominativement, mais elle n'explique pas non plus pourquoi lorsqu'un concept est pris *denominative*, il n'est pas inclus formellement dans le concept d'étant[3]. La nouveauté de cette réponse consiste en ce qu'elle a déplacé la problématique des choses aux deux modes de concevoir les choses, ou en soi ou dénominativement. La quatrième réponse, de son côté, a un désavantage et un avantage. Le désavantage : elle n'évite pas la *nugatio*. Tout concept incluant formellement le concept d'étant, toute prédication sur l'étant est redondante. L'avantage : elle évite la *regressio ad infinitum*, car elle soutient qu'il n'y a pas d'élément ajouté (*descendit in inferius per nihil additum*) à l'étant pour descendre aux catégories[4].

La « solution » de Scot consiste à construire une nouvelle réponse qui prend des éléments aussi bien de la troisième (pour éviter la *nugatio*) que de la quatrième (pour éviter la régression à l'infini). Le concept d'étant peut bien être univoque grâce à deux rapports différents aux catégorics et aux différences. Pour ce qui est conçu par soi (les catégories), l'étant y est inclus formellement ; pour ce qui est conçu dénominativement, l'étant n'y est pas inclus formellement. « De même, la couleur est formellement incluse dans la blancheur, mais non dans [quelque chose de] blanc ». Cela évite la *nugatio*, lorsque l'on prédique *dénominativement* une différence d'une catégorie. À cette réponse, Scot rajoute un élément de la quatrième réponse : le fait que

1. *In Met.*, IV, q. 1 n. 59 (OPh, III, 311) : « Prima responsio habet dicere quod ens aequivoce dictum dicitur formaliter de differentia, et tunc argumenta pro prima opinione videntur contra hoc. Vel si dicat quod nihil est commune differentiae, nec formaliter nec per identitatem, dicet quod differentia dicet realiter aliud ab ente secundum quamcumque significationem ».

2. *Ibid.* : « Secunda responsio, quamvis hoc evadat, tamen quare formaliter clauditur in uno enteet non in alio ? ».

3. *Ibid.* : « Tertia responsio vitat hoc. Sed quare in conceptu istius entis, quando scilicet concipitur ut denominativum, non clauditur formaliter ens ? ».

4. *Ibid.* : « Quarta responsio nullo modo cavet nugationem quandocumque aliquid additur enti vel aliquid alteri, quia in utroque clauditur formaliter idem conceptus entis. Cavet tamen processum in infinitum, quia non per aliud additum descendit ».

l'étant descend sur ce dont il est formellement inclus, sans rien d'ajouté (*non descendit per additum*) de sorte que la régression à l'infini est aussi évitée[1].

Le dernier moment de cette réponse consiste à constater qu'il n'y a pas de contradiction entre la réponse et les arguments en faveur de la position d'Avicenne, mais plutôt, une forme de convergence et articulation entre les deux :

> Et aucun argument en faveur de la première opinion [celle d'Avicenne § 31] ne va contre cela. Il suffit en effet que le premier intelligible (selon le premier argument [§ 32-34]) et l'objet propre de l'intellect (selon le deuxième [§ 35]), soit quelque chose de formellement commun à chaque chose conçue absolument, et commun par identité a toute chose, quelle que soit la manière dont elle est conçue. Selon le troisième [§ 46], quelqu'un peut être certain, à propos de n'importe quelle chose, et quelle que soit la manière dont il la conçoit, qu'elle est par identité un étant, même s'il ne sait pas en particulier quel étant, ni comment : à savoir si l'étant est ou n'est pas formellement inclus dans cette chose telle qu'elle est conçue. Et cette communauté, qu'elle soit formelle ou identique, suffit à interdire que l'étant soit un genre. En effect une communauté identique suffit à ce que les choses pour lesquelles elle est commune soient dénombrées [selon le quatrième argument § 48] de façon appropriée, car le nombre appartient davantage à la raison de l'essence qu'à celle des manières de concevoir ; or l'étant est formellement commun aux essences conçues d'une même manière[2].

Nous avons l'impression que toute la logique de l'intervention sur le texte de base est condensée dans ce paragraphe final de la réponse à la troisième objection. L'effort de défense de l'univocité de l'étant s'inscrit dans celle de la position d'Avicenne ou de l'interprétation scotiste d'Avicenne. Il faut constater que la distinction entre une double forme de communauté (formelle et par identité) n'est pas encore thématisée comme une double primauté, comme ce sera le cas dans l'*Ordinatio*. Néanmoins, l'effort de Scot va vers l'intégration de

1. *In Met.*, IV, q. 1 n. 60 (OPh, III, 311-312) : « Tertia responsio videtur probabilis, quia ex quo conceptus entis est absolutus, non est inconveniens quod claudatur in aliquo quod concipitur tanquam absolutum in se, non autem ut concipitur tanquam denominativum alterius. Sicut in albedine includitur formaliter color, non tamen in albo. Unde non est nugatio "color albus". Et si isti iungatur quarta responsio quod respectu illorum quibus est formaliter commune est "tale commune quod non descendit per additum" vitatur tam nugatio quam processus in infinitum. Illam nota » (trad. fr. p. 63).

2. *Ibid.*, n. 61 (OPh, III, 312-313) : « Nec contra istud est aliquod argumentum pro prima opinione. Sufficit enim quod primum intelligibile (quoad primum argumentum) et proprium obiectum intellectus (quoad secundum), sit aliquid commune formaliter cuilibet concepto absolute, et commune per identitatem cuicumque quomodocumque concepto. Quoad tertium : et quod certus sit aliquis de quocumque - quomodocumque concipiat - quod illud per identitatem sit ens, licet nesciat in particulari quod ens, nec quomodo : an scilicet formaliter ens claudatur in ipso ut sic concipitur, an non. Haec etiam communitas tam formalis quam identica, satis prohibet ens esse genus. Sufficit etiam communitas identica ad hoc quod illa, quibus est sic commune, proprie numerentur, quia numerus magis est ratione essentiarum quam modorum concipiendi ; essentiis autem uno modo conceptis est ens commune formaliter ».

tous les étants en tant qu'ils sont conçus dans une communauté de l'étant au prix de distinguer deux formes de communauté convergeant sur l'étant univoque. En cela, la réponse que l'on trouve dans les œuvres théologiques est déjà présente ici.

C'est sur cette même ligne de pensée que Scot introduit le passage de paragraphes 40-45 sur l'étant comme objet premier de l'intellect. Le passage reprend les problèmes que nous avons déjà rencontrés, dérivés de la thèse de l'étant comme objet premier de l'intellect selon la position d'Avicenne : la *redondance logique* et la *regressio ad infinitum*. Nous y trouvons une autre version de la réponse à la troisième objection à la position d'Avicenne. Ce passage nous intéresse, car il offre d'autres observations permettant de comprendre la théorie de l'univocité de l'étant telle que Scot la comprenait et la théorisait à cette époque.

Tout d'abord, Scot introduit une première distinction entre le discours (*sermo*) lorsqu'il porte sur les choses (*de re*) et lorsqu'il porte sur les concepts (*de conceptu*). Avec cela, Scot explique comment, à niveau logique, il y a une double considération des concepts des choses selon qu'elles sont conçues en soi ou dénominativement. Ainsi, dans le premier cas, l'étant est essentiellement identique à toutes choses ; dans le deuxième cas, qui est celui où se joue la problématique de l'objet premier de l'intellect, Scot introduit une deuxième distinction : si une chose est conçue *quidditativement par soi*, c'est-à-dire, comme un concept abstrait, e. g. *rationalitas* ou *humanitas*, alors l'étant y est inclus. En revanche, si une chose est conçue de manière paronymique (*per modum denominantis*), c'est-à-dire comme un concept concret, e. g. *rationalis* ou *homo*, alors l'étant n'y est pas inclus. Ces derniers concepts sont conçus, affirme Scot, comme « informant l'étant »[1]. Tout comme dans la réponse à la troisième objection, c'est la dimension des concepts et non la dimension des choses, l'espace où l'on peut différencier l'étant dans sa communauté formelle et par identité, bien que le passage n'utilise pas ce lexique pour distinguer les deux communautés de l'étant[2].

Les réponses aux autres objections comportent encore quelques éléments qui permettent de mieux situer la position de Scot à l'époque de l'intervention sur le texte de base. Rappelons que pour nous, les réponses aux objections 4, 5 et 6, appartiennent à l'intervention de Scot et non au texte de base. En cela, nous l'avons manifesté à plusieurs reprises, nous nous séparons de G. Pini.

1. *In Met.*, IV, q. 1 n. 41 (OPh, III, 307) : « Notandum quod si sermo est de re, ens cuilibet est idem essentialiter ; si autem de concepto, intra quemlibet cauditur ubi concipitur aliquid ut quid in se, puta rationalitas, humanitas, unitas etc. Quando autem concipiuntur per modum denominantis, non clauditur intra per se intellectum ipsorum, sed tunc concipiuntur ut informativa entis ».

2. G. Pini, *Scoto et l'analogia*, *op. cit.*, p. 129-130.

4. La quatrième objection, toujours sur la ligne des paradoxes logiques de l'univocité, soutient que, si l'étant était univoque, il n'y aurait ni définition (c'est-à-dire prédication essentielle) ni prédication accidentelle (*e. g.* « homme blanc ») sans *nugatio* : l'étant en effet serait inclus selon la même raison dans le concept de toute réalité. Après la réponse à l'objection 3, où Scot distingue les deux formes sous lesquelles l'étant est inclus dans toutes les réalités, soit formellement ou par identité, la raison pour laquelle Scot a été si laconique dans la réponse à cette objection devient claire. En effet, selon que le concept s'exprime abstraitement (blancheur) ou par dénomination (blanc), l'étant sera ou ne sera pas inclus, de sorte que l'attribution d'un concept exprimé dénominativement à un autre ne comporte pas une redondance logique. C'est pourquoi, selon la réponse, il n'y a pas de redondance dans l'expression « homme blanc »[1].

5. La cinquième objection tendait à la suppression de la diversité, censée appartenir aux catégories du fait qu'elles sont les genres suprêmes, au profit de la différence, au moment où l'étant était univoque. À la limite, l'objection considère que cette diversité fondamentale des catégories, qui fonde de plus la diversité du réel, serait compromise par l'univocité : elles ne seraient pas diverses, mais simplement différentes.

Concernant le statut des catégories en tant que différentes, la réponse de Scot, dans son laconisme[2], ne réfute pas vraiment l'argument. Cependant, la réponse montre qu'il y a de la diversité dans le réel, tout en soutenant que les catégories ne sont pas diverses, mais différentes. En ce sens, la non-diversité des catégories ne suppose pas l'annulation totale de la diversité dans le réel. D'un côté, Scot soutient que deux différences opposées, c'est-à-dire divisant un même genre, sont en tant que différences opposées, diverses et non différentes. Autrement dit, la diversité se trouve au sein même de la distinction entre deux différences opposées, car elles ne sont pas contenues dans le genre qu'elles divisent. De même, deux individus appartenant à la même espèce spécialissime, en tant qu'individus, sont bien divers et non différents. Ils ne se distinguent pas par une différence diviseuse, mais par leur principe respectif d'individuation. *In fine*, il n'est pas nécessaire que les catégories soient diverses pour qu'il y ait de la diversité dans le réel. En ce sens, les catégories peuvent

1. *In Met.*, IV, q. 1 n. 63 (OPh, III, 313) : « Hoc non valet, quia nec hic est nugatio "homo humanus" ; *nec ens*, quod est commune decem generibus, *per se includitur in albedine*. Unde hic forte esset nugatio "homo albedo" » (nous soulignons). Tout comme G. Pini, *Scoto et l'analogia*, *op. cit.*, p. 132, nous nous demandons s'il n'y aurait pas une correction à faire sur le texte critique, car sur la base de la réponse à la troisième objection, on ne peut pas dire que l'étant n'est pas (*nec ens…*) inclus par soi dans la blancheur, mais plutôt, qu'il l'est.

2. *In Met.*, IV, q. 1 n. 65 (OPh, III, 314) : « Responsio : duae differentiae oppositae essent diversae, et duo individua speciei specialissimae ». *Cf.* G. Pini, *Scoto et l'analogia*, *op. cit.*, p. 132-134.

bien avoir quelque chose de commun (l'étant), car cela ne compromet pas la diversité du réel.

6. Cette objection portait sur l'impossibilité de composer des propositions négatives immédiates à partir de deux catégories : car leur élément commun, l'étant ou le tout auquel les deux catégories appartiennent, empêcherait l'immédiateté de cette prédication à cause de son antériorité. La réponse à cette objection, aussi laconique que la précédente[1], comporte l'idée que le rapport de l'étant aux catégories n'est pas celui d'un tout dont l'antériorité jouerait le rôle de moyen dans la négation ou la séparation d'une catégorie par rapport à une autre. Un point à noter est la comparaison que Scot établit entre le rapport des catégories vis-à-vis de l'étant et celui de deux individus vis-à-vis de leur espèce spécialissime. Comme nous l'avons déjà vu, ce n'est pas la première fois que Scot considère que le rapport de l'étant aux catégories peut être considéré de ce point de vue, plutôt que sous le modèle du rapport du genre aux espèces. C'est en tout cas l'une des réponses à la première objection (§ 53) et un élément central de la réponse à la deuxième objection (§ 56). Si l'étant était vu comme une espèce spécialissime, cela expliquerait pourquoi l'étant est contenu tout entier dans les catégories et comment il y descend sans la médiation des différences diviseuses. De leur côté, les catégories reçoivent l'étant comme une totalité et conservent leur « individualité ».

7. La septième objection se fonde sur le rapport d'attribution de toutes les réalités à la substance. À partir de ce rapport, l'objection déduit l'impossibilité de trouver un élément commun à ce qui est attribué et à ce à quoi cela est attribué. Pour ces deux éléments qui constituent le rapport d'attribution, il n'y a pas un élément univoque, prédiqué *in quid*, de l'un et de l'autre.

La réponse à l'objection resitue le rôle de la substance en tant qu'élément premier auquel toutes les autres réalités sont attribuées :

> Réponse à la majeure : quand il est dit : « tous les étants sont attribués à la substance en tant qu'étants », c'est vrai en ce sens : les étants sont attribués à la substance comme à un terme premier en tant que totalités, *mais non en tant qu'étants*, (c'est-à-dire en tant que l'étant est prédiqué d'eux). En effet, [l'étant] est prédiqué quidditativement (*in quid*) et par soi de la qualité comme de la substance, et ainsi la seconde proposition est vraie. Par exemple : les espèces des nombres. C'est pourquoi ce sont des étants *effectivement*, par la substance, et *non pas formellement*, ce qui est compatible avec l'univocité[2].

1. *In Met.*, IV, q. 1 n. 67 (OPh, III, 314) : « Responsio : non sunt in aliquo toto quod potest esse medium removendi unum ab alio, sicut nec duo individua ».

2. *Ibid.*, n. 69 (OPh, III, 314-315) : « Responsio : ad maiorem, quando dicitur "omnia entia attribuuntur ad substantiam in quantum entia", verum est sub isto intellecto : quia entia secundum se tota attribuuntur ad substantiam ut ad primum, *sed non in quantum entia*, id est, in quantum ens praedicatur de ipsis. Ita enim in quid et par se praedicatur de qualitate sicut de substantia, et sic

Il convient de souligner au moins trois éléments distinctifs dans cette réponse. D'abord, Scot ne rejette pas l'attribution des accidents à la substance, mais *limite* la portée de ce rapport. Ce n'est pas *en tant qu'étants*, c'est-à-dire, en tant que l'étant se prédique essentiellement des catégories, que les accidents s'attribuent à la substance, mais en tant qu'elle est un élément premier dans l'ordre du réel auquel les accidents sont attribués dans leur tout et qui les constitue en tant qu'accidents. Ainsi, tout en sauvegardant cet ordre, Scot définit un autre ordre, celui des étants en tant qu'étants : l'ordre métaphysique, celui où l'étant est prédiqué essentiellement et par soi des catégories. En ce sens, nous voyons dans ce paragraphe un moment décisif où Scot définit l'univocité de l'étant comme univocité de prédication et la relie à la dimension de l'étant en tant qu'étant, autrement dit, à la métaphysique comme science transcendantale. Deuxièmement, par ce mouvement, la substance n'est plus le sujet de la métaphysique, même si elle reste l'élément de convergence des accidents. Cette distinction des deux niveaux est explicitée par la référence au rôle causal de la substance et de l'étant. La substance fait des accidents des étants selon l'efficience, *effectivement*, chaque accident étant ce qu'il est grâce à la substance ; mais l'étant en fait des étants *formellement*, autrement dit, selon la dimension prédicative où il est prédiqué univoquement des catégories. L'exemple de la série des nombres avait déjà été utilisé par Scot dans le commentaire à l'*Isagoge*[1], où il était question de soutenir la thèse selon laquelle le rapport analogique des nombres à premier nombre n'était pas incompatible avec l'univocité conceptuelle du « nombre ». Ce développement avait lieu dans le cadre de la défense scotiste de l'univocité de l'universel vis-à-vis des prédicables. Ainsi, l'exemple des nombres (où la série se définit par le premier) se comporte de la même manière, sur deux ordres : il y a le rapport réel des accidents à la substance et le rapport prédicatif de l'étant à tout ce qui est.

Que peut-on tirer comme conclusions de cette intervention ? Scot réoriente la portée et la solution de la question. À l'origine, le texte de base de la question se plaçait dans la ligne du commentaire aux *Catégories* où Scot soutenait la substance comme sujet de la métaphysique ; cette question rajoute la thèse de la substance comme premier objet de l'intellect. De même, à cette première époque de la pensée de Scot, l'étant est équivoque du point de vue logique et analogue du point de vue réel. Pour un ensemble de raisons relevant surtout de l'ordre des inconvénients logiques tels que la *nugatio* et la contradiction logique, l'univocité de l'étant n'est pas possible. Cela n'empêche pas que la métaphysique se fonde sur une science *propter quid*, la science de la substance, à laquelle toutes les autres choses sont attribuées. Nous constatons que

vera est secunda propositio. Exemplum de speciebus numerorum. Unde sunt entia per substantiam effective, non formaliter, cum quo stat univocatio ».

1. *In Porph.*, q. 7-8 n. 14 (OPh, I, 37) : « Item, ratio sic Ponentium non concludit, quia numerus est multitudo aggregata ex unitatibus, nec tamen dicitur analogice de binario et ternario, licet ternarius sit ex pluribus unitatibus, sed simpliciter univoce praedicatur ».

l'intervention sur la question se situe maintenant dans la perspective du « scotisme classique » de l'*Ordinatio*, même si la question ne semble pas témoigner de la position de Scot dans l'œuvre théologique, mais être une première ébauche de cette solution.

Pour les textes que nous avons étudiés dans cette partie, au moins, la distinction entre deux rédactions pose un dernier problème, celui du rapport de cohérence entre la deuxième rédaction du commentaire à la *Métaphysique* I, question 1 et l'intervention que nous étudions ici.

Dans *In Metaphysicam* I, question 1 la deuxième rédaction a formulé comme *hypothèse* une articulation de la métaphysique en tant que *scientia aggregata quia de Deo* dont la science *propter quid* de l'étant univoque constitue une partie. Cette structure ne va pas à l'encontre de la thèse sur l'univocité de l'étant : elle s'y intègre dans la mesure où ce n'est pas en tant que sujet par « priorité d'origine » que Dieu est posé comme sujet, mais « par priorité d'intention ». De plus, cette métaphysique *de Deo* prend tout l'espace de la science énoncée dans le *Prologue* du commentaire, aussi bien dans sa dimension transcendantale que dans sa dimension divine.

CONCLUSION

L'idée de considérer les positions du jeune Scot en lui-même, au moyen d'une périodisation qui situe le *noyau* de sa pensée autour de l'affirmation de l'univocité de l'étant, nous a conduit à l'évidence d'un fait incontournable : le jeune Duns Scot est à jamais entremêlé à celui qu'il deviendra. Tel est l'effet d'un trait de cette démarche philosophique qui sera la sienne, à savoir le besoin de mettre à jour les questions où il considère que la formulation d'un problème, d'un argument ou d'une solution initiale ne sont plus satisfaisantes. On ne peut affirmer qu'il s'agit d'une démarche systématique et toujours accomplie d'une façon telle que l'on puisse exactement déterminer où il a changé d'avis et où il n'en a pas changé, en fonction du rajout de nouveaux passages et de nouveaux développements. Mais là où est attestée la présence des *additiones* ou des *extras*, il est bien clair qu'un Scot plus mûr dans sa pensée est revenu sur une position initiale pour la nuancer ou la mettre à jour.

Le lecteur peut être témoin de trois moments particuliers où la présence d'un texte rajouté (un passage pour le problème de la signification, une nouvelle rédaction qui se superpose à la première pour le cas du sujet de la métaphysique et des interventions ici et là dans la structure d'une question pour le cas de l'univocité de l'étant) modifie la position du texte de base. Cela permet de considérer une nouvelle solution à un problème donné, avec tout ce qu'elle comporte de présupposés philosophiques et de changements d'accents de la position initiale du problème.

D'un point de vue herméneutique la tâche est double : il s'agit bien d'une modification sur un texte qui reste unitaire sous la figure de la question. C'est à cause de cela que les historiens se sont trouvés assaillis par la perplexité lorsqu'ils voyaient se déployer une pensée dans des sens contradictoires ou opposés. En même temps, le texte rajouté et identifié en tant que tel implique sans aucun doute une nouvelle réponse à la question posée, un changement de position. C'est au beau milieu de cette tension que nous avons lu ces textes composites : entre l'unité de la question et le dédoublement des solutions dans les différents moments de rédaction. En revanche, Scot n'a pas tout retravaillé ou réécrit. La plupart textes étudiés n'ont pas subi de modifications de fond et permettent d'établir les positions scotistes de début de carrière.

Cela a exigé de considérer trois types de rapports entre les textes. Les rapports entre les textes du premier Scot permettent d'obtenir une idée de sa pensée avant l'univocité de l'étant. Les rapports entre les textes de base et ses modifications permettent de voir les changements de position et de point de vue entre ses premières positions et ses variations futures. Enfin, les rapports entre les textes rajoutés - il faut aussi se poser la question concernant leur convergence ou leur divergence - permettent plutôt de poser de questions sur l'articulation des différentes solutions ou variations dans le temps. Parmi ces trois cas de figure, le troisième est sans doute le plus problématique, car le plus incertain quant à la chronologie des œuvres et des rajouts de Scot.

L'analyse de la constitution de l'universel logique comme sujet de l'*Isagoge* dans le commentaire au livre de Porphyre porte à constater que la doctrine de la science des *Seconds Analytiques* reste dominante pour le premier Scot. Les critères de scientificité visant à déterminer le sujet d'une science par la cause (*propter quid*) permettent de comprendre cette démarche première qui reste une marque dans toute l'œuvre de Scot, et ce même si on constate des infléchissements des critères strictement aristotéliciens. C'est ainsi que cette figure de la scientificité montre ses limites dès le début de sa pensée. C'est pourquoi est visible dans la recherche du sujet de la logique cette structure double où l'on peut parler d'un *sujet propre* et d'un *sujet commun* de la logique. Dans le sillage de la théorie d'Albert le Grand sur les niveaux multiples de généralité comportant divers types de sujets scientifiques à l'intérieur d'une science donnée, le sujet propre de la logique (le syllogisme) est celui qui rend possible la constitution de la science selon les *Seconds Analytiques*. Toutes les propriétés démontrées en logique peuvent être reconduites au syllogisme. Quant au sujet commun (les intentions secondes, le concept ou l'étant de raison), il comporte le trait dominant de tout objet logique, son trait le plus commun. Trop général, il n'est pas susceptible de devenir sujet de démonstration. En revanche, la logique est science intentionnelle, commune par son sujet commun et non par son sujet propre.

En même temps, la logique se différencie de la métaphysique par le mode d'une causalité propre à l'activé de l'intellect qui lui permet de causer ses objets par l'intellect, même si l'*ens realis* reste une *ocassio* pour causer ces étants intentionnels purement logiques. À cette époque, il n'y a pas encore, comme ce sera le cas dans le *Quodlibet* III, d'espace intentionnel commun à la logique et la métaphysique fondé sur l'idée de l'étant comme ce qui est non-contradictoire. La brèche entre la logique et la métaphysique n'est pas encore fermée par un concept purement logique du non-contradictoire qui clôturerait tout pensable. À cette époque l'objet premier de l'intellect est pour Scot la quiddité de la chose matérielle ou la substance première des *Catégories*. Scot n'a pas encore trouvé et défendu, dans le sillage d'Avicenne, l'étant comme objet premier de l'intellect.

De cette enquête sur le problème de la signification du nom commun où une *additio* modifie profondément les analyses, et surtout, sur le caractère hésitant du texte de base, deux conclusions s'imposent : d'abord, le premier traitement de cette problématique n'a pas vraiment proposé de réponse à la question, malgré les efforts de Scot. L'existence de deux commentaires au *De Interpretaione* et notamment de deux traitements du problème sur la signification montrent jusqu'à quel point Scot est allé afin de résoudre cette question. En même temps, à côté de l'analyse approfondie, on trouve des positions en conflit : Scot n'a pas déterminé les questions dans ces textes-là à l'aide d'une réponse clairement établie. Au contraire, les deux commentaires et la suite des questions, où il emploie alternativement l'une et l'autre solution, montrent qu'il est resté hésitant à propos de ce problème durant ce premier moment de sa pensée. Deuxième conclusion : sa prise de position n'est manifeste qu'après ce passage rajouté dans lequel Scot présente la même solution que l'on trouve dans l'*Ordinatio*. Selon cette solution, aussi bien le mot écrit, le mot proféré que le concept signifient immédiatement la chose *ut concipitur* dont ils dépendent comme effets ordonnés essentiellement d'une même cause. Avec ce passage, contemporain sans aucun doute de la solution de l'*Ordinatio*, Scot écarte la solution soutenant que le nom commun signifie le concept ou l'espèce intelligible. Il n'avait pas réussi à faire cela à l'époque des commentaires logiques.

L'étude du statut logique des catégories et surtout celle de l'élaboration de la question à propos de l'univocité de l'étant vis-à-vis des catégories montre une autre dimension de la première approche scotiste de la problématique de l'étant et des rapports entre logique et métaphysique. Dans le sillage d'une tradition anglaise dont il est redevable, Scot, pour traiter la double nature des catégories, distingue une approche logique et une approche métaphysique. D'un côté, du point de vue logique, il est possible de soutenir aussi bien l'existence d'un trait intentionnel commun (« être prédicable de ») qui fonde l'étude logique des catégories que l'existence d'une multiplicité de significations immédiates et simultanées de l'« étant » ; du côté de la métaphysique, n'existe que l'analogie réelle fondée sur les rapports de dépendance et d'antéro-postériorité entre la substance et les accidents. Entre ces deux approches, le problème de la signification du terme « étant » se résout à partir de deux prémisses. L'étant possédant des significations multiples, d'un point de vue sémantique aucun *signifié* n'a de priorité sur les autres, malgré la priorité manifeste d'une *chose signifiée* (la substance) sur les autres *choses signifiées* (les accidents). Cela étant, si du point de vue métaphysique, nous constatons l'analogie réelle entre substance et accidents, d'un point de vue logico-sémantique nous ne pouvons affirmer que l'équivocité logique de l'étant. Dès cette époque et jusqu'à la fin de sa carrière, il n'y a pas de place pour l'analogie *sémantique* chez Scot. Un terme signifie un seul signifié et il est univoque ; ou alors un terme signifie plusieurs termes en même temps et sans ordre de priorité ou antériorité et il est équivoque.

Se trouve déjà dans les commentaires logiques la thèse que la métaphysique est une science où le sujet n'est ni l'étant ni Dieu, comme ce sera le cas plus tard, mais la substance, où les rapports réels l'emportent sur une considération portant sur ce qui est *transcendens* ou sur ce qui est *premier*.

C'est dans la troisième partie que les questions métaphysiques et le rôle des rédactions secondes prennent toute leur place. L'étude de la question sur le sujet de la métaphysique a permis de déceler deux moments de la pensée de Scot. Dans le texte de base, Scot cherche à déterminer le sujet de la métaphysique avec les critères de la science la plus certaine, la science *propter quid* des *Seconds Analytiques*. Par une confrontation des thèses d'Avicenne (l'étant est le sujet de la métaphysique) et d'Averroès (Dieu et les Intelligences sont le sujet de la métaphysique), Scot ouvre la voie à la défense de la substance comme sujet et renvoie dos à dos les deux autres candidats, qui ne remplissent pas les conditions de la science *propter quid*.

Les analyses de la structure de la question révèlent que Scot n'a pas introduit Dieu comme sujet de la métaphysique dans la première rédaction, comme le pensent certains interprètes. Celle-ci est régie par l'idée de la science *propter quid* et, par conséquent, par la défense de la substance comme seul sujet capable de remplir les conditions de scientificité des *Seconds Analytiques*.

Quant à la deuxième rédaction où, contre toute attente, Scot postule Dieu comme sujet de la métaphysique, il convient de prendre au sérieux les expressions du texte qui dénotent l'idée qu'il s'agit plutôt d'une hypothèse que d'une dernière position nettement affirmée. Scot se demande comment il est possible que Dieu soit le sujet de la métaphysique ; pour répondre à cette question il propose quelques modifications capitales à la structure de la science aristotélicienne. Puisque Dieu n'a pas de causes et donc n'est pas susceptible d'être le sujet d'une science *propter quid*, le premier mouvement d'ajustement consiste à réhabiliter la science *quia*. Puisque nous ne connaissons au préalable ni l'essence ni l'existence de Dieu, ce qui ferait de lui le sujet de la métaphysique, nous devons redéfinir ce qui est présupposé du sujet. Dans ce cas précis, on présuppose une connaissance purement nominale de sa nature et il est permis de démontrer son existence en métaphysique. Finalement, le sujet ne sera pas ce qui constitue la généralité du domaine scientifique de la métaphysique, mais ce vers quoi se dirige la métaphysique en tant que fin (c'est le motif aristotélicien de la *felicitas* qui détermine la redéfinition du sujet). Cependant, la métaphysique reste une science universelle, par la postulation d'une science métaphysique par agrégation. Celle-ci consiste dans l'attribution de toutes les autres sciences dans leur diversité à Dieu comme sujet. Avec une unité moins forte que celle d'une science *propter quid*, cette figure de la métaphysique reste une science universelle. C'est ainsi que Scot présente la possibilité de la métaphysique comme *scientia quia aggregata de Deo*.

Cela peut donner l'impression que Scot abandonne l'univocité de l'étant défendu dans l'*Ordinatio* en tant que science *propter quid*. Néanmoins, la deuxième rédaction de cette question sur le sujet de la métaphysique fait apparaître clairement que la science *propter quid de ente* joue le rôle de partie de la métaphysique et qu'elle a pour but la *scientia quia de Deo*. Cette science *de ente* reste la science de l'étant univoque *dans toute l'amplitude de son univocité*, à savoir en tant que l'étant est univoque à toutes choses et non seulement à la substance et les accidents. Cela veut dire que Dieu est connu comme *premier étant*, toujours à l'intérieur d'une science *de ente*, même si désormais la métaphysique est définie par son sujet par « priorité d'intention », autrement dit, par sa finalité, et non plus par son sujet par « priorité d'exécution », autrement dit par le domaine tout entier qu'elle englobe.

C'est pourquoi il ne semble pas y avoir de contradiction entre la postulation *hypothétique* de Dieu comme sujet *principal* de la métaphysique dans l'articulation que nous venons de résumer et le traitement du problème de l'univocité de l'étant dans le commentaire à la *Métaphysique* IV, question 1, où Scot s'occupe du sujet *commun* de la métaphysique.

Il s'agit aussi d'un texte à deux strates de rédaction. La première strate reste tributaire des thèses initiales de Scot avec le rejet de l'univocité, déjà trouvé dans le commentaire aux *Catégories* avec lequel les parallélismes sont remarquables. Cependant, l'intervention sur le texte de base entend soutenir l'univocité de l'étant *in omnibus* et avance quelques-uns des arguments et des solutions qui deviendront célèbres, avec des formulations plus poussées, dans l'*Ordinatio*. Ici, deux points doivent être soulignés : d'abord, l'univocité dont il est question dans les commentaires à Aristote est bien l'univocité envers toutes choses (et non une univocité restreinte à la substance et les accidents). Ensuite, dans ces commentaires Scot ne passe pas de l'analogie conceptuelle à l'univocité logique (comme ce sera le cas dans l'*Ordinatio* avec la réfutation de l'analogie selon Henri de Gand), mais de l'équivocité à l'univocité logique de l'étant, tout en conservant (comme dans l'*Ordinatio*) le lieu et le rôle de l'analogie réelle.

Cependant, comme nous venons de la suggérer, la conclusion la plus importante que l'on peut tirer de ces deux questions considérées ensemble, est la possibilité de voir, tout comme en logique, deux sujets pour la métaphysique. Un sujet propre ou principal (Dieu comme finalité de la métaphysique) et un sujet commun (l'étant dans toute sa communauté) comme domaine entier de la recherche métaphysique. C'est une articulation qui reste valable pour l'œuvre théologique. Elle permet de comprendre le rapport entre l'étant univoque et l'étant premier à l'intérieur d'une science avec deux pôles constituants ses deux sujets : celui par priorité d'exécution et celui par priorité d'intention.

Certes, ce n'est pas ainsi que Scot s'exprime à l'heure de déterminer le sujet de la métaphysique ; néanmoins, la configuration des rapports entre l'étant et l'étant premier qu'il construit montre cette double polarité de la métaphysique vue depuis des points différents : d'un côté, à partir de son sujet par « priorité d'exécution » (l'étant) et de l'autre à partir de son sujet par « priorité d'intention » (l'étant premier). Le premier est connu scientifiquement par une science *propter quid* qui s'intègre dans la science du second, la science *quia de Deo*, comme *pars metaphysicae* à son tout. Mais, à son tour, la science *quia de Deo* n'est possible que comme une émergence de la science de l'étant.

Il faut constater cependant que l'instauration de Dieu comme sujet de la métaphysique (en tant que *primum ens*) resitue la métaphysique comme science *quia*, par les effets, de telle sorte que les questions concernant les liens causaux entre Dieu et la créature reviennent sur le devant de la scène après la science *de ente*. Il y aurait donc une tension interne entre la métaphysique comme *scientia propter quid de ente* (qui restera au niveau du *transcendens*) et la métaphysique comme *scientia quia aggregata de Deo* (qui revient au niveau des rapports causaux). Ainsi, l'intégration de la métaphysique *de ente* comme *pars metaphysicae de Deo* comporterait deux mouvements distincts, l'un purement conceptuel (*transcendens*) et l'autre d'ordre causal ; le deuxième, répétons-le, découlerait du premier.

Malgré cette tension, nous croyons que ce qu'introduit Scot dans le commentaire à la *Métaphysique* comme modification de ses positions initiales peut être lu comme une complexification ou sophistication de sa position dans l'*Ordinatio*, plutôt que comme une nouvelle figure de la métaphysique.

BIBLIOGRAPHIE

SOURCES PREMIÈRES

Œuvres de Duns Scot

Opera omnia I : *Ordinatio, Prologus*, éd. C. Balić *et al.*, Civitas Vaticana, Typis Polyglottis, 1950.

Opera omnia III : *Ordinatio* I, d. 3, éd. C. Balić *et al.*, Civitas Vaticana, Typis Polyglottis, 1954.

Opera omnia VI : *Ordinatio* I, dd. 26-48, éd. C. Balić *et al.*, Civitas Vaticana, Typis Polyglottis, 1963.

Opera omnia XVI : *Lectura*, Prologus – I, dd. 1-7, éd. C. Balić *et al.*, Civitas Vaticana, Typis Polyglottis, 1960.

Opera omnia XVII : *Lectura* I, dd. 8-45, éd. C. Balić *et al.*, Civitas Vaticana, Typis Polyglottis, 1966.

Opera omnia XIX : *Lectura* II, dd. 7-44, éd. Commissio Scotistica, Civitas Vaticana, Typis Polyglottis, 1993.

Opera philosophica I : *Quaestiones In Librum Porphyrii Isagoge et Quaestiones Super Praedicamenta Aristotelis*, éd. R. Andrews *et al.*, Saint Bonaventure (NY), The Franciscan Institute, 1999.

Opera philosophica II : *Quaestiones in Libros Perihermenias Aristotelis, Quaestiones Super Librum Elenchorum Aristotelis, et Theoremata*, éd. R. Andrews *et al.*, Saint Bonaventure (NY)-Washington, The Franciscan Institute-The Catholic University of America, 2004.

Opera philosophica III-IV : *Quaestiones super libros metaphysicorum Aristotelis*, éd. R. Andrews *et al.*, Saint Bonaventure (NY), The Franciscan Institute, 1997.

Obras del Doctor Sutil Juan Duns Escoto : Cuestiones Cuodlibetales, éd., introd. et trad. esp. F. Alluntis, Madrid, Biblioteca de Autores Cristianos, 1968.

Tractatus de primo principio, éd., trad. all. et commentaire W. Kluxen, prologue et bibliographie actualisée par L. Honnefelder et H. Möhle, « Texte zur Forschung » 20, Darmstadt, Wissenschaftliche Buchgesellschaft, 2009 (4e éd.).

Die Prologe der Reportata Parisiensia *des Johannes Duns Scotus : Untersuchungen zur Textüberlieferung und kritische Edition*, éd. K. Rodler, « Mediaevalia Oenipontana » 2, Innsbruck, Institut für Christliche Philosophie, 2005.

Traductions

JOHN DUNS SCOTUS, *Questions on The Metaphysics of Aristotle*, vol. II, trad. angl. G. J. Etzkorn et A. B. Wolter, O.F.M., « Franciscan Institute Publications, Texts Series » 19, Saint Bonaventure (NY), The Franciscan Institute, 1997-1998.

JEAN DUNS SCOT, *Sur la connaissance de Dieu et l'univocité de l'étant*, trad. fr., introd. et commentaire O. Boulnois, « Épiméthée », Paris, P.U.F., 1988.

JEAN DUNS SCOT, *Prologue de l'*Ordinatio, présentation et trad. fr. G. Sondag, « Épiméthée », Paris, P.U.F., 1999.

JEAN DUNS SCOT, *Traité du premier principe / Tractatus de primo principio*, texte latin établi par W. Kluxen, introd. F.-X. Putallaz, trad. fr. J.-D. Cavigioli, J.-M. Meilland et F.-X. Putallaz, sous la direction de R. Imbach, « Bibliothèque des textes philosophiques », Paris, Vrin, 2001.

JOHN DUNS SCOTUS, *The Examined Report or The Paris Lecture : Reportatio I-A*, vol. II, éd. et trad. angl. A. B. Wolter, O.F.M. et O. V. Bychkov, Saint Bonaventure (NY), The Franciscan Institute, 2004.

JEAN DUNS SCOT, *Signification et vérité. Questions sur le Peri hermeneias d'Aristote*, trad. fr., introd. et notes G. Sondag, « *Translatio* : Philosophies Médiévales », Paris, Vrin, 2009.

JEAN DUNS SCOT, *Questions sur la Métaphysique*, t. I : *Livres I à III*, sous la direction d'O. Boulnois, trad. fr., introd. et notes O. Boulnois et D. Arbib, avec une introduction au texte latin par D. Poirel, « Épiméthée », Paris, P.U.F., 2017.

JEAN DUNS SCOT, *Questions sur la Métaphysique*, t. II : *Livres IV à VI*, sous la direction d'O. Boulnois, trad. fr., introd. et notes O. Boulnois, D. Demange, I. Lévi, K. Trego et M. Roques, avec une introduction au texte latin par D. Poirel, « Épiméthée », Paris, P.U.F., 2020.

Auteurs anciens

ALBERT LE GRAND, *Liber de Praedicabilibus*, in *Opera Omnia* I, éd. A. Borgnet, Paris, L. Vivès, 1890.

– *Super Porphyrium de V Universalibus*, in *Opera Omnia* I-Ia, éd. M. Santos-Noya, Monasterii Westfalorum, Aschendorff, 2004.

ARISTOTE, *Catégories* et *Sur l'interprétation*, trad. fr. P. Pellegrin, M. Crubellier et D. Dalimier, Paris, Flammarion, 2007.

– *De l'âme*, trad. fr. R. Bodéüs, Paris, Flammarion, 1993.

– *Éthique à Nicomaque*, trad. fr. R. Bodéüs, Paris, Flammarion, 2004.

– *Métaphysique*, trad. fr. M.-P. Duminil et A. Jaulin, Paris, Flammarion, 2008.

– *Physique*, trad. fr. P. Pellegrin, Paris, Flammarion, 2000.

– *Les réfutations sophistiques*, introd., trad. fr. et commentaire L.-A. Dorion, préface de J. Brunschwig, « Histoire des doctrines de l'antiquité classique », 18, Paris/Québec, Vrin/Presses de l'Université de Laval, 1995.

– *Premiers Analytiques : Organon III*, introd., trad. fr. et notes J. Tricot, Paris, Vrin, 2007.

– *Seconds Analytiques : Organon IV*, introd., trad. fr. et notes P. Pellegrin, Paris, GF-Flammarion, 2005.

– *Topiques : Organon V*, trad. fr. et notes J. Tricot, Paris, Vrin, 2004.

– *Topiques*, Livres I-IV, texte établi et trad. fr. J. Brunschwig, « Collection des Universités de France », Paris, Les Belles Lettres, 1967.

ARISTOTLE, *Posterior Analytics*, trad. angl. et commentaire J. Barnes, Oxford, Clarendon Press, 1993 (2 e éd.).

ARISTOTELES LATINUS, *Aristoteles Politicorum libri octo, cum vetusta translatione Guilelmi de Moerbeka*, éd. F. Susemihl, Leipzig, Teubner, 1872.

– *Categoriae vel praedicamenta. Translatio Boethii, editio composita translatio Guillelmi de Moerbeka, lemmata e Simplicii commentario decerpta, Pseudo-Augustini paraphrasis Themistiana*, éd. L. Minio-Paluello, « Aristoteles Latinus » I 1-5, Bruges-Paris, Desclée De Brouwer, 1961.

– *De interpretatione vel Periermenias. Translatio Boethii*, éd. L. Minio-Paluello; *Translatio Guillelmi de Moerbeka*, éd. G. Verbeke, rev. L. Minio-Paluello, « Aristoteles Latinus », II 1-2, Bruges-Paris, Desclée De Brouwer, 1965.

– *Analytica posteriora. Translationes Iacobi, Anonymi sive « Ioannis », Gerardi et Recensio Guillelmi de Moerbeka*, éd. L. Minio-Paluello et B. G. Dod, « Aristoteles Latinus » IV 1-4, Bruges-Paris, Desclée De Brouwer, 1968.

– *Ethica Nicomachea. Translatio Roberti Grosseteste Lincolniensis sive « Liber Ethicorum » A. Recensio Pura*, éd. R.-A. Gauthier, « Aristoteles Latinus XVI 1-3 : Fasciculus Tertius », Leyde-Bruxelles, Brill-Desclée de Brouwer, 1972.

– *De Sophisticis Elenchis. Translatio Boethii, Fragmenta translatione Iacobi et Recensio Guillelmi de Moerbeka*, éd. B. G. Dod, « Aristoteles Latinus » VI 1-3, Leyde-Bruxelles, Brill-Desclée de Brouwer, 1975.

– *De Anima*, éd. R.-A. Gauthier, dans Thomas d'Aquin, *Sententia libri De Anima*, éd. R.-A. Gauthier, in *Opera omnia* t. XLV. 1, 2a éd., Roma-Paris, Commissio Leonina-J. Vrin, 1984.

– *Physica. Translatio Vetus*, éd. F. Bossier et J. Brams; Translatio Vaticana, éd. A. Mansion, 2 vol., « Aristoteles Latinus » VII 1-2 », Leyde-New York, Brill, 1990 (2 e éd.).

– *Metaphysica, lib. I-XIV. Recensio et Translatio Guillelmi de Moerbeka*, éd. G. Vuillemin-Diem, « Aristoteles Latinus » XXV 3, Leyde-New York-Köln, E. J. Brill, 1995.

AUCTORITATES ARISTOTELIS, *Un florilège médiéval : étude historique et édition critique*, éd. J. Hamesse, « Philosophes Médiévaux » XVII, Louvain-Paris, Publications Universitaires-Béatrice Nauwelaerts, 1974.

AVERROÈS, *Aristotelis Opera cum Averrois commentariis*, Venetiis, Junctas, 1562-1574, repr. Frankfurt am Main, Minerva, 1962.

AVICENNA, *Liber de philosophia prima sive Scientia divina I-IV*, éd. S. Van Riet, introduction doctrinale G. Verbeke, « Avicenna Latinus », Louvain-Leyde, Peeters-Brill, 1977.

– *Liber de philosophia prima sive Scientia divina V-X*, éd. S. Van Riet, introduction doctrinale G. Verbeke, « Avicenna Latinus », Louvain-Leyde, Peeters-Brill, 1980.

– *Metafisica : La scienza delle Cose Divine*, texte arabe, texte latin, trad. it. de l'arabe, introd., notes et apparat O. Lizzini, préface et éd. P. Porro, nouvelle édition « Il pensiero occidentale », Milano, Bompiani, 2006.

AVICENNE, *La métaphysique du Shifā'. Livres I à V*, trad. fr. du texte arabe de l'édition du Caire, introd., notes et commentaires G. C. Anawati, « Études musulmanes », Paris, Vrin, 1978.

AVICENNE, *Logyca*, Venetiis, 1508, ff. 2ra-12vb.

– *Logica* (*Logique du Šifā'*), texte latin, éd. critique de la trad. médiévale F. Hudry, introduction doctrinale A. de Libera, « Sic et Non », Paris, Vrin, 2018.

Boèce, *In Categorias Aristotelis libri quatuor*, éd. J.-P. Migne, « Patrologia Latina » 64, Paris, 1847.

– *In librum Aristotelis Περι Ερμηνειας Commentarii. Pars Prior : versionem continuam et primam editionem continens*, éd. C. Meiser, Leipzig, Teubner, 1877.

– *In librum Aristotelis Περι Ερμηνειας Commentarii. Pars Posterior : secundam editionem et indices continens*, éd. C. Meiser, Leipzig, Teubner, 1880.

Euclide, *The first Latin translation of Euclid's « Elements » commonly ascribed to Adelard of Bath : books I-VIII and books X. 36-XV. 2*, éd. H. L. L. Busard, « Studies and texts » 64, Toronto, Pontifical Institute of Medieval Studies, 1983.

Henri de Gand, *Summae Quaestionum Ordinariarum (Reprint of the 1520 Edition)*, 2 vol., éd. E. M. Buytaert, « Franciscan Institute Publications, Texts Series » 1, Saint Bonaventure (NY)-Louvain-Padenborn, The Franciscan Institute-E. Nauwelaerts-F. Shöningh, 1953.

Incerti Auctores, *Quaestiones super Sophisticos Elenchos*, éd. S. Ebbesen, « Corpus Philosophorum Danicorum Medii Aevi » 7, Copenhagen, Gad, 1977.

Liber de Causis, éd., introd. et notes A. Pattin, *Tijdschrift voor Filosofie*, 1, 1966, p. 90-203.

Liber de Causis, dans *La demeure de l'être : autour d'un anonyme*, étude et trad. fr. P. Magnard, O. Boulnois, B. Pinchard et J.-L. Solère, « Philologie et Mercure », Paris, Vrin, 1990.

Porphyre, *Liber praedicabilium (Isagoge) Translatio Boethii*, in Aristoteles Latinus, *Categoriarum supplementa. Porphyrii Isagoge, Translatio Boethii, et Anonymi Fragmentum vulgo vocatum "Liber sex principiorum"*, éd. L. Minio-Paluello et B. G. Dod, « Aristoteles Latinus » I 6-7, Bruges-Paris, Desclée de Brouwer, 1966, p. 1-31.

– *Isagoge*, texte grec et latin, trad. fr. A. de Libera et A.-Ph. Segonds, introd. et notes A. de Libera, « Sic et Non », Paris, Vrin, 1998.

Porphyry, *Introduction*, trad., introd. et commentaire J. Barnes, « Clarendon Later Ancient Philosophers », Oxford, Clarendon Press, 2003.

Robert Kilwardby, *De Ortu Scientiarum*, éd. A. G. Judy, « Auctores Britannici Medii Aevi » IV, Oxford-Toronto, The British Academy-The Pontifical Institute of Mediaeval Studies, 1976.

– (attribué à Gilles de Rome), *Super libros Priorum analeticorum Aristotelis expositio*, Venetiis, 1499, consulté *via* Gallica (Bibliothèque Nationale de France).

– *Notulae super Librum Praedicamentorum*, transcription préliminaire d'A. Conti.

Simon de Faversham, *Quaestiones super libros Elenchorum*, éd. S. Ebbesen *et al.*, « Studies and Texts » 60, Toronto, Pontifical Institute of Mediaeval Studies, 1984.

Thomas d'Aquin, *Pars Prima Summae Theologiae*, éd. Commissio Leonina, in *Opera omnia* t. IV, Roma, Ex Typographia Polyglotta, 1888.

– *Sententia libri De Anima*, éd. R.-A. Gauthier, in *Opera omnia* t. XLV. 1, 2ª éd., Roma-Paris, Commissio Leonina-Vrin, 1984.

– *In Duodecim Libros Metaphysicorum Aristotelis expositio*, éd. M. R. Cathala et R. M. Spiazzi, Torino-Roma, Marietti, 1950.

– *Scriptum super libros Sententiarum magistri Petri Lombardi episcopi Perisiensis*, t. 1, éd. P. Mandonnet, Paris, P. Lethielleux, 1929.

LITTÉRATURE SECONDAIRE

AERTSEN, J. A., « Scotus's Conception of Transcendentality : Tradition and Innovation », *in* L. Honnefelder, H. Möhle *et al.* (eds), *Johannes Duns Scotus 1308-2008. Die philosophischen Perspektiven seines Werkes / Investigations into his Philosophy. Proceedings of « The Quadruple Congress » on John Duns Scotus, Part 3*, « Archa Verbi : Yearbook for the Study of Medieval Theology – Subsidia » 5, Münster-Saint Bonaventure (NY), Aschendorff Verlag-Franciscan Institute Publications, 2010, p. 107-123.

ARNZEN, R., « Ibn Rushd on the structure of Aristotle's *Metaphysics* », *Documenti e studi sulla tradizione filosofica medievale*, 21, 2010, p. 375-410.

ASHWORTH, E. J., *Les théories de l'analogie du XIIe au XVIe siècle*, « Conférences Pierre Abélard », Paris, Vrin, 2008.

– « Signification and Modes of Signifying in Thirteenth-Century Logic : A Preface to Aquinas on Analogy », *Medieval Philosophy and Theology*, 1, 1991, p. 39-67.

– « Analogy and Equivocation in Thirteenth-Century Logic : Aquinas in Context », *Medieval Studies*, 54, 1992, p. 94-135.

– « Metaphor and the Logicians from Aristotle to Cajetan », *Vivarium*, 45, 2007, p. 311-327.

– « Analogy and Metaphor from Thomas Aquinas to Duns Scotus and Walter Burley », *in* Ch. Bolyard et R. Keele (eds), *Later Medieval Metaphysics : Ontology, Language, & Logic*, « Medieval Philosophy : Texts and Studies », New York, Fordham University Press, 2013, p. 223-248.

– « Medieval Theories of Analogy », *in* E. N. Zalta (ed.), *The Stanford Encyclopedia of Philosophy*, édition hiver 2013, http://plato.stanford.edu/archives/win2013/entries/analogy-medieval/.

AUBENQUE, P., *Le problème de l'être chez Aristote : essai sur la problématique aristotélicienne*, « Quadrige », Paris, P.U.F., 1962.

BERTOLACCI, A., *The Reception of Aristotle's* Metaphysics *in Avicenna's* Kitāb Al-Šifā'. *A Milestone of Western Metaphysical Thought*, « Islamic Philosophy Theology and Sciencie – Texts and Studies » LXIII, Leyde-Boston, Brill, 2006.

– « From Al-Kindī to Al-Fārābī : Avicenna's Progressive Knowledge of Aristotle's *Metaphysics* According to His Autobiography », *Arabic Sciencie and Philosophy*, 11, 2001, p. 257-295.

– « Avicenna and Averroes on the Proof of God's Existence nad the Subject-Matter of Metaphysics », *Medioevo : Rivista di storia della filosofia medievale*, 32, 2007, p. 61-97.

BÉRUBÉ, C., « Jean Duns Scot : Critique de l'"Avicennisme Augustinisant" », in *De doctrina Ioannis Duns Scoti : acta congressus Scotistici Internationalis Oxonii et Edimburgi 11-17 sept. 1966 celebrati*, vol. I, « Studia scholastico-Scotistica » 1, Romae, Cura commissionis Scotisticae, 1968, p. 207-243, repr. dans *De l'homme à Dieu : selon Duns Scot, Henri de Gand et Olivi*, « Bibliotheca Seraphico-Capuccina » 27, Roma, Instituto Storico dei Cappuccini-Edizioni Collegio S. Lorenzo, 1983, p. 113-146.

BOULNOIS, O., *Duns Scot : La rigueur de la charité*, « Initiations au Moyen Âge », Paris, Cerf, 1998.

– *Être et représentation : une généalogie de la métaphysique moderne à l'époque de Duns Scot* (XIIIe-XIVe *siècle*), « Épiméthée », Paris, P.U.F., 1999.

– *Métaphysiques rebelles : genèse et structures d'une science au Moyen Âge*, « Épiméthée », Paris, P.U.F., 2013.
– « La destruction de l'analogie et l'instauration de la métaphysique », dans Jean Duns Scot, *Sur la connaissance de Dieu et l'univocité de l'étant*, « Épiméthée », Paris, P.U.F., 1988, p. 11-81.
– « Analogie et univocité selon Duns Scot : La double destruction », *Les Études Philosophiques*, 3-4, *L'analogie*, 1989, p. 347-369.
– « Quand commence l'ontothéologie ? Aristote, Thomas d'Aquin et Duns Scot », *Revue Thomiste*, 95, 1995, p. 85-108.
– « Duns Scot, théoricien de l'analogie de l'être », *in* L. Honnefelder, R. Wood et M. Dreyer (eds), *John Duns Scot : Metaphysics and Ethics*, « Studien und Texte zur Geistesgeschichte des Mittelalters » 53, Leyde, Brill, 1996, p. 293-315.
– « *Abstractio metaphysica*. Le séparable et le séparé, de Porphyre à Henri de Gand », *in* M. Pickavé (ed.), *Die Logik des Transzendentalen. Festschrift für Jan A. Aertsen*, « Miscellanea Mediaevalia » 30, Berlin-New York, Walter de Gruyter, 2003, p. 37-59.
– « Les catégories selon Duns Scot », *in* M. Carbajo Núñez (ed.), *Giovanni Duns Scoto : Studi e ricerche nel VII Centenario della sua morte*, vol. 1, Roma, Antonianum, 2008, p. 357-377.
– « La métaphysique selon saint Thomas d'Aquin. Lecture du "Prologue" de son commentaire d'Aristote », dans T.-D. Humbrecht (dir.), *Saint Thomas d'Aquin*, « Les Cahiers d'Histoire de la Philosophie », Paris, Cerf, 2010, p. 37-88.
– « Introduction générale », dans Jean Duns Scot, *Questions sur la Métaphysique*, t. 1 : *Livres I à III*, dir. O. Boulnois, « Épiméthée », Paris, P.U.F., 2017, p. 7-17.
– « Introduction au livre I », dans Jean Duns Scot, *Questions sur la Métaphysique*, t. 1 : *Livres I à III*, dir. O. Boulnois, « Épiméthée », Paris, P.U.F., 2017, p. 27-56.
– « Introduction au livre IV », dans Jean Duns Scot, *Questions sur la Métaphysique*, t. 2 : *Livres IV à VI*, dir. O. Boulnois, « Épiméthée », Paris, P.U.F., 2020, p. 19-29.

BRUMBERG-CHAUMONT, J. (éd.), *Ad notitiam ignoti*. L'*Organon* dans la *translation studiorum* à l'époque d'Albert le Grand, « Studia Artistarum » 37, Turnhout, Brepols, 2013.
– « The Legacy of Ancient Logique in the Middle Ages », *in* C. Dutilh Novaes, S. Read (eds), *The Cambridge Companion to Medieval Logic*, Cambridge, CUP, 2016, p. 19-44.

CESALLI, L., *Le réalisme propositionnel : Sémantique et ontologie des propositions chez Jean Duns Scot, Gauthier Burley, Richard Brinkley et Jean Wyclif*, « Sic et Non », Paris, Vrin, 2007.

COURTINE, J.-F., *Suarez et le système de la métaphysique*, « Épiméthée », Paris, P.U.F., 1990.
– *Inventio analogiae : Métaphysique et Ontothéologie*, « Problèmes et controverses », Paris, Vrin, 2005.

D'ANCONA, C., « Avicenna and the *Metaphysics* : Reflections about a New Approach », *International Journal of the Classical Tradition*, 3, 2008, p. 457-465.

DAHLSTROM, D. O., « Signification and Logic : Scotus on Universals from a Logical Point of View », *Vivarium*, 18, 1980, p. 81-111.

DEMANGE, D., *Jean Duns Scot : La théorie du savoir*, « Sic et Non », Paris, Vrin, 2007.
– « L'objet de la philosophie première selon Thomas d'Aquin et Jean Duns Scot », *Le Philosophoire*, 20, 2003, p. 173-196.

– « "Objet premier d'inclusion virtuelle" : Introduction à la théorie de la science de Jean Duns Scot », dans O. Boulnois, E. Karger, J.-L. Solère et G. Sondag (éd.), *Duns Scot à Paris, 1302-2002. Actes du colloque de Paris, 2-4 septembre 2002*, « Textes et études du Moyen Âge » 28, Turnhout, Brepols, 2004, p. 89-116.

– « Pourquoi Duns Scot a critiqué Avicenne », *in* M. Carbajo Núñez (ed.), *Giovanni Duns Scoto : Studi e ricerche nel VII Centenario della sua morte*, vol. 1, Roma, Antonianum, 2008, p. 195-232.

– « Métaphysique et théorie de la représentation : la question des origines du transcendantalisme revisitée », *Revue Philosophique de Louvain* 107/1, 2009, p. 1-39.

– « Introduction au livre VI », dans Jean Duns Scot, *Questions sur la Métaphysique*, t. 2 : *Livres IV à VI*, dir. O. Boulnois, « Épiméthée », Paris, P.U.F., 2020, p. 757-771.

DONATI, S., « La discussione sull'unità del concetto di ente nella tradizione di commento della *Fisica* : commenti parigini degli anni 1270-1315 ca. », *in* M. Pickavé (ed.), *Die Logik des Transzendentalen. Festschrift für Jan A. Aertsen*, « Miscellanea Mediaevalia » 30, Berlin-New York, Walter de Gruyter, 2003, p. 60-139.

EBBESEN, S., « Concrete Accidental Terms : Late Thirteenth-Century Debates about Problems Relating to such Termes as "*Album*" », *in* N. Kretzmann (ed.), *Meaning and Inference in Medieval Philosophy : Studies in Memory of Jan Pinborg*, « Synthese Historical Library » 32, Dordrecht-Boston-London, Kluwer Academic Publishers, 1988, p. 107-174.

– « Les *Catégories* au Moyen Âge et au début de la modernité », dans U. Bruun et L. Corti (éd.), *Les* Catégories *et leur histoire*, « Bibliothèque d'histoire de la philosophie – nouvelle série », Paris, Vrin, 2005, p. 245-274.

– « The Aristotelian commentator », *in* J. Marenbon (ed.), *Cambridge Companion to Boethius*, Cambridge, CUP, 2009, p. 34-55.

ETZKORN, G., ANDREWS, R., NOONE, T. B., et GREEN, R., « Appendix : The Critical Edition of the *Opera Philosophica* : A Round Table », *in* M. B. Ingham, O. Bychkov (eds), *Johannes Duns Scotus, Philosopher. Proceedings of « The Quadruple Congress » on John Duns Scotus, Part 1*, « Archa Verbi : Yearbook for the Study of Medieval Theology – Subsidia »3, Münster-Saint Bonaventure (NY), Aschendorff Verlag-Franciscan Institute Publications, 2010, p. 255-268.

GILON, O., *Indifférence de l'essence et métaphysique chez Jean Duns Scot*, Bruxelles, Éditions Ousia, 2012.

GIOVANNI, M. DI, « The Commentator : Averroes's Reading of the *Metaphysics* », *in* F. Amerini, G. Galluzzo (eds), *A Companion to the Latin Medieval Commentaries on Aristotle's* Metaphysics, « Brill's Companions to the Christian Tradition » 43, Leyde-Boston, Brill, 2014, p. 59-94.

HADOT, P., « La logique, partie ou instrument de la philosophie ? », dans Simplicius, *Commentaire sur les* Catégories *d'Aristote*, trad. fr. Ph. Hoffmann, Fasc. I, introd., 1re partie « P. 1-9,3 Kalbfleisch, Leyde-New York, Brill, 1990, p. 183-188.

HONNEFELDER, L., *Ens in quantum ens. Der Begriff des Seienden als solchen als Gegenstand des Metaphysik nach der Lehre des Johannes Duns Scotus*, « Beiträge zur Geschichte der Philosophie und Theologie des Mittelalters, Neue Folge » 16, Münster, Aschendorff, 1979.

– *La métaphysique comme science transcendantale : entre le Moyen Âge et les Temps modernes*, trad. fr. I. Mandrella, « Chaire Étienne Gilson », Paris, P.U.F., 2002.

– *Scientia transcendens : Die formale Bestimmung der Seiendheit und Realität in der Metaphysik des Mittelalters und der Neuzeit (Duns Scotus-Suárez-Wolff-Kant-Peirce)*, Hamburg, Felix Meiner, 1990 ;

INGHAM, M. B. et DREYER, M., *The Philosophical Vision of John Duns Scotus : An Introduction*, Washington, The Catholic University of America Press, 2004.

KING, P., « Scotus on Metaphysics », *in* T. Williams (ed.), *Cambridge Companion to Duns Scotus*, Cambridge, CUP, 2003, p. 15-68.

KRETZMANN, N., « History of Semantics », *in* M. Borchert (ed.), *Encyclopedia of Philosophy*, vol. 8 [1967], New York, Macmillan, 2005 (2 e éd.), p. 750-807.

LECQ, R. VAN DER, « Logic and Theories of Meaning in the Late 13th and Early 14th Century including the Modistae », *in* D. M. Gabbay, J. Woods (eds), *Handbook of the History of Logic, Vol. 2 : Mediaeval and Renaissance Logic*, Amsterdam, North-Holland, 2008, p. 347-388.

LIBERA, A. DE, *La querelle des universaux : De Platon à la fin du Moyen Âge*, « Des Travaux », Paris, Vrin, 1996.

– *Métaphysique et noétique : Albert le Grand*, « Problèmes & Controverses », Paris, Vrin, 2005.

– « Les sources gréco-arabes de la théorie médiévale de l'analogie de l'être », *Les Études Philosophiques*, 3-4, *L'analogie*, 1989, p. 321-345.

– « Introduction », dans Porphyre, *Isagoge*, texte grec et latin, trad. fr. A. de Libera et A.-Ph. Segonds, introd. et notes A. de Libera, « Sic et Non », Paris, Vrin, 1998, p. VII-CXLII.

– « Prédication », dans B. Cassin (dir.), *Vocabulaire européen des philosophies : dictionnaire des intraduisibles*, Paris, Le Robert-Seuil, 2004, p. 1008-1016.

– « L'onto-théo-logique de Boèce : doctrine des catégories et théorie de la prédication dans le *De trinitate* », dans U. Bruun et L. Corti (éd.), *Les* Catégories *et leur histoire*, « Bibliothèque d'histoire de la philosophie – nouvelle série », Paris, Vrin, 2005, p. 175-222.

— et MICHON, C., « Glossaire de sources : les origines du vocabulaire médiéval de l'ontologie », dans Thomas d'Aquin et Dietrich de Freiberg, *L'être et l'essence. Le vocabulaire médiéval de l'ontologie. Deux traités* De ente et essentia *de Thomas d'Aquin et Dietrich de Freiberg*, présentation et trad. fr. A. de Libera et C. Michon, Paris, Seuil, 1996, p. 15-36.

LONFAT, J., « Archéologie de la notion d'analogie d'Aristote à Saint Thomas d'Aquin », *Archives d'Histoire doctrinale et littéraire du Moyen Âge*, 71, 2004, p. 35-107.

MARENBON, J., « La logique en Occident Latin », dans J. Brumberg-Chaumont (éd.), *Ad notitiam ignoti.* L'*Organon* dans la *translation studiorum* à l'époque d'Albert le Grand, « Studia Artistarum » 37, Turnhout, Brepols, 2013, p. 173-191.

MARMO, C., *Semiotica e linguaggio nella Scolastica. Parigi, Bologna, Erfurt 1270-1330. La semiotica dei Modisti*, « Nuovi studi storic » 26, Roma, Instituto Storico Italiano per il Medio Evo, 1994.

– « Ontology and semantics in the logic of Duns Scotus », *in* U. Eco, C. Marmo (eds), *On the Medieval Theory of Signs*, « Foundations of Semiotics » 21, Amsterdam-Philadelphia, John Benjamins Publishing Company, 1989, p. 143-193.

MARRONE, S. P., *The Light of thy Countenance : Science and Knowledge of God in the Thirteenth Century*, 2 vol., « Studies in the History of Christian Thought » XCVIII, Leyde-Boston-Köln, Brill, 2001.

– « The Notion of Univocity in Duns Scotus's Early Works », *Franciscan Studies*, XLIII, 1983, p. 347-395.

MORA-MÁRQUEZ, A.-M., *The Thirteenth-century Notion of Signification : The Discussions and Their Origin and Development*, « Investigating Medieval Philosophy » 10, Leyde-Boston, Brill, 2015.

– « "*Peri hermeneias* 16a3-18" : Histoire d'une rupture de la tradition interprétative dans le bas Moyen Âge », *Revue philosophique de la France et de l'étranger* », 136/1, 2011, p. 67-84.

NEWTON, Ll. A., « Duns Scotus's Account of a *Propter Quid* Science of the Categories », in *id.* (ed.), *Medieval commentaries on Aristotle's Categories*, « Brill's companions to the Christian tradition » 10, Leyde-Boston, Brill, 2008, p. 221-258.

NOONE, T. B., « Universals and Individuation », *in* T. Williams (ed.), *Cambridge Companion to Duns Scotus*, Cambridge, CUP, 2003, p. 100-128.

— et ROBERTS, H. F., « John Duns Scotus'*Quodlibet* », *in* C. Shabel (ed.), *Theological Quodlibeta in the Middle Ages : The Fourteenth Century*, « Brill's companions to the Christian tradition » 7, Leyde-Boston, Brill, 2007, p. 131-198.

NUCHELMANS, G., « The Distiction *Actus Exercitus/Actus Significatus* in Medieval Semantics », *in* N. Kretzmann (ed.), *Meaning and Inference in Medieval Philosophy : Studies in Memory of Jan Pinborg*, « Synthese Historical Library » 32, Dordrecht-Boston-London, Kluwer Academic Publishers, 1988, p. 57-90.

PERLER, D., « Duns Scotus on Signification », *Medieval Philosophy and Theology*, 3, 1993, p. 97-120.

– « Duns Scotus's Philosophy of Language », *in* T. Williams (ed.), *Cambridge Companion to Duns Scotus*, Cambridge, CUP, 2003, p. 161-192.

PINI, G., *Categories and logic in Duns Scotus : An Interpretation of Aristotle's Categories in the Late Thirteenth Century*, « Studien und Texte zur Geistesgeschichte des Mittelalters » 77, Leyde, Brill, 2002.

– *Scoto e l'analogia. Logica e metafisica nei commenti aristotelici*, Pisa, Scuola Normale Superiore, 2002.

– « Sulla fortuna delle *Quaestiones super Metaphysicam* di Duns Scoto : le *Quaestiones super Metaphysica* di Antonio Andrea », *Documenti e studi sulla tradizione filosofica medievale*, 6, 1995, p. 281-361.

– « Duns Scotus's Metaphysics : The Critical Edition of his "*Quaestiones super libros Metaphysicorum Aristotelis*" », *Recherches de Théologie et Philosophie médiévales*, LXV/2, 1998, p. 353-368.

– « Species, Concept, and Thing : Theories of Signification in the Second Half of the Thirteenth Century », *Medieval Philosophy and Theology*, 8, 1999, p. 21-52.

– « Signification of names in Duns Scotus and Some of His Contemporaries », *Vivarium*, 39, 2001, p. 20-51.

– « Univocity in Scotus'*Quaestiones super Metaphysicam* : The Solution to a Riddle », *Medioevo : Rivista di storia della filosofia medievale*, 30, 2005, p. 69-110.

POIREL, D., « Introduction au texte latin », dans Jean Duns Scot, *Questions sur la Métaphysique*, t. 1 : *Livres I à III*, dir. O. Boulnois, « Épiméthée », Paris, P.U.F., 2017, p. 19-26.

PRENTICE, R., « Univocity and Analogy according to Scotus's Super Libros elenchorum Aristotelis », *Archives d'Histoire doctrinale et littéraire du Moyen Âge*, 35, 1968, p. 39-64.

PUTALLAZ, F.-X., « Introduction », dans Jean Duns Scot, *Traité du premier principe / Tractatus de primo principio*, texte latin établi par W. Kluxen, trad. à partir du latin J.-D. Cavigioli, J.-M. Meilland et F.-X. Putallaz, dir. R. Imbach, « Textes Philosophiques », Paris, Vrin, 2001, p. 9-70.

ROBERT, A., « Le débat sur le sujet de la logique et la réception d'Albert le Grand au Moyen Âge », dans J. Brumberg-Chaumont (éd.), *Ad notitiam ignoti.* L'*Organon* dans la *translation studiorum* à l'époque d'Albert le Grand, « Studia Artistarum » 37, Turnhout, Brepols, 2013, p. 467-512.

ROSIER, I., *La grammaire spéculative des modistes*, Lille, Presses Universitaires de Lille, 1983.

– *La parole comme acte. Sur la grammaire et la sémantique au XIII*e *siècle*, « Sic et Non », Paris, Vrin, 1994.

– « Évolution des notions d'*equivocatio* et *univocatio* au XIIe siècle », dans *id.* (éd.), *L'ambiguïté : cinq études historiques*, Lille, Presses Universitaires de Lille, 1988, p. 103-166.

– « La distinction entre *actus exercitus* et *actus significatus* dans les sophismes grammaticaux du ms. BN lat. 16618 et autres textes apparentés », *in* S. Read (ed.), *Sophisms in Medieval Logic and Grammar. Acts of the Ninth European Symposium of Medieval Logic and Semantics, St. Andrews, June 1990*, « Nijhoff International Philosophy Series » 48, Dordrecht, Kluwer Academic Publishers, 1993, p. 231-261.

– « *Res significata* et *modus significandi* : Les implications d'une distinction médiévale », *in* S. Ebbesen (ed.), *Sprachtheorien in Spätantike und Mittelalter*, « Geschichte der Sprachtheorie » 3, Tübingen, G. Narr, 1995, p. 135-168.

SALINAS-LEAL, H., « El problema del nombre común en Juan Duns Escoto », *Universitas Philosophica*, 56, 2011, p. 201-240.

– « *Dignitas et nobilitas metaphysicae* : Objeto y articulación de la Metafísica en el Prólogo del comentario de Duns Escoto a la *Metafísica* de Aristóteles », *Revista Española de Filosofía Medieval*, 23, 2016, p. 241-258.

– « La determinación de la lógica como ciencia común intencional en Duns Escoto », *Franciscanum*, LVIII/165, 2016, p. 51-86.

– « Naturaleza y unidad lógica de las categorías en Duns Escoto », *Pensamiento : Revista de investigación e información filosófica*, 73/275, 2017, p. 129-145.

– « El universal lógico como *modus concipiendi* en Duns Escoto », *Anales del Seminario de Historia de la Filosofía*, 36/1, 2019, p. 29-48

– « ¿ El universal se encuentra en las cosas o en el intelecto ? La doble respuesta de Duns Escoto en sus Cuestiones a la *Isagoge* », *Daimon. Revista Internacional de Filosofía*, 82, 2021, p. 171-185.

SONDAG, G., *Duns Scot : La métaphysique de la singularité*, « Bibliothèque des philosophies », Paris, Vrin, 2005.

– « La réception de la *Métaphysique* d'Avicenne par Duns Scot », *in* A. Speer, L. Wegener (eds), *Wissen über Grenzen : Arabisches Wissen und lateinisches Mittelalter*, « Miscellanea Mediaevalia » 33, Berlin-New York, Walter de Gruyter, 2006, p. 591-611.

– « Introduction », dans Jean Duns Scot, *Signification et vérité : Questions sur le* Peri hermeneias *d'Aristote*, trad. fr., introd. et notes G. Sondag, « *Translatio* : Philosophies Médiévales », Paris, Vrin, 2009, p. 7-60.

WOLTER, A. B., *The Transcendentals and their Function in the Metaphysics of Duns Scotus*, « Franciscan Institute Publications, Philosophy Series » 3, Saint Bonaventure (NY), The Franciscan Institute, 1946.

– « Reflections on the Life and Works of Scotus », *American Catholic Philosophical Quarterly*, 67/1, 1993, p. 1-36.

– « Reflections about Scotus's Early Works », *in* L. Honnefelder, R. Wood, M. Dreyer (eds), *John Duns Scot : Metaphysics and Ethics*, « Studien und Texte zur Geistesgeschichte des Mittelalters » 53, Leyde, Brill, 1996, p. 37-57.

WOOD, R., « The Subject of the Aristotelian Science of Metaphysics », *in* R. Pasnau, Ch. van Dyke (eds), *The Cambridge History of Medieval Philosophy*, vol. II, Cambridge, CUP, 2010, p. 609-621.

– « First Entity as the Subject of Metaphysics », *in* L. Honnefelder *et al.* (eds), *Johannes Duns Scotus 1308-2008. Die philosophischen Perspektiven seines Werkes / Investigations into his Philosophy. Proceedings of « The Quadruple Congress » on John Duns Scotus, Part 3*, « Archa Verbi : Yearbook for the Study of Medieval Theology – Subsidia » 5, Münster-Saint Bonaventure (NY), Aschendorff Verlag-Franciscan Institute Publications, 2010, p. 87-105.

– « Duns Scotus on Metaphysics as the Science of First Entity », *in* Ch. Bolyard, R. Keele (eds), *Later Medieval Metaphysics : Ontology, Language, & Logic*, « Medieval Philosophy : Texts and Studies », New York, Fordham University Press, 2013, p. 11-29.

ZIMMERMANN, A., *Ontologie oder Metaphysik ? Die Diskussion über den Gegenstand der Metaphysik im 13. Und 14. Jahrhundert. Texte und Untersuchungen*, « Studien und Texte zur Geistesgeschichte des Mittelalters » 8, Leyden-Köln, Brill, 1965.

INDEX NOMINUM

Auteurs anciens et médiévaux

Commentateurs

TABLE DES MATIÈRES

ACHEVÉ D'IMPRIMER
EN JUILLET 2022
SUR LES PRESSES
DE
L'IMPRIMERIE F. PAILLART
À ABBEVILLE

DÉPÔT LÉGAL : 3e TRIMESTRE 2022
No. IMP. 17061